两朝帝师
晚清重臣

唐景崇传

蒋人早　文崇礼　著

TANG JINGCHONG ZHUAN

广西人民出版社

图书在版编目（CIP）数据

唐景崇传 / 蒋人早，文崇礼著 . — 南宁：广西人民出版社，2023.9（2024.6 重印）
ISBN 978-7-219-11543-5

Ⅰ . ①唐… Ⅱ . ①蒋… ①文… Ⅲ . ①唐景崇—传记 Ⅳ . ① K827=49

中国国家版本馆 CIP 数据核字（2023）第 041495 号

TANG JINGCHONG ZHUAN

唐景崇传

蒋人早　文崇礼　著

责任编辑　黄　玮
责任校对　何彩秋
封面设计　王程媛

出版发行　广西人民出版社
社　　址　广西南宁市桂春路 6 号
邮　　编　530021
印　　刷　广西壮族自治区地质印刷厂
开　　本　787mm × 1092mm　1 / 16
印　　张　32.75
字　　数　470 千字
版　　次　2023 年 9 月　第 1 版
印　　次　2024 年 6 月　第 2 次印刷
书　　号　ISBN 978-7-219-11543-5
定　　价　135. 00 元

中共灌阳县委员会　灌阳县人民政府
唐景崧同胞三翰林编纂委员会

编纂委员会

主　　任： 周春涌（至 2021 年 6 月）

卢　嵩

孙清洪（2021 年 6 月起）

副 主 任： 桂文英（至 2021 年 7 月）　陈礼兵（2021 年 7 月起）

唐　敏（2021 年 7 月起）　郑有成（至 2021 年 7 月）

肖　逸（2021 年 7 月至 2022 年 3 月）　赵新春（2022 年 3 月起）

委　　员： 胡艳辉（至 2020 年 12 月）　蒋雪艳（2020 年 12 至 2021 年 6 月）

王熙涛（2021 年 6 月起）　余旭生　曹增平　林　斌

办公室主任： 王熙涛　余旭生

编辑部

组　　长： 文崇礼

副 组 长： 蒋人早　邓祝仁　唐咸明

成　　员： 李规勤　熊光嵩　王晓亚　曹增平

办公室主任： 曹增平

承办

唐景崧同胞三翰林研究会

负 责 人： 曹增平

成　　员： 邓东祥　王启贤

求实的唐景崇传（代序）

唐　凌

广西灌阳县是一个人杰地灵、充满传奇色彩的地方。江口市（现为新街镇江口村）唐氏一门三进士，同胞三翰林，不仅创造了中国科举仕进史上的奇迹，而且以自己的特殊作用，影响了中国近代历史的发展。研究唐景崧、唐景崇、唐景崶同胞三翰林，既是促进地方文化建设的需要，也是深化中国近代史认识的需要。

正因如此，在灌阳县委、县人民政府的大力支持下，2016年，“灌阳县唐景崧同胞三翰林研究会”成立，聘请文崇礼、蒋人早等一批文史专家为研究人员。他们怀着高度的社会责任感和深厚的文化情结，开始了唐氏同胞三翰林的研究工作。短短几年，研究会就取得了令人瞩目的成绩：从全国各地收集了800多万字的档案资料，编辑成了《唐景崧同胞三翰林资料长编》。2017年底，专家团队编写的普及版《同胞三翰林》一书由广西人民出版社出版；2019年初，文崇礼先生所著的《唐景崧传》一书由广西师范大学出版社出版。现在，蒋人早、文崇礼先生所著的《唐景崇传》一书又已定稿，即将面世。

承蒙信任，我担任“灌阳县唐景崧同胞三翰林研究会”的历史顾问，参与了研究会的一些活动，从中学到许多专业知识，也感悟到许多哲理。研究会领导嘱我谈谈对《唐景崇传》的看法。尽管我这个历史顾问很不称职，但我还是很愿意将自己所了解到的一些情况告诉世人，以表达我对研究会工作的敬意和对待历史人物的基本立场。

灌阳县领导一直很重视历史文化资源的开发与利用，真正将其视为重要工作来抓，不仅提供了研究经费，而且还委派干部专门负责保障研究工作顺利开展，实行开放的工作机制，充分利用多方社会力量。灌阳县地处桂北山区，发展条件相对来说较差，但是，灌阳县领导始终把文化建设放在优先发展的位置，支持、鼓励研究会做大做强文化事业。我国的乡村振兴战略正在全面实施，文化振兴是非常重要且广阔的乡村振兴道路。灌阳县领导在这方面为社会树立了模范形象。

唐景崧、唐景崇、唐景葑三兄弟虽出生在贫寒之家，却怀有远大的志向，在偏僻的山村奋发努力，刻苦学习，相继考取功名，并步入翰林之列，达到了常人难以企及的高度。

唐氏三兄弟生活在风雨飘摇、动荡不堪的晚清。中国社会半封建半殖民地程度日益加深，民族矛盾和阶级矛盾异常尖锐，内忧外患交织，国家危难日益加深。这种社会背景，决定了他们的政治抱负难以实现。尽管如此，他们仍以自己的胆识、智慧和能力，为国分忧，为民请愿，书写了那个时代意义非凡的人生历史。三兄弟中，唐景崧参加了抗法战争和抗日战争，当清政府战败投降，将台湾割让给日本时，他被台湾人民推举担任“台湾民主国”总统，率众坚持抵抗，维护国家的统一。唐景崧积极参与变法维新和兴办教育、改革桂剧等活动，促进了中国近代文化的发展。唐景葑虽然英年早逝，没有创下留世大业，但他的成长过程对世人有很大的启示及激励作用。

唐景崇在三兄弟中排行第二。他的人生经历与其兄弟二人有所不同。他对中国近代史的影响，主要体现在政治和文化方面。唐景崇入仕之后，主要经历了三个阶段：第一阶段，先是担任翰林院编修、内阁学士，以文案工作为主，接着担任礼、兵、工、吏四部侍郎，都察院左都御史等职，以协助办理中央部门政务及监察工作为主。第二阶段，先是主政地方学务，曾提督浙江、江苏两省学政，担任广东、浙江两省的乡试正考官，之后，以会试大总裁、殿试阅卷大臣、朝考阅卷大臣身份，参与清朝最关键的科举考试工作。在此期间，唐景崇还担任了两朝（光绪、宣统）帝师。他是清末科举考试重要的见证者和执行者，也是十分有社会声望的学者。第三阶段，唐景崇在晚年出任学部尚书、署理禁烟大臣，后成为“皇族内阁”、袁世凯内阁的国务大臣及学务大臣，是清末民初政治舞台上的关键角色。

《唐景崇传》依据翔实的历史资料，用纪实的方法，记述了唐景崇的一生。从传记中，人们可以知道唐景崇如何从偏僻贫瘠的桂北山区走到繁华京城，如何从年少的读书人转变为治国理政的行家，也能了解这种转变背后的社会因素、制度因素、家庭因素和个人因素。通过《唐景崇传》，人们不仅能认识唐景崇这个人，还能了解他所生活的那个时代、那个社会、那个王朝。

为了获得足够的依据，作者及研究团队利用多方社会力量，在全国各地开展艰辛细致的调查，从各级档案馆、图书馆、博物馆、展览馆、陈列馆等收集资料。分布在世界各地的唐景崧同胞三翰林亲属，也纷纷将自己收藏的资料贡献出来，供作者及研究团队使用。面对浩繁的资料，作者及研究团队秉持认真、严谨、求实的态度和立场，反复核对验证，对于一些重要的同时又存在明显分歧的史料，通过集体研讨予以确定，实在不能确定的资料，则暂时存疑，不在书稿中使用，以免造成混乱，导致读者的误判。毫无疑问，这种实事求是的研究态度与方法，是对中国史学优良传统的忠实继承，确保了全书的编写始终沿着正确的方向进行，并使书稿具有较高的质量。

唐景崇是有较重要政治地位的历史人物。对于这类人物，人们往往需要重点了解他的思想、政治主张，以及社会对其认可的程度。《唐景崇传》比较准确地把握了这一点。作者在全书中用较大篇幅介绍了他在反腐、维护及改革科考制度、绘制地图、办新学、设立“中央教育会”、推行新政以及著《唐书注》等重大事情上的态度、原则及其所采取的相应措施等。这些问题关乎国计民生和社会稳定及发展进步，具有重要的意义，唐景崇作为倡导者、策划者、主办者、监督者，对这些问题往往具有独到的见解，在解决这些问题的过程中有特殊的贡献。读者从书中可以比较深入具体地了解事情的来龙去脉，进而加深对重要人物在历史上的作用的认识。作者围绕这些重要问题，以展现事实—客观评析—做出结论的流程叙述历史，或者是将翔实的史料分为若干主题，用夹叙夹议的手法分别解析，最后提出自己的看法，促使人们独立思考，得出结论。虽然叙述过程较为复杂，但唐景崇的人物形象却得到了较充分的表现，从而较好地实现了人物传记的编写意图。

把历史人物写活，写出特点，并令人信服，是件很不容易的事情。唐景崇在王朝中身居高位，却较少为人们所熟知。如何在揭露清王朝腐朽没落的同时，肯定唐景崇为官从政的可取之处，是一个必须面对的难题。作者坚持用历史事实说话的方式予以处理。例如，光绪皇帝执政后，与慈禧太后的矛盾日益突出。唐景崇作为清朝重臣，既要在帝后矛盾中寻求平衡，又要在自己的职权范围内有所作为，这无疑需要极大的智慧和超强的能力。一方面，作者呈现史实，告诉人们以慈禧为首的清朝顽固派如何极力维护自己的统治地位，为此不惜出卖国家和民族利益，残酷镇压戊戌变法运动，后来，面对日益严重的民族危机，又不得不改弦更张，做出让步，被迫宣布实行“新政”。帝后矛盾在社会的迅速变化中更为复杂。另一方面，作者用事实说明，在动荡的社会形势下，唐景崇能够保持清醒的头脑，不以帝后两党势力选择立场，而是以国家和民族利益为出发点，忍辱负重，尽心尽责办理国事。清政府之所以不能不依靠唐景崇，一方面，是因为他长期在清朝中央机构担任要职，有丰富的识大局、理大事的经验。另一方面，是因为他勤勉敬业，为人诚实，与同僚和谐共处，深得同僚信任，同时，行事低调，不张扬，不推诿，不争功，不妄议。面对岌岌可危的局势，他从有利于社会改革、进步的立场出发，积极献计献策，竭力将一些正确务实的措施推行下去。作者有意用事实引导读者将他与清王朝的其他官员进行比较，使读者知道，他具有为国分忧、为民请愿的使命感，他始终没有丧失中国知识分子的基本品格和操守。身处高位，却能保持沉稳的性格和坚守较高的道德底线，是唐景崇在清末政坛上具有特殊地位并能有所作为的原因。长期以来，晚清的政治改革一直为后人诟病，而《唐景崇传》则通过对唐景崇这个历史人物的介绍，使人们了解到一些历史的真相。唐景崇不为人们所熟知，不是因为他胆小怕事、随波逐流，而是因为他具有非凡智慧，真正明白自己的命运与国家、民族的命运密不可分，愿意为国为民贡献自己的力量。在风雨如晦的晚清，能始终保持良知及政治定力的知识分子不多，而唐景崇是其中之一。

当然，唐景崇毕竟是晚清统治阶级的重要成员，其本身无法克服阶级的局限性。作者在书中依据历史事实，也指出了这种局限性。尤其是唐景崇负有重大责任的教育改革，作者在肯定其付出很大心血及取得公认成果的同时，引用时人评价，对其矛盾的心态以及失误进行分析。对于他在弹劾腐败官吏中的一些顾虑和妥协，也进行了如实的批评。

资政是史学的主要功能，实事求是乃史学的灵魂。《唐景崇传》尽管存在一些不足，但是，它能如实记载唐景崇的一生，并站在以史为鉴的立场，如实评价唐景崇在中国近代史上的地位与作用，仅此而言，它的社会价值与史学价值就不可忽略。

“灌阳县唐景崧同胞三翰林研究会”是一个团结奋进的群体。作为唐景崧同胞三翰林研究的组织者、承担者和促进者，他们始终以振兴地方文化、繁荣地方社会科学为己任，设定一个个目标，创造一个个条件，克服一个个困难，把研究工作扎实地推向更高台阶。在《唐景崇传》写作的过程中，文崇礼先生因病倒下，蒋人早先生毫不犹豫地接手进行研究、写作，令人感动不已。研究会具体负责人曹增平先生积极开拓，不断争取各种条件，开辟新的路径，团结会员，凝心聚力，秉公处事，联合攻关，令人信服、钦佩。因此，研究会的成果才能不断涌现。

我们有理由相信，《唐景崇传》经受得住社会的检验，并使唐景崧同胞三翰林研究的影响持续扩大。

（唐凌，广西历史学会会长，广西师范大学教授、博士研究生导师，广西师范大学学术委员会副主任）

目　录

第一章

家贫寒但有书香

一　世居灌阳江口

“唐景崇，字希姚，一字晚悟，号春卿，行三，道光甲辰年（1844 年）四月二十九日卯时生，广西桂林府灌阳县人。”[1]

唐景崇出生的时候，大清王朝已经开始衰落。1840 年鸦片战争爆发，西方列强的坚船利炮彻底粉碎了清朝统治者一向自诩为天朝上邦的美梦，中国主权独立和领土完整开始遭到破坏，硬生生被拖入半殖民地半封建社会。与此同时，国内也危机重重：吏治败坏，武备废弛，农事不修，工商凋敝，百姓挣扎在水深火热之中，农民起义此起彼伏。内外交困的大清王朝如汪洋大海中飘摇的破船，大有随时倾覆之势。

幸运的是，唐景崇出生在远离战火中心的桂北山乡——广西省桂林府灌阳县，其在同治十年（1871 年）三月参加会试的朱卷上填写的是“世居上乡江口市”。

灌阳是一个山区小县，距桂林府城有三百余里。东南面与湖南道县、江永县隔着逶迤的都庞岭山脉，南面与恭城相邻，西北面与灵川、兴安和全州隔着巍峨的海洋山山脉。两大山脉将整个县域围住，犹如一艘大船，中间是一块狭长的盆

[1]《唐景崇履历》，载虞和平主编《近代史所藏清代名人稿本抄本（第一辑）·唐景崇档》，大象出版社，2011。

地，灌江由南往北从盆地中间穿过。灌江两岸，或田地，或丘陵，村庄星罗棋布。

清代，灌阳县以县城为界，南为上乡，北为下乡。当时上乡有两个叫“市”的地方：一为黄牛市，距县城约四十里；一为江口市，距县城约二十里。这个“市”，不是现在行政区划意义上的“市”，而是指集中买卖货物的地方。

江口市（现为新街镇江口村）坐落于灌江东岸，江水由南向北滔滔奔流，左后方的马山江和右后方的安乐源江环抱于市前与灌江交汇，形成三江口，故名“江口”。江口开市的历史可以追溯到元代以前，那时候到桂林和平乐做生意的湖南人常在此地歇脚过夜，渐渐便形成了街市。此处用青石板铺成街道，街道两旁，商铺林立，有钱庄、肉店、米店、杂货店、豆腐店、染印店、药铺、打铁铺、缝衣铺以及供客商暂住的客栈伙铺等等。逢五逢十，周边十里八乡的人们聚集到这里赶圩，本地称“赶闹子”，或交易农副产品，或购买日常生活用品，整个街市人来人往，熙熙攘攘，一派繁华安乐的景象。

唐景崇的灌阳始祖纯明公于大清顺治初年，由湖南流落到人地生疏的江口市。其九世孙唐家美在《唐氏族谱》中写道：

纯明公同怀兄弟五，一迁居于四川，一迁居于云南，一迁居于兴安，一仍居于东安。惟吾祖纯明公于大清顺治初年由湖南东安县穆（模）村率其子章德、章徵、章行，父子四人以贸易来灌[1]。

纯明公兄弟五人，其中四人背井离乡，分徙各地，后人猜测当时家中发生重大变故，才会有如此大的迁徙。

无论出于何种原因，江口市成了纯明公一家新的安身立命之地。

（纯明公）善交久敬，爱众亲仁，积有余资，卜宅于江口市。安居乐业，其术

[1] 灌阳江口《唐氏族谱》，民国刻印本。

精于商勤于农。农商之事务仍不惮乎勤劳，而家资日趋于富有[1]。

在“家资日趋于富有”后，纯明公送其子孙入塾读书，以期子孙读书识理，家脉长远，荣耀显达。

纯明公大字不识几个，但他的眼光却要比一般人长远。他清楚，一个家族的兴旺发达不可能一蹴而就，需要一代人接一代人不断地努力，不断地传承，不断地累积，久久为功。他相信，只要将读书的种子植入后辈心中，潜移默化，终有一天会开花结果。

因此，唐景崇一出生，就与家族中一众子弟一起肩负起了使家族兴旺发达的重任。

二　课徒兼课子

灌阳虽地处偏远，但崇文重教之风历来浓厚。清人谢启昆编纂的《广西通志》记载，隋朝大业十三年（617 年）灌阳便创建了县学，为广西的第一所官学。明洪武八年（1375 年）开建社学，万历二十七年（1599 年）将旧学归永亭改为观澜书院。清康熙五十八年（1719 年）办义学，乾隆元年（1736 年）创立龙川书院。清代以来，主政者大都重视文教，因而灌阳人崇尚读书，尊师重教的传统绵延不绝。

唐景崇家是纯明公长子章德公直系一脉。灌阳有崇文重教之风，江口唐家也遵从始祖纯明公的遗愿，不遗余力地让其子孙受到良好的教育，但在定居江口市后的一百多年时间里，唐氏家族没有出过一个秀才，更没有入仕做官之人。

到了章德公四代孙，即唐景崇的祖父唐廷植，唐家的历史发生了重大转变——此公不甘寂然于野，摈弃耕作经商祖业，毅然、决然地走上科举仕进

[1] 灌阳江口《唐氏族谱》，民国刻印本。

之路。

唐廷植，字培之，号蓂阶，生于清乾隆四十年（1775年）。他天资不高，但勤奋好学，“承家学，以光大门闾为志”。他参加童生县试、府试，均取得不错成绩；参加学政主持的院试，也顺利过关。院试过关便成为生员，也就是人们常说的秀才。虽只是秀才，但他不仅改写了江口唐氏家族一百多年的历史，而且为子孙通向科场摸到了门径，积累了经验。

唐廷植考中秀才后，在科场上再没多大进步。唐廷植考中秀才获得了参加举人考试的资格，虽然头悬梁，锥刺股，寒窗苦读，科场拼考却总是屡战屡败，四十大几了，不得已才从府院灰溜溜地卷铺盖回家。踏进家门，这才发现，不仅家底已被耗空，而且自己也成了肩不能扛、手不能提的书呆子，根本做不了耕作经商之事，只能眼睁睁地看着田产荒芜，商铺败落。

生活逼着唐廷植走上了与祖辈截然不同的道路——设帐课徒，在江口一带当起了私塾先生。唐廷植开办私塾，除招收一些富家子弟，收取一定的费用以解决温饱之外，还有一个重要动机，就是使自家孩子和本族子弟接受教育，与其让别人教，还不如自己教着放心。故此，《唐氏族谱》将唐廷植的私塾教育概括为“课徒兼课子”。

唐廷植做了近十年的私塾先生，早已将科举求仕的希望寄托于孩子身上。道光五年（1825年）唐廷植年满五十岁的时候，科场又向他展露出一丝曙光——他被广西学政选定为贡生，推荐到京城国子监学习。这一消息重燃了他本已熄灭了的梦想，稍作准备，他告别妻儿，满怀期望踏上了北上求官之途。这一年的十月是皇太后的圣寿节，当年的贡生被统称为“恩贡生”，即受到皇恩沐浴的贡生，这比往届的贡生多了圈光环。唐廷植庆幸自己成为恩贡生，但不久后发现这并无意义，次年从京城国子监肄业后，他依然未能谋得一官半职。

唐廷植一番折腾后回到江口，面对日渐式微、陷入窘境的家庭，一向乐观淡定的唐廷植开始焦躁不安，无所适从。六月的某天他丢下家人，不知去何处待了将近两个月，回来已是中秋之夜。唐廷植将妻子和儿女叫到桂花树下，当着朗朗明月，宣布了一个重大决定：他要走出灌阳，去桂林设帐课徒。

三　结缘燕怀堂

桂林，是一座历史文化底蕴十分深厚的城市。在清代，桂林一直是广西的政治、经济、文化中心。在桂林城，省级机构有广西巡抚衙门、广西学政衙署，府级机构有桂林府台衙门，县级机构有临桂县衙门，广西贡院也设在城内。

先期，唐廷植是一个人去的桂林，想法也很简单——多赚些银子养家糊口。凭着办私塾的丰富经验和“恩贡生”的金字招牌，唐廷植在桂林设帐馆一帆风顺。老先生不仅书教得好，而且为人忠厚，不久便声名鹊起，引起了燕怀堂老板的注意。

燕怀堂位于桂林商贾云集的盐道街（今五美路一带）。盐道街，顾名思义是以经销食盐为主的街铺，商人从湖南或灌阳等地挑鸭蛋、桐油等土特产品过来，在这里换成食盐和铜盆、铁壶之类的工业品回去。这里熙熙攘攘，喧闹异常，而老板王云飞偏就喜欢闹中取静，在大街上独树“燕怀堂”旗号，集王家子弟开课授业。

王云飞去世，其子王诚仁接手燕怀堂后，誓重振燕怀堂，欲请高人坐堂，遂向四邻八县发帖，搜罗有名望的教书先生。此时，唐廷植恰好在桂林设帐课徒且颇有声名，王诚仁便多次登门，诚邀唐廷植到燕怀堂坐堂授徒。唐廷植虽喜出望外，但还是提出一个条件，即允其儿子唐开旭入燕怀堂与王家子弟一起读书。

“着哩，同窗互勉嘛！”王诚仁爽快答应。

自从摈弃祖业，走上求学问仕之道，唐廷植经受了太多来自家族和社会的嘲讽，承受了太多来自家庭和生活的压力。现在进城了，而且受到王诚仁的器重，生活稳定了下来，事业有了广阔的平台，更为重要的是儿子唐开旭可以入燕怀堂读书，这可是他实现家道中兴的唯一希望。

儿子唐开旭也争气，十一岁跟着父亲入燕怀堂，与王家子弟同窗共读，品学皆优。他成年后娶妻生子，并于道光二十六年（1846年）三十二岁时参加乡试，中了举人，实现了父亲一辈子都没能实现的愿望，唐廷植甚为欣慰。

唐开旭虽然中了举人，在科场上比父亲前进了一大步，但他跟父亲一样，未能谋得一官半职。道光二十七年（1847年），已七十二岁的唐廷植提议由儿子唐开旭接班执教燕怀堂，王诚仁不仅欣然应允，而且主动提出让唐开旭的儿子入读，如此，唐开旭便跟父亲一样“课徒兼课子”。

当时，唐开旭长子唐景崧五岁，次子唐景崇三岁。接到父亲信函后，唐开旭把老家的事处理清楚，便拖家带口，从江口搬到桂林，租居北门，接过父亲的教鞭，走上了燕怀堂的三尺讲台。

读到这段家史，唐家人特别感佩老祖宗唐廷植的远见卓识。假如他安于本分，像祖辈们一样在几十亩田地里摸爬滚打，唐家后来最多有可能出几个地主；假如他不跑到桂林，结缘燕怀堂老板王诚仁，唐家后来也最多是多出几个私塾先生。

事实证明，老祖宗唐廷植在家族发展方向上作出的抉择是正确的，他不仅将唐家从山村带到了城市，而且为子孙打开了科举入仕之门，为家道中兴初定了基础。

四　而受母教居多

江口《唐氏族谱》记载，同胞三兄弟“从未出就外傅”。人们不禁要问：三兄弟既然没有接受过外来先生的教育，那么是谁来教育培养他们的？经考据，他们受到的是家庭教育。

唐氏的家庭教育有一个不言自明的目标，那就是祖父唐廷植的为家之道：通过科考求仕，实现家道中兴。围绕这个目标，爷爷、父亲和母亲自觉地组成了一个严密的家教体系。

先看看爷爷这一环。

隔代亲，在中国社会是一个普遍现象，唐家爷爷对两个孙子（唐景崶在爷爷去世三年后出生）视为心肝宝贝，宠爱有加，呵护备至。唐景崧稍大一点，爷爷常抱着他讲故事、猜谜语，共枕入眠。唐景崇体质弱，爷爷磨芝麻、调米糊，找郎中开方抓药熬药汤，一匙一匙地喂养出一个健壮的二小子。夏天，爷爷牵着两个孙子上叠彩山捕蝉；冬天，爷爷带着两个孙子到雪地里撒欢。爷孙仨形影不离，鼻息相闻。清咸丰二年（1852年），太平军围攻广西省会桂林，战事持续了一个多月，桂林炮火纷飞。唐廷植当时在灌阳龙川书院讲学，因担心两个孙子的安危，在太平军撤围离去后，连夜赶回桂林，见唐景崧、唐景崇安然睡在床上，拥抱惊呼："吉人天相也！"

爷爷对孙子的隔代亲，不仅体现在无尽的疼爱上，更体现在将长辈的期望细化到日常生活的谆谆教导之中。唐廷植既是个读书人又是个教书人，特别懂得寓教于乐，寓学于趣。过年写春联，爷爷将两个孙子叫到案前，唐景崧磨墨，唐景崇折红纸，从润笔着墨，到"天对地，雨对风，大陆对长空"的声律启蒙，让孩子现场感悟对联的意趣；茶余饭后，喜欢讲几个谜语让孩子竞猜，从谜面编制到谜底扣合，激发孩子浓厚的求知欲。人有性格、天赋之异，唐景崧聪明伶俐，想象力丰富，爷爷就常给他诗讲李白，词讲苏轼；唐景崇朴实本分，不善言辞，爷爷就多给他远讲班固，近讲陈宏谋。在家庭教育体系中，唐廷植守好爷爷的本分，相亲相爱，却不忘本心。

再看看父亲这一环。

唐景崧、唐景崇以及唐景崶，满七岁便跟着父亲进入燕怀堂，与王家子弟同窗共读，接受系统的应试教育。父亲唐开旭与爷爷唐廷植的共同点是，一生除了读书应试就是教书育人。但他俩也有很大的不同，爷爷亲切和蔼，父亲严苛，特别是在读书应试上，父亲有着考中举人并参加会试的经历，对科举应试有更深刻的理解，因此在教学上，更贴近临场实战。比如说，新生入学，父亲规定两年时间内他们必须熟读"四书""五经"，而后是熟读"二十四史"、《昭明文选》等一长串书目；到了十岁，父亲便提早让孩子们学习八股文。

八股文是明、清两朝科举考试所采用的一种文体，从童试到乡试再到会试，考的其实就是八股文写作。因此，唐开旭特别重视对孩子们的八股文的写作训练，让孩子们反复做题，进行详细批解，并结合自己科场考试的经验加以指导，希望孩子们尽快熟练地掌握这一应试利器，实现蟾宫折桂。

清咸丰八年（1858年）正月初一，唐景崧十六岁、唐景崇十四岁，唐开旭写下《元日试笔示景崧、景崇两儿》一诗，鼓励两兄弟发奋读书，争取乡试马到功成。诗曰：

夜雨连晨洗岁华，鸿钧一气转龙坨。
尊馀腊酒偕妻醉，户换春联少客挝。
身外浮名同爆竹，眼前生计问梅花。
三年循例开秋榜，努力功夫邃密加[1]。

唐景崧回忆燕怀堂时写道："王氏在桂林曰燕怀堂，科第辈出。先大夫课读其家者十年，佑遐尤为乌衣佳子弟也。"[2]"先大夫"指先父，意思是说父亲唐开旭在燕怀堂执教时间很长，为王家培养了许多科举人才，其中较为突出的人才是后来成为词学"清末四大家"之首的王鹏运。

王家子弟虽优秀，但比起唐景崇三兄弟却总是有一些差距。为此，燕怀堂堂主及其家长们怀疑唐开旭课读时偏心，遂暗中窥视了半年，却没任何发现。原因何在？这就不得不说到唐氏家教体系中的重要人物母亲沈夫人。

最后看看母亲沈夫人这一环。

沈氏并不是唐开旭的原配夫人。唐开旭的原配夫人姓阳（在《唐氏家谱》中为杨，疑误），亦称阳氏。阳氏夫人体弱多病，无子嗣，中年而夭，"生卒失考，

[1] 唐懋功：《元日试笔示景崧、景崇两儿》，载《得一山房集》，光绪十九年刻本。
[2] 唐景崧：《请缨日记》，光绪十九年刻本。

葬于桂林北门外”[1]。

说到沈氏，先澄清民间和学术界的一个讹传。说唐氏三兄弟“幼年家贫，母早逝”，或说“由于母早逝，兄弟三人景崧居长，贫寒的家境带来的压力使其感受深刻”。这两段话出自两本不同却有相当影响力的书籍，都说到其母亲早逝和家境贫寒两件事，但关于母亲早逝的说法纯属讹传。

沈氏出生于嘉庆十七年（1812年）七月二十五日，比唐开旭将近大三岁。民间有“女大三，抱金砖”之说，自从沈氏嫁入唐家，唐家的运势开始转旺。一是沈夫人嫁入唐家后，先后为唐家生育了三男六女，从此唐家人丁兴旺。从信函往来和会试朱卷等资料查考，可以确定其兄弟姐妹的排行是：女景淑，行一；儿景崧，行二；儿景崇，行三；女行四、行五、行六无从查考；儿景崶，行七；女余唐氏，行八；女赵唐氏，行九。二是丈夫唐开旭在婚后十年即道光二十六年（1846年）考中举人。三是三个儿子皆入翰林院。唐景崶官至翰林院编修，可惜英年早逝；唐景崧官至台湾布政使，署理台湾巡抚；唐景崇官至国务大臣、学务大臣，官居极品，位极人臣。唐家的运势至此可谓登峰造极。沈夫人算是长寿之人，她于光绪二十四年（1898年）十二月二十七日在桂林离世，享年八十六岁，葬于桂林东乡里。

两本书中都说到的另一件事——家境贫寒，这倒是事实。《唐懋功列传》记载：“旋亦授徒，上有衰龄，下有稚齿嗷嗷然，悉仰馆谷。”[2]上有老，下有小，一大家子全靠唐开旭的教书收入勉强维持生活，而唐开旭还在不遗余力地追求功名，在唐景崇通籍之前，曾六次进京参加会试，每次往返都要一年多的时间，这期间全家人几乎没有生活来源。以至于粥能照影，经月不知肉味，孩子们“面具菜色”。好在沈夫人靠着她“藉女工以补家用”和娘家的接济，全家人才咸一餐淡一餐地挺过来。为此，唐开旭十分过意不去，作了诗《寄内》，表达了对沈夫人的感激之情和愧疚之意：

---

[1] 灌阳江口《唐氏族谱》，民国刻印本。

[2] 同上。

别来井臼累亲操，无米难炊计更劳。
且耐光阴谋缓度，网张四面聚钱刀[1]。

沈氏是桂林处士沈宗礼之女，千金小姐，大家闺秀。沈宗礼膝下无子，将女儿当作儿子养，倾其一生所学，悉心培养教育。女儿秀外慧中，饱读诗书，品学兼优，在那个年代只可惜生为女儿身，未能抛头露面。沈宗礼将宝贝女儿下嫁唐开旭并作二夫人，不能不敬佩其开明且有远见。嫁入唐家后，沈夫人“妇道允谐，母仪俱美”，是孩子们最好的家庭教师。

唐开旭白天带着孩子们到燕怀堂课读，因自己也要备考，所以孩子们晚上的学习辅导就全由沈夫人打理；唐开旭赴京应试期间，孩子们的生活和教育更依赖沈夫人操持。由此可见，母亲沈氏在孩子们的教育培养上，花费的时间和精力比父亲唐开旭多，故孩子们“受母教居多”。从父子科考成就看，沈氏的学识才情和教学水平也要比唐开旭高出不少。

是故，江口《唐氏族谱》载：

（沈夫人）以子贵，诰赠夫人。工诗赋，精时文。景崧兄弟三人先后登第，自幼秉庭训，从未出就外傅，而受母教居多。惟太夫人母家无嗣，其烝尝由唐氏子孙永远供祀[2]。

在中国封建传统文化中，男尊女卑在家谱中体现得尤为突出，女性能在族谱中记载姓氏、生殁时间、葬地等就很难得了，而江口《唐氏族谱》浓墨重彩地记载了沈夫人，并表示其母家“由唐氏子孙永远供祀”，这足以表明唐氏家族对沈夫人生养教育“同胞三翰林”之懿德高风的推崇与景仰。

---

[1] 唐懋功：《寄内》，载《得一山房集》，光绪十九年刻本。

[2] 灌阳江口《唐氏族谱》，民国刻印本。

第二章

三兄弟均点“翰林”

一　岁试补“廪生”

唐景崇同胞兄弟三人，在家族演进史上属“景”字辈。兄景崧，字仲申，号薇卿，出生于道光二十二年（1842 年）十一月，比唐景崇大两岁；弟景崶，字升鱼，号禹卿，出生于咸丰四年（1854 年）十二月，比唐景崇小十岁。

三兄弟禀性上，唐景崧、唐景崶较为相近，活泼外向一些，唐景崇则略显安静内向一些。唐景崇自小就认识到自己的天资比不上哥哥、弟弟，但他坚信勤能补拙。当哥哥和弟弟嬉戏玩耍时，他经常在一旁读书；当哥哥和弟弟洗脚上床后，他往往还秉灯夜读。

咸丰六年（1856 年），十四岁的哥哥唐景崧参加童试，一举中了一等第一名，成为生员，迈出了科举仕进的第一步。

所谓童试，即童生试，应试者均为未曾入学、无功名的读书人，无论其年龄大小，统称童生。“童试为士子进身之始。”考试分为三个阶段，由县试到府试再到院试，时人谓“略寓三升之意”。

唐景崇十四岁时参加童试。童试的第一阶段是县试，由知县主持，并按一定的数额选取，录送府试。清代县试规定，考生必须在原籍参考。唐景崇为灌阳籍，所以必须回灌阳参加县试。灌阳县试时间定在二月，因为天寒地冻，而且从桂林回灌阳要走三百余里的山路，母亲不放心，所以叫父亲带着他回灌阳参加县试。

唐景崇第一次参加县试，初试牛刀，经过五天五场考试，取得灌阳县第五名的不俗成绩，跟哥哥一样迈出了科举征程的第一步。

唐景崇顺利通过县试后，父亲唐开旭带着他回了趟江口老家。他们在唐氏宗祠祭拜过祖先，并上山扫墓后，旋即启程赶回桂林，准备参加四月由知府主持的府试。

府试，唐景崇顺利过关，由知府录送院试。

院试为童试最后一个阶段，由省学政主持。学政别称提督学院，故由学政主持的童试称院试。院试以府州为单位，学政轮番亲临各府，考试各府录取的所属府县的童生，实际上属于省一级的考试。院试的结果直接决定生员的录取，所以院试的重要性远远超过县试和府试。院试，唐景崇以优秀成绩过关，成为生员，又曰“庠生”，民间称“秀才”。

同治二年（1863 年），十九岁的唐景崇参加了学政主持的岁试，成绩位列桂林府第一名，补了灌阳县学廪生。所谓岁试，亦称岁考，是对在校生员的学业考核，目的是根据优劣确定奖惩。廪生，又称“廪膳生员”，意思是由公家发放膳食补贴的生员。廪生的名额本就不多，递补名额更少，唐景崇凭着在学政主持的岁试中名列第一的成绩，获得递补廪生，这对家境贫寒的唐家来说是件天大的喜事。成为廪膳生员就等于吃上了“皇粮”，每年地方政府会发放廪饩银四两。

唐景崇考取生员后五年，即同治七年（1868 年），其弟唐景崶参加童试。过五关斩六将，唐景崶顺利考取生员，三兄弟开始了科场赛跑。

二　乡试中“经魁”

考中生员，经过学政的科试，就可以参加乡试考举人了。

咸丰十一年（1861 年）秋，十九岁的唐景崧跨进广西贡院参加乡试，一炮打响，高中头名解元，再次为两个弟弟树立了榜样。

乡试是科举取士的第一级考试，旨在选拔参加会试者，所谓的“抡才大典”

即始于此。明、清两代，乡试是在各省省城举行的科举考试，通常是每三年一次，时间定在当年秋八月，故称“秋闱”。考中举人就取得了进京参加会试的资格，无论会试考取功名与否，往后都不用再参加乡试就可以赴京会试，亦可经截取、大挑等入仕做官。

同治六年（1867 年）八月，秋风送爽，桂花飘香。时年二十三岁的唐景崇风华正茂，蓄势待发，信心满满地等待这一刻的到来。好在广西贡院就在桂林，有了近水楼台之便，省去长途跋涉之苦。

此次乡试，广西参加人数超过两千五百名。录取名额各省均有定数，广西为四十七名，另有捐输广额一次一名，永久四名，共计五十二名。唐景崇名列第四名，虽然比不上获第一名的兄长唐景崧，但也是很优秀的成绩了。

乡试中，第一名举人称解元，第二名举人称亚元，第三、第四、第五名举人统称经魁。故此次发榜后，人称唐景崇为“唐经魁”。唐家先出了解元，现在又出了经魁，在省城桂林仍至广西引起了轰动。

发榜后第二天，照例在广西巡抚衙门举行隆重的鹿鸣宴，庆贺新科举人。唐景崇及一众新科举人在司仪鼓乐的引导下进入宴会大厅，依次拜见主考、监临等各官后入座。鹿鸣宴上，唐景崇对考官们礼敬有加，他成熟稳健、器宇不凡，令广西一众官员刮目相看。正考官钱宝廉夸其“桂林人才，必有大用”。

鹿鸣宴后，新科举人均有旗匾银及冠服赏。所谓旗匾银，又称“牌坊银”“坊价银”，专供中举者回故里竖旗、制匾、建坊之用，朝廷规定，每名新科举人可领旗匾银二十两。所谓冠服赏，或为实物，或折银，广西此次是赏袍服、顶戴等，合银四两三钱六分。两项赏赐，对唐景崇这样的贫寒士子不仅是荣耀，更是雪中送炭。

仅隔三年，年仅十六岁的弟弟唐景崶跨进广西乡试考场，他不负众望，以第十二名的成绩中举，开启了追随两位兄长进京会试的征程。

三　会试首战，功亏一篑

乡试中举，唐景崇取得了进京会试的资格。

因举子会集京师参加考试，故名会试。会试由礼部主持，故又称“礼闱”“礼部试”。清承明制，定会试于丑、辰、未、戌年春天举行，是故又称“春闱”。每隔三年，逢丑、辰、未、戌年的会试称正科，或遇皇恩浩荡而特别开设的会试叫恩科。

“连捷进士”，是说在中举后的第二年就考中进士，这种幸运者在科举史上并不多见，堪称奇迹。绝大多数人是连着经过数科奋斗，或者间隔数科再回到会试考场上拼搏数载甚至数十载，这样摸爬滚打取得的进士，才是常态。

咸丰十一年（1861 年）秋，唐景崧中解元后，时年四十七岁的父亲唐开旭便带着十九岁的他离开桂林，赴京赶考了。第二年，父子俩一同参加同治元年（1862 年）的正科会试。这是父亲唐开旭第四次、兄长唐景崧第一次参加会试，结果他们双双落榜。同治二年（1863 年），适逢新帝登基，开考恩科，父子俩携手又战，亦未能遂愿，再度名落孙山。父亲屡战屡败，已是身心俱疲，且桂林家中无人照应，尽管心有不甘，但也只得暂且作罢，留下唐景崧在京城准备下一科考试，自己落寞地回了桂林。

下一科于同治四年（1865 年）开考，唐景崧三战春闱，终于破局，不仅顺利入闱，而且在殿试中取得了二甲第八名的优异成绩，并在后面的朝考中被钦点为翰林院庶吉士。消息传回桂林，全家人无不为之欢欣鼓舞，尤其给即将进京应试的唐景崇以极大鼓励和鞭策。

唐景崇是同治六年（1867 年）的新科举人，风头正劲，且有兄长做榜样，全家人都支持其参加第二年戊辰的正科考试。

这可是件紧迫的事，从秋闱到春闱，满打满算只有六个月时间，而桂林距京城四千六百多里路程，即使京官领凭到桂林赴任，一路驿马相送也得宽限百日，在桂林的举人进京赶考起早摸黑赶路起码要五个月。礼部会试虽然例定三月初八点验入场，初九开考，但像唐景崇这样的新科举子，必须在二月初十前到京，按要求办理一系列资格审定手续并参加各省新科举人乡试覆试。就算一路顺利时间也很紧，稍遇不顺就要耽误大事，所以人们往往以“赶考”形容之。道光十五年（1835年），唐景崇的岳父龙启瑞就是被大雪阻于武陵而错过了会试之期。

时间紧迫，母亲忙着为唐景崇打点行装，父亲则一边帮着跑衙门办理各种行前手续，一边找亲友筹措盘缠。由于家境贫寒，供唐景崇个人进京的费用难以解决，父亲不得不放弃陪儿子赶考的打算。好在朝廷为进京应试举子发放了一定数额的盘费，称“起送会试银”，以路途远近和各省财力有所不同，到唐景崇这一科，广西刚好增加“起送会试银”至十二两七钱八分，这可帮了唐家的大忙。一切准备停当，唐景崇择定吉日出发。

这是唐景崇第一次出远门，也是唐景崇第一次参加会试。带着父母的嘱托和妻子的叮咛，唐景崇洒泪告别亲人，踌躇满志地踏上征程，向京师进发。虽然没有亲人陪伴，但有同年和往届的举子结伴同行，一路相互扶持，切磋学问，倒也不觉孤寂。

从桂林赴京城，是一路向北，从秋天走到冬天。一路上，枯黄的野草，光秃的树干，刺骨的寒风，飘洒的雨雪，让从南方来的唐景崇对冬日有了深切的体验。唐景崇一路上风尘仆仆，紧赶慢赶，还是没有赶上在京师贡院举行的各省新科举人的乡试覆试，但好在最后关头赶上了顺天续补行覆试。

这次参加顺天续补行覆试的各直省乡试举人共有四百六十九名，其中列入一等的五十名，列入二等的一百名，列入三等的三百一十八名，列入四等的一名。唐景崇考入二等的第二十一名，得以参加礼部会试。

顺天续补行覆试在二月底进行，离会试点验入场只有几天时间。唐景崧特意赶到唐景崇下榻的广西会馆为唐景崇加油鼓劲，同时传授应试经验。

三场试一考完，唐景崇和众多举子怀着忐忑不安的心情等待着开榜。虽然有心理准备，但真正落榜下第的消息传来，唐景崇心里还是不好受，他第一次尝到了失败的滋味。

参加科举考试，是一场不折不扣的持久战，既考参与者的学识才情，也考参与者的体格、耐力和定力。第一次挑战礼闱失败，唐景崇在京城稍作停留后，郁郁南归。

回到桂林，唐景崇再度进入潜心苦读的状态，“两耳不闻窗外事，一心只读圣贤书”。

四　会试再战，被钦点“翰林”

时光在唐景崇埋头苦读中悄然流逝，转眼就到了同治九年（1870年）秋。

与上一次唐景崇独自进京不同，这一次举家一起北上，赶往京城。这一次，还是“赶”，因为其弟唐景崶参加秋闱，刚刚得了新科举人，准备参加同治十年（1871年）辛未科会试大战，不仅唐景崇将出马再战，其弟唐景崶也首次披挂上阵，其父唐开旭更是心有不甘，决心第六次出征挑战。

这一科，皇上钦命大学士朱凤标为正考官，工部尚书毛昶熙、都察院左都御史皂保、内阁学士常恩为副考官。一正三副分别称为总裁、副总裁，都是位高权重、学问了得之人，所有考中者皆敬称之为“座师”。此外，还有十八位进士出身的同考官，谓之“十八房”，考中者称之为“房师”。

会试考三场，试期为三月初九、十二、十五，每场皆先一日点验入场，次一日放出。

三月初八，在唐景崧的陪同下，唐开旭、唐景崇、唐景崶跟其他考生一样，按规定要求提前来到京城东南边的贡院外等候点验入场。参加此次会试的举人有七千一百多人，其中广西有二百三十一人，他们不分老幼，将在这场“抡才大典”上，为争夺入闱中额，展开决定命运的考试大战。

点验完毕，唐景崧向父亲深鞠一躬，看着两位弟弟说：“去吧，青云有路志为梯！”唐景崇、唐景崶挽着父亲，向唐景崧挥挥手，神情庄重地走向贡院禁门，内心所想却各有不同：唐开旭五十有七，已经六战春闱，多少有些担忧；唐景崇二十七岁，正值当年，再战礼闱，志在必得；唐景崶年方十七，血气方刚，首次出战，跃跃欲试。进入禁门，父子三人击掌而别，依序步入各自长五尺、宽四尺的单间，正襟迎战。

三场考罢，例定四月十五日揭晓，在规定限期内，放榜的具体日期由主考官共同议定。会试之榜，以甲第言，称甲科甲榜，取中者为贡士，第一名曰会元。凡榜上有名取得贡士者，通过覆试，即可参加殿试，成为“天子门生”。

在等待放榜的日子里，小道消息不胫而走，传言更是一天一个版本。唐开旭、唐景崇在会馆等待，他们心里清楚该来的自然会来，而唐景崶则不一样，因为是第一次参加会试，加之刚到京城，满是好奇，所以就整天在京城各家会馆间游走，打探消息。

放榜之日，考生云集礼部署衙之前。当榜张挂，官兵守护。唐景崧挽着咳嗽不停的父亲，与两个弟弟挤进人潮，四人八目看得清楚：同治辛未科会试，全国入闱三百二十六名，入闱率不到百分之五，其中广西入闱十三名，入闱率百分之五点六。唐家老二唐景崇榜上有名，位列第二百四十二名。父亲唐开旭和老三唐景崶却是榜上无名。唐景崇此时是兴奋的，先前的一切努力终于没有白费，在长长舒了一口气之后，转头寻找父亲和弟弟。只见父亲佝偻着背，站在人群外，唐景崇赶快过去扶住他。父亲脸上既有欣慰，也有不甘。

唐景崇此次会试入了闱，成为贡士，也成了“准进士”，因为后面的殿试不会再有人被淘汰，只是确定等第、排定名次罢了。

容不得喘息，四月十六日，唐景崇及所有入闱者参加了一场覆试，唐景崇以二等第十五名通过。覆试虽然过了，但还得通过殿试才能授以功名。

四月二十日，同治皇帝亲临保和殿，策试天下贡士。殿试是以皇帝的名义举行的，所以与乡试、会试不同，不设主考官。数百份试卷谁来评判？皇帝不可能一一过目，故殿试设读卷大臣。今科殿试，以大学士瑞常领衔，户部尚书宝鋆、刑部尚书全庆、工部尚书毛昶熙、都察院左都御史庞钟璐、户部左侍郎廷煦、兵部右侍郎黄倬、都察院左副都御史刘有铭担纲殿试读卷大臣，协助皇帝阅卷并推荐十份优甲试卷。

四月二十四日，同治皇帝御驾乾清宫，召见读卷大臣，亲自阅定进呈的十份优甲卷并钦点甲第。

第二天，同治皇帝御驾太和殿传胪，赐一甲梁耀枢、高岳崧、郁昆三人进士及第，二甲恽彦彬等一百二十三人进士出身，三甲李绂藻等两百人同进士出身。唐景崇列二甲第六十三名，总排名第六十六名，虽然比其兄唐景崧总排名第十一名落后一点，但也算得上优秀了，全家人为之席开六桌，以诗酒相庆。

按例，取得一甲进士三人立即授职入官，状元授翰林院修撰，榜眼、探花授翰林院编修。二、三甲进士则还要朝考一次，综合前后考试成绩，分三等派任：一等，入翰林院，即俗称的“点翰林”，点中的入翰林院做庶吉士；二等，签发六部任主事、中书、博士、推官等；三等，派发外地任知州、知县等职。

朝考依例于四月二十八日在保和殿举行，距传胪仅三天。从三月初九考到四月二十八日，唐景崇连神都还没回过来。好在朝考只行一日，当日完卷，次日公布名次。唐景崇强打精神，稳定发挥，朝考总排名跟殿试时差不多，排名第六十三名。

朝考名次出炉，五月初一依例举行隆重仪式，皇帝引见全体新科进士。这一天，皇上出御便殿，新科进士被分批引至，唱名叩头，由皇帝钦定次第和任职去向。不出意外，唐景崇被钦点为翰林院庶吉士。

此次和唐景崇一起被钦点为翰林院庶吉士的共九十人，这在清代历科中算是较多的。历史记载，同科的一甲三人，状元梁耀枢官至詹事止步。榜眼高岳崧、探花郁昆则在翰林院编修的职位上就此打住。此次钦点的翰林院庶吉士中，出了三位晚清重臣：一是李殿林，二甲第十八名进士，官至吏部尚书、协办大学士，谥“文僖”；二是瞿鸿禨，二甲第六十六名进士，官至军机大臣、外务部尚书、协办大学士，谥“文慎”；三是唐景崇，二甲第六十三名进士，官至国务大臣、学务大臣，谥“文简”。此科还出了侍郎、内阁学士、总督、巡抚、布政使等一二十位极有影响的人物。这特别有警世意义：读书考试与当官做事真不是一回事。

唐家同胞三兄弟中的老大唐景崧和老二唐景崇先后中进士并被钦点“翰林”。有两位兄长做榜样，六年后的光绪三年（1877年），老三唐景崶不负众望，二十三岁参加会试，入闱；殿试取得二甲第四名，总排名第七名的优异成绩；朝考同样被钦点为翰林院庶吉士。

“同胞三翰林”一时间成为京城街头巷尾、茶坊酒肆的美谈。

同胞三兄弟先后被钦点“翰林”，最高兴的当然是家人，特别是他们的父亲唐开旭。父亲唐开旭道光二十六年（1846年）中举后艰难地跋涉在科举仕进这条路上。“公车蹉跎，百折不回。”[1]“七赴礼闱，五荐（参加截取、大挑等）弗售。”[2]同治十三年（1874年），唐开旭最后一次战“春闱”，但最终未能如愿。自此，唐开旭精力日衰，对科举仕进之途彻底绝望。

就在老三唐景崶被钦点“翰林”，好日子刚开头的时候，光绪三年（1877年）十二月十一日，唐开旭带着培养出“同胞三翰林”的自豪和欣慰，也带着满心的不甘和失落，撒手人寰，享年六十三岁。

---

[1] 唐懋功:《得一山房诗集》，光绪十九年刻本。

[2] 灌阳江口《唐氏家谱》，民国刻印本。

第三章

性孤介久困词垣

一　半步修行

唐景崇在翰林院一待就是十九年，分两个阶段：先是三年庶吉士，后是十六年编修。

清代的翰林院，承袭明朝“非进士不入翰林，非翰林不入内阁”的惯例，是地位极为特殊的中央机构，朝廷养才储相之所。翰林院设侍读、侍讲、修撰、编修、检讨和庶吉士等职位，通称“翰林”，尊称“太史”或“太史公”。这些职位中，唯庶吉士是否算官没有定论。《清史稿·职官志》只讲庶吉士为翰林官，但又无品无级。清人潘世恩《玉堂鸣盛集》序中说：“庶吉士非官也，散馆乃授七品职。”

明代黄佐在《翰林记》中称庶吉士为“半步修行”，意思是说庶吉士距离真正的官职还差半步，只有经过三年庶常馆的系统学习培训，散馆后方可跨完这半步，正式入职做官。半步修行也是修行，凡是修行，总是要耐得住寂寞，经得起诱惑，扛得住磨砺。

清朝早期，庶常馆就设在翰林院内，后考虑到翰林院是个官署，职掌甚多，加之编纂任务繁重，人员往来较多，难免影响到未来栋梁之才静心读书。雍正十一年（1733年），雍正皇帝“特赐官房一区于正阳门内迤东，当翰林院之西南，相去不一里面城”[1]，是为庶常馆，全称“恩赐教习庶常馆”。庶常馆环境极为安

[1] 英廉等编《钦定日下旧闻考》卷六十四，清乾隆五十三年，武英殿刻本。

静，馆舍宽敞雅洁，藏书十分丰富，的确是个读书的好地方。乾隆皇帝曾赐以“芸馆培英”四字大匾，寄望甚殷。

清朝廷十分重视对庶吉士的培训，可以从以下两个方面看出。

一是皇上亲自指派翰林出身的重臣担任教习，称大教习；同时挑选翰林院讲读以下资深学优者协助教习，称小教习。唐景崇这一科庶吉士的大教习是兵部尚书载龄、户部右侍郎李鸿藻，小教习则为翰林院编修张之洞等。大教习本身职掌重，不可能全身心投入教习之中，只是定期到馆检视而已，因此，分司训课的任务主要落在张之洞等小教习身上，他们才是庶吉士们真正的授课老师。

二是管理规定严格而精细。从清初制定沿用至清末的《庶吉士进学规条》可以看出：学习范围，“诸士入馆后，本经之外别治一经，必须熟读背诵。与同经者讲究，务求实有心得。俟一经既明，乃再治一经，期以三年五经皆遍，外加古文、唐诗，悉听馆师掣签背诵。次则博观史传，考究古今得失”。尊重教习，“凡有训诲，满汉诸士必恭敬听受，批改诗文必遵奉省改，其有慢师自是，屡诲不悛者听馆师开送内院”。学习纪律，要求“每日定以清晨入馆，申时乃散，毋得偷安，私寓隳志废业。如过期不到馆中，及不候申时辄先出馆，或屡次托故给假不进馆者，听馆师记过登簿。每月开名送览”。作业要求，“汉书诸士每月作课四篇，文二，诗二，满书诸士半之，愿全作者听。务令馆师当面看作，即日交卷，呈馆师批改仍遵题准事理。至次月初二日将批改原稿呈送内院验看，如有作课不完及草率完篇者，记过登簿，每月开名到院”，“翰林以文章为职，古文诗赋俱当举法前代大家，务须典雅醇正，勿为险怪纤巧”。考试要求，“每月赴内院考试，照例举行，大寒大暑暂免。汉文诸士考文一篇、诗一首；满书诸士考满字文一篇，或一文一诗，愿全作者听”[1]。

庶常馆学习条件很好，不仅藏书丰富，而且有学问了得的教习指导，但认真研读者并不甚多。庶吉士经历几载或几十载寒窗之苦才进入这里，可谓是身心俱

---

[1]《庶吉士进学规条》，中国第一历史档案馆档案。

疲。进得门来，经典还是那几卷，学习形式也还是诗赋策论，日复一日，年复一年，青灯古卷，无异于生命的终极挑战。因此，许多人便想出种种排解厌倦、郁闷情绪的偷懒耍滑小把戏，常常弄得教习哭笑不得，“施法更厉”。

唐景崇“性孤介，寡交游”，喜欢安静且嗜爱读书，特别适应这里的环境，他也非常珍惜在庶常馆学习的机会，其“质相诚笃和勤学好问”的品性，深得张之洞等教习的赏识。

光阴荏苒，日月如梭，转眼到了同治十三年（1874 年）四月，唐景崇在庶常馆三年学习期满。按例，所有该科庶吉士都得经过散馆考试，以决定官职去向。

又是一次关乎仕途命运的考试。唐景崇等庶吉士们无不绷紧神经，提前进入临考状态。散馆考试将把庶吉士按三等进行分派：一等留翰林院做编修、检讨，谓之“留馆”；二等如唐景崧签发六部中的某部候任主事之类；三等分配京外做知县等。不管考得好与不好，都可以做官，而且都是七品，但地位、待遇却差别巨大。编修，虽说也是七品，但当朝可以入值内廷，有机会接触权贵甚至皇帝，通往权力中枢的大门随时向他们敞开着。因此，在京城谁也不敢看轻七品编修，一些达官贵人甚至不惜纡尊降贵，逢迎结交。编修外派时，则可能兼职出任某省学政，或担任乡试主考官，权倾一方的总督、巡抚也会对其高看，与之友善相交，期盼日后到京城有人照应。这岂是主事、知县之类七品官所能比的！所以，庶吉士们在散馆考试中，虽然笔墨落在纸上，眼睛却是死盯着“留馆”的。

唐景崧六年前在散馆考试中粗心率性，只考了二等，至今还在吏部候补主事的职位上。有兄长前车之鉴，唐景崇不敢有丝毫懈怠，抖擞精神向编修职位冲刺。

四月十八日，散馆考试照例在保和殿举行，大殿内仪式隆重，气氛肃穆，在满汉教习的引导下，唐景崇等庶吉士们行三跪九叩之礼，坐定。礼部、吏部官员散卷，唐景崇等恭领钦命试题，答卷。完卷后，吏部官员收卷呈进，钦定甲乙。唐景崇列二甲第三十二名，还算是个不错的成绩，比其兄三甲第十二名前进了一大步。

四月二十八日，皇帝引见散馆人员，分别除授：二甲五十三名庶吉士全部授职翰林院编修，三甲前九名庶吉士授职翰林院检讨，列于三甲中等的七名庶吉士着以部属用，列于三甲最后的十七名庶吉士着以知县即用。

唐景崇如愿以偿，实现了“留馆”目标。

二　记名遇缺题奏

结束了三年庶吉士“半步修行”，唐景崇正式成为翰林官，开始了他漫长的宦程跋涉。将之称为“宦程跋涉”，是因为对于像他这样家世清贫又不肯攀附钻营的人，在官场每前进一步，都要付出很多的心血汗水，经历很大的挫折磨难。

翰林院主要职掌经筵日讲、论撰文史、科举考查、起草诏书条制、入值侍班等，是一个专事学术研究兼具部分秘书职能的中央机构。其衙署承明之旧，位于皇城以南，规模宏大，亭台楼阁错落有致，小桥流水曲径通幽，诗碑处处，典故无穷，草木有情，步步风流。

翰林院之所以成为庶吉士们竞逐的目标，是因为其为人才储备之重地，卿相晋进之摇篮。其实大家心里明白，晋进的机会并不多。查清代《缙绅全书》，同治十三年（1874 年）秋，与唐景崇一起列在翰林院编修职位上的就达一百七十四人，连其老师张之洞也在列[1]，并且每三年一科皆有留馆，出少进多。万一碰上呢？庶吉士们大都抱着这种心态，能赖的便赖下去，也有凡心浮躁不愿赖或估计自己升转无望的，便另谋他就，一去不返。

唐景崇是一个具有超强定力，始终坚守本分的人。“不畏浮云遮望眼”，既然进来了，就老老实实待着，兢兢业业干自己该干的事，读自己喜欢读的书。

可只干到这年冬天，朝廷就出大事了：同治十三年十二月初五（1875 年 1 月 12 日），年仅十九岁的同治皇帝载淳溘然驾崩。因皇帝没有子嗣，由谁继承皇位成为皇家权力重新洗牌的重大问题，这也将波及唐景崇的前途。在慈禧太后强势

---

[1] 国家清史编纂委员会编《清代缙绅录集成》，大象出版社，2008。

主导下，两宫皇太后商定由醇亲王奕譞之四岁儿子载湉继任皇位。迎立四岁载湉为新君，完全是慈禧太后为实现自己再度垂帘听政继续统治王朝而设下的计谋。

正是这位年号光绪的皇帝，日后为唐景崇提供了广阔的发展空间，为其仕途提供助力。

光绪元年（1875年）新君上位，四月举行翰詹大考。所谓翰詹大考，是指翰林院官员自侍讲学士、侍读学士以下，编修、检讨以上，詹事府官员自少詹事以下，中允、赞善以上，每隔数年临时召集的考试，不许称病托词，规避请假，称为大考。据考试成绩、等第高下分为五等：一等者少则三名，多则五名，立加超等升擢，可由七品升至四品；二等列前者，或酌量升阶，或遇缺题奏，赏给文绮；三等列后者，或降等录用，或罚俸；四等者或降调，或休致；不入等者立革职。因此，大考被戏称为“翰林出痘”，即一道鬼门关。最后结果揭晓是在带领引见之时，皇帝注视之下，重臣见证之时，参试者的一生宦程，或就此大体定下了。

其时，唐景崇入职编修刚满一年，算是遇上了一次不错的机会，他信心满满，准备迎战大考，接受检验。

四月二十四日，翰詹大考在乾清宫举行。五月初二公布结果，原本一等确定五名，但一等第五名的钟骏声奉旨降为二等第六名，本来列二等第十一名的唐景崇就变成了二等第十二名，在参加考试的一百五十九人中名列第十六名，这算是相当靠前的名次了。同年的瞿鸿禨考得一等第二名，立马擢升为从四品的侍讲学士，升了五级，可谓是平步青云；张佩纶考得二等第三名，升任为从五品侍讲，升了三级；考得二等前九名的都获得立即升迁的机会。二等第十名至第十六名为编修潘衍桐，侍讲欧阳保极，编修唐景崇、恽彦彬、崔国因、陈宝琛，侍讲吴仁杰均着“记名遇缺题奏”，并各赏大卷缎袍料一匹、小卷缎袍料一件。列三等以下的，有的是降级，有的是降级并罚俸，有的是罚俸，二十六人受到不同处罚。

错过了这次大考晋升的机会，唐景崇在翰林院编修的职位上继续待着，直至十五年后在仕途迎来曙光。

三　从协修到总纂

翰林院看似职掌很多，但大多是一些临时派充的任务。光绪三年（1877年）十二月，唐景崇被安排到国史馆担任协修，而且一干就是十年；光绪十三年（1887年）十一月，他又被抽调到功臣馆担任纂修；不到一年，光绪十四年（1888年）八月，他又被调回国史馆，担任纂修。唐景崇在任职编修期间的主要工作为修史，且大部分时间待在国史馆。

国史馆是清代研究并纂著国史的专门机构。康熙二十九年（1690年）为纂修天命、天聪（崇德）和顺治三朝实录，正式设立国史馆，书成馆撤销。乾隆元年（1736年），为修天命、天聪（崇德）、顺治、康熙、雍正五朝本纪再开国史馆。本纪成，馆亦停。乾隆三十年（1765年）重修国史，又开国史馆，并设其为常设机构，隶属于翰林院。

国史馆有一支庞大的编纂队伍，光绪十四年（1888年），官员多达六百三十二人。其职位设置主要有总裁、副总裁、清文总校、满提调、汉提调、蒙古提调、帮提调、总纂、纂修、协修、笔削员、校对、收掌、誊录、供事等。纂修人员是国史馆修史的承担者，是国史馆组成人员中的主体部分，包括总纂、纂修、协修等，计有一百多人。

唐景崇在国史馆先做协修，后做纂修。国史馆按照“总纂、纂修、协修各任纂辑之事”，“初辑功课，协修领办；复辑功课，纂修领办”。按协修写初稿、纂修改复稿、总纂审稿的原则，将应纂志、传、表等史稿或按人数或按章节类别分派给唐景崇等纂修、协修人员纂写，谓之分工课。为保证纂稿质量，要求纂辑人员“必细心搜讨，详加考核，以求完备。初辑者不宜拉杂，复辑者不得敷衍了事”[1]。

国史馆虽然是一个常设机构，但编纂人员大部分属于兼职。因此，国史馆实

---

[1]《国史馆档案》，中国第一历史档案馆档案。

行的是日常考勤和定期功课考绩相结合的特殊管理制度和方法。国史馆规定：每月逢三、六、九是例定堂期（坐班），各职员均应到堂，“夏令早堂期八钟，午刻散值；冬令晚堂期则午刻到馆，五钟散值”[1]。任务多时，逢五、十两日加班。同时提倡鼓励纂修官于非堂期到馆加班。

唐景崇“博览群书，通天文算术，尤喜治史”，在国史馆算得上是得其所哉，扬其所长。其为人称道之处：一是“严守馆规”，每到堂期，唐景崇从不误点，更不会缺席。二是严谨治史，绝不敷衍，恪守“不溢美，不饰恶，秉笔直书”，坚持“论从史出，史由证来，证史一致，史论结合”，深得总纂、纂修同仁们的赞许和推崇。《唐景崇履历》记载，在国史馆例行五年一次的考课中，唐景崇获得三次加级[2]。

因在国史馆的卓越表现，光绪十五年（1889年）十二月，唐景崇由国史馆纂修派充会典馆绘图处总纂，自此离开了工作将近十二年的国史馆，跨进了一个全新的领域。

四　一条裤子七个补丁

按下会典馆绘图处总纂不表，先回头看看唐景崇的家庭生活状况。

唐景崇当编修十六年，日子过得就一个字——苦，不是当事人都难以体会。他的前辈嘉庆朝的王鼎追忆留任编修的穷困日子，以“穷饿日益甚”的话语概括，算是道出了其中的真味。

晚清京城官场，两极分化极为严重，有的官员富可敌国，过着穷奢极侈的生活，有的官员却只能日食两餐，过的是极为清苦的日子，唐景崇就是清苦官员中的典型代表。

---

[1]《国史馆档案》，中国第一历史档案馆档案。

[2]《唐景崇履历》，载虞和平主编《近代史所藏清代名人稿本抄本（第一辑）· 唐景崇档》，大象出版社，2011。

唐景崇做翰林院编修十六年，七品官，正俸一年四十五两银，另按俸银每二两给禄米半石。地方官有养廉银，京官则给恩俸。乾隆帝即位后，考虑到京官薪俸太少，生活困难，下诏给官员加薪，京官不论品级高低，一律按照原俸加倍发放，俸米也按照原数加倍发放，这就是恩俸。由于朝廷财政困难，只能按六折发放，七除八扣，即使领双俸，到手也只有六十两左右。现银之外另有俸米，但五品以上者才给白米，五品以下者仅发老米，老米多不能食，只能折给米店，“两期仅得好米数十”。

像唐景崇这样的京官，维持一个家庭一年在京城的生活到底要多少钱？张之洞在《请加翰詹科道津贴片》中有个概算：“计京官用度，即十分刻苦，日须一金。岁有三百余金，始能勉强自给。”[1] 由此可以推想，唐景崇家庭财政缺口有多大。其父母年高体弱，没有经济来源；其兄唐景崧此时已有老婆孩子一大家子，自顾不暇，一度靠借贷度日；其弟唐景崶也已成家，有自己的日子要过。因此，天大的重担，也只能唐景崇扛着。

维持一家人日常生活开销已经不堪重负，还有必要的人情往来、官服购制、车马仆人等费用要开支。

除正项收入外，唐景崇同大多数翰林官一样，还有两项收入作为补充。

一是“桌饭银”。唐景崇在国史馆、武英殿、会典馆兼职，按照规定，根据出勤和完成功课，可以领取一些津贴，叫“桌饭银”。“桌饭银”按照官员品级发放，品级越小，所得越少。像唐景崇这样的七品编修，所得津贴不多，聊胜于无。

二是“印结银”。所谓“印结”，其实是清代的一种行政文书。清朝制度规定，凡外省人在京考试、大挑和捐官等，皆须同乡京官出具保证书，保证考试、大挑和捐官等的同乡身家清白，并无作假等情况。保证书叫“结”，盖印的保证书叫“印结”，上边必须盖六部印。京官出结，是要承担风险的，一旦发现被保

---

[1]《请加翰詹科道津贴片》，载赵德馨主编《张之洞全集》，武汉出版社，2008。

者的身份有假，出结官也会被问罪。于是，需要出具印结者免不了对出结官馈赠一二，久而久之，馈赠成了规矩，甚至有了固定数额。为了这笔馈赠能够让同乡的官员利益均沾，同乡京官便成立“印结局”，公推年高资深者主持，凡入局为同乡出结者每月都可以分一次“印结银”。“印结银”僧多粥少，所得有限，且不固定。

“桌饭银”“印结银”的少量补充，不可能从根本上解决生活困难。因此，虽然有补贴，但唐景崇仍然生活拮据。

别无他法，唐景崇只能靠借贷、典当度日。

唐景崇嗜书如命，特别喜好读书、购书。他当时的一张购书单即购书七十三种一千三百八十五册，共花费一千七百三十五元[1]。他的门生张书云说：“景崇故寒儒，为此注，常典衣借债以购书，遇精本秘籍，虽重价不惜。”[2]《清史稿·唐景崇传》载：“（唐景崇）家故贫，得秘籍精本，辄典质购之。”[3]

穷且益坚，不坠青云之志。

唐景崇四十一岁诞辰，其内兄龙继栋买了一套粗布衣服前去祝寿，他责怪龙夫人说：“你看景崇穿的裤子，前面三个补丁，后面屁股四个补丁，哪还像个官人的模样！”龙夫人哭着说：“粥都喝不上了，做女人的能有什么办法?”“别为难她了。”唐景崇在一旁护着龙夫人。

龙夫人是龙启瑞即龙状元的千金，光绪初年到京城。娶龙夫人之后，唐景崇还娶了二夫人喜氏，两人相处还算和睦。龙夫人曾诞有一子，却不幸夭折。喜夫人于光绪二年（1876年）十一月初九生下一子，唐景崇十分高兴，为其取名运源，号毅斋。龙夫人对其视如己出，百般呵护，精心抚养。过了五年，龙夫人也生下一子，唐景崇为之取名运清，号温斋。

---

[1]《唐景崇购书单》，载虞和平主编《近代史所藏清代名人稿本抄本（第一辑）·唐景崇档》，大象出版社，2011。

[2] 张书云：《唐景崇传》，转引自《广西大学周刊》第5卷第10期。

[3]《唐景崇传》，载赵尔巽主编《清史稿》，中华书局，1977。

添丁加口，本是大喜，但这也给唐景崇造成更大的经济困难。在唐运清出生的第二年，喜夫人三十岁，生病因无钱医治而殁。

风也好，雨也罢，送走喜夫人，唐景崇依旧到兼职所领做功课，在工作之余读书、治学。

唐景崇出身寒素，一生亦不改寒素，节衣缩食。直到晚年，他当上国务大臣、学务大臣，在写给家人的信中还这样说："至于公上之款，我见今年太紧，不肯多用分文。从前午间尚厨子备点心，现俱省却。自己备买或买点面，用留下之残菜一煮便当点心。"[1]

五　求学之归宿

唐景崇自通籍后一直在翰林院做编修，主要任务是修史，这职位"官闲事简"，而他又不善交游，这正好为他提供了宁静致远、潜心学问的机会。他在《唐书注・自序》中说："日手一编以自娱，久之，读书渐多，闻见渐扩。"[2]

其兄唐景崧说："（景崇）专攻经史。"[3]其门生赵炳麟说："先生家故贫，自幼为学，贵躬行，好读有用书，及成进士，授翰林，弥研天文、舆地、礼制、历算诸学。"[4]故此，《清史稿》定论说："景崇博览群书，通天文算术，尤喜治史。"[5]

咬定青山，任凭风雨。被朝廷冷落的时段，正好是唐景崇潜心苦读的机会。这段时间，唐景崇不仅对中国典籍研究下足了功夫，其涉猎范围之广，治究之深，在晚清无人可以企及，而且他对外国历史研究的造诣和对世界各国历史政情的把握，在晚清官员中也是首屈一指。正因如此，慈禧太后在为光绪皇帝遴选进

---

[1]《唐景崇书信》，载虞和平主编《近代史所藏清代名人稿本抄本（第一辑）· 唐景崇档》，大象出版社，2011。

[2] 唐景崇：《唐书注・自序》，载唐景崇撰《唐书注》，台湾艺文印书馆，1974。

[3] 唐景崧：《请缨日记》，光绪十九年刻本。

[4] 赵炳麟：《赵柏岩集下》，广西人民出版社，2001。

[5]《唐景崇传》，载赵尔巽主编《清史稿》，中华书局，1977。

讲“国朝掌故和各国政略”人才时，最终钦点唐景崇为经筵讲官。

算术，在科举时代是不列入考试范围的，所以鲜有人去研究。唐景崇精通算术，完全靠的是自学自研。举两个例子说明他算术达到什么水平：一是在他的指导下，大儿子唐运源用三年时间“遂通四元代数、微积之学”。二是在他视学江苏期间，审定高等学堂微积分学教材。其间他曾发表指导性意见：“高等学堂算学一科，必须研究微分积分，始符高等程度。查微积之术，海内所传习者只《代微积拾级》《微积溯源》两书，精深奥衍，教科未能合宜；日本亦有《微积简本》，间有译出者，亦嫌简略不适于用。兹有青浦教谕陈志坚，夙精数学，于微积苦志钻研，著有《最新详阐微积》教科书一种呈阅。本部院查得是书于微积确有心得，实能阐发《拾级》《溯源》两书，沿波讨源，条分缕晰，五卷精密显豁，酌核施行，须至咨者。”

光绪十一年（1885 年）是唐景崇受打击最大的一年。一是“维时伯兄维卿（景崧）苦战越南”，生死未卜。二是“季弟禹卿（景崶）又病殁京师”。双重打击之下，唐景崇“情绪萧索，郁郁不自得，但思假楮墨以遣送时日”。于是，“久之，读书渐多，闻见渐扩，深思博观泛览靡所归宿，乃取《唐书》二百二十有五卷，殚精苦思，钻研钩考，历年所不揣固陋，妄思诠注”。他选择注《唐书》作为一生治史、治学的目标，除排遣郁闷的心情外，其本意为“求学之归宿”[1]。

《唐书》有《新唐书》《旧唐书》两种。《旧唐书》为后晋刘昫等撰，全书有本纪二十卷、志三十卷、列传一百五十卷，合计两百卷。至北宋欧阳修等编撰的《新唐书》问世，后人才分别加了“旧”“新”二字，以示区别。

唐景崇选择注的《唐书》是《新唐书》，即北宋时期欧阳修、宋祁、范镇、吕夏卿等合撰的《唐书》，属“二十四史”之一，共二百二十五卷，包括本纪十卷、志五十卷、表十五卷、列传一百五十卷。

---

[1] 唐景崇：《唐书注 · 自序》，载唐景崇撰《唐书注》，台湾艺文印书馆，1974。

注《唐书》是一项浩大而繁重的工程，如果有一个团队分工合作，完成也需很多年的时间。一个人在为官之余想要完成如此浩繁的工程，几乎是不可能的。唐景崇比任何人都清楚其中的艰难，但他是一个认准目标就绝不回头的人。

第四章

受主知青云直上

一　翰林院讲读

官运如果也讲“缘”的话，那唐景崇的仕途官运确与光绪皇帝存在某种缘分。光绪元年（1875 年），幼帝登基举行翰詹大考时，就赐予唐景崇“记名遇缺题奏”。

光绪元年（1875 年）至十六年（1890 年），唐景崇未能“遇缺题奏”，皆因“帝尚幼，太后揽权”。光绪皇帝四岁继位，两宫太后垂帘听政。至光绪七年（1881 年），慈安太后去世，慈禧太后一人独揽了朝政大权。光绪十三年（1887 年），光绪皇帝年满十六岁，按规制应该亲政，但慈禧太后依然坚持“于皇帝亲政后再训政数年”，并拟定训政数款，史称《训政细则》。直到光绪十五年（1889 年）二月光绪皇帝十八岁，慈禧太后才不情不愿地撤帘，归政光绪皇帝。

慈禧太后对光绪皇帝不放心，名义上归政，实际上还是牢牢掌控权力：她规定光绪皇帝每日所阅奏章必须事后封送颐和园，以备自己阅审；二品以上官员的任免和废黜，须请示颐和园太后才能决定，皇帝不得自专。

光绪十六年（1890 年）三月，光绪皇帝亲政满一年，唐景崇仕途终于迎来了第一缕曙光——补授翰林院侍讲。这时的唐景崇已四十六岁，由正七品编修升至从五品侍讲，他整整用了十六年。

清代翰林院的侍读、侍讲合称讲读，主要职责是侍奉皇帝读书讲学，整理润饰皇上谕旨，撰著各类典仪宝册等。侍读、侍讲有分工：侍读陪侍皇帝读书，侍讲为皇帝讲解经史。但实际上陪读时也要讲解，讲解时少不了陪读，讲读职责难以划分。两个职务都是从五品，没有统属关系，排序则侍读在前，侍讲在后。晚清的翰林院，据《光绪会典》记载，掌院学士为满族、汉族各一人，侍读学士、侍讲学士为满族二人、汉族三人，侍读、侍讲为满族三人、汉族四人。接下来的层次是人数众多的修撰、编修和检讨，高峰时仅编修就两百余人[1]。可见唐景崇由编修晋升到侍读、侍讲，是百里挑一，实属不易。

翰林院的一项重要职能是入直侍班，即“分班直宿，以备（皇帝）顾问”。晚清能入直侍班的翰林官多为侍读学士、侍讲学士和侍读、侍讲。唐景崇补授翰林院侍讲，进宫入直侍班的机会大大增加。在陪伴皇上读书讲史、赋诗撰文、写字作画时，唐景崇有问必答，话语常出人意料，令年轻的皇上刮目相看；在奉命起草诏令、撰述谕旨时，唐景崇对皇帝的旨意心领神会。唐景崇老成持重、学贯中西，忠于职守、勤于政务，给光绪皇帝留下了深刻的印象。

光绪皇帝亲政后，尽管受慈禧太后掣肘，但他仍意欲有所作为。而要有所作为，必须招揽人才。恰在这个时候，唐景崇入直侍班，自此进入光绪皇帝的视线，得到光绪皇帝赏识。

侍讲了八个月，至光绪十六年（1890年）十一月，唐景崇转补为翰林院侍读。由侍讲转补侍读，只是官名上的转换，其品级和职事没有变化。

二　日讲起居注官

陪皇帝读书讲史半年，唐景崇深得皇上赏识。光绪十六年（1890年）九月，光绪帝在呈请简派充署日讲起居注官的名单上朱笔圈出“唐景崇”。

自此，唐景崇开始充署日讲起居注官，进宫担任光绪皇帝文学侍从，负责记录光绪皇帝的日常行止和朝廷大事，并获得专折言事之权。日讲起居注官为兼任，

---

[1] 昆冈等编《光绪会典》，礼部刊本，光绪二十五年。

他虽不能参与军国大事的决策，但能见证其决策过程，这是极其难得的政治见习和历练。作为光绪皇帝的贴身近臣，唐景崇备受光绪皇帝的信赖和器重，这是一种荣耀，也为他日后仕途升迁打下了基础。为此，唐景崇上折谢恩：

窃臣桂林下士，芸馆备员，献赋摛词，曾沐湛恩于题奏；随班进讲，遂邀殊宠于超迁。兹复渥荷纶音，俾司记注，恩言下逮，惶悚难名，伏念纳牖以稽古为先，簪毫有直书之责。自维驽钝，深惧鹅濡，臣惟有益励愚诚，恪勤职事。隆墀鹄立，就瞻克遂乎私衷；讲幄鹓趋，启沃勉陈夫经义。所有微臣感激下忱，理合缮折叩谢天恩[1]。

这是唐景崇获得专折言事权之后的第一次上折，其感恩之情，恪勤之志，无不发自内心。

光绪十七年（1891 年）三月，唐景崇由充署改为补实日讲起居注官，即是说由临时变成了正式。

日讲起居注官主要做两件事：一是日讲，二是起居注。

清制，每年春秋之季举行经筵（帝王为讲论经史而特设的御前讲席）之后，按日举行“日讲”，即由词臣每日为皇帝讲解经书。春季至夏至日止，秋季至冬至日止。进讲之前，须准备好讲章，缮写正、副本两份，以正本进呈皇帝，以副本进讲，年终须将讲章汇编成册进呈。清代设日讲官，始于顺治十二年（1655 年）。

日讲这种制度在康、乾时期最为完善，起起伏伏一直延续到清末。

起居注馆设于太和门西廊。记注是将谕旨、题奏、官员引见、除授等依体例记载。编纂记注每月分为两册，每年计二十四册，先成草本，由总办记注官逐条查核增改，送掌院学士阅定，记明年、月及记注官名，册中由翰林院印盖骑缝章，然后封存于铁柜。光绪皇帝的日讲起居注官共有二十人，满族、汉族各十

---

[1] 虞和平主编《近代史所藏清代名人稿本抄本（第一辑）·唐景崇档》，大象出版社，2011。

人，两人一组，满族、汉族人搭配，没有特殊情况，大概十天一次轮直。

下面选取一则唐景崇的入直日记，从中可见一斑：

光绪十六年十月：

十一日丁卯，上诣仪鸾殿慈禧端佑康颐昭豫庄诚寿恭钦献皇太后前请安。奉皇太后幸颐年殿看戏，侍晚膳。

内阁奉谕旨：两江总督著刘坤一补授，未到任以前，仍著沈秉成署理。

是日，起居注官：宗室寿耆、唐景崇[1]。

据徐致祥等奉敕撰编的《清代起居注（光绪朝）》可知，唐景崇自光绪十六年（1890年）十月十一日第一次入直，二十二日再次入直，从此，每隔十天左右入直一次，这种情况持续到光绪十九年（1893年）十月初二的最后一次入直，整整三年时间。

不管是三大节各类祭典还是郊祀和出巡，唐景崇等日讲起居注官依职责，总是立于皇帝右侧不远处，咫尺天颜，亦步亦趋。唐景崇以其老成稳重、恭敬勤敏以及不卑不亢的品格，给光绪皇帝留下了深刻印象，也渐渐地获得了慈禧太后的赏识和嘉勉。

三　詹事府春坊庶子

古今官场上，一些人被某个职位的天窗纸盖久了，有的挣扎着却始终捅不开那层天窗纸，就此沉沦下去了；有的潜心守望，一不留神就将那层天窗纸给捅破了，便豁然开朗，一顺百顺。唐景崇就属于后一种人。

光绪十八年（1892年）十一月二十七日，大学士、管理吏部事务的张之万向

---

[1] 徐致祥等撰编《清代起居注（光绪朝）》，广西师范大学出版社，2007。

光绪皇帝上了一道《题为开列唐景崇等职员请简员补授詹事府右春坊右庶子事》的奏折。十一月二十九日，光绪皇帝朱批："唐景崇补授詹事府右春坊右庶子。"几个月后，即光绪十九年（1893年）四月，唐景崇被转补为詹事府左春坊左庶子。清朝官制尚左，左庶子和右庶子品级相同，但在排位上，左在右前。

光绪皇帝将唐景崇的官品从五品升到了正五品。

和翰林院一样，詹事府是明、清时期的中央机构。明朝创设时，其主要职责是为皇子和皇帝的内务服务，清朝时职掌范围扩大：凡皇帝坐朝或秋审、朝审以及九卿、翰詹、科道会议之事，詹事、少詹事均得侍班或参加集议；凡纂修实录、圣训，詹事、少詹事等官按例得充任副总裁官及纂修官；纂修其他史书，少詹事得充任纂修官。此外，有些职掌是与翰林院互兼的。清初规定，凡东宫千秋节（东宫诞辰）及元旦、冬至行礼庆祝，表笺文式，由詹事府之坊、局官撰拟颁发。

詹事府位于玉河东岸，门西向，乃明代詹事府署旧址。其占地面积比翰林院大，房舍比翰林院多。康熙年间曾重新修葺，赐御书匾额曰"德业仁义"。前有老松两棵，甚是奇古。到光绪年间，由于受到的关注不够，加之修葺不及时，呈现破败之象。

詹事府作为东宫僚属的职能消失后，其官员职掌也随之发生改变，与翰林官员的职能有些类似。

翰林院侍读、侍讲与编修、检讨隔品。所谓隔品，就是它们之间隔了一个品级。因修撰（从六品）为一甲一名进士专衔，其他人不可能担任修撰，那么编修（正七品）、检讨（从七品）与侍读（从五品）、侍讲（从五品）之间就少了一个六品的品级。唐景崇从编修升任侍讲，属特擢，即超品擢用。如果编修、检讨是依品而升，但翰林院却没有六品的品级，怎么办？那就往詹事府升转。詹事府左右春坊中允为正六品，赞善为从六品。因此，翰林院编修、检讨除特擢外，论俸升转必经詹事府之坊、局官，即编修升中允，检讨升赞善，称为"开坊"。

左右春坊是詹事府的内设机构，主要从事记注、纂修之务。唐景崇任职詹事府左右春坊庶子的时间不长，大概是八个月，官阶又升了一级。

在詹事府期间，唐景崇除负责左右春坊日常事务外，还有两项工作：一是继续担任日讲起居注官，二是充任会典馆绘图处总纂，工作任务十分繁重，“事无巨细，夙夜在公”。

任职左春坊左庶子仅两个多月，光绪十九年（1893年）六月，唐景崇就补授成了翰林院侍讲学士，由正五品升为从四品。

唐景崇在翰林院侍讲学士任上只待了约四个月，就在光绪十九年（1893年）十月升至内阁学士兼礼部侍郎衔。内阁学士从二品，礼部侍郎正二品。内阁学士兼礼部侍郎衔，相当于如今的“副部长（正部级）”，享受正二品的待遇。

四　青云直上的秘诀

清朝官制共有“九品十八级”。每一品级有从品和正品之分，一个官位上有从、正两级。唐景崇虽“性孤介，寡交游”，在编修任上一待就是十六年，但一旦起步升迁就不同凡响，由正七品到正二品，连升五品十一级。从五品升至正二品，唐景崇只用了三年多的时间。

在朝廷危如累卵的大背景下，在官场波谲云诡、权斗不止的乱局中，在光绪皇帝和慈禧太后权力缠斗的夹缝中，唐景崇能平步青云，扶摇直上，靠的是什么？《清史稿·唐景崇传》中说他“绩学端品受主知”。“主”，指的是光绪皇帝和慈禧太后以及后来的监国摄政王载沣。唐景崇同时受到光绪皇帝和慈禧太后以及监国摄政王载沣的信赖、赏识和倚重，靠的就是“绩学端品”。他的“端品”除忠心耿耿、矢志服膺，老成稳健、低调平实，默默做事、恪勤恪谨，夙夜在公、始终如一，谨守分际、秉公办事，洁己耐烦、清廉自持等外，还有着他自己的特质。

第一，矜而不争。矜，说的是唐景崇庄重持稳，处变不惊，泰然自若；不争，说的是唐景崇持正不偏，从不不择手段、阴谋诡计、尔虞我诈地去争权夺利。

唐景崇从不攀附钻营。晚清官场，像唐景崇这种入仕为官的书生，政治资源不多，但有两种关系是可以利用的：一是师生关系，二是同年关系。事实上当时许多人把这两种关系经营到了极致，但唐景崇偏就“戒标榜，不为苟同”。其座师大学士朱凤标、工部尚书毛昶熙、都察院左都御史皂保、内阁学士常恩、庶吉士大教习兵部尚书载龄、户部右侍郎李鸿藻、小教习张之洞等人，在朝中是何等重要人物，只要他巴结上其中的一位，即可升官晋职。而唐景崇绝不阿谀承奉，攀附钻营。

唐景崇耐烦任事。他做官效法曾国藩。曾国藩说：“居官以耐烦为第一要务。”“在官场上混，必然遭遇许多烦心之事，谁能安于本分，竭力任事，谁就能得到上司和同僚的敬佩和推崇。”在唐景崇看来，做官的第一要义是耐烦，第一件事就是训练自己处事不急不躁，无怨无尤，保持清醒。人只有先耐得住烦恼、苦闷、平淡、寂寞此等无奈之事，才有可能锤炼出一颗坚韧的心，保持住平常心，这样的人才能经受得住各种考验，以平和的心境来面对各种风浪与难关。虽然在编修任上一待就是十六年，但他始终无怨无烦、安守本分、竭力任事。在回答学生提问的信函中，他告诫学生：做官要谨守绳尺，不越分际。什么事该做，什么事不能做，心里要明白。分内之事，必须尽心尽力做好；分外之事，绝不任意插手。既不没事找事，也不有事推事。真正做到心有所畏，言有所戒，行有所止。时机未到时，他不怨天不尤人，耐心等待。他始终相信，是利锥放在囊中，终有脱囊而出的一天。他的一生证明他的这种坚持是正确的。

矜而不争，是一种官场智慧，从某种意义上说，这里的“不争”也是一种“争”，只是所争的东西不同。唐景崇就是以“不争”而“争”的智慧立足于晚清官场，只进不退，进而不倒，成为晚清官场的“不倒翁”。

第二，群而不党。群，指合群，与人团结；不党，指不结党营私。

同治、光绪两朝，有一个政治派别，多由言官组成，在朝廷内外评议时政，上疏言事，指斥弊政，弹劾权臣，对外倡言反对侵略，对内呼求整饬纲纪，时人谓之“清流党”。每逢应言之事，他们彼此呼应，一拍而起，搏击争斗，声讨纠弹，一时风头无两，其领袖正是唐景崇的大教习、军机大臣李鸿藻，健将是唐景崇小教习张之洞、同年张佩纶等。他们纷纷邀请唐景崇入党加盟，站台发声，但都被唐景崇一一婉拒。这在一些人看来，唐景崇势必要被孤立，在官场势必比那些参加党争的要历经更多的艰辛。

在山头林立、派系倾轧的晚清，唐景崇不拉帮结派，不结党营私，始终坚持自己的价值追求，做官就做好官，无官做就做自己的学问，坦荡，卓尔不群。

第三，执两用中。光绪皇帝亲政初期，与慈禧太后相处还算和睦，但是这是以光绪皇帝拱手让出朝政大权为代价的。随着时间的推移，光绪皇帝不再甘心受制于慈禧太后，其身边的近臣也不认可慈禧太后的干政行为。以光绪皇帝为中心，逐渐形成了一股要求慈禧太后完全归政、放弃对朝政控制的政治势力，这便是帝党。帝党最主要的成员不多，其核心人物是翁同龢。

以慈禧太后为中心，原本就有一股强大的政治势力，这股政治势力是在慈禧太后与恭亲王奕䜣的斗争中逐渐形成的。慈禧太后给恭亲王奕䜣的最后一击是“甲申易枢”政变，通过人事更迭，慈禧太后逐步排除政敌，建立了完全听命于自己的决策中枢。慈禧太后的政治势力称为后党，这是一个支持慈禧太后并为慈禧太后所重用的官僚集团，核心人物主要有荣禄、奕劻、刚毅、世铎等人。

帝党和后党，先是在慈禧太后是否完全归政亦即是否争夺朝政控制权这个问题上，铆足了劲，暗中交手，互不相让。继而议题扩大，涉及内政外交的层面，两股势力的斗争趋于表面化。后党实权在握，阵容庞大，势力强大，而帝党成员自视甚高，却无权无势，不是后党官僚的对手，落于下风。

面对帝党和后党的缠斗，唐景崇的处境十分尴尬。局势敏感而复杂，唐景崇稍有不慎，即会卷入斗争的旋涡。作为光绪皇帝近臣，唐景崇如果支持光绪皇帝亲政以控制朝政，就会由此得罪了慈禧太后，成为后党的眼中钉，后党欲拔之而后快。如果不支持光绪皇帝，转而支持慈禧太后，势必得罪光绪皇帝，成为帝党攻击的目标。政治斗争是残酷而无情的。一般人看来，两权相争，要么选帝党，要么选后党，二者必居其一，没有中间道路可走。如果想置身事外，坐山观虎斗，那往往会被两边的人落井下石。

在这种诡异复杂的局势下，最愚蠢的人是玩聪明耍手段。那唐景崇凭什么在帝党和后党缠斗正酣之际，三年多从五品升到正二品？回答这个问题很难，但概括起来就四个字：执两用中。

唐景崇通籍以后，一路走来，崇尚的是中庸之道，即执两用中，不偏激，不死板。唐景崇一贯秉持的是无所依附的处世为官准则。他很清楚，像他这样没有靠山、没有家族背景的人，靠选边站队、投机取巧获取政治利益是十分危险的。官场上选边站队司空见惯，不选边站队的人少之又少，而面对光绪皇帝和慈禧太后这样绝对的权力巅峰，依然能坚持不选边站队的人可谓寥若晨星。

唐景崇就是这样一颗晨星。面对巨大风险，在权力争斗的夹缝中始终坚持执两用中。他坚信任何朝代，都需要做事的人，都需要贤臣能臣。唐景崇绝不掺和帝党和后党的纷争，而是埋头做事，不管光绪皇帝交代的还是慈禧太后交代的事，他都尽心尽力做到最好，从不掉以轻心。光绪皇帝和慈禧太后都不是很宽容的人，唐景崇一事办不好，他们对唐景崇所有的信任都会烟消云散。

在唐景崇看来，执两用中，绝不是唯唯诺诺，绝不是模棱两可。在事关国家前途命运、国家领土和主权完整、民族尊严等大是大非问题上，他从来不含糊，有自己的立场、定见和坚持，该发声时发声，该建言时建言，该行动时行动。

正因他的出发点是为国家，是为大局，所以尽管有时他的意见与上意相左，慈禧太后和光绪皇帝都宽容他。一众重臣不仅没有疏远他，还更加推崇他。

唐景崇硬是在看似没有路走的危情之中，走出了一条自己的为官之道。

第五章

筹补救建言献策

一　直入权力中枢

光绪十九年（1893年）九月，光绪皇帝钦派唐景崇到内阁“协同批本”，这带有试用的性质。试用一个月后，光绪皇帝十分满意，补授他为内阁学士兼礼部侍郎衔，直入清廷权力中枢。这一年唐景崇将近五十岁。

清入关后，参照明制，将内三院改制成内阁。内三院指的是清入关前设置的内国史院、内秘书院、内弘文院。

清代内阁为正一品衙门，地位在六部之上。从机构设置上看，清朝只有内阁才是当时高于所有中央部院的一个具有中枢性质的机构。内阁总揽一切政务，天下所有本章，除极少数外，均须经过内阁进行“票拟”，皇帝的一切政令也要通过内阁发布、下达。《大清会典》中称“内阁为机务要地，掌宣纶绋，赞理庶政，职位綦重”，《清史稿》中称内阁总的职掌是“钧国政，赞诏命，厘宪典，议大礼”，《乾隆会典》中称内阁“赞理机务，表率百僚”。具体说，凡下达的诏令，由内阁拟进与宣布；官员奏事的本章，由内阁呈进，并代拟批旨；遇大典礼，则“率百僚以将事”。

雍正以后，清廷设军机处，阁臣参与机务之权渐渐被转移。但阁臣票拟之权一直未变，只是中枢权力被分割为二：阁臣票拟本章，负责庶务；军机大臣拟发谕旨，承旨办理机务。御门听政中的阁臣虽被军机大臣所取代，但内阁至少有一名大学士兼任军机大臣。史实证明，内阁在清代中央机构中无论是地位还是作用都是举足轻重的，是百僚之统率。

执掌内阁的是大学士。大学士为文官极品，“位尊望重”。清代的大学士加殿、阁衔，称“中和殿大学士”“保和殿大学士”“文华殿大学士”“武英殿大学士”“文渊阁大学士”“东阁大学士”。乾隆十三年（1748年），省“中和殿”，增“体仁阁”，遂以“三殿三阁”为定制。

内阁大学士执掌票拟之权。所谓票拟，就是内阁有权代替皇帝预先审阅官员的题本奏本，并且提出处理意见。内阁处理意见，均写在一定规格的白纸签上，便叫作“票拟”，亦称为“票签”。其具体步骤：先由内阁侍读详阅并拟出初步处理意见，是为“草签”，送大学士阅定后，再由票签处中书缮成正签，随本附进。凡事属两可或阁臣难以提出肯定意见，须由皇帝决断的本章，内阁则票拟两种至四种意见供皇帝择取，分别称之为“双签”“三签”“四签”。每日进呈之本章，或照拟，或须请旨，或于原签内奉朱笔改定，及双签、三签、四签，或奉旨所致之签，于得旨后下批本处。次日由批本处满翰林中书批清字（满文），并于次日乃下于内阁。汉学士批写汉字，皆为朱笔，称为“批红”，是为“红本”。由红本处传该科给事中赴阁恭领，随传抄于各衙门。皇帝御批亦用朱笔，特称“朱批”。皇帝若不同意内阁所拟所有之签，则将该本章折一角退回内阁，称为“折本”。内阁接到折本，即在衙门听政之时，将折本捧进，当面向皇帝请旨。在此场合下，阁臣可向皇帝面陈己见，由皇帝最后决断，或照内阁原拟办理，或由皇帝决定，或共同商议出新的处理意见。决断后，内阁仍须将本章领回，按已议定之办法，重新票拟，再呈皇帝阅定认可，发内阁批红，并送六科抄出执行。

唐景崇进入内阁时，内阁大学士为李鸿章、额勒和布、张之万、福锟，协办大学士为麟书、徐桐，他们都是位高权重之人。其中李鸿章和张之万在五位军机大臣中占得两席，足见此时的内阁在朝廷中举足轻重。

阁臣中除大学士之外，最重要的职官就是内阁学士。其职掌为满学士掌奏本章，汉学士掌批题本。除此之外，内阁学士还有敷陈政事、校读本章之责。

内阁学士兼礼部侍郎衔的满学士为良弼、溥善、文治、祥霖、长萃、溥顾，汉学士为唐景崇、恽彦彬、许景澄、梁仲衡。四位汉学士中，许景澄、梁仲衡为同治七年（1868 年）的进士，恽彦彬、唐景崇为同治十年（1871 年）的进士。

内阁学士是翰林官晋升的重要通道，由此出发，可转授各部侍郎、各省巡抚，进入卿贰大臣、封疆大吏行列。

内阁为中枢机构，主要任务就是上传下达。其工作具有规律性，且按部就班，但须小心翼翼，不允许有丝毫差错。为了上下班方便，唐景崇将家搬到了西安门内大光明殿东椅子胡同，仍然是租住。

光绪十九年（1893 年）十二月二十五日，翰林院奏派充文渊阁直阁事，皇上朱笔圈出“唐景崇”，于是，唐景崇又多了一项职责。文渊阁为清代用于专贮第一部精抄本《四库全书》的皇家藏书楼，直阁事为官名，掌典守、整理、晾晒《四库全书》之职。借此机会，唐景崇得窥“秘阁藏书”，“弥仰右文之至治”[1]。

二　补救时艰之策

唐景崇进入内阁的第二年，爆发了中日甲午战争。这场战争给中华民族带来了空前的危机和灾难。

光绪二十年（1894 年）春，朝鲜爆发东学党起义，朝鲜政府军节节败退，被迫向清政府乞援。日本认为发动战争的时机已至，向清政府表示“贵政府何不速代韩戡？……我政府必无他意”，诱使清政府出兵朝鲜。清政府没有识破日本的阴谋，果然派直隶提督叶志超和太原镇总兵聂士成率淮军精锐进驻牙山，准备镇压起义。日本遂以保护在朝日民为借口，也派精兵前往朝鲜，直达汉城，与清军遥相对峙，中日战争一触即发。

关键时刻，是战，是和，帝党和后党的争论和冲突由此再起。

---

[1]《唐景崇恭谢天恩折》，载虞和平主编《近代史所藏清代名人稿本抄本（第一辑）· 唐景崇档》，大象出版社，2011。

光绪皇帝在翁同龢、文廷式、丁立钧等人的支持下，一改亲政以来对慈禧太后言听计从的态度，表现出敢作敢为、激进主战的强硬姿态，目的是通过对日宣战，博取舆论的支持，干出一番惊天动地的事业；利用民意，逼迫慈禧太后作出让步，进而展现出一国之君的威严。慈禧太后则根据李鸿章对中日双方实力的对比，主张议和，主要是担心战败受辱、丧师、割地、赔款。李鸿章心里清楚，中日一旦宣战，他的北洋海军与淮军作为作战主力，势必遭到重创。因此，为保存自己的实力，李鸿章赞成后党的议和主张，主张对日妥协。

唐景崇秉持一贯立场，不掺和光绪皇帝和慈禧太后的“战”“和”之争，只是埋头做他内阁学士该做的政务，但时刻侧耳倾听各方争吵之声，观察中日对峙之势，细心研判局势走向。

六月二十三日，日军偷袭了清军的运兵舰，引爆了朝鲜境内的中日战争。战争爆发后，光绪皇帝每日召见大臣，大谈抗战，且屡次谕令淮军统帅李鸿章派兵增援朝鲜。帝党纷纷上书言战，在朝野上下形成了一股主战的强大舆论。光绪皇帝一时占了上风，迫使慈禧太后作出妥协，同意宣战。七月一日，光绪皇帝正式发布了宣战上谕。

宣战的是以光绪皇帝为主的帝党一方，但作战却要依靠主和的李鸿章的北洋海军和淮军。李鸿章是淮军的统帅，而淮军又是当时中国较为重要的一支武装力量。李鸿章之所以怂恿慈禧太后议和，目的是保存实力，这是他立足晚清政坛最重要的本钱。

李鸿章一味想保存实力，淮军在战场上的表现可想而知，一战即溃，一败再败。对此，上上下下对李鸿章十分不满，帝党成员趁机纷纷上书弹劾李鸿章。八月，平壤陷落。战火很快烧过鸭绿江，中日展开了辽东半岛之战，继而日军又向威海卫发动了进攻。李鸿章此时成了过街的老鼠，人人痛恨的卖国贼。在“群议沸腾”下，光绪皇帝发布上谕，惩罚李鸿章：“拔去三眼花翎，褫去黄马褂。”

在帝党成员的建议下，光绪皇帝顺势作出人事调整：九月一日，任命赋闲十年的奕䜣“管理总理各国事务衙门事务，并添派总理海军事务，会同办理军务”。

十月，任命李鸿藻、翁同龢两人为军机大臣。

对于光绪皇帝以及帝党的咄咄攻势，慈禧太后哪里能够容忍，于是开始发动反攻：降旨将瑾妃和珍妃革去封号，降为贵人，并处褫衣廷杖之刑。同时，将瑾妃和珍妃之兄、吏部侍郎、帝党重要成员志锐贬到乌里雅苏台；将帝党御史安维峻的职务革除，并发往张家口充军。帝党重要成员、瑾妃和珍妃的师傅文廷式见状不妙，“托病出京”，回了老家，逃过一劫。

在此背景下，清廷内部的态势发生逆转：主战派渐趋沉默，主和派占据上风。到光绪二十年（1894 年）年底，清军全面溃败，京津危急。面对危机四伏的局面，光绪皇帝焦头烂额，终于在内外双重压力下，不得不对日本作出妥协，派遣户部侍郎张荫桓和湖南巡抚邵友濂为全权大臣，前往日本广岛议和。日本方面认为张、邵两人官位太低，拒绝谈判，要求清政府派北洋大臣李鸿章前去日本。

议和不成，光绪二十一年（1895 年）正月，不服输的光绪皇帝任命两江总督刘坤一为钦差大臣，督办东征军务。刘坤一率湘军八十余营，进驻山海关一带。这是开战以来清政府出兵最多的一次，也是主战派的最后一次尝试。但是由于刘坤一指挥失当，加之军队的战斗力太弱，在进攻牛庄、营口、田庄台等地时，湘军一战即败，溃不成军。

虽然无意政治纷争，但在事关国家命运前途、国家领土主权完整和民族尊严的关键时刻，唐景崇毫不犹豫地站了出来，建言献策。光绪二十一年（1895 年）正月二十四日，唐景崇向光绪皇帝上呈《条陈补救时艰之策折》。

他认为：“目下战、和、守三者均无把握，但和之权操于人而不足恃，战、守之策决于我而有可为。倭夷恃胜而骄，虽割地议和亦难满其所欲，不如明示决绝，一意主剿，朝廷无游移两可之心，斯将士有一往直前之气。中国地大物博，人才众多，但使调度得宜，大局终有挽回之日。”

为此，他献策八条：一是“扼要口以固京师”，“转瞬春融冻解，各海口均须严防”，“应请皇上严饬李鸿章、王文韶督励各军层层密布，开掘地营，设立炮台，沿海始较稳固”。二是“增防军以保山东”，“仰恳皇上讯饬藩司（汤聘珍）

就近募勇驰赴要口堵剿，庶无缓不济急之患”。三是“调劲旅以卫畿辅”，“仰恳皇上迅饬该藩司（魏光焘）统带所部湘军回驻山东、直隶之交，添募勇营作为游击之师，随贼势之所趋而迎剿之，庶该藩司得尽其才，于防务必大有裨益”。四是“募死士以赴前敌”，“仰恳皇上严饬宋庆、吴大澄等挑选死士，设伏出奇，分道并进，务使该夷应接不暇，战事方能得手”。五是“招广勇以充选锋”，“仰恳皇上饬下广东督抚臣派该总兵（朱国安）募选数千兼程北上，以为冲锋陷阵之用”。六是“购兵轮以振海军”，“仰恳皇上饬下该督臣（张之洞）赶紧设法筹款增购快艇十艘、铁甲四艘，由外国公司保险前来，一面就南洋水师中精选弁兵先时练习，俟各船到内地，即可驶赴北洋，听候驱策”。七是“广设法以济饷需”，“应请饬下各督抚臣将此项（厘金）酌提六成解部以应要需”，“应请饬熟悉洋情、声望素著之员前往（外洋各埠如新加坡、槟榔屿、新金山、旧金山、檀香山、暹罗、孟买等处）劝捐，似不无小补”。八是“设琼防以弭隐患”，“仰恳皇上饬下该省（广东）督抚臣迅派妥员查勘该处形势，先期防守，以备不虞”[1]。

是日，唐景崇向光绪皇帝上呈了两道奏折：一是《奏歧口海岸空虚请添重兵严防事》，认为“歧口海岸空虚，闻倭船二三十艘均集彼处，恐其乘间登岸”，建议“添重兵严防”[2]。二是《奏广东琼州榆林港宜早防守事》，认为“广东琼州榆林港，地极险要，密迩越南，为兵轮停泊之所。现值倭寇得志，恐外人亦有蠢动之意，宜早为之防”[3]。

二月十七日，唐景崇上奏折《奏请添调健将固守山海关并严防津沽折》，认为“倭寇大股全窜，奉天、牛庄、营口等处又相继失陷，山海关告警，运道可虑，近畿防务吃紧，此皆由总统不能统筹全局，各将领不能联络策应，是以防东失西，处处糜烂。应请严旨责问刘坤一、宋庆、吴大澄等，若再听狂寇如此猖

[1]《条陈补救时艰之策折》，载故宫博物院文献馆编印《清光绪朝中日交涉史料》三十三，1932。

[2]《奏歧口海岸空虚请添重兵严防事》，载故宫博物院文献馆编印《清光绪朝中日交涉史料》三十三，1932。

[3]《奏广东琼州榆林港宜早防守事》，中国第一历史档案馆档案，档案号：03-6134-045。

獗，一筹莫展，贻误大局，该大臣等一死足以塞责耶”。继而认为“唐仁廉素有效死之心，或迅速调回驻守山海关、乐亭等处，厚其兵力，使与聂士成等首尾呼应，赶紧开掘地营，设立隔堆，沿海稳扎，所以护运道而卫近畿，目前要着无逾于此者”。建议“严饬王文韶不可恃津、沽兵力尚厚，务使无懈可击，方能稳固，并请严饬王文锦、曹克忠等激励团勇，协力防守。总之，时危势迫至此，所望刘坤一、王文韶等激发天良，誓与士卒效死勿去，庶不至寇未来而先有退志，防营虽众无一足恃也”。

二十五日，唐景崇上两道奏折：一是《奏请添调广西提督苏元春前往奉天协剿倭寇折》，认为“广西提督苏元春素性忠勇，器识宏远”，“惟广西边务亦关紧要，应请饬该提臣酌保一人接办（广西边务），当可无虞，明知万里征调未免缓不济急，但各局若不就绪，战事正无了期，早整顿一日，早收效一日。若听此难期振作之军强支危局，诚恐破坏日甚，补救愈难”[1]。二是《奏请准予驻奉天广东提督唐仁廉添募营勇事》，认为“广东提臣唐仁廉现驻奉天，所部营勇无多，枪炮器械均属短缺，不能与敌接仗。将才难得，一健将便可成一枝劲旅。仰恳饬下该提督，准其添募营勇，济以枪炮器械，俾得整顿成军，亦可为宋庆等之一助”[2]。

“和之权操于人而不足恃，战、守之策决于我而有可为。”前后一个月，唐景崇连上六道奏折，核心思想是战与守，坚决维护国家领土主权完整和民族尊严。光绪皇帝采纳了唐景崇的建言，并相应地作出了具体部署。唐景崇的建言虽然主张战与守，与慈禧太后议和、妥协的主张不符，但慈禧太后深知唐景崇的为人处事，明白他是为了江山社稷，没有掺杂私心杂念，因此，心里虽然不快，但没有怪罪于他。

---

[1]《奏请准予驻奉天广东提督唐仁廉添募营勇事》，载故宫博物院文献馆编印《清光绪朝中日交涉史料》三十三，1932。

[2] 同上。

三　省亲稍尽乌私

光绪二十一年（1895年）二月，以慈禧太后为主的主和派控制了局面，光绪皇帝不得不答应日本的要求，派李鸿章前往日本议和。

二月十七日，迫不得已，李鸿章以“头等全权大臣”的身份，率一百多名随员起程前往日本乞和。内阁首席大学士屈首东渡，让内阁要员、屡次上奏建言整兵抗战的唐景崇情何以堪。

李鸿章于二月二十三日抵达日本马关，二十八日中日双方在春帆楼会见，正式开启和谈。这本来就是一场不对等的谈判：日方以胜利者的姿态，对中方进行威胁和讹诈；中方则以战败者的身份，要求日方不提过分要求。历时近一个月，三月二十一日，双方举行最后一轮交涉谈判，从下午二时半到晚上七时半，李鸿章提出的合理要求均遭拒绝。

弱国无外交！三月二十三日十一时四十分，李鸿章代表清政府与日本在马关春帆楼签订了丧权辱国的《马关条约》。

消息传回国内，顿时群情激愤，骂声遍地。拒和、废约、迁都、再战的呼声震动朝野，全国迅速掀起了反割地、反投降的斗争。朝廷官员与公车上书拒约达一百五十四次，参加人数超过两千四百六十四人次。虽朝野抗议强烈，但光绪皇帝却难以承受战败的压力和摆脱后党势力的制约，无奈于四月初八正式御批了《马关条约》，导致内政大乱。

唐景崇闻之，“辄与同事诸公相对痛哭，泪痕未尝一日干也”。他既为国难痛心疾首，也为尚在台湾的母亲和兄长唐景崧忧心。此时，大局已定，胳膊拧不过大腿。唐景崇门生王荣商说：“先生（唐景崇）既愤国威之不振，而又忧太夫人之在险。”[1]虽极度忧愤，但唐景崇心里清楚，此时做无谓抗争于事无补，因此，只能将满腔忧愤压在心底。

---

[1] 王荣商：《容膝轩诗文集》，张寿镛约园，光绪刻本。

光绪十三年（1887年），唐景崧开府台湾，即将母亲迎养台南。唐景崇与母亲已有近十年时间没有相见。“去年秋，先生（唐景崇）典试广东，将便道就省(看望母亲)，以海氛不靖而止。会割台之议，与内外臣工交章力争，台民亦留中丞（唐景崧）为自守计，议未定，而先生适奉会试总裁之命，外事不得与闻。”[1]

唐景崧到台湾时的职务是福建台湾道兼按察使衔；光绪十七年（1891年）四月，出任福建台湾布政使；光绪二十年（1894年）九月，受命署理台湾巡抚。

唐景崧走马上任署理台湾巡抚之时，中日甲午战争已经开打了近三个月，台湾的形势十分紧张，台湾巡抚已成为一块“烫手山芋”。唐景崧可谓是受命于危难之际。

《马关条约》签订后，将台湾割让给日本的消息传到台湾，“若午夜暴闻惊雷，惊骇无人色，奔走相告，聚于市中，夜以继日，哭声达于四野，风云变色，若无天地”。台湾人民悲愤、无奈、绝望的心情，非外人所能体会。全台湾市农工商、贩夫走卒等百姓，鸣锣罢市，涌入省政府，愤怒抗议朝廷的割台行为，决心誓死保卫台湾。

台湾形势十分危急，作为台湾最高行政长官唐景崧，为防台湾人心惶恐，只得将母亲留在台湾。直到四月上旬，危如累卵，安危不保之时，唐景崧才在台湾绅民的护助下，送母亲内渡，由署两江总督张之洞暂时安置于江宁。

四月二十六日，因唐景崧组织台湾民众誓死抗日保台，有碍于台湾诸岛按期交割，清廷下令：“署台湾巡抚布政使唐景崧，著即开缺来京陛见。其台省大小文武官员，并著饬令陆续内渡。”

应台湾绅民请求，唐景崧并未如期内渡，而是留在台湾，采取御敌保台的应急举措：成立“台湾民主国”，继续领导台湾人民进行反割台斗争，“愿人人战死而失台，决不愿拱手而让台”，与日军展开殊死斗争。

五月十二日，唐景崧在前线阵地失守，士兵哗变，总统府起火，火药局发生

---

[1] 王荣商：《容膝轩诗文集》，张寿镛约园，光绪刻本。

爆炸，日军叠加悬赏缉拿，叛乱分子疯狂追杀的险境中，仓皇内渡，并于十五日抵达厦门。

在知晓母亲和兄长一家内渡后，唐景崇于闰五月初九，奏请赏假回粤省亲：

窃臣母年近八旬，自丁亥年臣兄臣景崧迎养台湾任所，今年三月寇氛逼近台湾，臣母垂暮之年身处危境，深受惊恐。彼时臣兄臣景崧未便送母内渡，恐致人心惶惑，迨至四月初旬，台局一变，该地绅民将臣母送归内地。臣母离险得生，忧患之余日益衰病。臣离臣母已及十稔，思之心痛，魂梦难安，日夜图维。惟有披沥下忱，吁恳天恩赏假两个月，俾得回粤省亲，稍尽乌私，出自鸿慈逾格。一俟假期届满，赶急回京供职，不胜惶悚之至[1]。

当日，光绪皇帝答应了他的请求："唐景崇著赏假两个月，准其回籍省亲。"[2]

是时，唐景崇母亲尚寄居江宁。请假获准后，唐景崇立即起程，赶赴江宁。"见面怜清瘦，呼儿问苦辛。"江宁八九日，唐景崇于母亲身边尽孝，稍尽乌私，"低徊愧人子，不敢叹风尘"。1897 年，母亲沈夫人已经八十五岁高龄。这一次，却是唐景崇跟老母亲最后一次见面。

四　为"兴革"支招

省亲回京，唐景崇发现局势已发生重大变化。

为了平息因《马关条约》带来的纷争，稳定朝政，光绪皇帝不得不亲自出面，说明订约之原委，并表明改革之决心：

---

[1]《唐景崇请假省母由》，中国第一历史档案馆档案，档案号：03-5325-037。

[2] 第一历史档案馆编《光绪宣统两朝上谕档》第二十一册，广西师范大学出版社，1996。

嗣后我君臣上下，惟当坚苦一心，痛除积弊，于练兵、筹饷两大端尽力研求，详筹兴革，勿存懈怠，勿骛虚名，勿忽远图，勿沿故习，期事事核实，以收自强之效。朕于中外臣工有厚望焉[1]。

光绪皇帝痛定思痛，决心“痛除积弊”“详筹兴革”，重点落在“练兵、筹饷两大端”。闰五月初七，慈禧太后采纳南书房翰林张百熙的建议，将“保举人才”纳入“兴革”范围，要求：

当兹时事多艰，尤应遴拔真才，藉资干济。着各部院堂官、各直省将军督抚，于平日真知灼见、器识宏通、才猷卓越、究心时务、体用兼备者，胪列事实，专折保奏。其有奇才异能，精于天文、地舆、算法、格致、制造诸学，必试有明效，不涉空谈，各举所长，俾资节取。该大臣等当念以人事君之义，一秉大公，详加考核，倘或苟且塞责，谬采虚声，甚至援引私人，瞻徇情面，滥保之咎，例有专条，定惟原保之人是问[2]。

在慈禧太后、光绪皇帝的谕令下，将“兴革”的重点落在了练兵、筹饷、储才三大端上。于是京内外官员纷纷作起了“命题作文”，各抒己见。

唐景崇省亲回到京城，认真研读上谕，急朝廷之所急，晚灯伏案，精心撰拟，于十一月十六日上呈《奏为时局艰难谨拟练兵筹饷储备人才等管见条陈事》，建言：“臣夙叨恩遇，明知智虑短浅，罔识时务，惟既钦奉叠次谕旨，询及刍荛，敢不殚竭愚诚，力筹补救。力陈管见三事。”

关于“练兵”，唐景崇从海军、陆军、火器三方面阐述，提出对策。

海军方面，他认为：“夫海军积弊，由李鸿章任信私人，平时勾结把持，临

[1] 第一历史档案馆编《光绪宣统两朝上谕档》第二十一册，广西师范大学出版社，1996。

[2] 同上。

敌无一可恃。闻英弁琅威理旧充海军教习，颇著成效，为丁汝昌及众闽党所倾。此次刘公岛败降又率闽将居多，无如邓世昌之死烈者。故粤人可用，闽人难用，外间舆论从同。”他的对策是：

今朝廷如修复海军，拟请饬下南北洋大臣，实意整顿水师学堂，多招粤人充当学生，仍延琅威理为全营教习，庶海军可渐有起色。至购买兵轮旧多中饱，拟请饬下出使大臣详估实报，无任再有虚饰，靡费帑金。

陆军方面，他认为：“陆军管制积弊尤重。从前湘、淮各军平定发捻，何至今日不能一胜倭人？缘各军习气太深，平时克扣任情，临敌互相观望，十战九溃。职此之由，查西国军制，于士卒每体恤入微，于将领必多为储备。今我军月饷既单，克减尤重。及其临阵，长夫太少，苦于运械之劳缺额太多，疲于更番之战，彼已相形之下，何自得人死力乎？”他的对策是：

拟请饬下督办军务王大臣，变通营制。今之火器繁重，百倍于前，似宜酌增长夫，庶免正勇帮运罢劳殊甚。现经费支绌，加饷固难，然亦宜有斟酌。查湘、淮营制，坐粮行粮，本有区别。或不必增坐粮，只酌增行粮，亦足以示体恤。从来兵随将转，将领得人，自无克扣缺额诸病，一兵得一兵之用。方今宿将凋丧殆尽，落落将才宜加爱惜，且须广设洋操。陆军学堂为练将储才之地，并请饬下各路统兵大员于编裨及勇丁中破格识拔以资造就。

火器方面，他认为：“夫枪炮为近时行军利器。此次海陆交绥，兵锋不利，事后推究，半由火器不良，相形见绌之故。近日，外洋精研武备，新式日增，如五音快枪、五管快炮等类，皆精利称最，而中国平日则全不措意，及至临警，仓卒购自外洋，价昂货劣，转运艰难，缓不济急。此次奉省守御，凡新购废枪，悉弃无用。仍恃自造抬枪御敌，前事昭然。”他的对策是：

拟请饬下南北洋设造务局，勒限赶造新式枪炮，并多造经用得力之中式抬枪，毋再敷衍虚文。但以制造弹药塞责，如天津江南所造就枪炮无多。拟请饬下闽、粤两省多设局厂，购备机器，合力举办，以期有备无患。

关于“筹饷”，唐景崇从铁路、开矿、银行三方面阐述，提出对策。

铁路方面，“窃惟铁路工程以芦汉为扼要干路。日前奉旨招商开办”。他认为：“商办最善。特公家不为助力，亦恐难望观成。臣闻候选道许应锵及粤商韦廷俊等招集外洋各埠商股甚众，但芦汉一路近三千里，而款约三千万两有奇，恐非该商独力所能成，且许、韦粤人只能招集粤商，亦恐将于各省富商未能联络呼应。”他的对策是：

臣以为宜钦派一公正大臣照料，专办招商集股之事，先将章程妥定，咨行各省督抚，晓谕绅商，合力招集，如有集至二百万两以上者准其呈报，由该大臣收入汇集。其各商气谊有未联合，即由该大臣派分地段，调合浃洽，以期集事，所以助商力之不逮。至于鸠工购料，收支款项，统由公司自行经理，该大臣概不与闻。

开矿方面，他认为：“中国矿产于五洲称最。”“惟是此事，经理独难。若饬交本省督抚查勘情形，奏明试办，往往畏难苟安，听信不肖官吏，饰词欺隐，一奏塞责。”他的对策是：

臣闻工部主事梅寿祺曾经出洋，得有德国矿师勘验中国矿产秘本。现该员已故，此本在其子同文馆学生梅兆震之手。拟请饬下同文馆查取此书，以备应用……

拟请简派一督办矿务大员，先觅矿师，分途试采。如果确有把握，再会同该省督抚妥定章程，招商开办，地方官就近照料，或派兵勇弹压。俟一年后出产较旺，照章抽厘。至集股开厂等事，一听商人自行经理，该大臣概不与闻。

银行方面，他认为：“若银行之设，泰西各国所恃以通财集事。今中国需用款项，所以不能周转者，以钞法不行之故。”他的对策是：

如仿照西国办法，特立出入画一章程，以昭大信。其法先铸银圆，继行钞票。拟请饬下户部电咨出洋公使，将各国银行官办商办各章程抄寄来京，以凭查核。臣前次请假出京，晤道员黄遵宪，述及现立银行办法，深得要领，意以为国家岁进八千万，可造票四千万。若令该员将银行办法分官办商办或官商合办，妥议详细章程，呈部以备采用，必可得力。

关于“储才”，他认为：“人才之生，以期宏济艰难，维持国本。”“办事之才，成于阅历，一经磨练器识自充。所难者，仍在心术根本之地。”为此，他就“平日深知笃信者”，向朝廷“慎举数员”：

翰林院侍讲王荣商、编修丁立钧根柢坚厚，论议宏通；修撰张謇宏达有为，勇于任事；检讨宋育仁天性伉直，熟练洋情；礼部员外郎罗文彬办事勤能，志节贞介；吏部员外郎区德霖、刑部员外郎总理各国事务衙门章京沈曾植深通洋务，熟习地舆；江南筹防局道员王秉恩、洋务局道员黄遵宪心地朴诚，才猷干练。是皆究心时务而壹以学问、气节为根本者。王荣商、丁立钧，去年东事紧急，屡有条奏，其志虑忠悬，早在圣明洞鉴之中；至罗文彬之朴勤可任，区德霖、沈曾植之才长识达，专精地舆、洋务之学，臣在会典馆与之共事有年，知之最悉；张謇丁忧在籍，办理通海团防，乡人赖以安堵；宋育仁前充英国参赞，认真办公，力图补救，士论重之；王秉恩、黄遵宪在南洋当差，经张之洞委办繁剧，深资臂助。

他特别强调：“以上数员虽皆备位下僚，未膺艰巨，而臣察其性情学术，若界以时务重任，必能殚竭血诚，认真办理，断不敢虚浮委靡，有负圣明。此则可为诸臣信者耳。”[1]

奏折指陈时弊，切中要害；议论宏达，发人深省；建言之事，见解独到；荐举人才，出于公心。一道奏折，足见唐景崇与光绪皇帝君臣同心、同济时艰、共扶危局。

[1]《奏为时局艰难谨拟练兵筹饷储备人才等管见条陈事》，中国第一历史档案馆档案，档案号：03-5613-011。

第六章

遭弹劾全身而退

一　筹办慈禧寿庆

光绪二十三年（1897 年）九月初五，唐景崇接到调令：“礼部右侍郎著唐景崇补授。”[1]

此前唐景崇虽兼礼部侍郎衔，但主要是在内阁上班，做的也是内阁学士的事，并没在礼部上过班。这一次“补授”是实授，也就是说唐景崇自此将离开内阁，转入礼部，正式跨入“卿贰大臣”之列。

调唐景崇到礼部，其实是为了补充筹办慈禧太后六十三岁寿诞事务的人手。礼部职掌中有一项叫“庆典”，负责登极、传位、亲政、婚嫁、庆寿、册封、颁诏、筵燕（通“宴”）等，程序严格而又复杂。给慈禧太后做寿是礼部的一项重要工作，而唐景崇又深得光绪皇帝和慈禧太后的信任，故被调入礼部，执掌庆寿大典。

报到没几天，九月初十，光绪皇帝连续下两道谕旨，催促礼部尽快筹备慈禧太后万寿之庆辰。

第一道谕旨要求：“本年十月初十，万寿庆辰在颐和园排云殿受贺。”“是日，宣表行礼，朕亲进表文；初八，朕率领王公百官诣仁寿殿筵宴；初九，皇后率领内廷公主福晋命妇诣仁寿殿筵宴。所有应行典礼著各该衙门敬谨预备。”

---

[1] 第一历史档案馆编《光绪宣统两朝上谕档》，广西师范大学出版社，1996。

第二道谕旨要求："本年十月初十，恭逢慈禧端佑康颐昭豫庄诚寿恭钦献崇熙皇太后万寿庆辰。钦奉懿旨：在颐和园庆贺、筵宴。所有应行典礼，著派恭亲王、庆亲王奕劻会同礼部、内务府敬谨办理。"[1]

三年前，光绪二十年（1894年）十月，正值中日甲午战争，同时也是慈禧太后六十岁整寿。慈禧太后不顾前方战事吃紧，不惜劳民伤财，耗费巨资，为自己举办了极为奢华的六十寿诞庆典。据统计，慈禧太后六十寿诞共挥霍掉的黄金不下一千万两。按照民间说法，生日分大小，六十岁以上逢十要做大寿，其他年份则是小寿，可做可不做。慈禧太后六十三岁，不是大寿之年，她依然要求庆辰。

唐景崇第一次参与并主持筹办慈禧太后寿诞庆典。他细读深研典章规例，不敢有丝毫懈怠。

十月初二，皇上追加了一道谕旨，"钦奉懿旨：自初七日起至十五日止，王公百官均著穿蟒袍补褂"[2]。

日不停歇，夜不解衣，唐景崇全身心投入到庆典筹办事务中。经过一个月的精心筹备，慈禧太后六十三岁寿诞庆典顺利举行。其繁复铺陈省去不表，单说庆典结束，照例要论功行赏。为此，十月十五日，皇上又连下两道谕旨，表彰筹办庆典得力人员。

唐景崇既是朝廷大员，又是慈禧太后六十三岁寿诞庆典有功之臣，蒙恩赏加一级，并获赏赐寿字、花瓶、江绸袍料、荷包、帽纬、手炉等。

二　主办戊戌科会试

刚刚忙完慈禧太后万寿庆典，唐景崇就立即投入到三年一度的会试筹备工作

[1]《谕折汇存》，北平撷华书局，光绪刻本。

[2] 同上。

中。光绪二十四年（1898 年）是戊戌年，逢戌，开考会试正科。

会试由礼部主持，其筹备工作严谨而繁重，容不得一丝马虎。唐景崇受命后，严格按章程走，组织人手，依规例行。

其一，接受投卷。参加会试的考生，必须是各直省乡试中举的举人并经过各省的资格审查，由各直省于年前详核造册，限十一月内送礼部，仍逐名给文。限会试年正月初十内到礼部投递，其过期投文者不准收试。如地方不照定限送礼部，及迟误给文者，由礼部指名题参，并由礼部司务厅详查文册，核对收卷，仍将底册移送监试、提调查核。会试士子投卷日期定为“自二月初一日起，至三月初一日止”，因途远而迟误者，可于初四截止，但逾期概不收纳。

其二，审查确认应试者资格。首审无论新科、旧科应试者，有无匿丧、冒籍、过犯、黜革、罚科等项，有者不准与试，无者均准会试。次审新科举人乡试试卷。向例，各直省乡试发榜后，将对中式者的朱、墨试卷与录科原卷（亲供）送礼部进行审查（又称磨勘），如有朱墨不符、文体违式、字句可疑、文理悖谬、抄袭雷同的现象，则立即将考生黜革除名。再对新科举人进行乡试覆试。定例，新科举人参加会试，必须在会试前接受由礼部组织的覆试，成绩列入末等者，将被罚停一科至数科。

其三，确定考官。考官亦称“帘官”，在贡院至公堂后面有一门，门上挂帘隔离考场内外，各种考试官员分别在帘内和帘外工作，于是有内帘官、外帘官之分，“帘官”之名由此而来。内帘官有主考、同考、内提调、内监试、内收掌等，主要职责是出题、阅卷、录取等。外帘官有知贡举、搜检王大臣、稽查大臣、弹压、外提调、外监试、外收掌、受卷、弥封、誊录、对读、印卷、督牌、巡绰、供给、医官等，负责管理考场各项事务。内、外帘官职责分明，不得干预对方事务。会试总裁由礼部开列符合资格的人员衔名题请简用；会试同考官请派事宜与主考官同日密题，同考官一切有关听宣、谢恩、入场等，均参照主考条例实行。会试知贡举的简派，礼部将由科甲出身及不由科甲出身之满侍郎、汉侍郎以下、三品卿以上官员分缮清单，于二月上旬请旨派满族一员、汉族一员。会试提调官正、副各一员，选礼部汉司官四员分拟正、副，于会试前一年十一月内带领引见派用。监试、稽查大臣、搜检王大臣、巡察、弹压等官均由礼部于二月上旬移取衔名，通行开列，进呈钦派。

其四，修缮考试场地。“试士之所，谓之贡院。”“京师贡院，每逢乡会试年，先期修理。”即遇考试之年，贡院都要从里到外进行修缮，官房、墙屋、号舍要重新修饰，桌椅用具要准备妥当，各种应用物品要齐备。

其五，准备考试用具。考试用具包括有关考试条例（《科场条例》《续科场条例》《磨勘则例》）、闱中用书（按照规定，闱中考官命题用书由礼部统一颁发，以备核查）、办公用品（笔、墨、纸张及桌椅等）、试卷（会试所用的试卷，即答题纸，分为墨卷和朱卷）等。

其六，准备生活供给。会试最受人们重视，故对场中生活供给的要求也非常严格。整个考场内、外帘各官按照闱中管理和辅助官员列为三个供给等级：头等有主考、监临、知贡举、都统等官；二等有房考、监试、提调、内外收掌、参领、章京、总理供给等官；三等有受卷、弥封、誊录、对读等官，以及笔帖式并在场佐杂等官。

一切准备停当，等候戊戌科会试日期的到来。

唐景崇在主持戊戌科会试的筹备工作期间，还有一项重要工作，就是被钦派担任阅卷、读卷大臣。

光绪二十三年（1897 年）九月初五，唐景崇出任丁酉科乡试磨勘大臣；九月二十三日，出任丁酉科顺天乡试覆试阅卷大臣。光绪二十四年（1898 年）二月二十六日，出任丁酉科乡试覆试阅卷大臣；闰三月初九，出任会试覆试阅卷大臣；四月二十日，出任戊戌科殿试读卷大臣；四月二十九日，出任戊戌科朝考阅卷大臣。

唐景崇主持筹办的光绪二十四年（1898 年）戊戌科会试，共取进士三百四十六名。其中：授一甲夏同龢为翰林院修撰，夏寿田、俞陛云为编修，赐进士及第；二甲李稷勋等一百五十人赐进士出身；三甲王思衍等一百九十三人赐同进士出身。经过朝考，皇上钦点翰林院庶吉士八十二名。

三　署理左都御史

在戊戌科会试即将开场的三月初六清晨，一众有资格担任总裁的官员汇聚一堂，等候宣旨。春风和煦，大家不时交头接耳，猜测着这一科出任总裁的人选。唐景崇作为礼部右侍郎，自然也是总裁人选。

时间一到，宣旨官高声宣旨："以吏部尚书孙家鼐为会试正考官，都察院左都御史徐树铭、吏部右侍郎徐会沣、兵部右侍郎文治为副考官。"[1]

圣旨宣读完毕。这一科会试由唐景崇主持筹办，会试总裁自然由他担任，但接下来宣旨官又宣布的一道上谕却令他大感意外：

> 徐树铭现在入闱，都察院左都御史著唐景崇署理[2]。

署理，暂时代管也。通常因本官接受差遣或因病等其他缘故，以及当事官调遣别地，替代官还未任命，需临时委托别的官员进行署理。一般来说，署职都是任命同级或稍低一级的官员担任，如布政使署理巡抚事。清代为加强对官员的甄别，选拔合适官员，实行试职制度，即先试用一段时间，如果称职，再实授其官。署理作为临时用人制度，期限不超过一年，有试用之意。清代发展了署理制度，先令官员署理某职，如果署理期内称职，则实授。概括起来，清代署理制度在补部选之不足、提拔不够资历之人、储备专业人才、升署留任和委署试职等方面发挥了作用。

为何感到意外。其一，唐景崇再次接替徐树铭。上年，徐树铭典试浙江，空

[1] 陈宝琛等：《大清德宗景皇帝实录》，中华书局，1985。

[2] 第一历史档案馆编《光绪宣统两朝上谕档》，广西师范大学出版社，1996。

出的兵部右侍郎职位由唐景崇署理；今年，徐树铭出任会试总裁，空出都察院左都御史职位，同样由唐景崇署理，两人果真有缘。其二，都察院左都御史是从一品，由正二品侍郎署理从一品左都御史，是低职高署。

唐景崇明白，这是皇上对自己的试用和考验。皇上对唐景崇如此信任，唐景崇感戴殊深。“惟有矢慎矢勤，勉期称职，以冀仰答高厚鸿慈于万一。”[1]

都察院主掌监察、弹劾及建议。除监察政治得失外，具体负担以下事务：参与九卿一起议奏折，凡重大案件与刑部、大理寺公同审断，稽察各级衙门、官吏办事的优劣，检查注销文书案卷及封驳事，监察乡试、会试、殿试，巡视各营，等等。

清廷选任都察院官员，尤其是左、右都御史，特别注重品性和声望，各朝皆然。唐景崇在众多大员中脱颖而出，署理左都御史，显见光绪皇帝对他的栽培和器重。

交接完筹办戊戌科会试事宜，唐景崇就到都察院上任了。唐景崇署理都察院左都御史期间，除处理都察院的日常事务外，还处理了两件案件。

其一，三月二十九日，都察院根据奉天贡生程九式呈诉，上奏该贡生之父程万里被控通贼，统领德英阿并不送交地房官讯供，辄自私用非刑，致程万里刑伤攻发身死。案关营员滥刑毙命，虚实均应彻究。光绪皇帝批示：“著依克唐阿廷杰提集人证，确切讯明，秉公断结具奏。并著该将军等通饬该省武营，嗣后遇有拏获案犯，均即移送地方官讯办，不得私行拷问，以符定制。”[2]

其二，三月二十九日，都察院奏已革道员由提塘递送印禀专折纠参一折。光绪皇帝批示：“已革广西太平思顺道何昭然以被参议结之案，辄由提塘赍报印禀，实属有违定制。该员业经革职，所有各节，毋庸置议。嗣后革职人员，如有申诉情事，应亲赴都察院呈递。傥再有擅具禀件交由提塘报递之事，定当严惩不贷。”[3]

---

[1] 虞和平主编《近代史所藏清代名人稿本抄本（第一辑）· 唐景崇档》，大象出版社，2011。

[2] 中国第一历史档案馆编《光绪朝上谕档》第二十四册，广西师范大学出版社，1996。

[3] 同上。

唐景崇署理都察院左都御史一个多月，加强了岗位历练，丰富了从政资历。

四　遭御史奏劾

《马关条约》的签订，给中华民族带来了奇耻大辱。虽然中日之间的战争结束了，但《马关条约》的签订为西方列强瓜分中国提供了借口，西方列强纷纷向中国索取《马关条约》给予日本的均等利益。在西方列强的重重压力下，清政府被迫租借了胶州湾、旅顺和大连、威海卫、九龙、新界、广州湾，并同意西方列强在中国划定自己的势力范围等。

中日甲午战争以及后来的一系列事件，深深地刺伤了中华儿女的民族感情，同时也唤起了国人的觉醒意识。在康有为、梁启超等维新派人士的启发、支持和推动下，在以翁同龢为首的帝党配合下，光绪皇帝意图在维持皇家政权不变的前提下，对朝中已经延续了两百多年的治国理念、陈规旧法、行政结构、用人制度等进行大刀阔斧的改革，以新的治国思想、行政结构和规章制度来治理国家。这就是“维新运动”（又称“戊戌变法”）。

光绪二十四年（1898年）四月二十三日，光绪皇帝颁布了“明定国是”诏书，变法正式开始。

唐景崇积极支持维新变法，力主“维新强国”。当维新变法开始的时候，慈禧太后并不反对。只要不威胁大清王朝的根本体制和她个人的地位与权威，她就不会对光绪皇帝推行的新政进行实质性的干预。百日维新期间，光绪皇帝曾十二次前往颐和园听训。所以，慈禧太后与光绪皇帝的矛盾不在于变法，而在于权力的争夺。

随着维新运动推进，光绪皇帝遇到的阻力越来越大，跟慈禧太后的矛盾也越来越尖锐。

八月初六凌晨，慈禧太后突然从颐和园赶回紫禁城，直入光绪皇帝寝宫，将光绪皇帝囚禁于中南海瀛台，然后发布训政诏书，再次临朝“训政”，戊戌变法宣告失败，史称“戊戌政变”。

戊戌政变后，慈禧太后下令捕杀在逃的康有为、梁启超，逮捕谭嗣同、杨深秀、林旭、杨锐、刘光第、康广仁、徐致靖、张荫桓等人。

八月十三日，在北京菜市口，谭嗣同、杨锐、刘光第、林旭、杨深秀、康广仁六人被斩首，这六人史称“戊戌六君子”；徐致靖被处以终生监禁；张荫桓被遣戍新疆。

惨遭杀害的戊戌六君子中，谭嗣同与唐景崇有亲戚关系。谭嗣同的二姐谭嗣淑是唐景崇弟媳（唐景崶的夫人）。谭嗣同早年曾在家乡湖南倡办时务学堂、南学会等，主办《湘报》，又倡导开矿山、修铁路，宣传变法维新，推行新政，参与领导戊戌变法，他菜市口被斩首时年仅三十三岁。临刑的路上，谭嗣同还高呼：“有心杀贼，无力回天，死得其所，快哉快哉！”

风闻言事的御史们没有找到唐景崇与谭嗣同有关系的证据，但福建道监察御史黄桂鋆却揪住了他与林旭的关系，落井下石。

林旭是福建人，戊戌六君子之一，被斩首时年仅二十四岁。百日维新期间，他受到光绪皇帝召见，赏四品卿衔，在军机章京上行走，参加新政。

光绪皇帝咨询时，唐景崇保荐过林旭以应特科。保荐维新变法人士，罪不轻。戊戌政变后因保荐受到株连的官员不在少数：大学士、军机大臣翁同龢因保荐康有为，革职永不叙用；礼部尚书李端棻因密荐康有为、谭嗣同，革职戍新疆；户部右侍郎张荫桓因介绍康有为与翁同龢相交，革职戍新疆；内阁学士兼礼部侍郎衔张百熙因保举康有为，革职留任；湖南巡抚陈宝箴因保荐谭嗣同、杨锐、刘光第，革职永不叙用；礼部侍郎王锡蕃因保荐林旭，革职永不叙用。

八月二十二日，福建道监察御史黄桂鋆一道奏折，建议“宜将乱党列作四等，分别惩治”。

唐景崇被其列为三等，为“咨保匪人，以应特科，如张百熙之保康有为、梁启超，张之洞之保杨锐、梁启超，唐景崇之保林旭。核其情节，虽较奏保为轻，然其滥保之咎，断难宽容”。黄桂鋆“拟请谕旨交部从重议处，以昭炯戒”[1]。

也许是因保荐受株连的人太多，也许是慈禧太后不愿再扩大对立面，也许是慈禧太后对唐景崇的“端品”深信不疑，相信他没有坏心思。种种因素叠加在一起，唐景崇没有受到任何处分，在险象环生的秋后算账中死里逃生，全身而退。

五　侥幸逃过一劫

当维新运动蓬勃开展的六月初，在光绪皇帝请示浙江学政派谁去时，慈禧太后一句“让唐景崇去吧”，使唐景崇侥幸逃过“礼部六堂客”集体革职这一劫。

在实施新政之初，光绪皇帝认为要做的第一件事，就是广开言路，让大家都来提意见，变法到底要变什么，怎么变，让大清王朝摆脱危机。

过去只有品级高的官员以及专门负责风闻言事的官员才有资格给皇帝上奏折。这一次，光绪皇帝为了让大家都来参政议政，规定品级低的官员甚至普通老百姓，都可以给皇帝上奏。其中品级低的官员的奏折可以交由上司代奏，百姓的意见可以交由都察院代奏，不许“拘牵忌讳，稍有阻隔”。

礼部有一名候补主事名叫王照，七月十六日，欲上疏光绪皇帝。王照在奏折中，提了三条建议。第一条，请求光绪皇帝昭告天下，大力推动变法，这一点光绪已经做了。第二条，请求朝廷设立“教部”，与六部并立，专门宣传儒家思想，这也不算太出格。但是第三条建议就显得十分荒唐。

请皇上奉皇太后圣驾巡幸中外，以益光荣而定趋向也。自中外交通，我皇太后听政三十年，忧劳备至，……今者合万国之欢心以隆孝养，正宜奉慈驾游历邻邦，藉以考证得失，决定从违。应自日本始[2]。

---

[1]《黄桂鋆奏折》，载杨家骆主编《戊戌变法文献汇编》，鼎文书局，1973。

[2] 周敏之：《王照研究》，湖南人民出版社，2003。

这条建议，在当时的环境之下，基本不具有可操作性，更像是哗众取宠，为了提新想法而提新想法。莫说让光绪皇帝和慈禧太后同时出访根本不可能，且第一站还选在日本，这更不可能。三年前李鸿章赴日本签订条约，差点有去无回。这份奏折要是摆到皇帝面前，说不定会惹来一个谋反之罪。

王照一个候补主事，哪有给皇帝上折的资格。但这一次因为有了光绪皇帝“广开言路”的上谕，王照理直气壮地要求礼部代奏，但是礼部尚书怀塔布、许应骙，左侍郎堃岫，署左侍郎徐会沣，右侍郎溥颋，署右侍郎曾广汉（因唐景崇外派浙江学政，故由曾署理）皆因其奏折建议荒唐，不肯代奏。这六人均是在官署正堂办公的主事官员，统称“礼部六堂官”。

“礼部六堂官”的态度惹恼了王照，王照仗着有康有为等人的支持，坚持要他们代奏，称他所奏的事情准与不准应当由皇帝来定夺，但怀塔布等人仍坚持不予代奏。王照便以此事为由，弹劾“礼部六堂官”抗旨不遵，责以阻遏新政，且声言如再不代奏，当径投都察院转呈。怀塔布等人不得已答应为其代奏。

礼部尚书许应骙上折弹劾王照“咆哮署堂，借端挟制”，又谓日本多刺客，请皇上出游日本，是欲“置皇上于险地”，“居心叵测”。

问题的核心不在于王照上疏的内容是否恰当，是否荒唐，而在于“礼部六堂官”在维新运动的风口浪尖上公然抗旨，阻隔言路。

“礼部六堂官”不替王照代奏，是对皇权的极大挑战，是皇上所不能容忍的。七月十九日，光绪皇帝下令将怀塔布、许应骙、堃岫、徐会沣、溥颋、曾广汉等“礼部六堂官”革职。王照被赏予三品顶戴，以四品京堂候补，用昭激励。

此时唐景崇正在前往浙江的路上，可怜曾广汉，右侍郎还没做多久，就惨遭革职。

第七章

难两全守制丁忧

一　督学浙江

上章说到唐景崇在戊戌变法开展期间出任浙江学政的事。这事并无征兆，光绪二十四年（1898 年）六月初一，唐景崇突然接到一道谕旨："陈学棻著来京供职，浙江学政著唐景崇去。"[1] 提督浙江学政，对唐景崇的官场生涯来说，是很重要的一步。因为绝大多数翰林出身的大臣，都是先经过学政一职，再一步步走上高位的。

为何说"突然"？一是此时并非学政正常换任时间，学政一任三年，上年才在全国范围内换任；二是浙江学政陈学棻上任还不到一年。

这一任的浙江学政可谓一波三折。上年各直省学政换任，而浙江学政一连换了三人。首先是徐树铭。光绪二十三年（1897 年），徐树铭在典试浙江期间被钦派为浙江学政；尚在闱中，徐树铭又被钦命为吏部右侍郎；刚出闱，九月初五，徐树铭又被钦命为都察院左都御史；第二天，即被上谕催回京城供职。短短一个多月的时间，徐树铭的职务就变动了三次。由此可以看出，朝廷用人过于随心所欲。

其次是陆宝忠。陆宝忠，光绪二年（1876 年）进士。光绪二十三年（1897 年），在内阁学士兼礼部侍郎衔任上，出任山东乡试正考官。陆宝忠出闱后见到钦

[1] 第一历史档案馆编《光绪宣统两朝上谕档》，广西师范大学出版社，1996。

派浙江学政的谕旨，立即上疏请求回京供职养亲。皇帝同意，所以陆宝忠压根就没去浙江赴任。

最后是陈学棻。陈学棻比唐景崇早三年任内阁学士兼礼部侍郎。光绪二十三年（1897年）冬，陈学棻以户部右侍郎身份提督浙江学政，但他不识时务，在学政任上冒犯了皇上。

陈学棻任学政的第二年，戊戌变法兴起。戊戌变法的一项重要举措是废除八股取士。八股取士虽然在中国历史上曾起过积极作用，但从创行伊始就存在着难以避免的弊端，并随着封建社会的衰败而一步步走向衰落。戊戌变法期间，维新派与顽固派围绕着要不要废科举、办新学问题，进行了激烈争论。维新派指出，要挽救民族危亡，实现君主立宪，发展民族资本，必须改革教育制度，废科举，兴学校，培养维新人才。顽固派则极力维护八股取士制度，说“中学所以为教，人皆知之，无待别求门径也”，攻击维新派兴学校是邪说，名为培才，实则丧才，“且贻人心风俗无穷之忧”。

光绪皇帝“上扼于西后，下扼于顽臣”，力排众议，决心废除八股取士，于五月初五发布上谕，指出“我朝沿宋明旧制，以四书文取士。康熙年间，曾经停止八股，改试策论。未久，旋复旧制。一时文运昌明，儒生稽古穷经，类能推究本原，阐明义理。制科所得，实不乏通经致用之才。乃近来风尚日漓，文体日敝，试场献艺，大都循题敷衍，于经义罕有发明，而谫陋空疏者，每获滥竽充选。若不因时通变，何以励实学而拔真才”。要求“着自下科为始，乡会试及生童、岁科各试，向用四书文者，一律改试策论，其如何分场命题考试，一切详细章程，该部（礼部）即妥议具奏”[1]。

光绪皇帝废除八股取士的上谕发布后，“京师哗然，传废八股，喜色动人”，“及命下之日，欢声雷动”。

之后，光绪皇帝又发布了一系列诏令，废除八股取士已成定局。光绪二十四

[1] 第一历史档案馆编《光绪宣统两朝上谕档》，广西师范大学出版社，1996。

年（1898 年）五月二十九日，光绪皇帝收到了来自浙江学政陈学棻的奏折，大为震怒。陈学棻在奏折中指责废除八股取士造成了“子弟无所师承，士心为之涣散。……近日民情浮动，借端生事，不一而足”。

君颜不可冒犯。第二天，光绪皇帝就去了颐和园。因为陈学棻为正二品侍郎官，处理他一定要经过慈禧太后的同意。光绪皇帝本欲从重从严处罚陈学棻，杀鸡儆猴，但慈禧太后不同意。光绪皇帝只能退而求其次，让陈学棻回京任原职，浙江学政另派他人担任。这个方案，慈禧太后倒是爽快地答应了，至于派谁去，慈禧太后一锤定音：“让唐景崇去吧。”

唐景崇呈进感恩折的当天，即光绪二十四年（1898 年）六月初三，光绪皇帝就召见了他。光绪皇帝似有不舍之情，叮嘱唐景崇做好准备，尽快上任，尽力办差。

唐景崇这一次担任学差，按任期来说有两年，也就是说唐景崇要离开京城两年时间，因此，无论公事和私事都要做一些安排。

七月初四，唐景崇一切准备妥当，赴宫门请训，获皇上召见。他出来后，即赴吏部领取敕书。

初五，唐景崇启程离京。随行人员有儿子唐运源、在京幕友和少数仆役。唐景崇这一次赴外视学，将长子唐运源带在身边，一方面是便于指导儿子的学业，另一方面是开拓儿子的视野，让儿子经受生活历练。

唐景崇离京之际，正是戊戌变法的关键时刻，他正好离开了京城新、旧两派和帝党、后党激烈争斗的政治旋涡。

经过四十二天的长途跋涉，八月十六日，唐景崇一行抵达杭州。十八日，他与前任浙江学政陈学棻进行交接，接篆任事。

到杭州半个月左右，唐景崇拟定了《为科考事晓喻各生童示》，先期在浙江各地张榜公示。唐景崇半路接手，完全可萧规曹随，但他仍然就考场秩序、考试纪律、考场规则、考试范围、防范欺诈等事宜，向全省生童作出严行晓谕，可见其严谨的工作作风和对朝廷、对考生负责任的态度。

陈学棻从接任浙江学政到去职，大概只有半年的时间，也就是说生员的岁试和童生的院试大概也就完成了一半。

九月下旬，一切准备就绪，唐景崇带领幕友、家丁、书房及差役出省按试。先台州，次温州，再处州。

光绪二十五年（1899年）正月初九，处州试毕。正准备启程前往下一站之际，唐景崇接到家信急报——母亲沈氏于光绪二十四年（1898年）十二月二十七日在桂林病故。消息犹如晴天霹雳，唐景崇涕泪满襟，悲痛欲绝。

自古忠孝难两全，学政有他，而孝子唯我！接信后，唐景崇立即赶回省城杭州，将关防及书籍册卷等项移交给浙江巡抚廖寿丰，急急告假，于正月二十六日奔丧回籍。

二 丁忧被夺情

唐景崇从浙江杭州匆匆赶回广西桂林，哭孝三日，葬母于桂林东乡，开始了他为期二十七个月（不计闰月）的丁忧生活。

丁忧守孝期间，唐景崇每日严守丁忧守孝仪规。尽孝之余，他专心研究并注《唐书》。这样的平静日子持续了一年多时间。

忽然有一天，广西巡抚黄槐森上门拜访，彻底打乱了唐景崇丁忧守孝的平静生活。黄巡抚再三请其出面督办广西团练，唐景崇见黄巡抚恳切，只得应允。

按律规，丁忧期间，丁忧守孝之人如无特殊原因，朝廷也不可以强任。早在明朝，就有对官员丁忧的明文规定："内外大小官员丁忧者，不许保奏夺情起复。"但凡事有例外，因特殊原因朝廷强招丁忧的人为官任事，叫作"夺情"。夺情者，剥夺丁忧之人尽孝之情也。夺情大致有两种情况：一是皇帝因国家大事夺情。二是因地方事务，或利用丁忧在籍官员的影响力和号召力，或发挥其专长，由各省督抚、学政奏请，请其帮助地方做事。这种夺情比前一种夺情来得较为温和，也更为人性化，因为可以一边尽孝一边为朝廷办事。

团练源于周朝时的保甲制，盛行于唐、宋朝。清代特别是晚清时期更为重视团练，团练可以弥补正规军的不足。

广西也有兴办团练传统，特别是到了晚清，团练在稳定广西治安秩序方面发挥了积极作用。广西地处边疆，历来是会党、游勇、盗匪猖獗之地。特别是太平天国在广西成立并由广西出发，对广西产生了深远影响。

晚清的广西，呈现全局动荡的局面。光绪二十二年（1896 年）至二十四年（1898 年），广西已有二十四州县发生匪乱。光绪二十三年（1897 年）下半年，天地会在郁林各属已有相当势力，入会者“羽翼日众，势焰颇张”。各处会党皆奉陆川人李立廷为“大哥”。光绪二十四年（1898 年），在李立廷举旗后，郁林各属天地会纷纷揭竿而起。

郁林等地会党起事，震动清政府，光绪皇帝谕令两广总督谭钟麟、广西巡抚黄槐森等“至速剿办，毋任蔓延”。“从束相机截剿，勿任连成一片。”

谭钟麟、黄槐森不敢怠慢，迅速调集重兵进行围剿。八月中旬，黄槐森驻节郁林指挥。在大军进剿的威压下，参加郁林起事的各股会党纷纷躲避，或潜入山林，或逃离家乡，散往南宁、柳州等地，“或百余，或数十，分股甚多，均藏山中”[1]，伺机而动。

到光绪二十五年（1899 年）末至二十六年（1900 年）初，广西会党又重新活跃，纷纷起事，游勇、盗匪趁机而起。就是在这样的情况下，黄槐森拜访唐景崇，诚请唐景崇出山督办广西团练。黄槐森在征得唐景崇同意后，于六月十四日上呈奏折。

六月二十九日，光绪皇帝下达谕旨：

广西地方边要，外夷逼处，筹办团练总以捍卫闾阎、民教相安为要义。该抚所请派前礼部侍郎唐景崇为督办、前台湾布政使唐景崧、五品卿衔翰林院编修曹

[1]《陆川县志》，民国十三年版。

驯为会办之处，均著照所请行，即设局会商，就地筹款，认真整饬，毋得虚应故事[1]。

唐景崇通籍后，一直在京为官，为桂籍京官领袖，官高位显，在广西有着极大的影响力和号召力，正是看中了这一点，黄槐森诚请唐景崇督办广西团练，并获皇上谕准。

三　建章立制

唐景崇接受谕命后，在省城桂林走访绅商，发动捐款，开局还算顺利。

“无规矩不成方圆。”唐景崇有着署理兵部侍郎的经历，懂得督办团练必须规矩、制度先行。开局伊始，他就组织制定了《广西通省团练纲领》《广西团练省局章程》《广西各府县团练通行章程》。

《广西通省团练纲领》二则：

一团练当先团辑绅士也。时事危急，同坐漏舟，祸害之来，不可思议。绅士为四民之首，当以救民为己任，而权力有限，治事颇难，惟恃一德同心，大众奋起，人人以救时为宗旨。虽有宿怨深仇，概宜消释，誓同生死，何况小嫌？凡我衿缨及乡里后生才堪节取，业可裁成，均宜护惜收储，备群策群力之选。盖必能让而后能和，能和而后能聚。倘于用人行事，彼此意见参差，冰炭不入，日欲团民而练之，必不可得也。

一宜激忠义而示利害也。京津沦陷，乘舆播迁，八国洋人凭陵。我中国为自古未有之奇变，率土焉能安枕，大局至今未定。南方不力撑柱，岂非愈重宸忧。广西办团虽无补于君父之难，而臣民义不容辞，即为桑梓身家之计，亦宜未雨绸

[1] 第一历史档案馆编《光绪宣统两朝上谕档》，广西师范大学出版社，1996。

缪。谓广西去京都甚，痛痒无关，此妇孺市井之言，智者必知，头脑亏而百脉受病。况关外强邻虎视，莠民游勇在在堪虞，公家饷绌兵单，至无可如何，终是民间受害。是在有识绅士与乡人、外贾，剀切开导，勉以忠义，晓以利害，庶几款可筹而团可成。

右团练纲领二则，通省绅士皆宜体会斯义，勿乖睽，勿推诿。须知今之广西非当年被发逆之广西。发逆初起，大军云集贼窟，而仅保一省城，今不能矣。今之团练非当日防内匪之团练，内匪纷扰，赤子弄兵潢池，而终不损吾圉，今不然矣[1]。

《广西通省团练纲领》二则，简明扼要，提纲挈领，这就是唐景崇督办广西团练的“纲”，纲举才能目张。其内容虽见地平凡，道理朴实，但他却抓住了问题的关键：督办团练关键在于人。他对相关人员强调要求“团辑”“忠义”“利害”。晓之以理，动之以情。

《广西团练省局章程》共十条，强调要求“省局开办之始，合城诸绅，均牍请入局办事”，“先由诸绅倡题议捐，次及商店”，“先练团丁四百名以立始基”，“城内，伺察严密奸宄，即遁迹，城外，现西门外由本处绅士自行筹款挑练壮丁二百名，专事查夜”，“立赏罚以示劝惩”，“四乡团练拿获盗贼，准其径送省局，收审后转行交县，以便民情”，“省局咨请抚部院委官一员在局审案录供，或分别斥责，或送县究治，视情节轻重办理”，“分设储材学堂以练人材”，“开利源以养穷民，则盗贼少，集众资以谋生业，则取用宏”，“军械宜用自有者而练之”，等等[2]。《广西团练省局章程》重在团练省局，重在省城，其办法、措施既注重当下，亦着眼长远。

《广西各府县团练通行章程》共十条，针对时弊，诸如声息不通、风俗败坏、

---

[1]《广西通省团练纲领》，载虞和平主编《近代史所藏清代名人稿本抄本（第一辑）·唐景崇档》，大象出版社，2011。

[2] 同上。

清查防护、险隘要口、办团人才、办团经费、团总职责、防护重点、边关要地、应对洋教等，唐景崇都提出了相应对策和办法，对广西各府县开办团练具有实际的指导意义[1]。

四　裁撤团练总局

唐景崇与其兄唐景崧边守孝，边督办广西团练，于光绪二十六年（1900 年）六月十七日在桂林开设广西团练总局。

到八月初七，唐景崇奉旨督办团练开局顺利，初见端倪，他立即向光绪皇帝汇报筹办情形：

臣奉谕旨督办广西通省团练，开局之始，即已分饬各州县绅士因地制宜，竭力举办，为时尚浅，未据一律禀报前来。臣与抚臣黄槐森、臣胞兄臣唐景崧、臣曹驯和衷商榷，悉心筹划。省城为根本重地，各属观瞻，亟须倡练团营，以期周密而资表率。现在拮据筹款，陆续招丁，束以营制，务除陋习，以云制梃。臣不敢为夸大之词[2]。

光绪二十七年（1901 年）四月，唐景崇督办广西团练将近一年，取得了初步成效：一是团练的组织机构搭建了起来，在省城桂林开设了广西团练总局，同时在南宁设立了团防局，各府县也设立了相应的机构；二是制定出台《广西通省团练纲领》《广西团练省局章程》《广西各府县团练通行章程》；三是“广西六十八厅州县，先后具报开办者计有五十余处，所议办法尚能因地制宜，并有随同官兵

[1]《广西各府县团练通行章程》，载虞和平主编《近代史所藏清代名人稿本抄本（第一辑）· 唐景崇档》，大象出版社，2011。

[2]《奏报奉旨在籍督办团练开局筹办情形等事》，中国第一历史档案馆档案，档案号：03-5944-020。

查拿盗贼出力者”；四是“省城招募团丁及选锋抬枪队，定期操演枪法阵式。上年冬操，曾经咨送抚臣黄槐森校阅。平日，择要驻扎，分任巡查，亦尚相安无事”。

办团练，一要有人，二要有钱。人倒是不愁，问题在于经费。朝廷财政没钱可拨，经费完全靠唐景崇等人发动地方绅商捐款自筹，但办团练仅靠绅商捐款自筹却难以为继。

惟广西地瘠民贫，耕种既无厚利，贸易亦鲜大宗，筹款维艰，比比皆是。其尚未筹办之各州县均以僻处边远，民生凋敝，上年收成歉薄为言。臣查系实情，未敢操切从事，恐因保民之政，转致扰民。至省局经费薪粮，迭经会商抚臣，在于各商货分别捐缴，而为数无多，入不敷出，复向绅富劝捐接济。计自开办将及一年，体察民力商情，均有不逮。若再接续专局办理，殊难为继[1]。

进退两难之时，还有两个必须正视的现实问题：一是唐景崇丁忧期满，必须立即回到京城起复。起复，是指丁忧守孝期满后重新出来做官。唐景崇丁忧前是京官，而今理应回京听从皇上安排。二是广西巡抚换人。唐景崇督办广西团练本是广西巡抚黄槐森诚邀并经皇上谕准的。黄槐森虽已开缺，但在新的巡抚接任之前，他还须履行其广西巡抚的职责。

广西团练何去何从？唐景崇不得不与黄槐森、唐景崧、曹驯等人一起商议。大家几经研究，最后决定将团练事务归并保甲局办理。但这得走一道程序：由黄槐森呈进奏折，唐景崇附片，恭请皇上谕准。唐景崇附片说：

臣与抚臣熟商，广西向设有保甲总局，督饬各州县清查户口，团练与保甲事

---

[1]《奏请裁撤广西团练总局归并保甲局办理事》，中国第一历史档案馆档案，档案号：03-5999-089。

相表里。拟将团练事宜归并保甲局办理，庶局费可以节省，而团务仍有责成。可否仰恳天恩俯念边民贫瘠，物力艰难，准将团练总局裁撤，归并保甲局办理，以节糜费而期经久。

如蒙俞允，臣现已服阕，即当趋赴行在，跪请圣安，以伸犬马依恋之忱，以遂云日就瞻之愿[1]。

光绪皇帝理解唐景崇的两难心情，朱批同意："准如所请矣。"

光绪二十七年（1901 年）八月十九日，唐景崇遵旨裁撤团练总局，团练事务并入保甲局办理，并裁遣召募各团丁。

至此，广西团练总局裁撤归并宣告完成。

五　三大不幸

唐景崇丁忧守孝期满，处理好广西团练善后事宜，率家人启程回京。

从桂林到京城有两条路可走：一是陆路，即从桂林出发，经湖南、湖北、河南、河北进入北京，全程四千多里；二是水路，即从桂林乘船，沿漓江、桂江、珠江到香港，由香港乘海轮至上海或杭州，转乘客船沿京杭大运河至北京通州。走陆路耗时多，且一路颠簸，但花费相对要少一些，而走水路却快很多，且没有那么辛苦，但花费却要比走陆路多。

三十多年前，唐景崇进京应试，与同伴走的是陆路，而这一次返京，则是老老少少一大家子行动，且此时唐景崇也不像从前那样拮据，故选择水路入京。

光绪二十七年（1901 年）九月二十日，唐景崇一家在广州登岸，住进西关周宅。

---

[1]《奏请裁撤广西团练总局归并保甲局办理事》，中国第一历史档案馆档案，档案号：03-5999-089。

西关，是老广州人对市中心荔湾区内北起西村，南濒珠江，东至人民路，西至小北江这一带的称呼。这里古时位于广州城的西门口，俗称“西关”。西关在明清时期就是广州的商贸中心，因此当年也聚集了许多名门望族、官僚巨贾。这些名门、富商在西关一带兴建了大批豪宅，被称为“西关大屋”。

唐景崇一家下榻的周宅可以说是当时西关最为有名的一座宅院。宅院的主人姓周，名荣曜。周家大宅，横向十三列，纵深二十进。宅内除建有花园、亭台、楼阁之外，还有一座大戏台，据说可容数百观众，其宏阔之势，在西关一时无两。

唐景崇选择西关周宅，并不是因为与周荣曜有什么特殊关系，只不过入乡随俗，当时来来往往的官员大多喜欢下榻周宅。

然而，从入住的当天起，在不到三个月时间里，唐景崇一家却连遭三大不幸。

先是长子唐运源溘然长逝。唐景崇一家人刚刚住进周宅，唐运源就突然染上了瘟疾。周荣曜听闻消息，找来广州最有名的郎中为其医治。七天后即九月二十七日半夜，唐运源紧紧握住父亲的手，两眼翻白，溘然长逝。唐运源去世时，年仅二十六岁，遗下幼女二人：长女小名招儿，妾张氏出；次女小名连儿，妻周氏出。面对此情此景，一家人不由得号啕大哭。

唐运源可以说是苦命勤学之人。刚六岁，生母喜氏去世，庶母龙氏虽对其视如已出，但终归不如生母来得亲切。唐运源自幼聪慧，“六岁即日识数十字”，侧聆长辈谈古事，则“能述其详”，父母授读，其“于六经四子书记诵，玩索惟勤惟邃”；十二岁，“课以诗文，落笔成句……顿悟有得”；十九岁，“以监生赴京兆试，官额隘荐而未售”；二十二岁，与弟唐运清“同试京兆，仍荐而未售”；二十三岁，随侍唐景崇视学浙江，后侍父母奔丧回籍。适值桂林科试，唐运源与弟唐运清俱补学员。桂林府试、院试，唐运源俱第一，“有声庠序”。光绪二十五年（1899 年）冬，其妻周氏“孕将分娩，有疾，委床累月，既产而殁”。唐运源“学博而通经史，外旁及诸子百家。念时局岌岌，窃有志经世，于西国政艺靡弗究心，以为西艺权舆于算术，殚精苦思三年，遂通四元代数、微积之学”。唐景崇总校《会典》，注《唐书》，都得其“襄赞之力居多”[1]。

唐运源去世，白发人送黑发人，唐景崇“惨伤如摧肺肠”。

接着是舟火焚书。光绪二十七年（1901年）十月，唐运源去世不到十天，因舟船起火，唐景崇为注《唐书》而苦心搜罗的两百余簏书籍被一把大火焚烧殆尽。这两百余簏书籍不知耗费了他多少心血，也不知花费了他多少钱财，更为重要的是他从当翰林院编修时起，就立志注《唐书》的宏愿就此被打断。

丧子之痛、焚书之痛交织在一起，令唐景崇“心嗒然若丧矣”。但万幸的是，唐景崇视之若命的所注书稿，一直带在身边，幸免于灾。

最后是儿媳殉夫。唐运源途中病故，唐景崇带领全家人返回桂林，将唐运源安葬在东乡李家里。待唐运源下葬事毕，其妾张氏随即饮刃殉夫。

老来丧子、丧媳，加之书籍被焚，一连三重打击，唐景崇错愕恸伤。

---

[1]《灌阳唐毅斋之墓志铭》，载虞和平主编《近代史所藏清代名人稿本抄本（第一辑）·唐景崇档》，大象出版社，2011。

第八章

救危局出谋划策

一　回到京城

光绪二十八年（1902 年）二月初的京城，天气阴沉，寒风刺骨，大街的角落还残留有积雪。离开京城近四年，再次伫足京城街头，唐景崇的心境与之前大不一样：丧子、丧媳、书籍被焚的悲痛之情尚未散去，对国家前途命运的忧虑又涌上心头。

戊戌政变后，光绪皇帝的地位一落千丈，虽然表面上仍然阅读奏折，下达谕旨，但实际上其权力被完全剥夺。慈禧太后撤帘，直接走到前台，牢牢地掌握着国家的最高权力。慈禧太后在宠臣的怂恿下，不顾祖训和惯例，宣布因光绪皇帝无嗣，立端郡王载漪之子溥儁为大阿哥（即皇储）。

立储之事一经公布，立即遭到朝野各阶层的激烈反对，继而引起西方列强的干预，各国公使拒绝入宫庆贺立储，公然表示不承认大阿哥。西方列强的不支持，让慈禧太后大为恼火。

光绪二十六年（1900 年）七月，八国联军攻进北京城。慈禧太后带着光绪皇帝、隆裕皇后和大阿哥溥儁，身着平民便衣，仓皇逃出京城，一路向西而去，即“西幸”。

当时，唐景崇正在遵旨督办广西团练，听闻消息，顿觉五雷轰顶。在向皇上汇报督办团练情形的同时，深深地表达了北望忧惶之情：

臣正拟将开局筹办情形奏陈宸听，忽闻直隶藩司廷雍电报，惊悉我皇太后、皇上因外洋各国寻衅，逼犯京师，皇太后、皇上暂时权宜翠华西幸。臣逖听之余，神魂飞越。伏思此次中外失和，诚为意料所不及，然而兵民血战，将帅身殉，亦中外交锋以来所未有具见。人心甚固，大义犹明。彼族虽强，终必阴有戒心，而不敢逞。伏愿皇太后、皇上谕饬随扈、留京王大臣暨各省将军、督抚，速定大计，收复神京，慰在天宗祖之灵，副薄海臣民之望[1]。

奏折字里行间流露出“居庙堂之高则忧其民，处江湖之远则忧其君”的忠君爱民情怀。光绪皇帝阅后，亦大为感动，谕批“览奏具见悃忱”。“悃忱”，诚恳、忠诚也。

逃出京城后，慈禧太后让光绪皇帝下达谕旨，要求时任两广总督的李鸿章北上京师，准备与八国联军媾和，并任命他全权代表朝廷与八国联军谈判。

经过一年的艰苦谈判，最后于光绪二十七年（1901 年）八月初五，由李鸿章、庆亲王奕劻代表清朝廷与十一国代表（八国之外再加比利时、西班牙、荷兰）签订了《辛丑条约》，主要条款为：赔偿四亿五千万两白银，分三十九年支付，年息四厘，本息总计九亿八千多万两银子。惩办“首祸诸臣”，庄亲王载勋被赐自尽，端郡王载漪终生发配新疆，刚毅已经在西行路上病死，褫夺其生前的各种职衔，杀毓贤于兰州，赐英年和赵舒翘自尽，杀启秀和徐承煜，董福祥被免去官职回居甘肃，载勋之弟载澜终生发配新疆。各省有一百一十九名官员受到不同程度的处分。

《辛丑条约》的签订，宣告这场战事的结束。由于洋人没有追究慈禧太后作为罪魁祸首的责任，慈禧太后安全地回銮北京了。这一次慈禧太后和光绪皇帝“西幸”，从光绪二十六年（1900 年）七月逃离北京，到光绪二十七年（1901 年）

[1]《奏报奉旨督办广西通省团练折》，载虞和平主编《近代史所藏清代名人稿本抄本（第一辑）· 唐景崇档》，大象出版社，2011。

十一月回到北京，流亡在外的时间长达十六个月。

慈禧太后和光绪皇帝回到京城两个多月后，唐景崇也回到了京城。

亲情在心底，责任在心上。二月初九，唐景崇赴宫门请安，蒙光绪皇帝召见。君臣再见，感慨万端。光绪皇帝略示安慰后，让唐景崇回家等候简用，期望他再为朝廷克尽忠忱。

二　署理又兼署

二月十七日，光绪皇帝颁发上谕："刑部右侍郎著胡燏棻补授，其所署之工部右侍郎著唐景崇署理。"[1]

唐景崇丁忧起复，重新走上工作岗位，从丁忧前的礼部右侍郎转而署理工部右侍郎，虽然不是实授，但总算有了事情可干。

工部在隋唐以前叫"冬官""大司空"，隋唐以后叫工部。清朝的工部，是天聪五年（1631 年）沿袭明制所设六部的最后一个部，"掌天下造作之政令与其经费"[2]。

唐景崇署理工部右侍郎的谕旨下达的第二天，内阁又交给吏部、工部一道上谕：

昨日奉上谕，刑部右侍郎著胡燏棻补授，其所署之工部右侍郎著唐景崇署理。钦此。查工部右侍郎应照例兼管钱法堂事务，相应知照贵部可也[3]。

钱法堂，户、工二部皆置，分由满、汉右侍郎兼管。各有铸钱局，属户部者为宝泉局，所铸造钱币供全国经费之用；属工部者为宝源局，所铸造钱

[1] 第一历史档案馆编《光绪宣统两朝上谕档》，广西师范大学出版社，1996。

[2] 李鸿章等：《大清会典事例》，商务印书馆石印，光绪三十四年。

[3] 中国第一历史档案馆编《光绪朝上谕档》第二十八册，广西师范大学出版社，1996。

币主要用于工部所管各项工程经费。清朝廷对钱法极为重视，将铸造钱币重大事项分别交户部宝泉局、工部宝源局办理，其目的是相互制衡。宝源局置炉二十有一，额定岁铸钱七十一卯，以六千二百四十九缗二百七十文为卯，得钱四十四万三千六百九十八缗六百七十文。遇闰加铸四卯，得钱二万四千九百九十七缗有八十文，月运节慎库备用[1]。

唐景崇署理工部右侍郎兼管钱法堂事务，其职掌就是宝源局铸造钱币，因而又称“钱法侍郎”。宝源局是铸造钱币重地，也是是非之地。嘉庆二十一年（1816年），工部左侍郎吴烜、右侍郎佛住两人主管宝源局，却因炉头和工役争闹栽了跟头。就在这年夏天，炉头和工役因赏项不公而停炉停铸，群起闹事，以致惊动了嘉庆皇帝，进而影响到宝泉局，宝泉局的工役围攻炉头，索要银两，闹得不可开交。事件过后，吴烜和佛住“既经朦混于前，又复欺饰于后”，都遭断然革职[2]。之后，炉头、工役闹事时有发生。因此，唐景崇不得不打起十二分的精神，防止炉头和工役闹事。

光绪二十八年（1902年）九月初四，皇上下达谕旨：“朱祖谋现出学差，礼部右侍郎著唐景崇兼署。”[3]

到此时，唐景崇回到京城已经七个月，还没有补授实缺，倒是又兼署了两个部的右侍郎，不知是晚清卿贰大员少，还是应了“能者多劳”的话。

三　建言加税免厘

八国联军攻进北京城，慈禧太后和光绪皇帝“西幸”。慈禧太后在经历了颠沛流离之苦后，不得不痛定思痛，慎重反思，思考大清王朝下一步该怎么走。

光绪二十六年（1900年）七月二十六日，慈禧太后和光绪皇帝逃离京城的第

[1] 黄本骥编《历代职官表》，上海古籍出版，2011。

[2] 陈宝琛等：《大清德宗景皇帝实录》，中华书局，1985。

[3] 中国第一历史档案馆编《光绪朝上谕档》第二十八册，广西师范大学出版社，1996。

五天，来到怀来县鸡鸣驿时，慈禧太后以光绪皇帝的名义颁布了一道“罪己诏”，承认“负罪实甚”[1]。这是慈禧太后反思的开始。

七月二十八日，到达直隶宣化后，慈禧太后采取实质性的举措，下达谕旨：一是要求官员直言举荐人才，表达朝廷求贤若渴的意图；二是表示从今往后要更新政事。

八月十七日，銮驾到达太原后，驻跸二十一日，在此期间，再次颁下一道关于议和及今后施政方针的谕旨，其要旨：“现正议和，一切政事，尤须切实整顿，以期渐图富强。懿训以为取外国之长乃可补中国之短；惩前事之失，乃可作后事之师。”[2]

十二月初十，在西安，慈禧太后再次以光绪皇帝的名义颁布谕旨，标志着清末新政的开始。该谕旨要求：

著军机大臣、大学士、六部九卿、出使各国大臣、各省督抚，各就现在情形，参酌中西政治，举凡朝章国故、吏治民生、学校科举、军制财政，当因当革，当省当并，或取诸人，或求诸已。如何而国势始兴，如何而人才始盛出如何而度支始裕，如何而武备始修，各举所知，各抒所见。通限两个月，详悉条议以闻。再行上禀慈谟，斟酌尽善，切实施行[3]。

当时，唐景崇正在桂林丁忧守孝和督办广西团练，对于推行的新政当然有自己的思考和想法，但碍于时机不对、身份敏感，不便奏陈。

新政的主要内容如下：改革军制，组训新军；振兴商务，奖励实业；废除科举，育才兴学；改革官制，整顿吏治；规范行止，重视法律；等等。

推行新政，必须要有大量的经费作为保证。辛丑年（1901年）与十一国列强

---

[1] 第一历史档案馆编《光绪宣统两朝上谕档》，广西师范大学出版社，1996。

[2][3] 同上。

签订《辛丑条约》，欠下巨额赔款，朝廷被压得喘不过气来。朝廷拆东墙补西墙，入不敷出。

说到财政，无外乎开源节流，但具体落实到如何开源、如何节流上，一众大臣却是意见纷纭，莫衷一是。

唐景崇署理工部右侍郎兼管钱法堂事务，对处处、事事、时时都要用钱，且政府财政十分困窘、拮据，有更为深刻的体会。为此，他于光绪二十八年（1902年）四月二十五日上呈《奏请速定加税免厘章程敬陈管见事》，说："今加税免厘之举，朝廷询于卿士，咨于四岳，诚唐虞三代之盛轨复见于今日，微臣曷胜钦佩。夫国计之重大，外夷之机变，固不得不慎之又慎，第前后统筹，既无遗理，则所以副天下之望者，在迅速施行，勿涉疑沮而已。"

他建言朝廷"有可决于心者二"。

一是下决心加抽洋税。

洋税每年统计二千二百万两，除去洋药税五百万两不计外，亦有一千七百万两。自核实抽五之议，定又可增三百万两，是每年已有二千万两。若进口统加至百抽十五，是两倍其数，可收至六千万两，即出口只加至抽十，亦可得五千余万两。如进口不能加至抽十五，出口不能加至抽十，再以进口加至抽十二五，出口加至七五计，两相牵算，合进口出口共成值百抽十之数，亦可倍增至四千万两。厘金每年仅一千三百万两，今后若加税免厘，将此四千万两除去原收一千七百万两及作抵厘金所免一千三百万两外，应多得一千万两之数，约可抵各省派赔数目之半。一转移间，厘害既可顿除，厘数仍可相抵，而各省派款更可因此而减，此数操其赢，了然共见，可决者一也。

二是下决心免除厘金。

厘金创办原因发逆之乱，军饷无出，不得已而为。此举病商病民，不可殚述，乱定即应除之。然巨款所关司农，不得不迟回审慎。若能别筹抵款，亦必免此以厚民。今何幸有加税之约，毅然可除此弊端，洵民至幸之事。如谓洋商有碍华商，则沪上华商所聚何以无禀控之来，且皆冀豁免之速，此舆情之大可见者，商务之盛，民困之苏，国势之强，要皆视乎此。现举行新政，正苦经费之绌，得此皆可放手为之。此适逢其会，事机难得，可决者二也。

唐景崇加抽洋税、免除厘金的建言，既能增加财政收入，又能减轻老百姓的负担。但要真正实施加抽洋税、免除厘金的政策，阻力定然不小，不可控的因素增多。如果对华商、外商加税，且幅度不小，必然触犯这些人的利益，朝廷能承受住这些人和他们背后势力的反击吗？如果免掉厘金，虽获得老百姓的拥护，但却要承担触发因厘金而形成的利益集团不满的风险。唐景崇虽清楚这些，但他认为只有这么做，才能从根本上解决问题。

如果朝廷实施加税免厘，出现“厘金既免，外人不肯加税”的情况怎么办？他建言朝廷“有宜防于外者二”。

一防加税“大权不至尽假外人”。

各国重商务，万不至此，然亦不可不防。请立约时先订明加税免厘，同时并举，若厘金不免，洋税即可不加；洋税不加，厘金亦即复旧。违者各国共议罚之。加税之后，钦派大臣驻沪办理，更设税务学堂，明习其事，则大权不至尽假外人，此善后之宜防者一也。

二防“因免厘而令各税皆免”。

我国家所免者，厘金而已，若他事设税，本我自主之权，不得因免厘而令各税皆免。况平日筹防消弥内患，亦即以保护洋商，自应分别办理。除厘金允免外，其他税之宜办者，宜分三层声明：一为向例奉行之税，如各省掌关税、盐税、土药税、田山房屋税、典当领帖税、岁捐税、各行领帖税及各府厅州县杂税之类，列为一层；一为目前拟办之税，如创兴制造各局厂之营业税、中外买卖往来之印花税等类，列为一层；一为将来随时应办之税，如筹饷之捐、善举之捐、中外华商自集之捐等类，列为一层。此三层，并非厘金之比，有者照旧遵行，无者或兴办或中止，均听中国自便，皆于约内签明，他日不得指为背约藉口。此他税之宜防者二也。

如果朝廷实施加税免厘，出现“若徒免厘而不为各省妥筹，必至办公竭蹶”的情况怎么办？他建言朝廷“有宜筹于内者二”。

一宜筹各省经费。

疆臣不以免厘为然者，半为国家计，亦半为省局计也。今若与各省约免厘金之后，从前部中指拨厘金之数，概行停止，本省报部岁用厘金之数，准其奏明改用地丁，则各省无厘金之入款，即无厘金之付款，少厘金之用款即增地丁之用款，自不至今绌于昔矣。外省最急者，账需军饷，为刻不容缓之端，今电奏则瞬息可通，汇兑则崇朝即止，非曩时驿递稽迟之比，自可无须过虑。即权宜动用，缓不济急，亦尚有他税入款，或归藩库，或发局库，仍有挹彼注兹之便。外省善后局尚可展布优游，又何必固留厘金一款。朝廷得免厘金之利，督抚不受免厘金之害，此各省经费宜筹者一也。

二宜筹各省用人。

厘金之设，委员分道四出，不肖以饱贪囊，贤者亦资养赡。今概行裁撤，需次各员，优差顿失，故不得不为阻挠之计，以遂其恋栈之私。今新政大兴，尽可令现办厘金之员改委他事，优其薪水，奖其劳绩，失于彼而得于此，国家既收多才之用，仕途亦免私议之腾，此各省用人宜筹者二也[1]。

唐景崇煞费苦心写的奏折极有见地及针对性，可谓是较为激进的建言，从当时的背景看，不愧为从根本上解决财政危机的上上策。有时，放着上策不行而行下策，并不是决策者不聪明，而是形势所迫也。

慈禧太后和光绪皇帝看了唐景崇的奏折，陷入沉思。他们确实想解决问题，但前提是不能伤筋动骨，不能危及大清王朝的根基。尤其是在如此危机四伏之际，不能犯下颠覆性的错误。因此，光绪皇帝只能遵从慈禧太后的懿旨，批转让“外务部知道”[2]。

四　迟到的保荐

在署理工部右侍郎兼管钱法堂七个月和兼署礼部右侍郎二十天后，光绪二十八年（1902 年）九月二十五日，唐景崇终于补了个实缺——工部左侍郎。

唐景崇补授工部左侍郎，同时卸下兼署的礼部右侍郎。二十七日，他在署工部右侍郎兼署礼部右侍郎期间拟就的奏折《奏遵旨保荐经济特科人才以副盛典折》递到了光绪皇帝的手中。

这是一份迟到的保荐，因为朝廷保荐经济特科人才的谕旨是在上一年就颁布的，因那时唐景崇正忙于处理广西团练裁撤与归并和家中事宜，回到京城又忙于署理事务，所以直到补授工部左侍郎前才腾出时间和精力。

为推行新政，光绪二十七年（1901 年）四月十七日，光绪皇帝传达慈禧太后懿旨：

[1]《奏请速定加税免厘章程敬陈管见事》，中国第一历史档案馆档案，档案号：03-6419-020。

[2] 第一历史档案馆编《光绪宣统两朝上谕档》，广西师范大学出版社，1996。

为政之道，首在得人。况值时局阽危，尤应破格求才，以资治理。允宜敬遵成宪，照博学鸿词科例，开经济特科，于本届会试前举行。天下之广，何患无才。其有志虑忠纯、规模宏远、学问淹通、洞达中外时务者，著各部院堂官及各省督抚、学政出具考语，即行保荐。……望贤才之辅治，尔诸臣当详加延揽，各举所知，共济艰难，以维邦本，使中兴人才之盛再见于今[1]。

慈禧太后懿旨颁布后，在京城各部院堂官及各省督抚、学政中顿时掀起了一股保荐经济特科人才之风。但其中有些人难免瞧准时机，夹带私货；也有人不做深入了解，滥保充数。为力避滥保之风，六月初四，光绪皇帝再颁谕旨：

此次钦奉懿旨，举行经济特科，原期拔取真材，以济时艰，岂可仍狃夤缘积习，瞻徇保荐，滥竽充数，致负朝廷求治作人之至意？著各部院堂官及各省督抚、学政于保送时虚心采访，果系物望素孚、确有实学者，方准奏保；如有心术不正及营谋干进者，即使才艺可观，亦无足取。该大臣等当深维以人事君之义，严杜请托，力挽颓风，即以所保之是否得人，定其功过，毋得滥保非人，自干咎戾[2]。

唐景崇心系朝廷，心系新政，尽管已过去了一年多，他仍然将自己熟悉的人才保荐给皇上，以备录用：

臣备员卿贰，敢不悉心采择，以期共济时艰。查有翰林院修撰张謇，沉毅宏通，究心干济；修撰骆成骧，忠爱性成，学术纯正；编修李家驹，器量渊涵，才识敏达；编修喻长霖，志节贞亮，学识博通；编修赵炳麟，博考中西，讲求实用；兵部郎中廖振榘，志卓学勤，精研时务；户部主事孙诒让，博通古今，著述等身；

---

[1] 第一历史档案馆编《光绪宣统两朝上谕档》，广西师范大学出版社，1996。
[2] 同上。

湖北试用道宋育仁，学贯中西，阅历稳练；江西补用道徐绍桢，博学高才，深明治术；同知用前直隶高邑县知县唐则瑀，历著政绩，学有本原；甘肃中卫县知县王树枏，学赅中外，迭著政声；分省补用知州广东举人谭学裴，植品绩学，明达笃诚；广西试用知县刘士骥，敦尚气节，有守有为。

以上十三员，臣知之最深，其性情心术，笃实平正，皆能砥砺实学，留心时务，兼有吏治已证明效者，均堪应选[1]。

唐景崇保荐经济特科人才十三人，其中张謇、骆成骧、李家驹、喻长霖、赵炳麟、宋育仁、徐绍桢、王树枏等为其门生弟子，当然“知之最深”。

张謇、李家驹是光绪二十年（1894年）甲午科进士，唐景崇则是这一科的殿试读卷大臣，张謇为状元，唐景崇是重要推手；骆成骧、喻长霖、赵炳麟均为光绪二十一年（1895年）乙未科进士，骆成骧是状元，喻长霖是榜眼，唐景崇则是这一科会试大总裁，是他们的座师；宋育仁、王树枏是光绪十二年（1886年）丙戌科进士，唐景崇则是这一科的同考官，是他们的房师；徐绍桢于光绪二十年（1894年）甲午科参加乡试，时任内阁学士兼礼部侍郎衔的唐景崇被钦命为广东乡试正考官，识拔徐绍桢为举人。

唐景崇保荐人才“悉心采择，以期共济时艰”，真正做到“外举不避仇，内举不避亲”，秉持公正无私之心，不掺杂个人好恶，唯才是举。

---

[1]《奏遵旨保荐经济特科人才以副盛典折》，载虞和平主编《近代史所藏清代名人稿本抄本（第一辑）·唐景崇档》，大象出版社，2011。

第九章

严衡校矢慎矢勤

一　到任江苏学政

光绪二十九年（1903年）九月中旬，唐景崇奉命典试浙江，到达杭州不久，就接到浙江巡抚聂缉槼送来的一份咨称准吏部咨开：

光绪二十九年（1903年）八月初一日，内阁奉上谕：本年值更换学政之期，除顺天、甘肃、福建、广东、广西、云南、奉天毋庸更换外，江苏学政著唐景崇去……以上各员有现出差者，著即赴新任，毋庸来京请训[1]。

各省学政，通例是在乡试后进行调换，前、后任的交接一般在十一月完成。唐景崇捧读上谕，感慨万分。这次唐景崇提督江苏学政，距上一次提督浙江学政已经过去五年。唐景崇上一次出任浙江学政仅仅半年，因母亲去世，回籍丁忧守孝，任期未满便离开，深感辜负慈禧太后和光绪皇帝的信任。这一次，他决心好好履行职责，不辜负慈禧太后和光绪皇帝的期望。九月十五日，唐景崇上折谢恩，说："惟有严密关防，试士贵登乎真品；讲求教育，学堂期树夫宏规。勉竭庸愚，冀酬高厚。"[2]

[1] 第一历史档案馆编《光绪宣统两朝上谕档》，广西师范大学出版社，1996。

[2]《奏为奉上谕充江苏学政恭谢天恩折》，载虞和平主编《近代史所藏清代名人稿本抄本（第一辑）·唐景崇档》，大象出版社，2011。

江苏钟灵毓秀，人杰地灵，历来是科考大省、状元之乡、人文之地，慈禧太后和光绪皇帝在委任江苏学政时会比委任其他省学政更为慎重。唐景崇被委任江苏学政，既兴奋激动，又深感责任重大。

浙江典试事宜办妥之后，唐景崇让未能赶到杭州的幕友自行前往江阴会合，而自己则带领已经赶到杭州的幕友、书吏和仆役启程前往江苏学政驻节之地——江阴。

在江苏，官署衙门与其他省不同的地方在于总督、巡抚、学政不设在一地，两江总督衙署在江宁，巡抚衙署在苏州，而学政衙署则在江阴。

江苏学政衙署在明朝万历四十二年（1614 年）移驻江阴。首任苏松学政王以宁选择江阴作为驻节之地，主要出于三个方面的考虑：一是江阴地处偏僻，不似府城喧闹，有利于考试。二是防止诸如请托、贿买秀才之类的弊端。府城中士绅多，关系复杂，易产生弊端。三是江阴刚好处于苏、松、常、镇府州的中心。苏南各处士子赴江阴路程大致均等，赴苏北按试，从江阴出发也极为便利。

经过历次学政的扩建、修整，江阴学政署衙在清道光时期达到最大规模，被誉为“江南第一署衙”。署衙门前有广场，用照壁环绕，两边的东西辕门分别有“文章司令”“风教总持”字样；广场上两根旗竿高挂“钦命江苏督学部院”字样大旗。署衙内有仪门、龙门、大堂、燕喜堂等前后十三进，两百余间房屋。署衙西北隅的后花园内有香岩榭、知乐亭、存雪亭、观稼楼等。直到晚清，江阴学政署衙规模仍较宏伟，考棚可容纳考生一千二百人。大堂为学署第四进房，堂上有匾额“端严正直之堂”，两旁有同治年间江苏学政林天龄写的抱柱楹联“文章有神，浩气贯大江南北；风雨不动，欢颜开广厦万千”。川堂为第五进，有联“进退一心严，即此是礼门之路；文章千古共，果谁能入室升堂”。

十月十三日，唐景崇在署衙员役簇拥下步入署衙，第二天即与上任学政交接。

同治十年（1871 年）辛未科进士中位居极品、在晚清深具影响力的三位先后出任江苏学政。

先是瞿鸿禨。瞿鸿禨，字子玖，湖南善化县人。光绪二十三年（1897 年）八月，以詹事府詹事提督江苏学政。他“校士严峻”，“律下尤严”，令人生畏。他在江苏学政任内，升为内阁学士，后又升为礼部右侍郎。光绪二十六年（1900年）八月，他江苏学政任期满，升都察院左都御史。

接替瞿鸿禨出任江苏学政的是李殿林。李殿林，字荫墀，山西大同县人。光绪二十六年（1900年）九月，以吏部左侍郎提督江苏学政。他“忠清醇朴，颇为时所称”。他在江苏学政任上三年，紧跟朝廷的改革步伐，将书院改为学堂。

接替李殿林出任江苏学政的就是唐景崇。

到达江阴的第二天，唐景崇立即向光绪皇帝报告到任接篆日期事：

臣旋即束装遵旨驰赴新任，于十月十三日行抵江阴县城。十四日，准前任学臣李殿林委江阴县教谕秦毓麒赍送关防一颗并文卷移交前来。臣当即恭设香案，望阙叩头，祇领任事。伏念三吴文物，夙冠东南，山水钟灵，英奇蔚起。学政有教育裁成之责，胜任诚难。况值此时局多艰，需才孔亟。四民表率，士习首赖乎陶熔；万国交通，实学更资乎研究。臣惟有仰承圣意，竭尽愚忱。矢慎矢勤，试事杜随时之弊窦；教忠教孝，学堂储报国之人才。以冀仰答高厚鸿慈于万一[1]。

二　组建学署班子

唐景崇这次提督江苏学政，其署衙人员由自己带来的人员和驻衙的人员两部分组成。自带人员主要有幕友、书吏和仆役，驻衙人员主要有书房及其他役差。

由于江苏文风素盛，应试士子多于其他省，唐景崇必须多聘幕友助其阅卷。十二月初二，江苏巡抚恩寿的奏片详列唐景崇所延阅文幕友姓名、籍贯：

---

[1]《奏恭报到任接篆日期叩谢天恩折》，载虞和平主编《近代史所藏清代名人稿本抄本（第一辑）·唐景崇档》，大象出版社，2011。

浙江钱塘县举人沈元弼，福建闽县举人陈熙绩，浙江萧山县举人周易藻，浙江黄岩县举人卢长孺，浙江平湖县举人张文灏，广西临桂县举人汪凤翔，浙江仁和县举人吴敦慕，江西德化县廪贡许学谦[1]。

唐景崇这次延请阅文幕友八人，比上次出督浙江学政时多出一人。因为受命之时身处浙江杭州，加之他曾提督过浙江学政，此前又典试浙江，因而对浙江人才比较熟悉，所以到江苏后阅文幕友多为浙江人士。阅文幕友是整个学政考试班子的一个核心部分，岁试、科试、院试的阅卷要靠他们协助完成。

整个考试还要处理大量的日常事务，这就必须依靠驻衙的书房及其他役差。

对学署书吏这一个整体，习惯称之为“书房”。江苏学政署衙的书房有自己的特点：

学署书房，亦为世袭制，共计九家，合为九房，可以世世相传。闻最初当书房者，系在苏州各衙门书办中挑选而来，初以为学署清苦，多有出于勉强者。……若子孙众多，或各支公摊，或各认几县，推熟谙公牍者掌案，每年所得出息，除公用者外，彼系公摊者则平均分派，系认县者，则以县份利润分送，故当书房者，往往终年不上衙门应差，而分利如故，安坐而食。科举未废之前，社会人士多有羡慕者……但书房得此保障，为世世子孙衣食计，决不敢误公苟且[2]。

书房的职责主要是承办公牍，帮办考务江苏学署书房“分府（或州）承值，某姓承办某府，世世相承，不得更动”。光绪三十一年（1905年），江苏学子徐再思，十五岁，曾游“考期棚事”，“是以约略忆之科举末年各书房”。在他的记忆中，唐景崇当年在江苏组织岁试、科试、院试时，各地承办的考务者分别是：

---

[1]《奏为查明唐景崇所延阅文幕友姓名籍贯事》，中国第一历史档案馆档案，档案号：03-7205-156。

[2] 徐再思：《澄江旧话》，中国文联出版社，1999。

杨寿仁办理江甯府（杨字咏眉），陈钟祥办理苏州府（陈之秀之）；黄绍基办理松江府，鲁毓真办理常州府（鲁字阳夫）；谢仰夫办理海州镇江府（谢字老昆），周爻吉办理通州太仓州；王恩培办理淮安府，谢小元办理扬州府，杨承担办理徐州府（杨字鹤年）[1]。

江苏学署虽分九房，但办事则须互相帮助。比如，唐景崇赴徐、海主持考试，承办者是杨承担、谢仰夫二房，但其他七房之掌案者也必须随同，协助办理考务。

江苏学署办事人员，除书房吏员外，还有“承、堂、号、舍”四项人员及“承差”“皂夜”诸役差。“承”为承发房，负责收发文件；“堂”为书堂，负责诸如学政坐堂点名，布置堂上一切事务，额定人数四名；“号”为号房，负责传达事务，额定人数八名；“舍”为舍人，负责学使出发考试，沿途照料，管理拉纤夫役等事，额定人数八名；“承差”负责传递奏折、公文及一切差遣事务，额定人数十二名；“皂夜”即皂班（夜班），负责看守署衙、搜检夹带等杂役，每班额定人数八名。

学署组成人员，均以学使为主，各有执司，有条不紊。每当学使出署按临各府、州时，除少量人员留守署衙外，大多数人员都要随行，其气势之盛，官威之足，令人望而生畏。晚清官员何德刚对学政出署按试有这样生动的描述：“（学政）三年两次，周历诸郡，随带幕友书役，竟是后车数十乘，从者数百人气象。”[2]江苏学政总是走水路，以京杭大运河为主，大概这“后车数十乘”的气象，只有赴徐、海时才会出现，其他则是“风帆蔽天，泛舟中流”的景象。

人多开销自然就大，好在驻署人员薪酬和工食不用学政负责，学政只负责自己带来的幕友、书吏和仆役的酬金和食费，但这也是一笔不小的开支，全靠学政

---

[1] 徐再思：《澄江旧话》，中国文联出版社，1999。

[2] 何德刚：《春明梦录》，上海古籍出版社，1983。

的养廉银解决。江苏学政的养廉银，在乾隆元年（1736年）八月十一日的上谕中即已确定：

天下人文繁盛，应试众多者莫如江南。学政养廉，江苏二千两，安徽一千五百两，较他省为少。以此养赡家口，延致幕客，未免不敷。所当加恩体恤者，著从今秋为始，上下两江学政养廉各赏银四千两[1]。

从此往后，江苏学政每年的养廉银一直是四千两。幕友的薪酬、食费要从学政的养廉银中开支。每位幕友的花费，全国各地有所差别，全由学政决定，但不能差距太大，幕友也要养家糊口。据相关史料，聘请一位幕友一年需要支付的酬金在两百两左右。按此推算，唐景崇所延八位幕友的酬金就要开支近一半的养廉银，再加上幕友食费、自带书吏和仆役的酬金和食费、办公费等，使用养廉银基本可以覆盖，不用另想办法。

三　严行晓谕生童

到达江阴后，在组建学署班子的同时，唐景崇拟定了《为科考事晓喻各生童示》文稿，先期在江苏各地张榜公示，严行晓谕：

本院恭膺皇上简命视学斯土，自维谫陋，以不克胜任是惧，惟是博考学术之源流，参酌当今之时局，沉观而阅历，固亦有年矣。又科名于诸生有一日之长，用以素所闻知者为诸生童告，且为之申明约束，将以保全于先事而使之不犯。尔生童其详听之。

---

[1]《江南通志》卷三，乾隆刻本。

第一，强调考试的意义。他说："朝廷设科考试，近复议学堂递升之法，虽取士分途，然学综中西，体用兼备，要皆培养人才，冀以收得人之效也。故必有以导之于先，则规模可得而立；必有以防之于后，则弊窦可得而除。"

第二，强调对生童品行学识的要求。他指出："昔圣祖仁皇帝御制训饬士子文，颁布学宫，谆谆戒以先立品行，次及文学、学术、事功，源委有叙。"

第三，说明学政职责所在。他说："世宗宪皇帝有谕督学之旨，以学校为士子进身之阶；督学一官，尤人伦风化所系，必廉洁持身，精勤集事，实行文风两者并重，士品端而后文风正，他日为国家柱石，朝庙羽仪。敬译列圣明谕，责学臣如此其严而教育，期望士子如此远且大。"

第四，明确考试场次安排和考试范围。"钦定乡、会试三场：首场试以中国史事、国朝政治论五篇；二场试以时务策五道，问五洲各国之政，专门之艺；三场试以四书义、五经义三篇。生童岁、科两试：经古一场，多出题目，凡中外史事、政治及算学、艺学各类，任考生自择所长，以作两艺以上为完卷（从前经解、小学、词赋诸门仍照出题）。生员及童生正场试以四书义、五经义各一篇；生员科试正场试以四书义一篇，中外时务策一道；生童覆试试以四书义或五经义一篇，史事、政治论一道。"

第五，示以读书切要之法。他对读书之法做了较为详细的介绍：

经如《十三经注疏》《御纂诸经》《说文解字》《经典释文》《国朝诸家经解》；史如《二十四史》《御批通鉴辑览》《资治通鉴》；子如《二十二子》（张香涛先生劝学篇有曰："读诸子当以经义权衡，而节取之学者，宜服膺斯言。"）；理学如《御纂性理精要》《小学近思录》《宋元学案》《明儒学案》《正谊堂全书》《五种遗规》；政治如《通典通志通考》《续三通》《皇朝三通》《大清会典》《十朝圣训》《东华全录》《大清通礼》《各部则例》《玉海读史》《方舆纪要》《五礼通考》《经世文编》《续经世文编》；至若《容斋随笔》《困学纪闻》《日知录》《养新录》《读书杂志》《蛾术编》《东塾读书纪》《輶轩语》诸书，难更仆数，是又读经史子之楷梯也。凡此数十种，正大简要，果审端而致力，自明体而达用。若泰西各国之政艺，翻译不下数百种，分类搜求，足资观览；声光化电诸多学，为西人专长，果有师承亦易窥门径；至算术、图学、天文、舆地、农桑、商务、矿政之属，为中西公学。尔生童夙昔研求，谅多心得。本院将于考古及正场，综经史时务命题，以觇尔生童所学焉。夫曰论曰策，不熟读周秦两汉、唐宋八家之文，气必不雄直，笔必不奥衍，义必不坚卓，法必不谨严。有古文根柢，无时文气习，论策其庶几乎？曰四书义，是宜博稽古注，折衷朱注，如《四书蒙引》《松阳讲义》《百二十名家稿》，王半山、苏颖滨、陆象山、陈君举诸作，其体裁犹近讲义，皆可为揣摩之一助；曰五经义，是宜根据注疏，一切宋元经解，要可旁参互证，一以纯正精粹为归。本院为尔生童指示亲切，法简而力易行，业精而效可获。

第六，严明考试纪律。他强调："傥使诪张为幻，侥幸为心，如怀挟、枪替、联号、贿属诸弊，尔生童万一有蹈于此，便为不知自爱，自陷于法网之中。本院亲承圣训，严密关防，力祛弊窦。凡兹数者，有犯必惩。"

第七，严防招摇撞骗之徒。他强调："彼招摇撞骗之徒，其造作可无所不至，尔生童求名念切，或至堕其术中。抑思本院忝窃高位，尝酌水以励志，可焚香而告天。至于幕友、家丁，严加拣择，必无奸宄不法之辈。尔等如遇此匪人，信以为真，在青蝇点壁，固无伤本院之名，而清画攫金，亦虑损尔等之实。一有访闻，定与招摇撞骗一同锁拿严办。夫教之而不明，使者之罪也；言之而不从，尔生童之责也。"

第八，对一众生童寄以殷切希望。他谆谆告诫考生：

是邦，湖山清美，代有伟人，兼沐浴国家二百余年教泽，人文渊薮，莫盛于今。尔生童有志自立，必有能辉映先达，领袖后进者。本院首之以培养，申之以约束，庶几从容造就，为我国家储桢干之材。区区之忱，实尽布焉。尔生童各宜懔遵毋忽[1]。

从唐景崇亲手撰拟的《为科考事晓喻各生童示》文稿中可以看出他不仅完全扬弃了八股文，专试策论，而且考试内容、范围从中学扩大至西学。

四　顺利的岁试

唐景崇提督江苏学政，其核心工作有两项：其一，完成生员的岁、科两试和童生院试；其二，兴办新式学堂，推进新式教育。其二后面将有专章叙说，这里重点阐述其一。

学政按试以府、州为单位，不可能走遍各省属县。学政按试，总是先考秀才，后考童生；先岁试，后科试。

在府、州、县学校内的生员，依其身份高下，大致可分廪生、增生（候补廪生）、附生（刚入学的新生）三种，并都有一定的名额。江苏学政衙署所在地江阴县算是大县，乾隆年间，廪生二十名，增生二十名[2]。

俗话说：秀才最怕岁考。每当学政按临各府、州岁试时，该府、州所有在学生员都必须参加，不得无故缺席。若有三次未与考者，则削去学籍。考试成绩一般分为六等：凡考一等、二等者，廪生可望成为贡生（入贡太学），增生可补廪生，附生则递补增生，或直补廪生，且都有奖赏。考三等者算合格。考四等者要被打板子，所谓“挞责”，且不许参加科考（不参加科考，就不能参加乡试），但到乡试年可准录遗。考五等者，附生降为青生（由穿蓝衫变为穿青衣），虽仍有生员功名，但离黜革却只有一步之遥了。考六等者，如是廪生、增生，则有可能“充吏”（罚充衙门吏员）；如是附生或发社（由县学发送至较低一级的社学），或革黜。

[1]《为科考事晓方针政策各生童示》，载虞和平主编《近代史所藏清代名人稿本抄本（第一辑）·唐景崇档》，大象出版社，2011。

[2]《钦定学政全书》，礼部刊本，嘉庆十五年、十七年。

岁考之后便是院试。参加院试的人数，在江苏的苏、松、常、镇等府州往往超过千人，而能成为生员者，不过几十名而已。有的考了几十年，甚至头发都花白了，仍然未能成为生员。

唐景崇到达江苏学署已是十月中旬，与前任学政办好交接手续，熟悉相关情况，等候幕友到来，理顺相关关系，做好按试准备，等等。做好这一切后，时近年关，唐景崇便在学署过年了。

江苏学政按试的顺序，虽说学使可以自行决定，但长期以来，约定俗成，已经形成固定线路，总是萧规曹随，不会随便打乱。唐景崇也不例外。

光绪三十年（1904年）二月初四，唐景崇出棚按试第一站是苏州府。这是沿袭惯例，但也是因为苏州是江苏首府所在，当时苏州是江苏乃至全国科举最发达的地区，第一站选择它，也算是图个开头吉利。

苏州府辖吴县、长洲、元和、昆山、新阳、常熟、昭文、吴江、震泽九县和太湖一散厅。

出发前，唐景崇将试期提前通知苏州府署，“府尊许子原太守旋即札饬所属一体遵照”。

初四清晨，苏州太守许子原闻知唐景崇由江阴起程，将次抵境，立即率领同总捕、同知、黄司马、长洲县苏大令、元和县金大令、吴县李大令乘官舫至宝带桥迎迓。

唐景崇官船鼓浪而来，各官恭敬呈递上手版，稍作寒暄，立即赶回互胥门外大码头伺候。《申报》报道其盛况：

午刻，宗师戾止，接见各官，略叙寒暄，即舍舟登陆，乘绿呢大轿，排全仪仗呵殿，至贡院驻节[1]。

[1]《学宪莅苏》,《申报》光绪三十年正月二十五日。

各地试院一般分为两大部分：一是学政及其随员办公和休憩之所，称为“行辕”；二是生、童考试的场所，称“文场”“号厂”“考棚”。在清代，对试院有明确要求：行辕须高墙厚壁，环覆以棘，不许故留水道、穴隙及假墙虚壁；吏书之房不得近厨厕，亦不得近巷市；不同区域各走一门，门各异钥，钥各异牌，总贮一匣，以时启闭。考棚须高敞坚密，可蔽风雨，不留空隙，不缠柱结彩。就定制而言，学政按试考场之安排及防范措施，不可谓不周密。按理说，对考场的布置自然有人负责，但唐景崇每按试一地，总会在试前到考场仔细检查。

第二天，唐景崇按规定前往孔庙祭拜，并在孔庙明伦堂开卷讲课。讲课结束即回试院。自此，唐景崇等人就要在试院待到考试结束，其间不能踏出试院半步。

初六，考试如期进行，唐景崇考试合属生员经史、新学。五更时，考棚礼炮响起，众考生提篮依次进场接受检查，巡捕捡官两人一组，从头到脚，里外衣裤甚至发辫都要细查，接着二十名考生一组进门领照，牌官导引入大堂点卯，军士再搜第二遍，加盖学政大印，发号牌进考棚，寻找号舍位置。巡捕官按令分东、西两场检查各排号门，领取钥匙锁上大门，仪门官也将仪门上锁，堂上击板三声，此时天将放亮，考棚内寂静无声。考生领卷，提调官高报童生数目，六名小吏肩扛试题牌，沿考棚檐前小道缓行，是为公布试题。有视力不佳者，须申请再看题牌，小吏折返待考童诵读试题方才离去。已时，是考生饮茶入厕时间，但听仪门击鼓三声，供给官高声叫道：“各考童饮茶入厕一次。”须知那入厕是要获准的，有公人随行。未时，大门外击鼓三通，堂上巡捕官敲云板三下，高呼：“誊清试卷。”至申时，大门外鼓声阵阵，堂上云板连敲，急催考生交卷，不论是否做完一律交卷。若申时前交卷是为头卷，交头卷者约二十人，集于堂前，唐景崇对其高度重视，粗视试卷，遇有文句佳者，则在卷侧注上标记。头牌交卷者从仪门木栅口侧身鱼贯而出，谓之放头牌，随后二牌、三牌逐一而出。

初六，生员考试经史、新学；初七，考试合属童生经史、新学；初八，考试吴江、震泽、常熟、昭文、昆山、新阳六学生员岁试正场；初九，覆试合属生员；初十，考试府学及长洲、元和、吴县三县学文生；十一日，补考合属生员。

补考合属生员这一天出现了特殊情况，府学一个生员因患心疾危坐终日，竟然交出一张白卷离开。唐景崇发现后，立即牌示："岁试为功名进阶，功令何等郑重。查有苏州府学文生东新三号，全卷并无一字，仅将题目写于卷尾，字迹糊涂，且卷面油污不堪，殊属荒谬之极，著传谕该学教官将该生严加训斥。"[1]

十二日，考试吴江、震泽、昆山、新阳四县童生；十三日，覆试合属生员；十四日，考试常熟、昭文两县童生；十五日，考试长洲、元和、吴县三县童生；十六日，提覆吴江、震泽、昆山、新阳四县童生；十七日，提覆常熟、昭文两县文童；十八日，提覆长洲、元和、吴县三县童生；十九日，考试各学教官；二十日，招覆合属新进文生。

其间，唐景崇命制试题，与阅文幕友批阅试卷，夜以继日，焚膏继晷。阅完卷，确定生员成绩等第和童生录取入学名单，出榜公示。到此时，苏州府按试才算完结，整个过程历时半个月。

清人梁章钜在《退庵随笔》中说："掌文柄者，以学政为最难。各项试官，不过端坐校阅而已，而学政则兼有舟车奔走之瘁、夙兴点名之苦、内外防弊之劳，且所阅之卷较多，而揭晓（发榜公布）之期尤迫。"[2]这"瘁""苦""劳""多""迫"五个字，道尽了学政之艰辛和劳苦。

最后发落的时候，唐景崇对考得好的考生表彰鼓励，对考得差的考生指教劝勉，还要宣扬皇上的训示。一拨拨的问询谈话，一番番的劝慰鼓励，对于六旬的唐景崇来说，甚为劳累。但唐景崇历来是严谨认真之人，这样的事情不愿假他人之手，都是亲历亲为，艰辛劳苦更甚于他人。

苏州府试毕，唐景崇带领幕友、员役直奔与苏州府相距不远的太仓州。太仓州辖镇洋县、崇明县、嘉定县、宝山县四县。

按试太仓州后，唐景崇等急急赶往松江府。松江府自元代起设立，有"先有

---

[1]《苏州岁试六志》,《申报》光绪三十年二月十八日。

[2]梁章钜:《退庵随笔》，广文书局，1967。

松江府，后有上海滩”之说，辖华亭、娄县两县。

镇江府则是唐景崇此次按试的第四站。镇江府辖丹徒、丹阳、溧阳、金坛四县和太平一散厅。

苏南三府一州按试下来，时间就到了四月中旬。四月十八日，唐景崇一行回到江阴学署，稍事休息。

五月初八，接考常州府。常州府辖武进、无锡、宜兴、江阴四县。常州府试院不在常州府城内，而设在府属江阴县即江苏学政衙署所在地。这既方便了唐景崇等人，也让江阴生童免去长途跋涉之苦。常州府的考试花了十八天时间。

苏南四府一州按试告一段落，唐景崇具折向皇上报告考试情况。从奏报看，唐景崇学识阅历丰富，能镇得住场子，严谨负责，“臣于出题后，亲历周查，终日在堂守视”；加意防范，不仅确保了考试能顺利进行，而且又杜绝了一切弊端；既按要求命题，又能严密参校；既奖赏发落，又敦品励学。

七月二十四日，唐景崇率随员再次出棚，渡过长江，赴通州岁试。通州，康熙六年（1667 年）起属扬州府；雍正二年（1724 年）起升为直隶州。按例，当学政按试通州时，附考海门直隶厅的生童。

按试通州和海门厅的生童后，唐景崇一行接考扬州府。清末，扬州府辖高邮州、泰州二州和江都、甘泉、仪征、兴化、东台、宝应六县，俗称“扬八属”。

扬州试毕，唐景崇带人直奔淮安府。淮安府辖山阳、清河、盐城、阜宁、安东、桃源六县。

唐景崇按试淮安府时，对山阳县的两个年轻人特别看重。一个是生员周实，另一个是童生阮式。周实，光绪二十八年（1902 年）考入县学为秀才。光绪三十年（1904 年），周实二十岁，参加岁试，受知于学使唐景崇。唐景崇将其名列一等。阮式，时年十六岁，唐景崇识拔其入学。后来，周实与阮式在南京两江师范学堂读书期间成为好友，他们都是才华横溢又富有思想的热血青年。武昌起义后，阮式和周实闻风而动，返乡组织学生军，二人分别任正、副队长，宣布光复，被当地县令设计杀害。牺牲时，阮式年仅二十二岁，周实也只有二十六岁。

淮安府试竣，唐景崇等人来到统辖江苏、安徽、江西三省的两江总督衙署驻地——江宁府。到晚清，江宁府辖上元县、江宁县、溧水县、句容县、江浦县、六合县、高淳县七县。

唐景崇这一次出棚按试了江北三府一州，从七月十四日到十月二十五日，历时三个月。

至此，江苏的岁试就只剩徐州府和海州。徐州府和海州因距江阴太远，且时间较紧，所以历任学使均将其放在第二年春，并且安排的是岁、科连考。也就是说，学政三年中只需要按临徐、海一次。江苏岁试，徐、海排在最后，但江苏的科试，徐、海却排在最先。

光绪三十一年（1905 年）二月初一，唐景崇出棚按试徐州府和海州。

耗时一年两个月，唐景崇舟车奔波，日夜操劳，按试江苏八府三州岁案和徐、海岁科案，一切还算顺利，聊慰心怀。

五　中止的科试

光绪三十一年（1905 年），江苏各府、州的科试从徐州府、海州开始。科试是指生员赴乡试之前的一次资格考试。如果生员已通过岁考，却又不想去参加乡试，可以不用参加科考，但有哪个秀才不想成为举人。

科考等第要比岁考简单一些，分为三等。凡考得一、二等者，准许参加乡试，而“三等不得应乡试”。

五月，唐景崇在江阴主持了常州府的科试。这一次的常州府科考出了一点状况：

是年五月，科试生员正场，委邑令金元烺代办提调，于头门点名。初开点，屋脊忽坍塌丈余，声如雷震。议者咸谓不祥。未几，学政果裁撤，此地不复点名矣[1]。

考棚屋脊坍塌，确是不祥之兆，事后证明，这一次的科试成了江阴考棚的最后一次科考“绝唱”。虽所幸没有压死人，但这次事故给唐景崇主持的科考带来不小的震动和麻烦，也使应试生员产生了一定的心理压力。

常州府科试试竣，时间就到了六月中旬，唐景崇再次出棚，按试苏州府，次太仓州、松江府。

松江府科试试竣，时间在八月中旬。唐景崇出得棚来，就接到了停止岁科考试的电传上谕：

袁世凯等奏，请立停科举以广学校，并妥筹办法一折。三代以前，选士皆由学校，而得人极盛，实我中国兴贤育才之隆轨，即东西洋各国富强之效，亦无不本于学堂。方今时局多艰，储才为急，朝廷以近日科举每习空文，屡降明诏，饬令各省督抚广设学堂，将俾全国之人咸趋实学，以备任使，用意至为深厚。前因管学大臣等议奏，已准将乡会试中额分三科递减。兹据该督抚等奏称，科举不停，民间相率观望，欲推广学堂，必先停科举等语。所陈不为无见。著即自丙午科为始，所有乡会试一律停止，各省岁科考试亦即停止，其以前之举贡生员，分别量予出路[2]。

光绪二十六年（1900年）至三十年（1904年），清廷的统治处于较为艰难的时期，局势也更为紧张。在这种形势下，社会改革变得更为急迫。在诸多改革措施中，废科举、兴学堂成了“新政大端”的焦点，被摆在了最为重要的位置。科举制度存在的弊端日渐凸显，严重阻碍了新式学堂的发展。光绪三十一年（1905

---

[1]《江阴县续志》，民国刊本。

[2] 第一历史档案馆编《光绪宣统两朝上谕档》，广西师范大学出版社，1996。

年）八月初四，直隶总督袁世凯、盛京将军赵尔巽、湖广总督张之洞、两江总督周馥、两广总督岑春煊、湖南巡抚端方等封疆大吏联名奏疏请立停科举。他们认为科举“阻碍学堂，妨碍人才”，科举一日不停，学校绝无大兴之望，即使是立停科举，学校遍设，也要等待十余年后才有望得到人才。而以前提出的以三科递减中额的和缓、渐进的改革方法，在现在“强邻环伺”的危境中，已是缓不济急了。所以，变法图强，废科举、兴学校时不我待，须当机立断。于是，他们强调：

臣等默观大局，熟察时趋，觉现在危迫情形，更甚曩日，竭力振作，实同一刻千金。而科举一日不停，士人皆有侥幸得第之心，以分其砥砺实修之志。民间更相率观望，私立学堂者绝少，又断非公家财力所能普及，学堂决无大兴之望[1]。

奏折对兴办学堂的好处做了详尽的分析，不仅指出废科举、兴学堂是清廷摆脱危机、图强之必需，而且，兴办学堂对于普及民众教育，提高整个民族的素质也具有重要的作用，兴办教育是国家的长远之计。应该说，这分析的确是高瞻远瞩。

最后，他们大声疾呼：“请宸衷独断，雷厉风行，立沛纶音，停罢科举。”[2]

联名上奏的几位封疆大吏手握重权，并且态度坚决。这份奏折的分量很重，在军机处一路畅行无阻，最后送到了慈禧太后的手中。慈禧太后和光绪皇帝在阅读了上述重臣的奏折和反复权衡后，立即批准了六大臣的奏折，于光绪三十一年（1905 年）八月初四颁布了废除科举令。

科举制度的废除，标志着在中国历史上延绵一千三百多年的科举制度寿终正寝，从制度上为兴办新式教育扫除了障碍。

---

[1] 赵德馨主编《张之洞全集》，武汉出版社，2008。

[2] 同上。

朝廷已有谕令，唐景崇不是一意孤行之人，自然是令行禁止。

废除科举，虽早有预料，但突然停止，不仅打乱了唐景崇的科试安排，而且也在生员中引起了非议和不满。江苏的科试，八府三州，唐景崇只按试了徐、海、常、苏、太、松等六府、州，尚有镇、通、扬、淮、宁等五属没有按试。生员有要求，各地方官有呼吁，唐景崇明知不可为却不得不上折请示。

慈禧太后和光绪皇帝对唐景崇的为人处世知之甚深，他们知道岁科考试突然停止，会给如唐景崇般的各省学政带来诸多麻烦。他们理解唐景崇的这一举动，对唐景崇的奏折，只批转：礼部知道。

这是让礼部知道有这么一回事，并不需要礼部给出答复。唐景崇徒叹奈何，镇、通、扬、淮、宁等五属的生员失去了最后一次科考机会。其实，这样的机会无非是唐景崇给未考的生员一个交代和安慰，对他们来说，真的有如鸡肋，嚼之无味，弃之可惜。

六　回京供职

清朝官制规定，学政与督抚互不统属，但对学政的考核，要由巡抚出具考语。光绪三十一年（1905 年）年底，江苏巡抚陆元鼎向光绪皇帝密陈的对江苏学政唐景崇的考语是：

查江苏学政唐景崇，于光绪三十一年（1905 年）岁试告竣，接办苏州、松江、太仓三府州科试，按临所至，关防严密，衡校试卷亦甚公明。嗣因钦奉上谕，兴办学堂，一律停止科举，当由臣咨行在案。所有未考各属业已遵旨停试。遂会同臣办理学堂事宜，认真讲求，具有条理。兹值年底循例注考之期，理合出具考语，附片密陈[1]。

---

[1]《奏为密陈江苏学政唐景崇本年考语事》，第一历史档案馆档案，档案号：04-01-38-0179-038。

江苏巡抚陆元鼎出具的对唐景崇的考语中肯而含赞许意味。

光绪三十二年（1906年）三月十六日，唐景崇“自备资斧，简从出巡”[1]，查视江苏各属办学情况。但在上海的视学行程才走了一半，就接到了电传上谕：

政务处学部会奏，遵议裁撤学政，请设直省提学使司一折。现在停止科举，专办学堂，所有学政事宜，自应设法变通。著即照所请，各省改设提学使司，提学一员，统辖全省学务，归督抚节制，一切详细官制及办事权限章程，仍由学部筹议具奏，所有各省学政，一律裁撤，均著回京供职，各该省学校事宜，暂由各该督抚督饬属员妥为经划。余著照所议办理[2]。

提督学政之制，可以追溯到明代正统元年（1436年），后沿袭不替，到这次裁撤，明清学政的历史有四百七十年之久。裁撤学政，早有传言，唐景崇也早已做好准备。现在圣旨已下，距唐景崇三年一任江苏学政尚有半年多的时间。唐景崇是清朝江苏一百位学政之一，也是江苏最后一任学政。

唐景崇是晚清官场中较为顺从的官员，令行即行，令止即止。接到电传上谕后，唐景崇抓紧时间将上海学校查视完毕，原本计划查视完上海后即往江北各属视学的安排也被迫中断。

四月十一日，唐景崇离开上海启节回澄（江阴）。路过苏州，唐景崇进入苏州城，与巡抚陈夔龙等会商相关事宜后，即于十二日傍晚登船离去。

唐景崇回到江苏学政衙署，即开始办理移交事宜。闰四月十六日，唐景崇在奏报查视学堂情形的同时，报告起程回京日期：

臣现已奉到部文，料理起程北上。曾与江苏巡抚臣陈夔龙会商，将学政驻署

---

[1]《奏遵旨回京供职并查视学堂情形折》，载虞和平主编《近代史所藏清代名人稿本抄本（第一辑）·唐景崇档》，大象出版社，2011。

[2] 第一历史档案馆编《光绪宣统两朝上谕档》，广西师范大学出版社，1996。

暂交署理江阴知县金元烺看守，其提督江苏学政关防暨册卷、文案等件，会商抚臣派员前来接收。兹由江苏巡抚臣陈夔龙派委候补知府梁佩祥来江阴驻署。臣即于闰四月十六日，委其敬谨赍呈抚臣陈夔龙暂收。又此届江苏全省考优一事，向例在江宁会考，臣现不及照料，谨将各属考优试卷咨送两江总督臣周馥收存办理。再，臣料理清楚，拟即自备川资，由海道入都。定于闰四月十六日起程[1]。

奏折中提到的考优，即考试优贡。优贡是科举制度中由地方贡入国子监的生员的一种。清制，每三年由各省学政在儒学生员中考选一次，没有录用条例，名额不多，大省五至六名，中省三至四名，小省一至两名。选中得优贡后，必须进京廷试一次，才可算作正式贡生。同治中期规定，优贡经廷试后可按知县、教职分别任用。这一次江苏考试优贡，应是唐景崇的分内之事，但由于朝廷要求其回京供职时间紧迫，唐景崇不得不委托两江总督臣周馥办理。

闰四月十六日，唐景崇将一切学政事宜移交完毕后，即告别江阴，告别江苏，踏上了返回京城之路。在离开江苏时，唐景崇回望江苏，眼中流露出依依不舍之情。

七 立宪大要四事

光绪三十一年（1905 年），在中国辽东半岛和附近海域发生的日俄战争，以日本完胜而结束。战果立即轰动了全世界，也使慈禧太后、光绪皇帝和大小臣工震撼。自光绪二十年（1894 年）中日甲午战争以后，不到十年，日本一个君主立宪制的小国家，居然连续打败了世界上两个君主专政的大帝国。于是，“立宪必胜，专制必败”的呼声越发高涨。这时，在清廷中，“新政”已经实施了五年，

---

[1]《奏遵旨回京供职并查视学堂情形折》，载虞和平主编《近代史所藏清代名人稿本抄本（第一辑）· 唐景崇档》，大象出版社，2011。

日俄战争的结果让人们认识到，在原有政治体制下进行一些小打小闹的“新政”改革，对国家的富强作用不大。改革派认识到，要想国家能真正富强就必须实施立宪。

六月，直隶总督袁世凯正式奏请立宪，得到慈禧太后点头谕允。当时，清廷以为改革之预备，决定特简镇国公载泽、户部侍郎戴鸿慈、兵部侍郎徐世昌、湖南巡抚端方、商部右丞绍英分赴东西洋各国考察政治。一番考察之后，出洋大臣依葫芦画瓢地告诉慈禧太后和同僚们，宪政到底是怎么一回事。

光绪三十二年（1906 年）闰四月十六日，即唐景崇卸任江苏学政，离苏回京启程的那一天，他上呈《奏立宪政策预筹大要折》。此时，出洋大臣尚未结束考察回国。

他开宗明义地提出政治改革要“以立宪为第一要义”。他说：“臣维今日时势，海禁既启，五洲大通，交涉之事日难，应付之机愈棘，惟有修明政治，以立宪为第一要义。但事端宏大，此举为欧美各国所观瞻，经始之时，宜审之又审。”

他奏陈立宪大要四事：一是先发明立宪宗旨；二是当断定立宪主权；三是国民普及教育，所以造成立宪资格；四是地方自治政策，所以培成立宪基础，乃今日所最宜注重者。

唐景崇凭着对国内情势和世界大势的把握，明确提出立宪必须“先发明立宪宗旨”。他认为：“千经万纬，办法不离其宗。当颁布宪法之前，必先参酌本国情形，熟察近年利病，应仿效日本明治元年五大誓文之例，请旨遍谕通国人民，声明此举并非破坏旧章，轻更祖制，惟是君民同心协力以争存世界，政治即以本国沿用之法，则如日本之定为惯习，宪法藉祛数百年中有司舞弊，胥吏玩法，上下不通之积习。于是，朝野皆晓然于宗旨之所归，而无所用其阻碍，纶音一布，先定人心，其余诸政次第措之裕如矣。”

唐景崇预测到立宪过程的艰困和繁杂，敏锐地捕捉到了立宪争论中的核心问题，提出“当断定立宪主权”。在对世界各国立宪深入研究后，他认为“英吉利、德意志、意大利、葡萄牙、比利时、荷兰等国及东亚之日本，皆立君主宪法，此主权在君也”，“法兰西、美利坚，皆立民主宪法，此主权在民也”。他研究比较世界各国政体优劣之后，结合国内形势，主张“我国而行立宪，当仿日本为宜”，应“以君主政体立为制度”。通过立宪，厘清君臣关系，使“君主最高之威权，益觉尊严无上”。

在朝廷拟推进立宪之时，“统治集团内部较早奏请筹备立宪须普及教育以提高国民文化程度的，是江苏学政任上的唐景崇”（关晓红先生语）。唐景崇的眼光比绝大多数大臣更敏锐，更精准，这来源于他对中外政体和历史的精深研究，来源于他在江苏学政任上对教育现状的亲身体验。因此，他大声呼吁：“国民普及教育，所以造成立宪资格也。”

查各国宪法条例，皆主治者代谋被治者之安全。如民有害己之事诉于国家以求保护，谓之赴诉权；有利己之事诉于国家以求援助，谓之鸣愿权。日本宣布宪法有不侵人民住宅之权利，不侵人民信书之权利，不害人民财产之权利，人民有不受非法逮捕之权利，有印行、言论、著作、集会之权利，逐条分晰，悉载入宪法文中。即荷兰一小国，宪法第三条云：“凡居王国之民不问其国内国外财产，皆受保护。”比利时建国尚新，宪法极臻完密，第七条明人身之自主，第十条明住居之不可侵。诚哉，宪法之于人民，如此其爱重，如此其保会，可谓无微不至矣。惟各国以教育为主义，无人不受教育，无人不陶熔于法律之中，用能互相维持，互相亲爱，全国之人皆服从于数十条规则之下，而人格不得不自尊。盖国民有应享之权利，必有应守之职分，否则，其人但有权利，而职分并不肯懔遵，则荡检跌逾闲，借此以自便私图，弊有不可胜言者。况议院者立宪法之先声，泰西国政均许民间代议。日本于华族院外，别置众议院以参与政权，若以未经教育之人同厕议院，则筑室道旁，三年无成，徒然扰乱，无益于治。今者我国之人民程度，智识犹未大开，公德犹未尽立，其稍黠者或从洋教，或托洋商，或隶洋籍，卒之民与民纷争，风气遂嚣然不靖；其稍憨而弱者，又慑伏于官吏之积威，莫筹所以自立之策。试询以宪法成立后，百姓之对付于国家，当有如何关系，如何担负，如何责任，则蚩蚩者未必尽有此政治思想也，亦何取是组织宪法为哉。故今日而不行宪法则已，其必行宪法也，应以普及教育为入手之方。土耳其领土最大，以无教育之故，宪法不成，国势至于削弱。俄为欧洲雄国，顾教育阙如，民无公德，宪法不修；日本一交绥而立蹶，此其陈迹较然者也。必教育普及而宪法乃有树立之时。窃谓中国近年学校方兴，士人喁喁争以教育改良相勉励。拟请旨饬下各督抚再赶紧设法，于省、府、厅、州、县，遍立专门法政学堂，其要尤在各处府、州、县，责成地方绅士用义务教育，以极浅显之词，开导下级、平民，告以立宪上种种之公德，立宪后种种之利益，使之保障生存，以尽对社会、对国家之观念，如此家喻户晓，视听一倾，宪法之成自然推行尽利矣。

继而，唐景崇提出“地方自治政策，所以培成立宪基础，乃今日所最宜注重者”：

查东西各国商业之发达，制造之精巧，铁道、汽船之交通，森林、矿山之日辟，以及学务、兵务、警务，无不秩然有序，进步文明，何哉？惟其民间富于地方自治力耳。我国二十余省中设官定例，其大者如督抚，如布政使、按察使，如各巡道；次者如府、厅、州、县；又次者如佐贰官。无论其有庸庸溺职也，即使尽人而为贤吏，必事事责于地方官，而精神智虑亦断断乎未遑，况当百务待兴之际乎？然则今日而欲创办宪法，舍国民自治，其奚属哉？欧人有言：立宪之国，行政须从一小部分起。又曰：平野广多之国，有中央统治主义；山岳罗列之国，有地方分治主义。中国幅陨面积有四百余万英里之多，全国山脉为阿尔泰、昆仑、希马拉亚三大山，故所在皆多山岳，当以分治法为宜。夫分治者，并非侵越中央政府，贸然上揽其柄权也。譬如一市焉，一乡焉，一县焉，利当兴者兴，弊当革者革，而国力、官力有所未逮者，则分其力于个人。分之既多，合无数之聪明材力，兴办一方之公事，结成巩固之范围。推而至于一郡、一省、一国，脉络贯通，上下一气，人人有捍卫桑梓、建立事业、顾全大局之精神，即今世界大通，必不容外人之干涉。如是内政修而外侮弭，民心固而国势强，诚立宪之绝大根源哉。惟自治制度各国互有异同，论者谓英国条例复杂，未能审察于利害之间；美虽民主国，地方自治讲求最先，然政治机关悉握于地方政府之掌中，而中央毫无管辖，此又断难采行者。似宜近采日本如府、县、郡、町、村之制，选定市、町、村长，市之行政，府、县知事监督之，再上内务大臣监督之，町、村之行政，郡长监督之，再上府、县知事监督之，再上内务大臣监督之。故内务大臣有解散市、町、村会之权，但使无碍定章，无妨公理，一切悉听民间自为，不必施以阻压，其意甚美而法颇良。夫中国今日，凡关于地方公举，何尝不绅议其事，官总其成，似乎有自治模范矣。然而恃符豪霸，抗官扰民者，所在不免，故地方自治殊乏起色。窃以为及今施行宪法，请先酌定区域之广狭，饬下地方兴设议会，凡各项应办事宜，许民间开会集议，其有才识学行为地方公认者，应由朝廷特予乡官荣衔，以示风励，以专议会责成，而仍以地方官监督之。至选举乡官之法，当采日本市、町、村制用单选法，郡制、府县制用复选法。再由国家宣明定律，如有把持武断，或蹈从前劣绅行为者，当严惩不宥，决不准有一人滥竽其间。如此选格极严，乡政遍举而宪法之始基真安固不摇矣[1]。

最后，唐景崇强调：

以上四端，略举大要，其间事理，或互相贯通，或互相维系，似为今日立宪之本原。总之，各国宪法不同而得失未免参半。臣维日本宪法其宏纲要旨，无非上保皇室之尊荣，下予人民以幸福，施之我国至为合宜[2]。

出洋大臣出国考察归来后，在公众和开明官僚的推动下，清廷宣布实行

---

[1]《奏立宪政策预筹大要折》，载虞和平主编《近代史所藏清代名人稿本抄本（第一辑）·唐景崇档》，大象出版社，2011。

[2] 同上。

宪政。

唐景崇的立宪大要四事则对清廷立宪产生了重大而深刻的影响，体现在：一是清廷颁布的《钦定宪法大纲》完全取法日本，是以日本1889年颁布的《大日本帝国宪法》为范本；二是仿效日本，实行君主立宪，“以君主政体立为制度”；三是将普及教育列入预备立宪筹备清单，定于1916年必须使全国识字率达到总人口的百分之五；四是将地方自治列入预备立宪筹备清单，其中一项是用一至七年的时间完成城镇乡和厅州县地方自治，并于光绪三十四年（1908年）十二月颁布了《城镇乡地方自治章程》《城镇乡地方自治选举章程》；等等。

由此可见，唐景崇视野之阔，洞悉之深，谋划之远，影响之广。

第十章
治官事谨守绳尺

一　调补右侍郎

光绪三十二年（1906年）五月，唐景崇回到离开两年多的京城，十六日前往宫门请安，即回任工部左侍郎。

这一次回到京城，京城各衙门到处弥漫着一股躁动不安的情绪，特别是唐景崇所在的工部衙门。这一切源于朝廷的机构调整和官制改革。

清朝建立以后，其中央权力机构沿用的是内阁六部制度。雍正皇帝即位以后，从内阁分出部分权力设置了军机处，变成了军机处—内阁—六部的权力架构。庚子事变后，朝廷为适应形势的发展，推行“新政”，机构调整和官制改革就成为“新政”的一项主要任务，其主要包括“裁冗衙”“裁吏役”“停捐纳”等。

最先成立的机构是总理各国事务衙门，也就是总理衙门。后在外国人的要求下，将之改名为外务部。外务部的设立，在两个方面突破了原来的体制：一是外务部位列在六部之前；二是领导职数设一尚书、两侍郎，打破了原先六部设置的满汉尚书和满汉侍郎的复职制度。之后陆续设立了商部、练兵处、巡警部、学部等机构。

九月二十日，朝廷宣谕机构调整和官制改革总体方案。这一次，清廷进行的中央机构调整和官制改革，除内阁、军机处和吏部等不变外，新设立或改名称的有外务部、学部、民政部、度支部、陆军部、法部、农工商部、邮传部、海军部、军咨府、资政院、审计院等十二个机构，其机构调整的规模可谓前所未有。

至此，隋唐以来的传统六部建制不复存在，特别是清朝以来的满汉复职堂官制被废除，实行了单一的领导体制。此时的清廷中央机构可谓是半新半旧，虽然看起来还有些别扭，但终究是迈出了重要的一步。

这一次，清廷进行的中央机构调整和官制改革与唐景崇关系显得更为紧密，因为唐景崇所在的工部衙门不复存在，并入了商部，成为新的农工商部。两部合为一部，加之实行单一领导体制，可谓僧多粥少。

第三天，朝廷就宣布了各部堂官的人事任命：

吏部尚书仍著鹿传霖补授，左侍郎著陈邦瑞调补，右侍郎著唐景崇调补[1]。

几家欢乐几家愁。唐景崇闻命之后，悬着的心总算放了下来。

慈禧太后清楚这次的中央机构调整和官制改革的最大难题是对裁缺人员的安置，而安置的重任要由吏部来完成，任务艰巨。为此，她把自己信任的股肱之臣唐景崇调到吏部去。从工部左侍郎变成了吏部右侍郎，吏部却非工部可比的。何况这一次机构调整和官制改革，有多少堂官的位子没有了着落，而他能获得吏部右侍郎这样的好位置，引起不少人的嫉妒。

九月二十三日，唐景崇照例具折谢恩，他表态："臣惟有倍切慎勤，时加策励。敢夸月旦，长抱昔贤启事之怀；永矢冰兢，勉襄圣代作人之化。以冀答高厚鸿慈于万一。"[2]

吏部向称天曹，居六部之首，"铨综衡轴，以布邦职"。吏部总的职掌是："掌文职官吏之政令，以赞上治万民。凡品秩铨叙之制，考课黜陟之方，封授策赏之典，定籍终制之法，百司以达于部，尚书、侍郎率其属以定议，大事上之，小事

[1] 第一历史档案馆编《光绪宣统两朝上谕档》，广西师范大学出版社，1996。

[2]《奏奉上谕调补吏部右侍郎恭谢天恩折》，载虞和平主编《近代史所藏清代名人稿本抄本（第一辑）· 唐景崇档》，大象出版社，2011。

则行，以布邦职。”[1]嘉庆二十年（1815年）四月，嘉庆皇帝有感于官员因循、吏治疲敝，为各重要衙门亲撰箴规，其“吏部箴”是：

职司邦治，夙夜心殚。首冠六部，统理百官。铨衡黜陟，其慎其难。藻镜朗烛，表正形端。科条恪守，典籍勤观。考课贤否，真伪详看。选举平允，计要不刊。佐朕用舍，社稷永安[2]。

箴者，规劝告诫也。箴规出自皇帝之手，便是训示。吏部职司之要、权力之重，皆在箴中。

吏部，尚书总理部务，侍郎为辅，下设文选、考功、稽勋、验封四司及清档房、本房、司务厅、督催所、当月处等单位，分掌本部事务。

尚书鹿传霖和唐景崇颇有渊源：一是唐景崇家乡广西是鹿传霖官场发迹之地。鹿传霖，字滋轩，直隶定兴人。同治元年（1862年）考中进士，钦点翰林院庶吉士。同治二年（1863年），时遇开考恩科，提前散馆，鹿传霖外放广西，出任兴安县知县。之后，他担任过桂平县知县、龙州同知、桂林知府、廉州知府等职。直到光绪七年（1881年），升任福建按察使，他才离开广西。二是鹿传霖曾是唐景崇的顶头上司。光绪三十年（1904年），鹿传霖调任工部尚书，当时唐景崇为工部左侍郎，但却出督学政在江苏。三是鹿传霖的原配夫人张氏系唐景崇老师张之洞的姐姐。

左侍郎陈邦瑞，字瑶圃，浙江慈溪人。光绪元年（1875年）己亥科举人，次年联捷丙子恩科进士。这次由户部左侍郎调补吏部左侍郎。

改制后的吏部由鹿传霖、陈邦瑞、唐景崇三位堂官组成领导班子。

---

[1] 昆冈等编《光绪会典》，礼部刊本，光绪二十五年。

[2] 中国第一历史档案馆编《嘉庆朝上谕档》，广西师范大学出版社，1990。

二　拟订安置办法

机构调整和官制改革的最大难题在于人员的安置。人员安置，一般来说，在新设立的机构阻力较小，而被裁撤改革的部门阻力就极大。因为新设立的机构可以为一些人提供做官的机会，而裁撤的部门则要砸掉一部分官员的饭碗，受到的阻力可想而知。

这一次机构调整和官制改革可以用人满为患来形容。一是原本各衙门就有大量冗员，如中央六部在额外司员中等待候补的主事等就不知猴年马月才能消化掉；二是这次“裁冗衙”“裁吏役”的改革，又多出不少人需要安置。朝廷这次机构调整和官制改革动静本来就闹得有些大，如果这些多出来的官员不做妥善安置，朝廷的统治恐被推翻。

冗衙、吏役要裁，人员要安置，这些难题慈禧太后并不想亲自解决，于是在颁布改制方案的当天下了一道上谕，将问题抛给了吏部：

> 此次裁缺之堂官均著以原品食俸，听候简用。其裁缺衙门之实缺、候补司员、笔帖式，或由他衙门调用，或分别班次分发外省补用，著吏部即行议奏[1]。

这一次机构调整和官制改革需要安置的有四类人。一是裁缺的堂官，这些人都是朝廷大员，慈禧太后不敢轻视，因此特别强调“均著以原品食俸，听候简用”，给这些人吃颗定心丸。二是从实缺岗位裁下的郎中、主事等。三是原来就在各衙门坐冷板凳等待候补的主事等。四是各衙门的笔帖式。笔帖式就是清代官府中低级文书官员、执掌部院衙门文书档案的官员，主要职责是抄写、翻译满汉文等。

第一类大员有慈禧太后关照，有出缺，只要将裁缺大员名单开列上呈，由慈

[1] 第一历史档案馆编《光绪宣统两朝上谕档》，广西师范大学出版社，1996。

禧太后点头，光绪皇帝圈点即可。需要吏部安置的是后三类人，这是一个庞大的群体。

事情急迫，因上谕有“即行妥议具奏”的要求。吏部三堂官，只有尚书鹿传霖是留任，而陈邦瑞、唐景崇是新任，有个适应熟悉的过程。但这一次情况特殊，没有时间让他们适应熟悉，他们必须马上投入工作。因此，唐景崇受命的第二天即走马上任。

鹿传霖、陈邦瑞、唐景崇三堂官召集各司主要官员，讨论来讨论去，最后于九月二十八日议定裁缺衙门司员、笔帖式改用班次办法，具折上奏。

对于裁缺各衙门司员酌定班次是：

有京察一等奉旨记名之郎中、员外郎，仍由军机处开单请旨简放；主事以下仍照例按班升用。裁缺衙门郎中等官除本衙门留用暨他衙门调用外，拟请先？相当各衙门改发行走，按原班补用，以昭平允。其外用者，实缺郎中、员外郎、主事一律作为历俸期满，郎中准截取知府，员外郎准保送知府，主事准截取直隶州知州，分发省分，各按例定班次补用。郎中、员外郎有京察一等未经记名人员，遇有应留选缺，应先用此项一人，次用各项班次一人，相间轮用，以示优异。其候补之郎中、员外郎准以知府，主事准以直隶州知州，均分省归候补班补用。若未经奏留正途出身之郎中准以直隶州知州，员外郎准以知州，分省归候补班补用，主事准以知县分省归委用班补用。其各项出身之郎中准以直隶州知州，员外郎准以知州分省均归委用班补用，主事准以知县分省归试用班补用。其实缺郎中、员外郎、主事有自请改直隶州知州、知州、知县分省补用，进士出身之候补并额外主事有愿归进士知县原班铨选，并以截取进士知县分省试用者，仍准其遵照定例并奏定新章办理。

清代各部的奏折按例由尚书主署，侍郎副署。

明清定期考核京官的制度，清代吏部设考功清吏司，三年考核一次。在京的称“京察”，京外的称“大计”。“记名”：清代制度，官吏有功绩，交吏部或军机处记名，以备提升。“行走”：清代把不设专官的机构或非专任的官职称为行走（如章京上行走，军机处上行走）。“历俸”：清代吏部铨选制度，即以官员的任职年限为升转资格之一。康熙五十九年（1720年）定制，凡内升京堂，外任道府等官，由编修、检讨、郎中授者需历俸两年，由员外郎或主事授者需历俸三年，授职先后以俸深者为先。“截取”：清制，凡举人考中后历经三科，由本省督抚给咨赴吏部候选，称截取；又以食俸年限及科分、名次为资格之官员，由吏部核定其截止日期而选用，亦称截取。“正途、异途”：《清史稿·选举志》中说得明白，“凡满汉入仕，有科甲、贡生、监生、荫生、议叙、杂流、捐纳、官学生、俊秀。定制，由科甲及恩、拔、副、岁、优贡生、荫生出身者，为正途，余为异途”。清代将应选官员分“班”，如“候补班”“委用班”“试用班”“议叙班”“捐纳班”“推升班”等，按资俸、进班时间等为序，依次排列，归班铨补，官缺相称。

对六品以下小京官的安排是：

其各衙门六品以下小京官除留用、调用外，其内用者改发各衙门以相当对品之缺，分别补用；其外用者无论原官有无外升班次，均分别实缺候补，以原有暨对品升阶，分省各归班次补用。

至于笔帖式的安排则是：

至笔帖式一项，裁缺衙门人数较多，位置不易。除本衙门留用、他衙门调用，并正途出身之员或以对品内用，或以知县分发外，其余各员应由各衙门咨送臣部考试，分别等差，内用者改发各衙门行走，按班补用；外用者实缺候补，各按等差以知县及佐杂等官，分省各归班次补用[1]。

---

[1]《奏为遵旨酌定裁缺衙门司员笔帖式改用班次折》，载《谕折汇存》，北平撷华书局，光绪刻本。

鹿传霖、陈邦瑞、唐景崇吏部三堂官用了六天时间，绞尽脑汁地制定出这个裁缺人员的安置办法，虽无新意，但不失为机构调整和官制改革后官员人满为患的缓解办法。慈禧太后披阅后，大笔一挥：“依议。钦此。”

吏部为考核内外各官之总汇。原来满汉复职，共有六堂官，尚且忙得不亦乐乎。现在只有三堂官，且官制改革的任务繁重，大有忙不过来之势。清代选官用人制度严密而烦琐，如各部衙门缺额，就有题缺、选缺两项。选缺又分咨选、留选两项，有留补、留题咨选之别。题缺专用酌补，所以甄才品；选缺参用序补，所以叙资劳。因此，吏部三堂官共同商酌，量为变通，简化程序和手续：

除外务部照旧办理外，拟请旨饬下，旧设暨改设、添设各衙门所有额设各项缺分，删除选咨留各名目，一律改为题缺，由各该堂官在各本衙门分别奏补，以一缺按照官阶、班次，酌量才具，拟定正陪，以一缺拣资俸较深暨绩劳保举之员，分班轮补，均先咨臣部查核，咨覆后，再行带引[1]。

各衙门用人程序和手续简化得到慈禧太后准允后，吏部三堂官再商《详订各部司员补缺轮次》，对“各部司员酌题之缺，按照新章无论实缺，候补资深劳绩人员统行酌量才具，拟定正陪补用。序补之缺，如有特旨指定部分，特旨部分即用即补，暨各项不积缺人员仍照定例补用，均无庸积缺外，轮用资深时，无论满汉郎中、员外郎、满主事，先用资深一人不积缺，接用资深正班一人”等作出了具体安排[2]。

从九月下旬一直忙到年底，因清朝没有官员退休的年龄限制，三位老人（鹿传霖时年七十岁、陈邦瑞时年五十一岁、唐景崇时年六十二岁）强打精神，才勉强将裁缺人员后续安置班次、程序等理顺。

---

[1]《谕折汇存》，北平撷华书局，光绪刻本。

[2] 同上。

三　左侍郎代行部务

光绪三十三年（1907年）五月初九，吏部尚书鹿传霖再次补授军机大臣，离开吏部。吏部尚书由陆润庠补授。

陆润庠，字凤石，江苏元和人。同治十三年（1874年）甲戌科状元，历任国子监祭酒、山东学政等。八国联军入侵，慈禧太后西行途中，代言草制。鹿传霖由工部尚书转任吏部尚书后，工部尚书由陆润庠署理。唐景崇从江苏回任工部左侍郎，陆润庠是唐景崇的顶头上司。机构调整和官制改革时，工部裁省，陆润庠署理工部尚书一职撤销，以尚书衔兼管顺天府尹事务。这次补授吏部尚书，陆润庠再次成为唐景崇的顶头上司。

六月二十日，唐景崇原配夫人龙氏病故，享年五十八岁。老来丧伴，唐景崇悲恸之情，不可言喻。过度的悲伤击倒了六十四岁的唐景崇。他于二十三日具折请病假五日，二十八日续病假五日，七月初三再续病假十日。

就在唐景崇请病假期间，朝廷于七月初五颁发上谕：

> 度支部右侍郎著陈邦瑞调补，唐景崇著转补吏部左侍郎，吏部右侍郎著张仁黼补授[1]。

左侍郎陈邦瑞调离，唐景崇坐上了左侍郎的位子，而他腾出来的右侍郎位子由张仁黼补上。

张仁黼，字劭予，河南固始人，光绪二年（1876年）中进士，钦点翰林院选庶吉士，散馆授编修，入直上书房，出督湖北学政，累迁洗马，充日讲起居注官，补侍讲。后迁鸿胪寺卿，典试四川，除奉天府府丞。光绪三十三年（1907年），补大理院正卿不久，即补授吏部右侍郎。

---

[1] 第一历史档案馆编《光绪宣统两朝上谕档》，广西师范大学出版社，1996。

七月初七，假期未完，唐景崇就请安销假，回部上任。主要原因是尚书陆润庠于初六开始请假，吏部要有人主持大局。按照光绪三十二年（1906年）九月颁布的《各部官制通则》第九条“各部尚书遇有事故，以该部左侍郎代行”之规定，尚书陆润庠请假，吏部部务必须由左侍郎唐景崇代行处理。唐景崇虽然未从夫人病故的悲痛中恢复，身体也尚未康复，但他从部务和大局出发，便提前请安销假了。

从七月初六到九月初七两个月的时间里，陆润庠不断请假，只是偶尔到吏部。

唐景崇回到吏部，即着手处理部务。

就以上呈奏折来说吧。据不完全统计：七月初七，有《奏已故开复四川总督刘秉璋之次孙刘宝生应否复还原荫折》等二十三件；七月十七日，有《奏议复浙江巡抚奏办理洋务出力各员请奖事单折》等十四件；七月二十日，有《奏两广总督张人骏应否兼陆军部尚书衔请旨折》等六件；七月二十七日，有《奏河南巡抚应否兼陆军部尚书衔抑或兼陆军部侍郎衔请旨折》等十五件；八月初一，有《奏议复黑龙江将军奏搜剿股匪肃清出力各员请奖分别准驳事折》等七件；八月初七，有《奏议复奉天省各路剿匪出力各员奖叙事折》等十六件；八月十一日，有《奏举行光绪丁未年各直省大计事折》等三件；八月十七日，有《奏预备举行京察变通例章声明请旨事折》等十件；八月二十二日，有《奏请派大臣验看月官事折》等六件；九月初四，有《奏复云贵总督奏王正雅补普洱府知府事折》等两件；九月初七，有《奏四川总督陈夔龙应否兼陆军部尚书衔请旨事折》等十三件。

这么多奏折，虽非亲自撰拟，但要安排人员撰拟、把关。下面送上来的奏折也不能大笔一挥签名上呈就行。上呈奏折来不得半点含糊，容不得一丝差错。唐景崇本是严肃认真之人，不容许上呈的奏折在自己手中出现一丝偏差，因此每一奏折他都逐字逐句地斟酌、修改。

吏部事务当然不仅仅是上呈奏折，还有诸如每月的拣选、截取举人事，月选官员事，带领引见，对出缺、出差需补需署的员缺开列具题，带领值班等。凡涉及吏部的事务，唐景崇都小心应对，事无巨细，并亲历亲为。

宣统元年（1909 年）二月，陆润庠、唐景崇分别被钦命为实录馆正、副总裁。六月，实录馆正式开馆，在几位总裁中，陆润庠被钦命为专勘稿本。实录馆虽然任命的正、副总裁有多位，但他们都是朝廷重臣，政务繁忙，无暇逐日到实录馆视事，因此就由皇帝钦点一人专勘稿本。专勘稿本者原则上专司馆事，不再到原衙署视事。

因此，吏部的工作就落在唐景崇的肩上，唐景崇不是尚书却做着尚书的事。唐景崇对部务熟悉，为人谦逊，工作任劳任怨，从不斤斤计较，将部务管理得井井有条。

唐景崇代行部务从当年六月起，到陆润庠被授为体仁阁大学士，离开吏部，吏部尚书由唐景崇的同年李殿林接任为止，时间长达五个月。

四　谨守绳尺

吏部的主要职责是铨综衡轴。铨综，即选拔罗致人材；衡轴，比喻中枢要职。简单地说，吏部就是选拔和任用官吏。

吏部看似威风凛凛，实则选拔和任用官吏的权力不大。此时，光绪皇帝大权旁落，一切权力操控在慈禧太后手中。但是，慈禧太后深居皇宫，不能了解数以万计的官职和官员情况，也不能每项任命都亲力亲为。于是她将二品以上大员的任命权掌控在手中，而将二品以下官员的选拔权、提名权交到吏部和吏部堂官手中，自己保留最后的决定权，光绪皇帝仅仅可以签字和接见。

清代，不同等级的官员授命程序不同，吏部只需按照既定章程、规例行事。

对于最高等级的官员，包括大学士、尚书、侍郎、左都御史、掌院学士、总督、巡抚、学政、布政使、按察使、都统、将军、总兵等一品、二品高官和盐运使等要职，由吏部开列符合资格的名单具题，然后由皇帝颁布专门的圣旨任命。

这项任务不难，因为符合条件者不多。

对于次一等级的官员，包括内阁学士、副都御史、五寺卿、宗人府丞、通政使和相当数量的地方道府，由吏部把所有符合条件的官员，按照既定的班次顺序排列开列具题，呈请皇帝圈定最终人选。开列的官职，在京多是三品、四品的各衙门高层；地方官职则是重要岗位的道府。吏部提交的候选名单，一般有二三十人。皇帝通常并不了解全部候选人，也许连名字都是第一次见，不可能逐一翻阅候选人的履历材料。皇帝再认真只翻阅排名靠前的几个候选人，再圈定一个人。皇帝马虎偷懒就随意圈定排名第一的候选人。事实上，题本上排名靠前的候选人，往往就是吏部属意的人选。京官需要中央衙门题缺，地方则需要督抚题缺，由于题缺者也有属意的人选，这就需要吏部从中斡旋、协调一致后，才能开列具题。

对于吏部来说，工作量最大的是第三级的官员，比如中央的小京官和地方的道府及其以下官职，则由吏部或者堂官、督抚决定拟任人选。皇帝只是在批阅题本或者引见的时候，保留最终决定权。中央衙门的题缺，不是重要岗位，就是对经验和能力有特殊要求的岗位，这就需要各衙门主事者在本部官员中选拔胜任者，报给吏部，再由吏部题请任命。地方州县题缺的划定，标准就明晰得多。清朝将全国州县按照冲、繁、疲、难四大特征进行分类。地处要道、交通频繁曰“冲”；业务繁杂、钱粮丰裕曰“繁”；税赋滞纳、解送拖欠曰“疲”；民风彪悍、罪案多发曰“难”。一般情况下，如果一个州县占了冲、繁、疲、难四个字，官缺就是“最要缺”；占三个字（有冲、繁、难，冲、疲、难，繁、疲、难三种）为“要缺”；占两个字（有冲、繁，繁、难，繁、疲，疲、难，冲、难，冲、疲六种之一）为“中缺”；州县如果只占一个字或者四字全无，官缺就是“简缺”。据此，州县官缺分为简缺、中缺、要缺、最要缺四等。吏部掌握的“选缺”，大多是中缺和简缺。最要缺、要缺大多是“题缺”，由督抚选拔、题请任命官员。

这一级的官员包括四品、五品官到未入流不等，囊括了绝大多数官员。每个月，吏部会把中央和地方没有出缺的官职汇总，具题上奏，就可以启动任命程序了。从候补官员来说，要经历投供、报到、复核、堂议掣签、验看引见等程序。

投供、报到、复核三道程序在吏部由文选清吏司负责。文选清吏司职掌考文职官之品级与其选补升调之事，以及月选之政令。走完前面三道程序，吏部堂官要召开专门的办公会议，讨论候选官员名单。名单无异议后，合格官员就进入“掣签”环节。

掣签，就是抓阄。明朝万历年间，吏部尚书孙丕扬创立了“掣签法”，抽签决定“员”与“缺”的搭配。方法虽然粗糙，但简单规范，可以最大限度地排除种种干扰因素，相对公平公正。所以，掣签成为明、清两代中下级官职的主要选用方法。吏部每月汇总一次天下文官的出缺情况，掣签也每月举行一次，称为“月选”。满、蒙、汉八旗官员在每月上旬掣签，笔帖士中旬掣签，汉族官员下旬掣签。逢双月，掣签除班、升班的官员；逢单月，掣签补班的官员（唯闰月不开选）。因为除班和升班的官员比较多，大家比较关注，所以双月被称为“大选”。

掣签地点在天安门前东侧的长安左门，也称“天安门掣签”。天安门掣签之时，吏部尚书、侍郎会同都察院吏科给事中、河南道御史主持抓阄。尚书、侍郎抽官员名字，给事中、御史抽官缺职位。从候选的官员名单中抓出一个名字后，再抽出一个空缺官职来，当场高唱:“某缺、某人、籍贯、出身。”为示公平公开，候选官员可以到场旁观、监督。

掣签后，吏部奏请派月官大臣验看，皇上一般派吏部侍郎领衔组成验看组。验看是由特派的王公大臣考察吏部所选官员的年力是否胜任的一种铨选制度。这就是唐景崇等人的事了，唐景崇等重点考察的是年力。每月二十八日，唐景崇等将已选之员带赴东阙门内，已选之员向东而立，依次报出自己的姓名和年龄。王公大臣验看后，吏部将拟定名单制成月官卷，如系旗员，写明奴才某名、某旗、某佐领、某生，年若干岁；汉员则写某名、某省、某县、某生，年若干岁。将签制某缺和该员履历一并呈上，以供皇上钦定。

最后是引见，由吏部尚书、侍郎带领。引见之日，吏部衙门的司员、书吏将引见官员排班，一次引见五至六人，班首、班尾各有司员为领班和押尾。引见时呈递绿头签（亦称绿头牌），牌上书写引见人姓名、履历，以供皇帝阅看。除绿头签外，皇帝手中还有引见人写的履历折子，以便参阅。引见时，皇帝升御座，尚书、侍郎跪于御座一侧，将绿头签和引见单呈递皇帝。引见官员按班次顺序入殿，奏报履历，然后皇帝与之交谈。交谈的内容十分广泛，除了公务，有时也叙家常。通过引见谈话，皇帝观察官员的身材相貌、言谈举止、人品德行，并用朱笔将意见写在引见文书上。皇帝的决定并不当场宣布，只是将绿头牌发给本人，令其退场。之后会向跪于一侧的尚书、侍郎说自己的意见。尚书、侍郎回去后，据此撰写奏折上呈，待批准后向被引见者宣布。官员被授命后，往往会被第二次召见，聆听皇帝训饬。然后，外放官员到吏部领凭离京上任。

由于尚书陆润庠经常请假和到实录馆专勘稿本，唐景崇在吏部三年多的时间代行部务，整天围着人事转。他不辞辛劳，谨慎持事，坚持例章，不徇私枉法，既选拔任用大批人品正直、有才有为的官员，也议处了不少无所作为、贪赃枉法的官员，还议驳了大量中央衙门堂官和地方督抚的不实请奖、奏保。

看似风光无限的吏部侍郎，不仅劳心劳力，还要得罪不少人。唐景崇不负朝廷倚信，不徇私，不偏袒，公道正派，任劳任怨，无怨无悔。人称他“治官事谨守绳尺，不使丝毫出入，人畏其严而服其公”[1]。

五　妥拟筹办事宜

光绪三十二年（1906 年）七月初六，出国考察的五大臣正式向朝廷提出了五年后开始立宪的考察报告和建议，慈禧太后阅后谕令醇亲王载沣及军机大臣、内阁政务大臣、大学士和北洋大臣共同商议立宪大计。经过王公大臣激烈的争论后，初十，慈禧太后召开御前会议，就实行预备立宪作出最后决定。由此，清末的立宪运动在慈禧太后的主持下拉开了序幕。

---

[1] 张书云：《唐景崇传》，转引自《广西大学周刊》第五卷第十期。

光绪三十三年（1907 年）七月，慈禧太后下令改考察政治馆为宪政编查馆，以编译东西洋各国宪法，调查中国各行省政治，以为更张之渐。八月，慈禧太后又下令设立资政院，以取公论，预备议院基础为宗旨，以此作为向议院过渡的机构。

光绪三十四年（1908 年）八月初一，在全国上下预备立宪的一片鼓噪声中，清廷颁布了《钦定宪法大纲》以及附属的《议院法要领》《选举法要领》《九年预备立宪法逐年筹备事宜清单》四道上谕，并规定了九年预备立宪的期限。至此，预备立宪终于迈出了关键性的一步。

九月二十九日，慈禧太后颁发懿旨，为慎重行事，要求将懿旨和清单刊印誊黄，分发各部堂悬挂正堂之上，并强调：

著各衙门统限六个月内，按照该馆院前奏格式，各就本管事宜，以九年应有办法，分期胪列奏明，交宪政编查馆会同覆奏，请旨遵行，以专责成，而杜迁延[1]。

吏部在筹备立宪中的地位和作用十分突出，机构设置、岗位设置、官员任用选用办法等都须适应预备立宪的要求，提出相应的改革方案，可谓是重任在肩。

而此时吏部堂官又有所变动。光绪三十四年（1908 年）二月初九，吏部右侍郎张仁黼请假回籍省亲，旨著赏假两个月。他请假期间，著吴郁生署理。五月二十六日，林绍年奏吏部右侍郎张仁黼因病恳请开缺，旨著准其开缺。五月二十七日，上谕吏部右侍郎著于式枚调补，未到任以前，著瑞良署理。

于式枚是唐景崇同乡，字晦若，广西贺县人。光绪六年（1880 年）进士，授兵部主事，充李鸿章幕僚多年。光绪三十二年（1906 年）任广东提学使，光绪三十三年（1907 年）充出使考察宪政大臣，此时正在国外考察。

---

[1] 第一历史档案馆编《光绪宣统两朝上谕档》，广西师范大学出版社，1996。

为落实慈禧太后有关预备立宪对吏部的懿旨，陆润庠、唐景崇、瑞良三堂官召开了多次部务会议，商议各项事宜，然后将其安排布置到司、人。

世事难料。就在慈禧太后颁发要求各部院衙门限期将筹办立宪事宜列单具奏懿旨的半个月后，即光绪三十四年（1908 年）十月中旬，大清王朝又一次面临一场继承人危机。先是御医对已病多时的光绪皇帝下了“恐将猝脱”的诊断，预示他的生命即将走到尽头。

光绪皇帝没有子嗣。作为大清王朝的实际当家人，此时已是七十五岁高龄的慈禧太后也是有病在身。她拖着病体，强打精神，最后敲定了接班方案：将载沣的儿子溥仪过继给同治皇帝为嗣，兼祧光绪皇帝。溥仪的生父醇亲王载沣出任监国摄政王。

十月二十一日，傍晚时分，宫中传出噩耗：年仅三十七岁的光绪皇帝在瀛台驾崩。第二天，慈禧太后病势突然加重，在光绪皇帝驾崩二十小时后，慈禧太后也在福昌殿撒手人寰。

十一月初九，是选定的吉日，举行了新皇帝的登基大典，定第二年为宣统元年。是时，溥仪仅三岁，大清王朝江山社稷的千钧重担，就落在了也只有二十五岁的监国摄政王载沣肩上。

宣统皇帝、监国摄政王载沣上台，并没有因为光绪皇帝、慈禧太后相继去世而中断预备立宪的进程。预备立宪的路线图由慈禧太后制定，监国摄政王载沣不会轻易变更。宣统元年（1909 年）二月十五日，监国摄政王载沣颁发上谕：

> 国家预备宪政，变法维新，迭奉先朝明谕，分年预备，切实施行。朕御极后，复行申谕，依限筹办，毋得延缓[1]。

闰二月二十七日，在规定的限期内，吏部陆润庠、唐景崇、瑞良三堂官在反

[1] 第一历史档案馆编《光绪宣统两朝上谕档》，广西师范大学出版社，1996。

复斟酌、讨论后，终于端出了吏部预备立宪事宜清单：

光绪三十四年（1908年）(第一年)：一、《停选州县奏定改选章程》《通行双单月轮次表》；二、《奏定办理乙酉年京察变通章程》。

宣统元年（1909年）(第二年)：一、核造《各项月选人员统计表》《各项分发人员统计表》《各省考核州县事实最优等、优等、中等人员统计表》《各项开复、捐复人员统计表》，以上一条应即以光绪三十四年（1908年）造起；二、行令各省造送《各项实缺人员任、卸、调、署统计表》《各省候补人员差委入学统计表》《全年所见员缺及请补人员统计表》，均须于次年二月到齐，以上一条应即以本年为始，嗣后按年一造；三、《酌改外补州县班次拟订暂行章程》；四、《酌拟厘定京师官制草案》；五、《酌拟编订文官考试章程、任用章程草案》。

宣统二年（1910年）(第三年)：一、《增修各省道府以下所设旧有缺目一览表》；二、行查各省在籍候选佐杂教职实存员数限一年内报齐；三、《拟定停选佐杂章程》《停选教职章程》；四、是年厅州县巡警一律完备，《改订命盗案处分则例》，会同法部办；五、《改订外省大计章程》《归并考核事宜章程》；六、《酌拟厘定直省官缺草案》。

宣统三年（1911年）(第四年)：一、实行停选佐杂、教职；二、是年实行《文官考核章程》《任用章程》，从是年起，一律改造新册，并按季造《考试合格统计表》《考试黜落统计表》；三、按照新订税则《改订钱漕盐关等项处分则例》，会同度支部办。

宣统四年（1912年）(第五年)：一、是年颁布《户籍法》，增订《隐匿脱漏户籍处分条例》，会同民政部办；二、是年直省厅州县各级审判厅粗具规模，删订《承审事件处分则例》，会同法部办；三、是年颁布《新定内外官制》，拟订《各官事任权限简明表》；四、改刊《新品级考》；五、改订《京外官革职、降调、罚俸、停升、记过各款切实办法》。

宣统五年（1913年）(第六年)：一、拟订《限制各项劳绩章程》；二、《酌改各项分发验看办法》；三、是年三科举贡生员考试一律完竣，核造《授职人员已仕未仕统计表》《学堂出身已仕人员统计表》；四、是年，设立行政、审判院分别何种案由该院判决后归本部核办。

宣统六年（1914年)(第七年)：一、是年，试办《新定内外官制》，详订《裁并各官善后章程》；二、删除处分例内与各项新律不符条目，另订画一章程；三、《改定州县等官回避本籍章程》暨《在本籍服官限制章程》；四、行查各省原设各项选缺有无今昔不同情形，并专补选缺人员各若干员，令一年内报齐。

宣统七年（1915年）(第八年)：一、是年，变通旗制一律办定，详定《满汉官缺归并办法》；二、实行州县等官免回避本籍；三、统计各省各项选缺共应酌留若干缺，余悉归各督抚拣补。

宣统八年（1916年)(第九年)：一、是年，宣布《宪法》，确定本部办事权限；二、是年，《新定内外官制》，一律实行改造职官录，并附刊《各种品级、俸银、公费表》；三、将历年修订四司则例理由撮要具大纲奏请钦定，嗣后即在本部设专司派员办理[1]。

陆润庠、唐景崇、瑞良三堂官按照慈禧太后的要求，苦心孤诣端出的吏部预备立宪事宜清单。清单大多是在原有的规例、章程的基础上修修补补，没有多少新意。但在当时，他们也只能做到这一步，因为他们无法预料预备立宪能走到哪一步。

宣统朝只维持了三年，预备立宪并没有走完它既定的行程。

六　兼职及殊遇

唐景崇一生兼职和差事很多，下面选取他在吏部侍郎任上的三个兼职略作

---

[1]《吏部预备立宪事宜清单折》，载《政治官报》，光绪刊本。

介绍。

充实录馆副总裁官 实录馆，为清代纂修实录的临时机构。清代历朝纂修实录并无常设之馆，均是在上一代皇帝逝世后，由新嗣位的皇帝特命开馆纂修已逝皇帝之实录，临时抽调在职官员设置实录馆，组成纂修机构，作为特设之馆，事毕即行解散。

宣统元年（1909 年）二月初二，为纂修《德宗实录》，上谕：

著派大学士世续为监修总裁官，大学士那桐、张之洞，尚书陆润庠、溥良为总裁官，侍郎唐景崇、瑞良、郭曾炘、熙彦、署侍郎王垿、内阁学士麒德为副总裁官，侍郎恩顺为蒙古总裁官[1]。

唐景崇作为《德宗实录》的副总裁官，一是推荐安排门生翰林院侍读王荣商担任总纂官、翰林院检讨张书云担任纂修官；二是参与了实录馆规章制度和实录章程体例的制定；三是审阅实录稿本，从现存的《德宗实录》稿本检索发现，唐景崇认真地审阅了光绪元年（1875 年）至五年（1879 年）的稿本。

清廷开馆纂修《德宗实录》，是清代最后一次开设实录馆，未待实录修成，清王朝即已寿终正寝，但以监修总裁官世续为首的实录馆仍顽强地继续工作，至 1918 年，《德宗实录》才脱稿成书。

充宪政编查馆一等咨议官 宪政编查馆于光绪三十三年（1907 年）七月由考察政治馆转变而来，由军机处督饬，军机大臣则兼职宪政编查馆大臣。主要职掌四项：一是议覆奉旨交议的有关宪政折件及承拟军机大臣交付的调查各件；二是调查各国宪法，编订宪法草案；三是考核法律馆所订法典草案，各部院各省所订各项单行法及行政法规；四是调查各国统计，颁定格式，汇成全国统计表及各国比较统计表。除此之外，宪政编查馆还负责考核全国筹备立宪的情况，以及收

[1] 第一历史档案馆编《光绪宣统两朝上谕档》，广西师范大学出版社，1996。

储、编译中外书籍，出版《政治官报》等。

光绪三十三年（1907 年）十月，宪政编查馆在调员分任馆务折中提到：

拟遴选各部院衙门中谙熟典章、通达治体之员，与各省官员中学识精博、物望允孚者，俱派为臣馆咨议官，不必到馆办事，遇有疑难随时咨询详复[1]。

宪政编查馆的这一请求得到谕旨允准。当年十一月，钦派严复、黄绍基、辜鸿鸣为宪政编查馆咨议员。宣统元年（1909 年）四月，宪政编查馆再次奏遴员派充一、二等咨议官，皇上钦派唐景崇、严修、张亨嘉、沈家本、唐文治等三十七人为宪政编查馆一等咨议官，周自齐、曾习经、许秉琦、李稷勋等二十七人为宪政编查馆二等咨议官。咨议官不需到馆视事，主要任务是对制度沿革情形、习惯及京外办理新政事实进行报告条陈，以备参考；对宪政编查馆的业务进行研讨并提出建议；接受宪政编查馆的咨询。

充礼学馆顾问官　清末在筹备立宪、官制改革进程中，《大清通礼》的修订也随之摆上了日程，当时承担这一任务的官方机构不是礼部的原有部门，而是光绪三十三年（1907 年）在礼部附设的礼学馆。该馆与当时的宪政编查馆、修订法律馆并称“三馆”。在清廷看来，礼学馆修订礼制是“筹备宪政”的要图之一。

宣统元年（1909 年）闰二月，礼学馆正式开馆，礼制修订的事务由此进入新阶段。礼学馆总理陈宝琛等向清廷奏报了修订通礼的十九条“凡例”，拟定了修礼的体例、方式与范围。为尽快实施礼制修订，经礼学馆总理陈宝琛与礼部尚书溥良等人奏请，皇上钦派唐景崇、唐文治、刘若曾、郑孝胥等二十五位精熟礼制的官员为顾问官，主要任务是为《大清通礼》修订提供意见和咨询。

唐景崇一生屡获皇帝、皇太后恩赏，下面选择其在吏部侍郎任上的一些殊遇略作介绍。

---

[1]《宪政编查馆在调员分任馆务折》，载《政治官报》，光绪刊本。

恩赏乘坐拖床 寒冬冰冻，以木作平板，下用二足裹以铁条，一人在前引绳，可坐三四人，行冰如飞，名曰拖床。清代，因皇家偏好，拖床更加兴盛，用于皇帝、皇太后和妃嫔冰上游玩。每逢“阅冰”，皇帝会乘坐拖床前往观看。皇帝乘坐的拖床大而遮风，装饰华丽。所谓“阅冰”，实际上就是阅兵，通过冰上练兵的恢宏阵势将皇家气势示于天下。王公大臣有恩承命者亦准于西苑门内乘坐拖床，这是一种极高的赏赐，也是一种殊遇。

光绪三十三年（1907 年）十一月初十，皇上恩赏唐景崇西苑门内乘坐拖床[1]。

加恩紫禁城城内骑马 加恩紫禁城城内骑马，又称“赏朝马”。紫禁城作为宫禁重地，严禁骑马入内。清初，始有亲王、郡王等在紫禁城内骑马之赐。康熙年间，始有年老高官经皇帝特准可在紫禁城内骑马之制。朝臣得赐在紫禁城内骑马，既是皇帝对大臣的恩遇，也是一种荣典。获准紫禁城内骑马，骑行路线预先划定，严禁私自更改任意穿行。自东华门入紫禁城者，可骑马至景运门外之箭亭下马；自西华门而入者，可骑马至隆宗门外以南之内务府前下马。凡有资格在紫禁城内骑马者，由吏部于每年年终开列名单奏进皇帝批准，一品以上不论年岁，侍郎则必须年在六十岁以上始能开列。乾隆中期以后，被恩准在紫禁城内骑马者，若年老有疾，经特准可坐肩舆（通称坐轿）或乘车入内。至乾隆末年，大臣乘肩舆入紫禁城者更为普遍。乾隆五十五年（1790 年），上谕：“内外文武大臣，特恩赏在紫禁城骑马，用资代步。但年老足疾之人，上马亦觉艰难，如大学士嵇璜虽经赏马，仍恐难于乘马。嗣后已经赏马之大臣，因有疾艰于步履者，仍加恩准令乘坐椅，旁缚短木，用二人舁行入直，以示朕眷念大臣、恩加体恤至意。”自此以后，原来赐紫禁城内骑马之制，逐渐为在紫禁城内坐肩舆（坐轿）或坐车所替代，但赐紫禁城内骑马之制仍存。

宣统元年（1909 年）十月三十日，皇上谕内阁：“吏部左侍郎唐景崇著加恩

---

[1]《唐景崇履历》，载虞和平主编《近代史所藏清代名人稿本抄本（第一辑）· 唐景崇档》，大象出版社，2011。

紫禁城内骑马。”[1]

钦派查勘东陵工程大臣 宣统元年（1909年）十二月初六，载瀛意普奏请派大臣查勘岁修各工及行树回乾并补种成活分数，上谕“著派唐景崇前往查勘”和“一并查验”[2]。

清东陵在今河北省遵化市境内，从顺治十八年（1661年）首建顺治皇帝的孝陵开始，到光绪三十四年（1908年）最后建成慈禧太后的定东陵为止，营建活动延续了二百四十七年。东陵为皇家寝陵，一般都是钦派王公亲贵前去查勘，派汉族大臣的情况有，但不多。唐景崇获此差派，表明了皇上对他的倚信和亲近。

这时尚书李殿林已上任，唐景崇放心地前往东陵。此时正值天寒地冻，唐景崇迎着呼啸的寒风和漫天雨雪，艰难地行进在崎岖泥泞的小道上。

一个来回，用了半个月的时间，虽然是一份殊遇，但只有亲自走一趟，才清楚是一份实实在在的苦差事。

---

[1] 第一历史档案馆编《光绪宣统两朝上谕档》，广西师范大学出版社，1996。

[2]《政治官报》，光绪刊本。

第十一章

司文柄考选人才

一　会试同考官

光绪十二年（1886年）三月，时任翰林院编修的唐景崇被抽派担任丙戌科会试同考官，开始了他“屡司文柄”、抡才大典考官的行程。

同考官指的是明、清乡试、会试中协同主考或总裁阅卷之官。

唐景崇在翰林院任编修十六年，能有一次出任同考官的机会，已属不易。唐景崇进翰林院时，同任编修的有一百七十四人。而这一次与唐景崇一同出任同考官的编修只有十人，按此比例推算，要进行十七科会试，翰林院的编修大概每人才能轮上一次。但唐景崇在任的十六年里，只举行了五科考试。因此，大多数的编修在任时连一次做同考官的机会都没有。

担任光绪十二年（1886年）丙戌科会试正考官是吏部尚书锡珍；副考官是左都御史祁世长、户部左侍郎嵩申、工部左侍郎孙毓汶；同考官是侍读梁耀枢，修撰黄思永，编修唐景崇、朱百遂、郑思贺、潘颐福、王作枢、徐致靖、支恒荣、吴树棻、杨崇，户科给事中张人骏，刑科给事中胡隆洵，御史黄煦、张炳琳，礼部员外郎高蔚光，兵部员外郎曾树椿，宗人府主事张祖谟。

三月初六中午时分，唐景崇检点行李、书籍来到贡院门外，等正、副考官到后，跟随一起入闱，进入内帘，相互拜答致意。初七，上堂掣签，分为十八房，同考官每人各自一房。接下来几日，没有同考官什么事，唐景崇就待在房里看书，有事或吃饭时才出房。

同考官阅卷，首要问题是公平、合理地分发试卷，清代的科举阅卷采取的办法是抽签。当第一场考试完毕，考生的试卷经外帘誊录、对读后朱卷密封并分批次送入内帘，十二日起开始由内监试请主考升堂进行分卷。每次进卷时监临、知贡举等官在公堂上，把试卷按照同考官的人数分束（捆），并在每束试卷上标示序号，盖上监临官关防印送进内帘。内帘接到试卷，即由正、副主考官组织内监试、内收掌和各房官进行分卷。先由正主考官抽十八房同考官的名签，后由副主考官抽十八束（捆）试卷的签，根据随机抽签的结果，决定同考官分配在第几房、看第几束（捆）试卷。当堂分给房官阅的试卷，必须填号登簿，以便稽核。如果同考官所分配的批阅试卷中有本省籍的试卷，应按照阅卷回避的规定避让，让主考另派其他同考官换房分阅。

同考官阅卷，只准就其所分配的试卷阅看，不能互相抽阅，不得干预别房阅卷，更不准携带试卷进入各自的住所。每天看阅完毕的试卷，交内收掌和监试在堂上包封。同时要求同考官的饮食、寝宿等活动，一律各归房舍，不许相互之间随意往来。如发现违规者，由主考官会同内监试指明参奏。

唐景崇搂着试卷回到阅卷房就开始忙碌起来。每个同考官的阅卷量很大。这一次最终确定的五千七百四十一人的试卷有效，按十八房平均计算，每人要阅近三百二十人的试卷，第一场三论一诗共四道，第二场论题三道，第三场策问一道。三场下来，每个考生总共要做八份试卷。每个同考官要阅两千五百多份试卷，而且每份试卷上都写上推荐与不推荐的理由，如有疏忽或遗漏，“必将该员等照例议处”。由此可知，同考官的阅卷量、工作量有多大，而且不能有一丝一毫的疏忽和遗漏。

分卷回到房间之后，便进入阅卷程序，同考官把自己满意的试卷加上批语并向主考官推荐，称为“荐卷”。考生能不能被取中，很大程度上取决于同考官个人对三场试卷的见解和是否向主考官推荐。头场对考生来说十分重要。如果某个考生的第一场试卷同考官认为不错，可以推荐，那么此考生的第二、第三场试卷也要继续推荐，这样他才有可能被取中。如果考生的第一场试卷不被同考官看好，但第二、第三场的试卷答得很好，也可以一并加上批语补荐给主考官。

光绪十二年（1886 年）丙戌科会试头场试题是：

一、子张问行，子曰：言忠信，行笃敬，虽蛮貊之邦行矣。言不忠信，行不笃敬，虽州里行乎哉。立则见其参与于前也，在舆则见其倚于衡也，夫然后行。子张书诸神。

二、中庸不可能也。

三、取诸人以为善，是与人为善者也，故君子莫大乎与人为善。

四、赋得报雨早霞生，得生字五言八韵[1]。

经过紧张而又认真的校阅，唐景崇推荐了王荣商、秦树声、李蟠根、吴鸿甲等二十多人的试卷，也成了他们真正的房师。

唐景崇对他们的试卷批写了荐语，特别是头场试卷荐语写得文采飞扬。

对王荣商的头场试卷荐语：

第一题：前中四比，阐发题蕴，精警透辟，小讲及后幅，目光如炬，笔大如椽，落墨时有俯视一切之概。

第二题：笔意精深，神味渊永，知其揣摩名家得力不浅。

第三题：繁芜汰尽，纯以神行，中权于夹缝中，著笔尤觉警醒。

第四题：研练妥贴。

三场总荐语：

大处落墨，肌理仍复细密，后幅迴应，小讲所谓超以象外，得其环中，非得

[1] 顾廷龙主编《清代朱卷集成》，成文出版社，1992。

力名家未易办此次三称。诗稳。

对秦树声的头场试卷荐语：

第一题：小讲取径独别，收笔奇警，前中深稳，入后精理，灏气相辅而行，刻意追摹先正，洵为难得。

第二题：词旨清纯，声情绵邈，抱上用意警切，无他题公共语。

第三题：著眼取与字，不失题妙通体，笔意沉刻，后幅尤多精语，是文之有根柢者。

第四题：轻灵圆秀。

三场总荐语：

首场笔意不落庸俗；贰场熟精选理，奴仆命骚；三场条对明晰，亦有断制。

对李蟠根的头场试卷荐语：

第一题：著眼末句，看题得间，讲下一提，全局已定，入后气象发皇，文心仍复静细，将全题熔铸，面面俱到，非老手不办。

第二题：理解圆融，笔力清矫，通幅紧抱上文，他题不能移用，尤见真切。

第三题：一讲灵警，中段有生发，后幅回环说来，推阐尽致，形容莫大，字亦透快。

第四题：清新俊逸。

三场总荐语：

第一场，就门人书法立论，点题处夹叙夹议，颇有波折，后路一就子张还题，正面一就门人补题，余义结构，尤属完密；次三亦明净无疵，诗稳切。第二场，雍容华贵，各称厥题。第三场，条封详明，妙在有笔[1]。

从某种意义上说，考生的命运完全掌握在同考官手里，最后虽然还有搜落卷的环节，但要通过搜落卷进入取中行列，难度不是一般的大。因此，那些被同考官推荐而又被主考官取中者，往往会对房师感恩不尽，如王荣商等人一生都敬重唐景崇。

这一科出了一些在晚清颇有影响的人物，如徐世昌、荣庆、冯煦、杨士骧、张元奇、沈曾桐、柯劭忞、阔普通武、伊克坦等。

二　会试知贡举

会试负责考试的官员分为考官和场官，分别管理阅卷录取及考务管理工作。负责总摄场务（考务管理）的是知贡举。

光绪二十年（1894 年），慈禧太后六旬万寿，诏开恩科。恩科之行，有万寿恩科、登极恩科之别。

光绪二十年（1894 年）正月二十五日，唐景崇刚担任内阁学士兼礼部侍郎衔两个多月，就被委以重任，钦派担任光绪二十年（1894 年）甲午恩科会试知贡举，与他一同被钦派担任知贡举的是同为内阁学士兼礼部侍郎衔的长萃。

担任知贡举，对唐景崇来说，是第一次，虽有耳闻，但不了然。因此，从接到钦命的那一刻起，唐景崇就将做好知贡举摆在了自己工作的第一位。从熟悉科场条例开始，希望尽快熟悉、把握会试场务和相关事项。他打听到麟书著有《知贡举日记》［光绪二年（1876 年），麟书简派为会试知贡举，逐日记录，成《知贡

[1] 顾廷龙主编《清代朱卷集成》，成文出版社，1992。

举日记》，几成后来者教科书，被很多人辗转传抄]，想方设法找来抄录一份，以备参考。

在会试开始之前，作为知贡举的唐景崇有两项工作必须完成。一是二月十三日入闱，总摄十五日各省举人在京城贡院覆试的场务，一直要忙到十九日才完结。二是要为会试作准备：检查贡院的设施，确保试场设施没有状况后，封门不准闲人擅入；查验食物准备情况，以保证会试期间食物不短缺；等等。

三月初六是考官和场官入闱的日子。清晨，唐景崇检点好自己的行装，前往贡院。唐景崇与长萃几乎同时到达，略作寒暄后一起入闱，先瞻拜五魁祠，即到公堂商办后续事宜。随后，会试正、副主考官礼部尚书李鸿藻、左都御史徐郙、工部侍郎汪鸣銮、左副都御史杨颐及同考官、弹压官、内外帘监试御史、外帘各所官等陆续到齐。唐景崇与长萃当堂将外帘官分掣各所。其中弥封所因红号最为要紧，择派并分派委员四十一员，各司其职。点进誊录书手七百名、对读生九十四名。接着礼部派员将知贡举关防印、书箱、卷箱、号箱、戳箱等一并送到。唐景崇、长萃将书籍送入内帘，即将内帘门封闭，贡院门也同时标封。一整天，两人忙得不亦乐乎。直到半夜，唐景崇、长萃还在堂上，监视散卷吏于头场卷面钤盖关防，直至凌晨用完关防，封存敬事堂，才得以稍歇。

初七凌晨，唐景崇用冷水洗脸，虽然只是闭眼休息了两个多小时，但他清楚，考验还在后头，必须打起精神，保持头脑清醒。先是点进号军六百名，按时为内帘进供给。这一天，唐景崇、长萃的主要任务是在堂上监视头场卷面坐号编排，用号戳、关防钤印。这天又是忙至半夜。

初八，是士子头场入闱的日子，也更为忙碌。凌晨，唐景崇、长萃与弹压官、监试御史、专司稽查之都察院堂官、搜检王大臣等一同开启贡院中门，跪接礼部派员送到的钦命试题。钦命试题两封，一封是头场题，一封宗室题。随即封闭中门，唐景崇、长萃两人将题封捧至公堂正中案上恭存。然后，叫开内龙门，两人将题封递进给在内门跪接的四总裁。与此同时，开启左右四门，参考士子经过点名、搜检、散卷等环节入闱，直至下午三点左右，士子才入闱完毕，然后催令士子入号，即将号门封锁。随即按照分工进行查号，即两弹压官查旗号，八监试、两提调分十段查汉号，而唐景崇、长萃往来查看坐号与卷号是否相符。查号时发现贵州举人杨澍误入别号，照例扶出。下午四点左右，唐景崇、长萃上堂监视散卷吏于二场卷面钤盖关防，直至晚上九点左右才盖完。时至半夜，内帘发出题纸，检齐数目，即派员按号散题。士子入场后，日夜均应守堂，以昭慎重。按照议定：两弹压分两班，八监试分四班，唐景崇、长萃及提调不分班，轮替照料。

初九，是参考士子作答试题之日。黎明时分，唐景崇与长萃即上堂监视外帘官于二场卷面盖印坐号。坐号盖好后，即查视试场，频饬为内帘考官、试场士子提供食物。

初十，是士子头场交卷出场之日。早上七点多，开始放头排士子出场。九点多，拜发内帘折件。中午，放二排士子出场。下午两点左右，放三排士子出场。前三排每次都在士子出场后即封门。三排以后，陆续交卷放出，不再封门，直至深夜两点，尚有未完卷的广东举人李潍森、云南举人万正坤等九名，唐景崇、长萃与监试御史商酌，照例撤卷。

考生的墨卷交受卷所收取后统一送至弥封所，由弥封官委派役员对试卷进行弥封，即把试卷中有关考生本人填写的姓名、籍贯、年龄等个人信息，以折叠反转后用空白纸覆盖弥封，并在骑缝处加盖“弥封官关防”和“监临官关防”印章。试卷经过弥封后，就进入誊录环节。

誊录，就是由誊录书手将弥封的考生墨卷，用朱笔照着墨卷所书写的内容誊抄一遍，又称朱卷，送交考官评阅的试卷只能是朱卷。誊录朱卷完成后，进入下一个环节——对读。由于誊录书手在誊抄墨卷的过程中难免出现抄错或漏抄的地方，由对读所派专门对读人员将朱卷与墨卷字句逐一核对。经过对读的朱卷、墨卷确认无误后，就将两卷套在一起送外收掌所，以核对朱卷、墨卷的红号。经外收掌所的官员确认无误后，加盖本官的名戳，再将朱卷、墨卷分开。朱卷由唐景崇、长萃等送入内帘。

第二场、三场的考试与第一场的考试过程基本一样。

全国会试三场完后，接下来还有三场考试。一是三月十七日的宗室会试，二是四月十四日的翻译会试，三是四月十六日的会试覆试。这三场会试人数不多，而且只考一天，整个安排与全国会试头场基本相同。

四月十三日，唐景崇、长萃具折奏会试三场安静、完竣事。

场务安静、完竣奏折上呈后，并不意味着知贡举工作的结束，接着还有会试的覆试和整个试事的扫尾工作，一直要忙到四月底才能结束。

在将近两个月的时间里，唐景崇每天都是凌晨起床，忙到当天深夜才能下堂休息，几乎没有睡过一个安稳觉。会试无小事，出不得一点差错，唐景崇本是勤慎持事之人，对于担负会试知贡举，他深感责任重大，因此，事无巨细，都是严阵以待，事必躬亲。整个考试场务操持下来，可以说是身心俱疲。

三　乡试正考官

好事接踵而至，刚刚忙完甲午恩科会试知贡举的事务，出闱后不久，即光绪二十年（1894 年）五月十二日，唐景崇就被派充广东乡试正考官，副考官则是翰林院编修王荫槐[1]。

王荫槐，字植青，四川威远县人，光绪十二年（1886 年）丙戌科进士。当年会试，唐景崇充任同考官，与王荫槐是师生关系。

唐景崇受命后，向光绪皇帝表态："臣惟有慎密关防，悉心校阅。求珠玉而入山海，冀获奇珍；采桢干而贡阙廷，愧非哲匠。"[2]

唐景崇师生俩处理好衙门和家中事务，赴宫门请训后，立即启程赶往广东省城广州。

八月初，唐景崇、王荫槐到达广州，径行入住皇华馆，不与外人接触。按例

---

[1] 陈宝琛等：《大清德宗景皇帝实录》，中华书局，1985。

[2]《唐景崇恭谢天恩折》，载虞和平主编《近代史所藏清代名人稿本抄本（第一辑）· 唐景崇档》，大象出版社，2011。

为保持考试不受干扰，防止请托弊端，不许地方官员与主考官见面。地方官只能各自将名帖差人送呈主考官，算是表达迎接之意。

开考前三天，唐景崇、王荫槐才在差人带领下，来到巡抚衙门与大家见面。唐景崇、王荫槐坐大堂正中，两广总督谭钟麟坐左边，广东巡抚许振祎坐右边。下面各官以四排分坐。喝过茶，稍事寒暄后，大家起身向京城方向行三跪九叩礼，向皇上谢恩。然后同考官、内外帘官等人进入贡院。最后唐景崇、王荫槐才坐轿入住贡院的主考官房，同考官则分住东西两边的考官房，广东巡抚许振祎进住监临房。

八月初八，考生入场，开始了广东乡试的三场考试。这一次，唐景崇拟定的头场考题是：

一、颜渊问仁，子曰：克己复礼为仁。一日克己复礼，天下归仁焉。为仁由己而由人乎哉？颜渊曰：请问其目？子曰：非礼勿视，非礼勿听，非礼勿言，非礼勿动。颜渊曰：回虽不敏，请事斯语矣。

二、怀诸侯则天下畏之。

三、禹疏九河。

四、赋得水曲万家开，得开字五言八韵[1]。

头场考完，在监临的监视下，将朱卷抽签分给同考官阅批、荐卷。随着同考官的阅卷进度，各房的荐卷就陆续呈上唐景崇、王荫槐的案头。两人认真对同考官阅荐上来的试卷详加批阅，如果认可，王荫槐就在卷面书写“取”字，唐景崇则书写“中”字，说明取中的卷子并非一人的主张，而是两人共同的意见。

三场试卷阅卷的总原则是：“考官遍阅三场，先录其全瑜者。首场虽佳，而后场草率者，不得取中；首场平通，而后场明确通达者，准其取中；如头场疵谬，

---

[1] 顾廷龙主编《清代朱卷集成》，成文出版社，1992。

虽二、三场可采，仍不准取中。”[1] 主考官审阅试卷，先看第一场的成绩，后看第二、三场的，权衡三场试卷的全部成绩再决定是否录取。

唐景崇是正考官，负主要责任，因而需要更为严格的把关。乡试是一份肥差，但也是一份苦差，既劳心又费力。经过一个多月的连续阅卷，唐景崇总算在规定期限内将广东乡试中额敲定，并按时发榜。

广东乡试中式定额为八十五名。光绪二十年（1894 年），以慈禧太后徽号礼成，依光绪十五年（1889 年）例，恩诏广额。广东属中省，广额二十名。定额加广额，唐景崇、王荫槐是科共取中广东举人一百零五名。解元是梁锡祥，顺德人。

其中值得一提的是徐绍桢。唐景崇在徐绍桢朱卷上的批语是“意真语挚，经策淹赅”，识拔他为举人，并将其放在中式第三十九名。

徐绍桢，字固卿，祖籍浙江钱塘，生于广东番禺。徐绍桢中举之后，被提为广西藩署幕僚，嗣后历任江西常备军统领，福建武备学堂总办。光绪二十八年（1902 年），由唐景崇保荐，清廷派他前往日本考察军事。两年后，徐绍桢被任命为两江总督衙门兵备处总办，负责编练新军。光绪三十一年（1905 年），新军第九镇成立，徐绍桢为第九镇统制。光绪三十三年（1907 年），徐绍桢被任命为新建陆军第九镇统制，驻军江宁城关。辛亥革命时，他曾率领江浙联军光复南京，被称为“中华民国开国元勋”。

时隔九年，即光绪二十九年（1903 年），唐景崇再一次被光绪皇帝钦派担任乡试正考官。这一次担任副考官是他的门生齐忠甲。

齐忠甲，字迪生，吉林伊通州人，光绪二十年（1894 年）甲午恩科进士，时任翰林院编修。当年齐忠甲参加殿试时，唐景崇就是读卷大臣。

唐景崇、齐忠甲这次去的地方是浙江。唐景崇来浙江是故地重游，光绪二十四年（1898 年）九月，他提督过浙江学政，虽然因母亲去世而中断，只在浙江待了三个多月，但对浙江还颇有感情。

---

[1]《钦定科场条例》卷十七，道光年版。

在清代，浙江人文鼎盛，历来是科考大省，出任浙江乡试的考官更是朝廷所重点考虑的人选。据《申报》记载："浙闱试卷每科总在一万二千有余。"每值乡试，赶考士子云集省城杭州，考寓租赁、市肆交易及工匠、脚夫之雇等方面带来了浙江考市的繁荣场景。"杭垣为省会之地，市廛繁富，水陆通衢，每届大比之年，生意倍形热闹，而作奸犯科之徒亦较常为倍增。"[1]

是科是废除八股文后的第一次乡试，因此在命题的内容和形式上有别于前，对唐景崇来说也是第一次。经过查阅、检视相关资料，唐景崇在这一次浙江乡试命制了这样一些题目：

一、食足货通，然后国实民富，而教化成论。

二、齐履谦、吴澄在国学教养有法论。

三、汉驭匈奴，唐驭突厥，宋驭契丹，其策孰优论。

四、唐太宗敕百司诏，敕未便者皆执奏论。

五、张居正请举将才、汰冗官立章，奏考成法、内外官久任法，均能切中时弊论。

六、孔子之道，合哲学、政治、教育为一家，中庸称祖，述尧舜宪章，文武盖原于教以立，为宪政又托于政以纲纪人伦，是以六经垂教论政者，过半乃旧学家，专己守残，以笺注性理，自封新学家，见异思迁，薄视经籍为无用。今欲折群言以淆乱，先明圣书之宗旨，试举六经之要言，以发政教之一贯策。

七、群而不党义[2]。

可能是科举制度的变革引起一些抱残守缺者的抵制，也可能是因八股文被废除，一些人一时无法适应，总之，浙江这一科的参考人数较往年大幅下降。《申

[1]《严申市禁》,《申报》光绪二十九年八月。

[2] 顾廷龙主编《清代朱卷集成》，成文出版社，1992。

报》载："三场告竣后，由弥封所解入内帘之卷，只七千八百五十六本。"[1]

担任乡试考官也不容易，特别是出任乡试阅卷正考官的唐景崇，肩上的担子更重，士子多年的心血在此一搏，巴望得到他的青睐，但唐景崇不能置衡文标准于不顾。行不行，凭文章见高下。唐景崇对于同考官们阅荐上来的试卷认真校阅，全面权衡，有时为了排放一个位置都要反复斟酌半天，不允许因自己的粗心大意影响朝廷的抡才大典，也不能让有真才实学的士子在自己手中傍落。职责所在，使命担当。

经过一个多月夜以继日的劳心费力，将吴敦义、蒋希周、钱锦孙、夏之楷、张克重、孙尔瓒等一百一十六名中式举人按期发榜出去。这一科的解元是吴敦义，字宜斋，仁和县人。同时，唐景崇还将徐锡麟等十八人名列副榜。

徐锡麟，字伯荪，浙江山阴人。名列副榜后，他以参观大阪博览会名义赴日本，于东京结识陶成章、龚宝铨，积极参加营救因反清而入狱的章炳麟的活动。回国后，他先在绍兴创设书局，传播新译书报，宣传反清革命。光绪三十年（1904年），在上海加入光复会。光绪三十一年（1905年），在绍兴创立体育会，后又创立大通学堂。光绪三十三年（1907年），他在安庆刺杀安徽巡抚恩铭，率领学生军起义，攻占军械所，激战四小时，失败被捕，次日慷慨就义。

四　会试大总裁

会试的主考官称总裁，又称大总裁，亦分正、副。清咸丰后例定主考官为四人，一正三副，统称总裁，考生尊称为座师。

光绪二十一年（1895年）开考乙未科会试，三月初六，协办大学士、吏部尚书徐桐被派充正考官，理藩院尚书启秀、礼部右侍郎李文田、内阁学士唐景崇被

---

[1]《浙闱五志》,《申报》光绪二十九年八月二十日。

派充为副考官[1]。

徐桐，字豫如，号荫轩，汉军正蓝旗人，道光三十年（1850年）进士；启秀，字松岩，满洲正白旗人，同治四年（1865年）进士；李文田，字畬光，广东顺德人，咸丰九年（1859年）进士。

是科十八房官，其中翰林院编修彭述、吴荫培、韩培森、许晋祁、于齐庆、刘玉珂等均是唐景崇门生。

唐景崇有幸钦派为乙未科会试大总裁，自然激动，从奉命之日到会试结束，唐景崇逐日记录，成《入闱日记》[2]。奉命之日，他是这样记录的：

是日（初六），奉命后，检料行李、书籍，午刻入闱。与徐荫轩中堂、启荫之尚书、李仲约侍郎及内监试、同考官、内收掌，均彼此拜答。

进入内帘后，四位总裁就开始忙碌起来。他们的主要工作大致有：

命制试题　会试头场、宗室会试题为皇上钦命。唐景崇在日记中记载钦命会试题：

初八卯刻，开龙门跪接钦命题目。首题：主忠信（上论语）；次题：优优大哉礼仪三百；三题：居天下之广居，立天下之正位，行天下之大道，得志与民由之；诗题：赋得襄德录贤，得廉字五言八韵。

钦命宗室会试题：

---

[1] 陈宝琛等：《大清德宗景皇帝实录》，中华书局，1985。

[2]《入闱日记》，载虞和平主编《近代史所藏清代名人稿本抄本（第一辑）· 唐景崇档》，大象出版社，2011。

文题：居敬而行简，以临其民；诗题：赋得君臣一气中，得亲字五言八韵[1]。

第二、三场会试试题由四名总裁共商命制。唐景崇在日记中记载第二场会试试题：

二场题目：知崇礼卑，崇效天卑，法地矧惟，若畴圻父，薄违农父，若保宏父定辟；如山之苞，如川之流，季孙行父帅师城诸及郓（文公十有二年）；大信不约，大时不齐。

第三场为策问试题：

第一问经学，第二问史学，第三问十三经注疏，第四问射策，第五问明朝文体。

监守刻印试题　唐景崇在日记中记载：

（初八）辰刻，请四房官上堂，恭书题目，各书一张。与荫轩中堂、荫之尚书、仲约侍郎及两监试在堂监刻题目。酉刻刻刷毕，数清若干张。亥刻，开龙门将题纸送出。询知贡举，据云，实进人数四千七百八十人。是日，请书题目之四房官及两监试便席。早间，荫轩中堂、仲约侍郎备；晚间，余与荫之备。

十六日辰初，拜折，旋开龙门跪送安折、三场题筒。在堂阅卷。戌刻，先交刻宗室题目、诗韵。丑初，上堂监守刻宗室题目并阅卷。……寅刻，刷毕。

主持掣签分配房官阅卷　唐景崇在日记中记载：

---

[1]《入闱日记》，载虞和平主编《近代史所藏清代名人稿本抄本（第一辑）·唐景崇档》，大象出版社，2011。

初七巳刻，上堂掣签分十八房。

阅卷 阅卷是会试总裁的主要工作。一是会试阅卷。会试考生众多，总裁只通阅房官们的荐卷，从中确定中额。从唐景崇的日记看，总裁的阅卷从三月十三日开始，直到四月初五才基本结束，前后历时二十三天。二是宗室会试阅卷。清代的宗室、八旗由于特殊的身份和地位，他们参加科举考试，是有别于其他士子的。最初，八旗士子参加科举考试是独立进行的，别为一榜，其后则与其他士子同场考试，同为一榜，但却另行规定应试资格及独立的中额。此外，专为宗室设立的宗室科目，以及专门为八旗设立的翻译科，则另行组织考试，且均列入《科场条例》。至于宗室、八旗会试取中之贡士与其他贡士一体殿试，同登一榜。因此，在其他士子考完后，接考宗室士子。宗室参加会试的人数不多，加之宗室士子身份特殊，故不再分由同考官先阅再荐，而是由正、副考官直接分阅，共同议定中额。唐景崇在日记中记载：

十七日，……送进宗室卷三十三本。

十八日早间，分宗室卷，每人各八本，荫轩中堂九本。旋即开阅，用单圈加批。

唐景崇取中的宗室士子是宝铭，后经殿试，列三甲进士第四十五名。

确定中额 唐景崇在日记中记载。一是宗室中额。

十八日，由中堂拟定四本，余一本，拟列第三。

十九日，……宗室卷中额已奉旨钦定中三名。内帘定于廿一日进呈宗室中卷。

二是会试中额。

廿三日，是日各房头场已阅毕，荐卷三百九十六本。撤堂在房阅卷。

廿八日，汇齐所留卷，共三百三十余本，挑选中卷。

廿九日，挑选中卷毕。接阅二场、三场卷。午后，在堂上公定十八魁，仍由荫轩中堂衡定取定元，福建人，出第六房许介侯，为余手中卷。

（四月）初五日早，二、三场卷阅点毕，将中卷细心酌夺，始定弃取。弃取定后，始定甲乙，共六十七本，登录簿上，再归。各房另开单取中某房若干本，用纸封固，盖图章，上面粘一丝签，标明中卷。

磨勘试卷 唐景崇在日记中记载：

三十日，阅二、三场卷，将前十本交各房磨勘。

（四月）初二，合行磨勘前十本，磨勘完毕。

初三，阅二、三场卷。是日午后，正大光三堂中卷发交各房磨勘，独余中卷尚未发交，缘三堂二、三场卷未全加墨，余则全加墨，逐一挑剔疵累，故办较迟。

初五早，……通行封固后，交委官送监试，由监试交各房磨勘。

初七，……各房中卷磨勘毕交来，再自行磨勘一过。

点落卷 同考官未推荐，或同考官已推荐而主考官未取中的卷子均称“落卷”，又称“遗卷”。按例，允许落选的考生在开榜后的十日内取回自己的卷子查看。若对自己的试卷评判结果有疑问，可上呈礼部验实纠参。因此，主考官和同考官不得不对落卷进行严格的阅看和评判，以防遗漏。

写批语 总的批语，正考官用“中”，副考官用“取”。除此之外，还需对中额试卷给予八字批语。唐景崇对中式贡士的批语就精练概括，点评精确，如中式第四名刘嘉斌的“思精体大，经策渊懿”，中式第十九名曾瑞棻的“思清笔健，经策淹通”，中式第二十一名金钺的“沉实高华，经策渊懿”，中式第三十五名杨锡霖的“气盛言直，经策富赡”，中式第二百二十二名赵炳麟的“力厚思沉，经策淹雅”[1]，等等。当然，房官也要写批，唐景崇在日记中记载：

初八，……将卷封固，交委官送监试交各房写批。

填榜 唐景崇在日记中记载：

（三月）廿二日早，卯刻，安折回，并宗室卷交下。辰刻，开龙门跪接安折、宗室中卷，即由外帘折封填榜，第一名锡嘏，第二名海明，第三名宝铭。填榜填讫，由外帘送交宗人府张贴。

（四月）十一日寅刻，钤榜大臣钱子眉侍郎到，旋外帘叫门，监试、房官、收掌俱上堂，将后门封固，开龙门，荫轩中堂、荫之尚书、仲约侍郎及余全出聚奎堂门限内立候。钤榜大臣、知贡举、外帘监试、提调等官入，通候数语，大家归坐，即开写榜，至五钟写毕。

一切按照程序在走，从整个会试过程可以看出，会试大总裁也是个辛苦活，往往从凌晨开始忙至半夜。

经过长达一个多月连续作战，宗室场卷和各房荐卷，总算阅毕，并确定了前十本和中额，继而排定了名次，大功告成。唐景崇在日记中记载：

（四月）十三日，具折请安，恭复恩命，旋即赴午门外，用朝衣朝冠谢恩，行三跪九叩礼。是日，系斋戒期，礼部奏请停筵宴[2]。

一个多月紧张而繁忙的会试结束了，是科取中贡士二百九十六名。贡士经过

---

[1] 顾廷龙主编《清代朱卷集成》，成文出版社，1992。

[2]《入闱日记》，载虞和平主编《近代史所藏清代名人稿本抄本（第一辑）· 唐景崇档》，大象出版社，2011。

殿试，钦点状元骆成骧，四川资州人；榜眼喻长霖，浙江黄岩人；探花王龙文，湖南湘乡人。有“铁面御史”之称的广西全州人赵炳麟、晚清维新派代表人物康有为等都是是科进士。

说到康有为，这里不得不说说他的得意门生、得力助手梁启超。是科会试，康有为与梁启超师生俩都参加了考试，结果是老师中榜，门生落第。梁启超落榜主要原因是正考官徐桐。《国闻备乘》纪其事云：

科场会试四总裁，按中额多寡平均其数，各定取舍，畸零则定为公额，数百年相沿，遂成故事。乙未会试，徐桐为正总裁，启秀、李文田、唐景崇副之。文田讲西北舆地学，刺取自注《西游记》中语发策，举场莫知所自出，唯梁启超条对甚详。文田得启超卷，批不知谁何，欲拔之而额已满，乃邀景崇共诣桐，求以公额处之。桐阅经艺，谨守御纂，凡牵引古义者皆摈黜不录。启超二场书经艺发明孔注，多异说，桐恶之，遂靳公额不予，文田不敢争。景崇因自请撤去一卷，以启超补之，议已成矣。五鼓漏尽，桐致书景崇，言：“顷所见粤东卷文字甚背绳尺，必非佳士，不可取。且文田袒庇同乡，不避嫌。”词甚厉。景崇以书示文田，文田默然。遂取启超卷，批其尾云：“还君明珠双泪垂，恨不相逢未嫁时。”启超后创设《时务报》，乃痛诋科举。是科康有为卷亦文田所拔，廷试后不得馆选，渐萌异志[1]。

《国闻备乘》的作者胡思敬为科会试的二甲第二十一名进士，可信度很高，而作为大总裁的唐景崇在《入闱日记》中却未被提只字。想来与唐景崇一贯为人处事有关，故略而不记。按例，会试头场试题出自皇上钦命，第二、三场题则由总裁负责，因此，梁启超的问题出在第二、三场。但从上则轶事中可以看出：唐景崇与徐桐的顽固守旧不同，行动上他是支持维新的。梁启超的试卷在徐桐看来虽

[1] 胡思敬：《国闻备乘》，中华书局，2007。

然有某些“离经叛道”的成分在，但唐景崇从中看到的却是“新意”，是值得支持的，因此他才会与李文田“共诣桐，求以公额处之”。在徐桐不同意用公额的情况下，不惜“自请撤去一卷，以启超补之”，说明唐景崇要比李文田更为重视梁启超，更为推崇梁启超。唐景崇虽然一生谨守绳尺，但却没有顽固不化，思想上是开明和开通的，因此，后人称“唐春卿尚书为卿贰多年，素负开通名”[1]。这一评价，绝非凭空而来。

五　殿试读卷大臣

光绪二十年（1894 年）四月十九日，唐景崇在会试闱中接到礼部的通知，他被列入是科殿试读卷官的候选名单，要求他于二十一日准时到场听候宣旨。唐景崇只得与长萃等商量，将会试场务的扫尾工作交代安排好后，匆匆出闱。

二十一日，唐景崇与其他具题名单人员朝服齐集午门，听候宣旨：

> 派大学士张之万，协办大学士、吏部尚书麟书，户部尚书翁同和、礼部尚书李鸿藻、刑部尚书薛允升、礼部右侍郎志锐、工部左侍郎汪鸣銮、内阁学士唐景崇为殿试读卷官[2]。

从光绪皇帝钦派的读卷官阵容看，对殿试的重视程度要远远高于乡试、会试。

唐景崇在当上二品官不久，就能挤进读卷官行列，虽然排在最后，但从中可以看出光绪皇帝对他的青睐、倚信和栽培，也说明他的学识水平堪与一众前辈比肩。

---

[1] 陈灨一：《睇向斋秘录》，中华书局，2007。

[2] 陈宝琛等：《大清德宗景皇帝实录》，中华书局，1985。

殿试是科举中最后阶段的考试，紧接会试举行，与会试同属一科。士子被会试取中，称为“贡士”，已是两榜出身，从某种意义上说，他们已经是准“进士”了，因为殿试不存在取舍的问题。殿试只不过是将会试中式之贡士重新进行排名，最终分为三甲，分别赐予进士及第、进士出身、同进士出身。

殿试不同于乡、会试，无主考官之名。这是因为殿试为皇帝临轩策士，读卷官只是协助皇帝阅卷。因读卷官多选一、二品大员充任，故又称读卷大臣。

殿试读卷官的主要职责有两项：

一是试前密拟策题，进呈恭候钦定。主要环节有拟定标目、钦定标目、拟策问题、书写题纸、刻刷策题、上呈试题。

二是负责阅卷，排列名次，并进呈前十名卷，以候钦定名次。主要环节是：

分卷。“廿二日，晴，热，午后风。寅正三刻入殿，监试、收掌皆在，诸公亦集，分卷陆续送来，每人三十九本，首、次二公四十本，共三百十四本。”[1] 首、次二公指张之万、麟书。

阅卷。评定试卷高下，共分五等，其标识符号为“○”“△”“、”“|”“×”，称之为圈、尖、点、直、叉。按照殿试卷实行通阅的原则，每份试卷在主阅人作出评判标识后，其他读卷官亦须轮流评阅，并作出标识。因查看标识大臣发现标识评判悬殊，会被问责，因此，读卷官之间多会形成一种默契，而不会自找麻烦，第一阅者如用圈，则后阅者不用直；第一阅者如用直，后阅者不用圈[2]。因此，试卷之标识，有全圈、全尖、全点、全直者，亦有或圈或尖者，或点或直者，唯圈不见点，尖不见直[3]。分卷后，读卷官开始阅卷，阅毕所分得之卷，即置放原桌，至另一桌再阅，名为“转桌”；转毕八桌，即阅毕全部试卷。二十二日，分卷后，翁同龢“阅本分卷毕又转四桌，力不支矣”[4]。

---

[1] 翁同龢著、陈义杰整理《翁同龢日记》，中华书局，1997。

[2] 吴振棫：《养吉斋丛录》，北京古籍出版社，1983。

[3] 朱彭寿：《安乐康平室随笔》，中华书局，1982。

[4] 翁同龢著、陈义杰整理《翁同龢日记》，中华书局，1997。

排次。“已而仍定余处第一，麟二，张三，志四，李五，薛六，唐七，汪八，麟九，唐十，令供事写黄签。拟一名。供事退，余等手粘包好交南皮，退饭。诸公午睡，未初再集，按标识排定，八〇者四十五本，二甲一百卅二,三甲一百七十九，末四本不完。请侍读令供事来粘签。余与唐君逐本翻看，将批字撤净，申正毕。前十本黄纸封好，加夹板油纸，即由南皮交侍读携去，今夜递。余卷入箱，交收掌，各散。”[1]南皮，即张之万。在前十卷中，由唐景崇取中者有两名，即第七名徐仁镜，顺天府宛平县人；第十名李翘芬，广东广州府顺德县人，实属不易。

钦定。殿试卷前十本，例须进呈，钦定后发，第一、第二、第三本为三鼎甲，即状元、榜眼、探花，第四本为传胪，列二甲第一名，以下为二甲第二名至第七名。是科，皇上最后钦定的三鼎甲是状元张謇，榜眼尹铭绶，探花郑沅；二甲第一名（传胪）吴筠孙，第二名沈卫，第三名李家驹，第四名徐仁镜，第五名朱启勋，第六名吴庭芝，第七名李翘芬。

张謇能高居榜首，大魁天下，实际上靠的是翁同龢。前十名的名次，例应由读卷官共议。乾隆以后逐渐形成以读卷大臣官阶为准的原则，其第一本即为官阶、地位第一者所定之首卷，第二本即官阶、地位第二者所定，依次类推。如果按照此一原则行事，那么是科状元应落在张之万取中的郑沅头上。

张之万时年八十五岁，为东阁大学士、军机大臣，道光二十七年（1847年）的状元，齿德俱尊，列衔首席，照例是科状元应该出自他手。翁同龢这年六十五岁，为户部尚书，咸丰六年（1856年）的状元，是翰林后辈，在读卷官中排第三位，有权选取探花的卷子，而无权选取状元的卷子。但翁同龢此时正是大红大紫之时，又是两朝帝师。这时，光绪皇帝已亲政几年，且书房未撤，翁同龢每天仍给皇帝上课，商讨国家大事，是帝党首领，清流领袖，权势地位可与张之万抗衡。加之读卷官中，其门生志锐、汪鸣銮皆居其中，此科之状元，翁同龢有一争的底气。

---

[1] 翁同龢著、陈义杰整理《翁同龢日记》，中华书局，1997。

张謇，江苏南通人，时年四十二岁，曾经四次会试落榜，意兴阑珊，热情不再。他父亲张彭年也七十七岁了，总想在有生之年看见儿子金榜题名，督促张謇再试："儿试诚苦，但儿年未老，我老而不耄，可更试一回。"[1] 父命难违，张謇北上参加会试，以尽孝子承欢养志之志。这次会试成功了，列第六十名贡士。

翁同龢早已属意张謇这位同乡。收卷官黄思永在张謇交卷时，迎上接收，展卷一看，有挖补空白一字未填上，遂为之补填，又见"恩"误为单抬，即在"恩"字上添一"圣"字。卷子到翁同龢手中，他一看便知是张謇的字迹，立即评卷，说"文气甚古，字亦雅，非常手也"[2]。翁同龢为让张謇当上状元，"廿三日，晨访高阳，卯初二刻入殿。转三桌毕，将本桌圈尖点次序先理一过，遂定前十卷。兰翁、柳门、伯愚皆以余处一卷为最，惟南皮不谓然"[3]。兰翁即李鸿藻，柳门即汪鸣銮，伯愚即志锐，而"晨访高阳（李鸿藻）"就是为了"定余处第一"。

当大家看向唐景崇时，他表态："我也支持张謇当状元。"这不是他随波逐流，见风使舵，而是在反复斟酌比较了张謇和郑沅的试卷后，就事论事，出于公心得出的结论。

张之万本意是定郑沅为状元，没想到张謇被钦定为状元，又因麟书不肯让出榜眼，郑沅只能屈居探花。

二十四日，是进呈前十名钦定的日子。"寅正，八人集景运门外朝房，起下，同到南书房。卯正，上御乾清宫西暖阁，臣等捧卷入。上谛观第一名，问谁所取。张公以臣对。麟公以次拆封，一一奏名讫，又奏数语。臣以张謇江南名士且孝子也，上甚喜。"[4] 翁同龢还说：今年是皇太后六十万寿，张謇会试中了第六十名，是个吉祥的兆头，可为恩科得人贺。翁同龢的一番花言巧语，哄得皇上大为高兴，张謇也因此被钦定为状元，大魁天下。

光绪二十四年（1898 年）戊戌科殿试读卷官是大学士宗室昆岗、都察院左都

[1] 张謇：《张謇自订年谱》，文海出版社，1972。

[2] 翁同龢著、陈义杰整理《翁同龢日记》，中华书局，1997。

[3][4] 同上。

御史徐树铭、户部右侍郎溥良、礼部右侍郎唐景崇、刑部左侍郎宗室阿克丹、内阁学士绵文、内阁学士梁仲衡、署都察院左副都御史胡燏棻[1]。这一次，唐景崇排名靠前，排在第四名。

六　朝考阅卷大臣

唐景崇作为光绪二十一年（1895年）乙未科会试大总裁，出得闱来，可以好好休息一下，因为接下来的殿试、朝考，为避嫌按惯例不会开列本科会试的主考官。

四月二十九日，光绪皇帝在翰林院开送的二十四名大员中朱笔圈出十二人作为本科朝考的阅卷大臣：

> 大学士张之万，户部尚书翁同龢，理藩院尚书启秀，都察院左都御史徐郙，吏部右侍郎廖寿恒，礼部右侍郎李文田，兵部右侍郎徐树铭，刑部左侍郎李端棻，工部左侍郎凤鸣、汪鸣銮，内阁学士唐景崇，都察院左副都御史杨颐[2]。

不知何故，是科朝考却打破了惯例，会试的三位副考官全部在朝考阅卷大臣之列。

朝考，是清代创制的一项科举考试中的重要制度。进士朝考是选拔庶吉士的考试，即在殿试后由皇帝亲自命题对新科进士再次进行的考试，专为选拔翰林院庶吉士而设，入选者亦称“馆选”。时人称“新进士殿甲后，最重朝考”[3]，“进士皆以馆选为荣”[4]。

---

[1] 陈宝琛等：《大清德宗景皇帝实录》，中华书局，1985。

[2] 第一历史档案馆编《光绪宣统两朝上谕档》，广西师范大学出版社，1996。

[3] 姚元之：《竹叶亭杂记》，中华书局，1982。

[4] 光绪《钦定科场条例》卷五十七，浙江书局刻本，光绪十三年。

依例定，每科殿试后皆行朝考，庶吉士之选拔从未间断，即使是开恩科，亦照行不变。其选拔方式为先考而后选，即通过考试，确定等级后，再行引见，由皇帝决定最终的庶吉士人选。所有新科进士依例均须参加朝考，以接受选拔。

朝考阅卷条例与殿试基本相同。光绪二十一年（1895 年）乙未科朝考阅卷，翁同龢是这样记录的：

廿九日，晴，大风。晨入，知派朝考阅卷，看折毕至南书房分卷，极费力，阅数卷又至小屋同坐。见起二刻余，电报三，封奏一。退后趋往南斋，余卷巳正二刻阅毕，诸公敞有未完者。午初定甲乙，午正一刻始递上，饭未毕已下并诗片。拆弥封，对诗片，颇迟，申初散……

共二百九十六卷，鼎甲另束，一等六十名，二等一百八名，三等一百廿五名[1]。

从翁同龢的记载看，朝考阅卷比殿试阅卷更为宽松，也更为粗糙，似乎只分卷一人阅毕就定，没有“转桌”。因此，阅卷排定名次毕，就有人非议，有人传闻，继而引起士论大哗。五月初四，陕西道监察御史熙麟据此参奏：

乃自呈递诗片之风起，或预为夤缘，转相嘱托；或故变笔迹，暗通关节；干谒多门，人才屈抑。如壬辰年朝考，列入一等之戴锡之，字迹庸陋，疏中甚至有“家家金粉，户户齐梁，声伎满前”等语，措词轻亵，臣乖体裁，诗亦多不可解；伍文琯卷中诗第二联，显然出韵，皆以前列，幸入馆选。奴才前在翰林协办院事，见之殊深骇异。

今风闻本年朝考阅卷更有甚者：李端清、曹葆珣二卷，皆经加签而列入一等；卓孝复、吴纬炳二卷，并未加签且写作均非不佳，一则置之三等前，已为屈抑，

[1] 翁同龢著、陈义杰整理《翁同龢日记》，中华书局，1997。

一则置之三等后十名，尤为无辜；而曹元弼一卷，笔画脱落，几于不能成字，转为列入二等。是以众口喧传，士论因而大哗。

伏思奉命阅卷一事，臣心之敬肆系焉，文教之隆污系焉，人才之进退系焉。诸臣何竟不畏人言至此，且每于无可解说之时，辄谓但取文词，不论书法。然如戴锡之措词之轻亵，伍文瑄诗之出韵，此奴才所目睹者。至本科传闻各卷，有签既列一等，无签反列三等，是非显然倒置，在诸臣又将何以自解？将谓无心疏略耶，在内分阅诸卷尚不能敬副君命，则其在外可纵矣；将谓有意颠倒耶，则直任意欺罔矣。正不仅徇私灭公，有累文教，屈抑人才已也。

于是，他建言：

拟请饬下翰林院掌院学士，将奴才指出戴锡之、伍文瑄、李端清、曹葆珣、卓孝复、吴纬炳、曹元弼等七卷一并进呈御览，则虚实是非自难逃圣明洞鉴，应如何量予惩处，伏候宸断[1]。

在清代，满族人大臣上奏惯用自谓“奴才”，汉族人大臣一般则用“臣”。满族人熙麟的这份参奏，涉及两次朝考，一次是光绪十八年（1892年）壬辰科，另一次就是本科，而且本科又涉及五人之多，真可谓惊动朝野。清代，对于科举疏忽错误处置是相当严厉的，因此，此参奏一上，凡是负责戴锡之、伍文瑄、李端清、曹葆珣、卓孝复、吴纬炳、曹元弼的阅卷大臣无不吓出一身冷汗。

接到熙麟的参奏，光绪皇帝饬令翰林院掌院学士宗室麟书将熙麟参奏的七份试卷封固呈递上来。宗室麟书递卷奏折中特意点出“再查一等卷内并无李端清其名，只有李瑞清一卷”[2]。这是熙麟将“瑞”误为了“端”。壬辰科的试卷虽然为熙

[1]《熙麟奏折》，载《谕折汇存》，北平撷华书局，光绪刻本。
[2]《麟书奏折》，载《谕折汇存》，北平撷华书局，光绪刻本。

麟亲眼所见，是科却是根据传闻具奏，且连名字都弄错了，但风闻言事本就是监察御史的职责所在，在许可范围内有失误无须承担责任。

光绪皇帝对翰林院掌院学士宗室麟书呈递上来的七份试卷，详加勘阅，钦定评判。五月初五，下达谕旨：

昨据熙麟奏，殿廷考试，大臣阅卷，是非倒置。当经谕令翰林院掌院学士将戴锡之等七卷封固呈览。戴锡之一卷，疏语尚非失体，诗多费解；伍文琯诗中出韵，未经签出；李瑞清、曹葆珣二卷，签出之处，均属笔画微疵；吴纬炳写作尚属可观，而越幅黏贴，殊属违式。除伍文琯业经改授知县外，戴锡之著改列三等三十九名，并注销庶吉士，交吏部签掣省分，以知县即用。其余原列等第尚非倒置，均著毋庸置议。卓孝复写作俱妥，著改列二等第一百名。曹元弼一卷，字迹模糊，原置二等，殊属失当，著降列三等五十名。其原列三等第四名至五十名以及次递推。所有原阅戴锡之卷之吏部右侍郎廖寿恒、原阅伍文琯卷之工部左侍郎汪鸣銮、原阅卓孝复卷之理藩院尚书启秀、原阅曹元弼卷之都察院左都御史徐郙，均著交部察议[1]。

作为本科朝考阅卷大臣，唐景崇向来做事严肃认真，一丝不苟，他所阅之卷，无可挑剔，自可轻松过关。光绪皇帝一锤定音，对相关阅卷大臣只是“交部察议”，这算不得很严厉的处置。在光绪皇帝眼中，这算不得徇私舞弊，顶多是阅卷不够精心，并非有意为之。阅卷大臣看到了皇帝的谕批，松了一口气。

五月初七、初八、初九、初十，分别引见新科进士，除一甲三名及京官以本班用四人外，光绪皇帝朱笔圈出庶吉士六十九人，部属九十四人，中书十三人，即用知县九十九人，归班十四人。“部属”，是指签分中央六部各司署的属官；清制，凡进士不授以他项官职，而以知县铨选者称“归班”。

---

[1]《光绪谕旨》，载《谕折汇存》，北平撷华书局，光绪刻本。

从这次担任朝考阅卷大臣算起，唐景崇一生共出任朝考阅卷大臣三次。上述是第一次，第二次是光绪二十四年（1898 年）戊戌科[1]，第三次是光绪二十九年（1903 年）癸卯补行辛丑、壬寅恩正并科[2]。

七　部试游学生主试官

随着洋务运动时期两百多名官费欧美留学生的派出，出国留学成为晚清青年学子一种新的追求。光绪三十一年（1905 年）科举制废除之后，进一步迫使大批青年负笈海外，形成了近代中国第一次留学热潮。在清末，这些留学生学成归国，无论留学哪个国家、毕业于哪个学校和专业、获得哪种学位，都必须再次经过国家的统一考试，始能授以出身，授以官职。

在清廷的官方说法中将留学叫作“游学”。时至晚清，清廷开始派遣学生赴外国留学，称之为“游学生”。

游学生归国考试分部试和廷试。学部考试为学成考试，考试合格的游学生由学部颁发统一文凭，分别授予进士、举人等出身，而不授予官职。

光绪三十年（1904 年），清廷授命学务处拟定了清末首份游学毕业生考试章程——《奏定考验出洋毕业生章程》。章程公布后，学务处于光绪三十一年（1905 年）六月举行归国游学生考试的尝试，有金邦平等十四人参加。这是一次奖励和任用合二为一的考试，参加考试的十四人分别授予出身和官职，是“一时权宜之计”。初次尝试，考试章程并不完善。

光绪三十一年（1905 年），学部成立，即着手制定游学生考试章程，在管学大臣张之洞、学部尚书荣庆的主持下，《考验游学毕业生章程》《考验游学毕业生计算分数简章》《考验游学毕业生考场规则》等相继出台。

---

[1] 第一历史档案馆编《光绪宣统两朝上谕档》，广西师范大学出版社，1996。

[2] 同上。

光绪三十二年（1906 年）九月十二日，学部以奏定章程为由，组织举行了第一届游学毕业生考试，亦为旧式的科举考试废止后，清廷第一次在京城举行的游学毕业生考试。此次考试的主试官是联芳、唐绍仪、塔克什纳。

之后，学部接着主办了第二、三、四、五、六届游学毕业生考试。唐景崇担任了第二［光绪三十三年（1907 年）七月］、三［光绪三十四年（1908 年）八月］、五［宣统二年（1910 年）八月］届游学毕业生考试主试官；担任第六届［宣统三年（1911 年）八月］游学毕业生考试监临官。第五、六届，他作为学部的最高长官，被钦派担任主试官、监临官，全面负责游学毕业生的考试事务。其在清末游学毕业生归国考试中的地位是无人可以比拟的。

唐景崇担任部试游学生主试官，其职责主要是选定试题、阅批试卷、确定等第三项。

选定试题。试题一般由襄校官分拟，最后由唐景崇选定。如第二届游学毕业生考试，唐景崇在主试官中虽然排名第二（是届主试官为外务部左侍郎联芳、吏部左侍郎唐景崇、副都统塔克什纳、外务部右侍郎高而谦）[1]，但试题仍由他选定，这有时任学部左侍郎严修的日记为证：

是日筵请四大臣及襄校官，凡三席。襄校拟题先后收到，请唐春卿前辈选定，晚与君九配定题目[2]。

阅批试卷。在襄校官阅卷、初定分数的基础上，主试官要逐一核阅、核校确定分数。如第二届游学毕业生考试，《严修日记》载，八月二十九日，“四钟半起，七钟半点名散卷，照料四大臣阅卷”。九月初一，“照料阅卷终日”[3]。

确定等第。在襄校官阅卷初拟等次基础上，最后必须由主考官核定。有《荣

[1] 第一历史档案馆编《光绪宣统两朝上谕档》，广西师范大学出版社，1996。

[2] 严修：《严修日记》，南开大学出版社，2001。

[3] 同上。

庆日记》九月初六记为证：

（荣庆）辰到学部，唐、严、塔三君已到。再核名册分数，巳正后写榜，申正榜出。章宗元、王建祖、邝富灼、熊崇志、程明超、陆梦熊、嵇芩孙七人最优，余优等十七人，中等十四人，予文凭三人，不及格一人（欧阳祺）[1]。

唐景崇担任主试官，所确定等第情况如下：第二届参试者四十二人（上述《荣庆日记》记载有误），获得身份者三十八人，其中，留美生十三人，留日生二十五人。留日生最多，但获得最优等的却以留美生居多（留美生五人，留日生二人）[2]。第三届参试者一百二十七名，列最优等者有陈振先等十五名，优等者有赵连壁、江庸等四十五名，中等者有王恩博等四十七名。“此外，尚有不足六十分者二十名，不在录取之列。”[3]第五届参试者五百六十一名，列最优等者有张景光等六十二名，列优等者有彭清鹏等七十六名，列中等者有章家骏等三百二十二名，共四百六十名，落选者一百〇一名。奏请允准列最优等者授予进士出身，列优等、中等者授予举人出身[4]。

参加过第五届游学毕业考试，列最优等、授予工科进士的朱葆勤回忆：

部试系于宣统二年（1910年）农历八月间，在北京学部举行。

正场的考官分为总裁和襄校官两级，均以“上谕”发表。主试官六人，不分正副。宣统二年部试的总裁，我只记得两人，一为唐景崧，当时任学部尚书；一为詹天佑，当时任邮传部左参议兼京张铁路局总办（总裁向例由二品以上大员充任，詹以四品官充任，系属破例）。襄校官系实际负责的人，名额颇多。

---

[1] 荣庆著、谢兴尧整理《荣庆日记》，西北大学出版社，1986。

[2] 刘真主编《中国留学教育史料》，国立编译馆，1980。

[3] 同上。

[4]《政治官报》，光绪刊本。

正场分为三场：第一场考中国文和外国文各一篇，中国文全场一律。中文题目是“黄帝尧舜氏作、通其复使民不倦篆”（语见《易经》）。外国文则各有不同，留学何国则作何国文。第二场和第三场都是考专门科学，每场出题四条。三场合计，共有十题。每题最高分数为一百分。

此外，还有“拜见老师”这一回事。所谓老师，就是考官。考官并没有教育过考试的人，但考试的人是由他取录的，因此，管他叫做受知师。旧科举时代，不论主考官或同考官，都认为是老师。但留学生考试，只拜总裁，不拜襄校官。我回忆拜见唐景崧的时候，是六、七个人一齐接见。他勉励我们留心国学。他说：“这回考试，有些人连中文题目也读不断，把‘作’、‘通’两字联合起来。阅卷时，左边有一个‘作通’，右边又有一个‘作通’。这事在北京里一时传为笑柄。”[1]

朱葆勤的回忆，出现两处明显的错误：一是主试官钦命的是四人，而他误记为“主试官六人”；二是将唐景崇误认为是其兄唐景崧。作为一名考生，且时间太为久远（朱葆勤是在新中国成立后应《广州文史资料》之邀而作的回忆文章），回忆有些出入，当情有可原。

学部组织第六届游学毕业生考试时，唐景崇是国务大臣、学务大臣，仍主掌学部。这一次，唐景崇不再出任主试官，但却被钦命为监临官。监临官是试场中职位最高者，总摄场务，除主考官及襄校官外，考场内一切执事官员皆由其管辖。

在部试游学生时，唐景崇选拔了章宗元（近代法学家、经济学家）、陈箓（民国外交家）、罗文干（民国外交家）、章鸿钊（地质学家、地质教育家）、丁文江（中国地质事业奠基人）、李四光（中国地质力学的创立者）、俞同奎（中国化学教育开拓者）、王焕文（中国药学会创始人）、吴乃琛（金融家）、吴鼎昌（金融家、实

[1] 政协广州市委员会编《广州文史资料》第十辑，1963。

业家)、赵天麟（爱国教育家)、王建祖（教育家）等一大批政治、经济、教育、科学、文化等方面的领军人物。

八 廷试游学毕业生阅卷大臣

《清史稿》记载："迨科举罢，廷试游学毕业生，皆倚景崇校阅。"[1]

由学务处主持的游学毕业生考试和学部主持的第一届游学毕业生考试采用的是"奖励和任用合二为一"的办法，即授予出身和授予官职只需一次考试。

由于游学毕业生人数日益增多，同时又因阅卷无专才与奖励游学之故，考试不谨严，且将学业考试与入官考试混为一事。凡考试合格者均予以进士、举人，分发各省任用。舆论多有不满，学部遂于光绪三十三年（1907 年）十二月二十日，与宪政编查馆会奏核定《游学毕业生廷试录用章程》[2]。

《游学毕业生廷试录用章程》钦定后，学部从第二届游学毕业生考试开始，实行奖励与任用考试分离，即学部主持的考试为学成考试，考试合格者由学部颁发统一文凭，分别授予进士、举人出身。经过学部考试合格者需再通过廷试，即入官考试，考试通过者，由皇上亲授官职。

第一届游学毕业生廷试在光绪三十四年（1908 年）四月初六举行。

四月初五，学部奏请钦派游学毕业生廷试阅卷大臣，光绪皇帝旨派张德彝、联芳、唐景崇、宝熙。参加此次廷试的游学毕业生，就是唐景崇第一次被钦派为学部主持的游学毕业生考试录取的那批人，因此对他们比较熟悉。试前，在襄校官拟定试题的基础上，唐景崇亲自选定试题，恭呈钦定。

四月初六，第一届游学毕业生廷试在保和殿如期举行。廷试如何进行，朱葆勤在回忆中有所描述：

---

[1]《唐景崇传》，载赵尔巽主编《清史稿》，中华书局，1977。

[2] 刘真主编《中国留学教育史料》，国立编译馆，1980。

廷试，不需要预备试，只有正场一天。廷试之日，试士穿着朝服，黎明入东华门到中左门听候点名。各人手拿着和背负着考桌、考凳、考箱等物经过颇远的路程，踏上颇多的台阶，然后到达保和殿。由于手拿着和背负着的东西颇重，所经历的路程和台阶不少，颇觉劳累。原来保和殿虽备有考桌，但高仅尺余，又无考凳，试士写作时，须盘腿坐在地毯之上，颇为不惯，所以要自带考桌、考凳。这些考桌、考凳和考箱，都是由北京琉璃厂的文具店制备出售，轻便灵巧，配合适宜，易于携带（自携考桌，不始自留学生考试。科举时代，早已如此）。保和殿全部都铺有很厚的黄色地毯，正中设御座。御座基地比殿的平地高约二尺，丹陛三级，加以五彩盘龙地毯。乾隆以前廷试时，皇帝多亲临，道光以后，派亲王为代。不少头带宝石顶、身穿龙袍的人四围巡察，他们就是亲王[1]。

试后，唐景崇等一众阅卷考官认真校阅、覆核，评定等第，于初九阅卷完毕，上折覆命。

此次参加廷试的进士、举人游学生共四十人，经过唐景崇等人阅卷评定，其中列廷试一等者有进士章宗元等四名、举人廖世纶等十一名，列廷试二等者有进士嵇芩孙一名、举人有屠师韩等十七名，列廷试三等者有进士熊崇志一名、举人有颜志庆等六名。按照《游学毕业生廷试录用章程》规定，分别授职。

宣统元年（1909年），第二届游学毕业生廷试钦定于四月十一日举行。四月初十，学部将符合条件的大臣开列衔名清单，奏请钦派阅卷大臣。皇上朱笔圈出梁敦彦、唐景崇、严修、朱益藩为第二届廷试阅卷大臣。

考试完毕，唐景崇等阅卷大臣、襄校官在文华殿忙碌了两天，即告完竣。

此次参加廷试的进士、举人游学毕业生一百〇二人。经过唐景崇等四位阅卷大臣的共同商定：列廷试一等者有进士黄德章等八名、举人有齐鼎恒等二十二名，列廷试二等者有进士张煜全等四名、举人有林先民等五十二名，列廷试三等者进

[1] 政协广州市委员会编《广州文史资料》第十辑，1963。

士有顾德邻等两名、举人有十四名。

宣统二年（1910 年）四月举行第三届游学毕业生廷试，钦派的阅卷大臣是陆润庠、于式枚、李家驹、朱益藩。

宣统三年（1911 年）四月举行第四届游学毕业生廷试，由于这一次参加考试人数较多，学部在奏请阅卷大臣时确定为六人，皇上朱笔圈出的是陆润庠、张德彝、于式枚、李经方、陈宝琛、刘廷琛。

第三、四届游学毕业生廷试，唐景崇没有被钦派为阅卷大臣，但不代表他没有参与其中的工作。因为这两届廷试时，唐景崇就是主管廷试工作的学部尚书。按惯例，主管廷试部门的主官不再出任廷试阅卷大臣，因为试前有大量的准备工作要做，试后也有大量的善后工作要完成。

第十二章

慎始终成就《会典》

一　绘图处总纂

光绪十五年（1889年）十二月，时任翰林院编修的唐景崇由国史馆纂修转任会典馆绘图处总纂。

唐景崇此次任命，源于光绪十二年（1886年）八月初六光绪皇帝的一道上谕：

《大清会典》一书，自嘉庆二十三年（1818年）修纂成书后，迄未续修。前于同治十二年（1873年）奉旨准如内阁等衙门所议，先令各该衙门检查案件分限编次。嗣因编纂未就，复于光绪九年（1883年）谕令各该堂官督饬司员悉心编辑，迄今又逾数载，计应一律告竣，正宜开馆汇编，俾臻完备。著将嘉庆十八年（1813年）以后增定一切典礼及修改各衙门则例编辑成书，颁行中外。所有开馆事宜，著大学士、九卿酌定章程，妥议具奏[1]。

光绪皇帝颁发这道上谕时只有十五岁，还没有亲政。是时慈禧太后垂帘听政，执掌一切，上谕名义上是光绪皇帝，但背后却是慈禧太后的谋划。

清代会典历经康熙、雍正、乾隆、嘉庆四次修纂，历朝会典在承袭前朝内容

[1] 中国第一历史档案馆编《光绪朝上谕档》第十二册，广西师范大学出版社，2008。

和体例的基础上，也不断完善和增新。但从嘉庆二十三年（1818 年）《大清会典》成书后，至光绪十二年（1886 年），时间过去了六十八年，因此，慈禧太后决定纂修新的《大清会典》，即《光绪会典》。

有了慈禧太后和光绪皇帝的谕令，纂修《光绪会典》的工作立即启动起来。

九月，内阁大学士李鸿章领衔，一班大学士、九卿署名，上呈奏折，重在组建领导班子和落实纂修人员。他们建议：

开馆修书，总裁领其纲，纂修分其目。此次续修《会典》，除总裁官应遵照旧例，于大学士、尚书内简派满汉总裁四员，侍郎、学士、詹事等官内简派满汉副总裁七员，恭候命下由内阁咨取职名复奏请旨外，至各馆纂修官向用内阁、翰詹人员[1]。

十月初二，在大学士、九卿共同商议的基础上，光绪皇帝钦派大学士额勒和布、阎敬铭、恩承和协办大学士张之万充会典馆正总裁，尚书锡珍、翁同龢、延煦、乌拉喜崇阿、麟书、潘祖荫充会典馆副总裁[2]。

总裁班子组建好后，其他工作相应跟上。

首先，成立会典馆。会典馆是清代负责编纂会典的机构，由皇帝发布特旨而开设，属于非常设之馆，书成即行裁撤。

其次，解决办公用房。每次撰修会典均是在皇帝颁旨之后，由内务府在紫禁城内临时指拨房屋，作为会典纂修人员的办事之处。会典纂修完毕，会典馆人员即分批陆续撤回，馆址则缴回内务府拨作他用。此次，内务府将位于文华殿东桥北三座门内（其旧址为养鹰狗处）拨给会典馆作为纂修《光绪会典》的办事处所。

最后，落实纂修人员。领命后，位高权重且有学术根柢的正、副总裁聚在一起，经过一番交流，一致认为：

---

[1]《钦定大清会典》，载昆冈等编《光绪会典》，礼部刊本，光绪二十五年。

[2] 第一历史档案馆编《光绪宣统两朝上谕档》，广西师范大学出版社，1996。

绘事宜择人也。原图列十二门，为图一千四百三十。今又增绘，绘器与绘地，操术不同。所用画手，不能不稍多。恭查嘉庆年间办理章程，图上别立总纂官、帮总纂官、校对官。其画手系由吏部招募工于绘画之人，严加考试，精取绘图誊录数名，以备咨取，不许滥竽充数。绘不合法，咨回另行考取。又有承办界画供事五名、承办舆图供事二名，其人俱解绘事，协同绘画绘图。誊录与绘图供事，俱另班奖叙。今宜遵照办理。

惟应考画手，未必工于测算。计里开方，原非易事。除照旧例考派外，拟由同文馆选派测算学生兼能绘事者三四人，并充绘图誊录。其在同文馆应得月费膏火，不必开除。外省解到各图，如有测绘精致者，请旨调取数员，来充图上纂修、协修，仍令本省资以薪水。此项调用人员，并照绘图誊录供事，图成另班照原官大小，酌量优给奖叙，庶资鼓舞，早观厥成[1]。

考虑如何安置这些人，因此成立绘图处。

由臣馆设立画图处，派定总纂官、帮总纂官、校对官，一面考取调取绘图供事誊录，先将应行遵绘各图画出，俟各省地图陆续解到，再行开方测绘。至各省省志、府厅州县志以及河工、水利、户口、田赋、漕运、盐铜、刑案、兵制、军器官书册籍，有为画图所当参考，有为事例所应纂入者，并应请旨，饬令速解到馆。其官绅自绘自制舆地图书有精审者，并许一同解馆，以凭采辑[2]。

光绪皇帝同意了会典馆总裁的请求。

绘图处成立在即，人选问题就摆上了桌面。各位总裁有自己属意的人选要安排，不是总裁的朝廷大员也纷纷向总裁推荐自己属意的人选，一些仕途无望之人

[1] 苑书义等编《张之洞全集》，河北人民出版社，2010。

[2] 同上。

也托人找关系将绘图处作为晋升之阶。总裁经过一番争议、平衡，最终选定唐景崇、沈曾植、蒯光典为绘图处总纂。

有研究者将沈曾植排在总纂官第一位，显然有误。从资历看，唐景崇要比沈曾植深厚；从后面升总校看，是唐景崇，而非沈曾植；从缪佑孙的信中［光绪十六年（1890 年）正月，缪佑孙在给堂兄缪荃孙的信中说："唐春卿、沈子培二人总纂。"[1]］可知，唐景崇也是排在沈曾植前。

唐景崇能出任绘图处总纂，总裁看重的是他"博览群书，通天文算术，尤喜治史"[2]，"弥研天文、舆地、礼制、历算诸学"[3]。

沈曾植，字子培，浙江嘉兴人。光绪六年（1880 年）进士，供职刑部。精于西北、南洋史地及辽金元史，"钩贯诸史，参证舆图，辨音定方，具有心得"[4]。此外，他通晓历朝法制，对道教佛学也有精深的研究。

蒯光典，字礼卿，安徽合肥人。光绪八年（1882 年）进士，散馆授翰林院检讨。他治学范围广泛，上自群经大义、声音训诂、算术舆地，下逮史传诸子，而根基在于汉儒师说，以六书九数为枢纽，但亦不废宋儒训释。

唐景崇、沈曾植、蒯光典三人出任绘图处总纂，皆为进士出身，都有很深的传统文化根底，但仅此远远不够，绘图处工作的实用性要求他们必须精通经世致用之学，故三人都通天文、历算、舆地等。除此之外，唐景崇精于唐史及外国历史，沈曾植精于西北史地研究，蒯光典则精通诸子百家。

总纂负责绘图处工作，绘图处人员分工：协修绘初稿，纂修改复稿，总纂审稿。因此，总纂不仅要完成自己的功课，还要通改纂修、协修编绘的图稿，划一体例，修订字句等。

绘图处本欲设提调一职，综管绘图处人事、财务、处务等，但因总裁有所争

---

[1] 顾廷龙校阅《艺风堂友朋书札（上）》，上海人民出版社，2018。

[2] 赵尔巽主编《清史稿》，中华书局，1977。

[3] 赵炳麟：《赵柏岩集》，广西人民出版社，2001。

[4] 李慈铭：《越缦堂日记》，广陵书社，2004。

议，后考虑到会典馆已设有提调官，因此，绘图处不再设提调官。这样一来，排在第一位的总纂唐景崇就成了绘图处的第一责任人，也就是说他是绘图处的总负责人。

二　工作重点

慈禧太后为何突然想起要修《光绪会典》，因为几年来一连串的边疆、边界问题引起了她的忧虑和警觉。

晚清边界问题多由其他国家提出，因而导致在交涉谈判中双方的地位不平等。中国的传统舆图由于精准性不足，在边界事务中的权威性不被当时已使用近代西方测绘技术体系的各国所承认。事实上，从早期勘界定界的处理开始，清廷就一直积极地试图使中方图志参与其中，以维护自身的权益。但由于中国图志精准性不够，难以令对方承认，因而往往因此丧失边界谈判的主动权。

因此，慈禧太后才慎重其事地将纂修《光绪会典》提上重要的议事日程。

《嘉庆会典》形成了典、例、图并列的体例。“典、例、图分三，相辅而行。典、例所不具备者，每赖图以著明。”因此，总裁认为：“图中礼制、祭器、乐器、度量、权衡、冠服、舆卫、天文、仪器之属，并应遵照原图考绘。武备之属，须酌增新式数事。”[1]这些都好办，但难度最大、挑战最强、风险最高的是舆图的绘制，因为它事关国家主权和领土完整。

康熙、雍正、乾隆三朝的《大清会典》仅在兵部职方清吏司项下所附各行省、内蒙古、青海、新疆、西藏等总图，而在《嘉庆会典》中则成为单列的舆地一门。同时增入下辖各府舆图，地图数量增加十倍左右。

在会典馆的工作走上正轨并正常运转之后，会典馆的总裁明白慈禧太后的用意，因面对会典舆图在边界谈判中的尴尬处境，而不得不把重新绘制会典舆图作

[1] 苑书义等编《张之洞全集》，河北人民出版社，2010。

为纂修《光绪会典》的重中之重。他们认为：

惟舆地一门，今昔情形稍异，关系至切，为用尤宏，亟应重绘。洪惟圣祖仁皇帝，以天纵之资，察地员之奥，上揆躔度，创绘舆图，藏之内府。高宗纯皇帝威德遐宣，拓地三万余里，回疆、青海、藏卫、金川，罔不率服。探河源，测斗极，审经纬度分，于舆图重加钦定，列入《会典·兵部》。仁宗睿皇帝续修《会典》，又增内蒙古阿拉善、额鲁特、额济纳旧土尔扈特、外蒙古喀尔喀、科布多、唐努乌梁海百余旗游牧部落。九州砥属，八极会同，按图可稽，作述详备。惟是各府厅州县分并升降改隶，职官增减移驻，盛京吉林增设州县，新疆建省，台湾驻扎巡抚，与旧制既多同异，河流迁徙，中外疆界，亦屡更定。又《会典》原图，未标经纬线及开方，有省府直隶州厅图，无州县图，不可不及。

为此，他们要求：

今详考另绘。现在各部院册籍未齐，图亦不全，无可据以入绘。应先拟就开方图式，敬请饬颁各省将军、督抚，遴派留心地理、精于测绘之官绅士子，限期一年，每省绘一省图及所属各府直隶州分图、州县分图，解送到馆。夫莅政行军，莫先形势，各疆臣于管子察环辕之术，义当夙谙。如并实心讲求，因宣力而作绘，视晋裴秀，明朱思本，宜详明过之。倘有草率从事及逾限不交者，由臣馆奏闻请旨责催。俟新图解齐，仍取原图互勘入绘。各部院事例与地图关涉宜互证处极多，今例旧图，每有歧异。臣等深知幅员广大，闻见难周，即多方考订，难必一无舛错。惟多一图，有一图之用；多一番考订，收一番考订之功。此事亟须求详举办，不宜更缓。期限，却不可太迫[1]。

---

[1] 苑书义等编《张之洞全集》，河北人民出版社，2010。

会典馆总裁的奏折将重绘会典舆图的理由阐述得十分清楚，也将其难度奏陈得非常明白。虽有难度，在总裁眼里，重绘总比不绘要好。

唐景崇虽然清楚绘制会典舆图的难度所在，但他从大局出发，决意遵照慈禧太后、光绪皇帝的谕令和总裁的要求，迎难而上，组织重绘会典舆图。

三　绘图处总校

绘图处成立，唐景崇等人就位，绘图工作立马启动，相关工作有条不紊地展开，进展顺利。按各馆惯例，绘图处的工作在总纂把关后，应交由总裁最后审定，但由于绘图工作是一项专业性极强的事，总裁虽然都是饱学之儒，但对绘图之事并不精通。他们几经会商，最后达成共识，在总裁之下、总纂之上添设一总校，对绘图工作进行全面把关。

光绪十九年（1893 年）十月二十八日，会典馆奏请钦命时任内阁学士兼礼部侍郎衔的唐景崇充补绘图处总校。十一月一日，光绪皇帝朱批："依议。"[1]

总校会典舆图，对于潜心治学，通天文地理，还精于算学的唐景崇来说，并不是困难的事。他秉承一贯勤慎持事的作风，一丝不苟，竭尽心力。

光绪二十三年（1897 年）九月初五，唐景崇补授为礼部右侍郎。唐景崇成为侍郎官，让会典馆总裁一时不知所措：唐景崇已成为侍郎官，按当初李鸿章等的建议，侍郎要进入会典馆，应该出任副总裁。如果再让唐景崇担任总校，确实有些说不过去，太委屈他了。但是会典馆又确实离不开唐景崇，即使想找人替换，也找不到像唐景崇这么合适的人选。

不能因为绘图事宜而阻止唐景崇仕途升迁。会典馆总裁感觉中途换人实在是一道难题，且总校人选难觅。最终商定，决定破例呈请皇上留住唐景崇。因此，会典馆总裁找来唐景崇，你一言，我一语，让他委屈一下，留下来继续担任总

[1] 虞和平主编《近代史所藏清代名人稿本抄本（第一辑）· 唐景崇档》，大象出版社，2011。

校官。

唐景崇向来顾全大局，工作不讲条件，且从不计较身份得失，面对总裁的挽留，说："行。"

唐景崇爽快地答应留下来，让总裁舒了一口气。总裁立即专折上奏。奏折题名《为唐景崇仍留馆作为画图处总校官事》，其陈述的理由是"开办画图处以来，讲求天文舆地，诸图均极妥善"，认为"现当筹办紧要之际"，不宜更换生手，请求"将唐景崇继续留馆"[1]。光绪皇帝从其所请。

因此，唐景崇于光绪十五年（1889年）十二月始任会典馆绘图处总纂，光绪十九年（1893年）十月充补绘图处总校，直到光绪二十五年（1899年）正月，因丁母忧离任绘图处总校，主掌会典馆绘图处近十年。在唐景崇离任之时，《光绪会典》已告修竣，剩下的只是一些扫尾工作。

光绪二十四年（1898年）三月，在《光绪会典》告成前夕，会典馆总裁麟书等奏请奖叙出力人员。三月二十二日，光绪皇帝颁发上谕：

会典馆总裁麟书等奏恭修会典，全书过半，请将出力人员分别奖叙一折。会典事例自嘉庆二十三年（1818年）修纂后，时逾七纪，应行续修，特令开馆纂辑。该总裁等督同在馆各员，历年编校，业将书图陆续进呈。办理尚为详慎，所有提调、总纂等官朝夕研摩，不无微劳足录。礼部左（应为"右"）侍郎唐景崇、理藩院左侍郎清锐、内阁学士兼礼部侍郎衔崇勋、阔普通武、张百熙著交部从优议叙，世袭三等承恩公葆初著赏戴花翎，太仆寺卿刘恩溥著赏给二品顶戴，户部银库郎中那桐著以四品京堂候补，缎疋库员外郎贵秀著在任以道员即选并赏戴花翎，礼部员外郎罗文彬著赏戴花翎，山东道御史何乃莹著俟得四品后以三品应升之缺开列在前并赏加二品衔，其单列之户部郎中德泰等暨供事胡庆松等各员均著

[1]《为唐景崇仍留馆作为画图处总校官事》，载台湾中央研究院《明清内阁大库档案》。

照所请奖叙，余依议[1]。

奏折中“全书过半”，显然是打了埋伏，其实际情况是全书基本告成。正因如此，会典馆总裁才奏请奖叙，这也是会典馆成立后唯一的奖叙。清制于考核官吏后，对成绩优良者给予议叙，以示奖励。议叙之法有二：一加级，二记录。

辛勤的付出终有所得，唐景崇作为奖叙的第一人，内心十分激动，他对光绪皇帝表态：

兹乃恩纶特沛，议叙荣邀，臣惟有愈励群材，早竟全籍。策十驾之骀，力期慎始以图终；成一代之鸿，规与荣施于靡既[2]。

四　力避人事纠葛

绘图处由总校官、总纂官、帮总纂官、纂修官、协修官、详校官、校对官、收掌官、誊录官等组成，一般在一百四十人左右，也算是比较庞大的机构。

绘图处总校官、总纂官、帮总纂官等照例由总裁推荐人选，由皇上钦定外，纂修官以下人员由三条渠道充补。

一是从京城各衙门中商推人选担任。光绪十二年（1886年）九月，由大学士李鸿章等联衔具奏确定：

《会典》事备诸曹，自应兼用部属，臣等谨仿上届事例，满纂修拟用内阁四员，吏、户、礼、兵、刑、工六部，理藩院各二员。汉纂修拟用内阁三员，翰、

[1] 第一历史档案馆编《光绪宣统两朝上谕档》，广西师范大学出版社，1996。

[2]《唐景崇恭谢天恩折》，载虞和平主编《近代史所藏清代名人稿本抄本（第一辑）·唐景崇档》，大象出版社，2011。

詹二员，吏、户、礼、兵、刑、工六部各二员，共三十六员。令大学士、掌院学士及各该堂官务择学问淹贯、熟习掌故，而且识见通敏、行走勤慎之员，保选充当。如到馆后不称厥职，许总裁官驳回另换。再此次额设纂修，倘不敷用，令总裁官再于各衙门咨取协修数员，帮同办理。纂修缺出，即以本衙门协修补本衙门之缺，庶群雄策群力之勤，以收日计月计之效[1]。

会典馆绘图处与其他清代史馆相比，独具特色，故其纂修等官不同于其他史馆以词臣为主，而以吏、户、礼、兵、刑、工诸部及相关衙门官员为主，翰、詹官员为辅。

绘图处成立之初，总纂官唐景崇为翰林院编修，沈曾植为刑部主事，蒯光典为翰林院检讨，纂修官刘岳云为户部主事，傅云龙为兵部郎中，冯煦、黄绍箕为翰林院编修，等等。

随着各省舆图陆续送馆，绘图处也开始各省分图的编绘。由于考订绘制工作量巨大，为按期完成，不得不多次增调绘图人员。光绪二十三年（1897 年）三月，唐景崇等以会典馆名义向内阁、翰林院发出咨文称：

本馆先办地图，需人孔急，应照此次奏案咨取。本馆访闻内阁候补中书余艮、汪大燮、陈寿瑄、翰林院编修徐仁铸、夏孙桐，该五员讲求图学，任事实心，相应咨行贵衙门派送该员到馆充图上校对官，可期得力，即请查照办理可也[2]。

同年八月，绘图处再次抽调翰林院编修钟广、吴筠孙充图上协修官参与地图编绘[3]。

---

[1] 昆冈等编《光绪会典》，礼部刊本，光绪二十五年。

[2]《清代孤本内阁六部档案》，国家图书馆藏，全国图书馆文献缩微复制中心，2003。

[3] 同上。

二是从地方抽调。绘图处成立伊始，就开始向地方征调人员，光绪十六年（1890年）四月二十六日，唐景崇等以会典馆名义行文直隶总督、两江总督、广州将军、台湾巡抚、总理各国事务衙门：

本馆创办画图事宜，前经奏定选带同文馆学员四人来充画图誊录，如同文馆学生功测绘者不敷调用，即由本馆行文北洋大臣直隶总督、南洋大臣两江总督，在天津水师学堂、上海广方言馆及船政机器局各局教习学生中慎谨精择二三人，送馆同充画图誊录，如系职官并充协修，本省差使虽开仍在本省开支薪水，免其内顾。庶天文、舆地、武备、新式可资专心测绘各等，因前经行文在案，本馆已于四月二十七日开办绘图事宜，除行文北（南）洋广州、（北）南洋广州、（广）南洋广州、总理衙门、（南）北洋广州外，相应咨行贵督部营、将军、衙门、部院，查照前文速即拣派精于测绘学生数名咨送到馆，以便办理测绘[1]。

同日，行文江西巡抚，要求调取“在籍前云南弥勒县、平彝县黄楙材”，称该员“精通舆地测绘之学，堪充图上协修官”[2]。

与此同时，唐景崇等还将目光瞄准了游历过国外的人员，如游历日本的傅云龙和游历过俄国的谬佑孙都被委派进入绘图处编绘舆图。

六月初七，唐景崇对广东水陆学堂直接开列出希望征调临汝奎、林廷鋆、朱维钰、曹汝川、潘健新、丁潮、谭学恒、曹汝英、关燮湖、彭灿昌、卫汝基、何汝锦等十二名学员的名单[3]。

会典馆咨文发出后，各部院、各衙门、各地陆续派人到馆。北洋大臣于九月初八最先选派画图誊录陈邦兴、刘景昭、马荣、徐裕源、霍家桢等到馆当差，而北洋绘图委员陈文琪因需随时指导派来誊录，但又在北洋事务繁多，故唐景崇等

---

[1]《清代孤本内阁六部档案》，国家图书馆藏，全国图书馆文献缩微复制中心，2003。

[2][3] 同上。

建议其一年中半年留在馆中[1]。

三是考试录用。考试录用也是绘图处选取人才的重要渠道。会典舆图编绘，需要丰富的史料和大批的舆图，对于舆图的整理、编绘，需要精于地理测绘而又有很高文化素养的人才，而这样的人才在官员队伍中很难找到，因此必须面向社会，通过考试的方式招收誊录生。

会典馆绘图处招考画图誊录生的程序："先于户部报名，定期到会典馆考试，题目为测绘、画图两道。"考题由帮总纂官黄国瑾拟制，唐景崇审定，主要涉及典制文化类的内容。画图或测绘方面的技能则在入馆后通过实践进行检验。

由于会典馆编纂《光绪会典》的周期比较长，人员变动在所难免。如会典馆开办之初，总裁由额勒和布、阎敬铭、恩承、张之万充任，副总裁由锡珍、翁同龢、延煦、乌拉喜崇阿、麟书、潘祖荫充任，其间几经变动，到结束时，总裁则为昆冈、徐桐、刚毅、孙家鼐，副总裁则为熙敬、启秀、廖寿恒、徐郙。但唐景崇从总纂到总校，主持绘图处工作近十年，算是在会典馆待的时间较长的人。

由于人员流动，需要不断补充新生力量，一些人到馆谋差，以求进身之阶。如那桐因为在部补缺无期，借机攀交副总裁翁同龢，希望到会典馆做事。翁同龢对此有记载："丙戌［光绪十二年（1886年）］十月初四，那琴轩桐来回事，兼求派馆差，伊选缺主事，补缺无期也。"[2]翁同龢还记载了刘启瑞的女婿国子监主簿王承洛曾向他求绘图差[3]，后任绘图处校对官。

唐景崇作为总纂、总校，自然也有人找上门来，但他坚持用人唯贤，绝不允许滥竽充数。

邹代钧，字甄伯，湖南新化人，出生于舆图世家。光绪十一年（1885年），经两江总督曾国荃的推荐，邹代钧以分省补用知县身份，作为随同人员，随从太常寺卿刘瑞芬出使英、法、俄等国。出访闲暇之时，他精心收集和购买欧美诸国

---

[1]《清代孤本内阁六部档案》，国家图书馆藏，全国图书馆文献缩微复制中心，2003。

[2] 翁同龢著、陈义杰整理《翁同龢日记》，中华书局，1997。

[3] 同上。

出版的地图册和有关书籍，潜心钻研西方地图学理论，努力学习近代地图制作方法。光绪十六年（1890 年)，邹代钧回国不久，便直接给唐景崇上书[1]，对编纂会典舆图提出建议。

邹代钧向唐景崇上书所涉及的内容，显然已经远远超越了传统地图测绘的范畴，说理精湛，立论周详，其中以古法对应解释西方测绘技术的方式和在传统基础上吸收西学的态度，与学贯中西的唐景崇的绘图理念不谋而合。

唐景崇对邹代钧十分欣赏，深感人才难得，极力向总裁推荐，有意让邹代钧充任会典馆绘图处纂修，参与会典舆图的编绘。邹代钧被“当轴采纳，奏充会典馆纂修官”[2]。

叶昌炽，光绪十五年（1889 年）进士，散馆授翰林院编修，在担任国史馆纂修的同时，为谋求会典馆绘图处纂修，曾于光绪二十二年（1896 年）专程谒见唐景崇。他“正月二十七日，晨往会典馆，见唐椿（春）卿前辈”[3]。六月初二，在唐景崇推荐下，叶昌炽终于得偿所愿，“得会典馆知会补纂修”[4]。

会典馆从绘图处设立伊始，围绕是否设图上提调、争夺提调、总纂权、奖叙等问题，产生了激烈的争议和冲突，其中既有利益的纠葛，也有人事、权力的摩擦。

光绪十六年（1890 年）正月，刚从俄国游历归来在京城等待保奖的缪佑孙在给堂兄缪荃孙的信中说：“会典绘图尚未开办，而议论纷纭。爽秋以不得总纂甚怪。子培得总纂，冯煕、刘岳云皆纂修。傅茂元居然亦纂修。”[5]信中所说的爽秋即袁昶，子培即沈曾植。实际上，袁昶本人并没有争总纂一职，他曾说：“会典馆甫奏开在东华门内国史馆后，予年将半百，一向作粗官，至是才博一馆差，如

[1]《邹代钧上书》，载虞和平主编《近代史所藏清代名人稿本抄本（第一辑）· 唐景崇档》，大象出版社，2011。

[2]《邹征君传》，载谭其骧主编《中国历代地理学家评传》，山东教育出版社，1993。

[3] 叶昌炽著、王立民校《缘督庐日记》，吉林文史出版社，2011。

[4] 同上。

[5] 顾延龙校阅《艺风堂友朋书札（上）》，上海人民出版社，2018。

鼠搬姜，殊为人诟笑。然近性健忘，于本朝掌故不能洽熟，又孤是职也。闻总裁常熟翁尚书欲派予为总纂，幸提调为婉辞而止。”[1] 袁昶认为自己“不佞自揣有三浅，资格浅、学术浅、智虑浅，无其实而冒居其名，不祥”[2]。常熟即翁同龢，因其为常熟人，故人称翁常熟。虽然翁同龢有意保举袁昶为总纂，但袁昶有自知之明。缪佑孙满腹牢骚，不难看出他对绘图处总纂有企望之心。

绘图处成立之初，时任总裁徐桐等意欲设立图上提调官，并属意于黄国瑾。清代史馆对提调综管人事、财务、馆务等握有实权，故最为史馆官员所看重。因此，当设立图上提调官的设想一提出，会典馆不少官员闻风而动，四面出击，意欲担任提调官一职。为此，黄国瑾给徐桐上书坚辞不就。总裁属意人选不干，其他人总裁又不满意，因此，总裁听了黄国瑾的建言，绘图处从成立到完成使命，都没有设图上提调官，而由唐景崇主持绘图处一切事务。

会典馆绘图处人事纠葛最盛、矛盾最为集中的当数《光绪会典》书成后的奖叙环节，其中牵涉上至总裁、下至一般办事人员，且很多人愿意到绘图处做事，很大原因就在于事成后能得到奖叙。作为绘图处的实际负责人，唐景崇实事求是，一视同仁，不以权谋私，公正、公平地向总裁推荐奖叙人选和等次，故“人畏其严而服其公”[3]。

五 《绘纂事宜章程》

唐景崇根据会典馆总裁的要求，在奏陈绘图事宜时，特别强调需要把握以下几个重点。

首先，总图具备经纬度，分图要求开方：

---

[1] 袁昶著、孙之梅整理《袁昶日记》，凤凰出版社，2018。

[2] 同上。

[3] 张书云：《唐景崇传》，转引自《广西大学周刊》第五卷第十期。

总图宜具经纬度数，分图但可按鸟里开方也。中国居赤道北，经度近赤道则侈，近北极则敛，若分图皆具经纬度数，北狭南宽，各省分绘，难无舛误。查外间所行舆图，惟嘉庆中原任安徽凤台县知县李兆洛所绘总图，同治中原任湖北巡抚胡林翼、严树森等所绘总图，最为精核，皆具经纬度数，而胡林翼等图尤详。虽间有可议之处，准望则不大差，且画法系遵照内府图式。今宜慊为总图蓝本，采访厘订，更加测绘。首列每方四百里略图，附地球东西面图；次每方百里分排详图，卷数尺寸，悉依原则，不必增减缩合。至各省分图，应照此次所请，饬颁格式。省图每方百里，省有大小，不拘方数；府直隶州厅，每方五十里，不拘方数；州县每方十里，不拘方数。其省府州县城堡、卡伦、鄂博、营屯、山水，并用胡林翼等图例，以昭画一[1]。

在此次绘制舆图过程中，常用到“人里”与“鸟里”等概念。“人里”即人行路程；“鸟里”即直线距离；“卡伦”即清代在东北、内蒙古、新疆等边地要隘处设官兵瞭望戍守，并兼管税收等事的地方；“鄂博”是敖包的蒙古语，即道路和境界的标志，起指路、辨别方向和行政区划的作用。

其次，省府州县图要求详绘：

省府州县各图，宜以次遽详也。省图但著所属府、直隶州、厅、州、县及名山大川、驻官、关隘、城镇。府、直隶州、厅图，惟著所属州县分司及巨山经流、大村雄镇。州县图则群峦支港、大小村堡，都宜详绘[2]。

再次，要求增修图说：

---

[1] 苑书义等编《张之洞全集》，河北人民出版社，2010。

[2] 同上。

图说宜增修也。原图每省、每府图后，均有说，详省距京、府距省方向里数，四至八到及水道，今宜存其旧文。如规制有改定，水道有迁徙，应查官书及档籍，并令各省开报，详注于下。其新增各府州县图，亦令各省绘图时，即按照原书图说之例，详考具说于后，并记何时增设改立[1]。

最后，要求详察疆界：

疆界宜详察也。近年以来，有与各国立约分界之案。原图旧界，不可更动。所有屡次画界，但可于图中详记关口、卡伦、鄂博、噶珊、土司、村镇地名，连点标明。应请饬下总理各国事务衙门，详检定界条约及图籍送馆。一面由馆中行文东三省、新疆、广西、云南，各绘详图，附以详说报馆。至蒙古、回疆、西藏及各边外无省份可属之区，应请谕令东三省、新疆、四川及沿边各省将军、督抚，择派明习地理算学数人，携带算生画手，分循新界旧界，履勘采访，测绘详记呈馆，再由臣馆检官私图书印证，庶图成可佐边之用，亦不致贻他族口实。如各省所派之员，采访不实，绘记舛误，查出惟该将军、督抚是问。此事所关尤巨，倍当慎之于几先尔[2]。

噶珊，通古斯语“乡村”“屯落”之意。噶珊为通古斯女真族的地域聚落形态，是清代东北边疆地区地方行政组织的基层单位。土司亦称“土官”，元、明、清时期于西北、西南地区设置的由少数民族首领充任并世袭的官职，亦指土司官吏所辖少数民族聚居的地区。

按照钦定的绘图事宜章程和绘图的重点，唐景崇与沈曾植、蒯光典精心研究，详尽思虑，集思广益，反复修改，制定出有关绘图处本身《绘纂事宜章程》，

---

[1] 苑书义等编《张之洞全集》，河北人民出版社，2010。

[2] 同上。

于光绪十六年（1890 年）四月十九日，以总裁的名义奏呈皇上钦定。

《绘纂事宜章程》共计十条，详细规定了绘图所应依照的制度细则，按内容类别可以大致归纳为四个方面。

一是全力汇集资料。“今开馆二年有余，咨取书籍，每多不齐。书上纂修事例，谨凭各部院档册。档册亦未全备，拟俟各衙门档册查完，事例粗具，各处官书解到，即令本衙门承办事例之员，再行恭检《实录》《圣训》及各官书，校补遗漏，以求详备。至图上纂办所用书籍，尤属浩繁。”[1] 仅就舆地一门而言，《内府舆图》《钦定皇舆西域图志》《钦定治河方略》《钦定河源纪略》，以及乾隆《大清一统志》、各省府厅州县志图、《水道提纲》等都是必须依据的基础资料，有待请出恭校或购入勘对。此外，各省府厅州县升降以道光《续修一统志》记载最为详细，需要从国史馆调出正本。国史馆因藏嘉庆后官书较多，应派出协修官和供事，专司收发书籍；各省志书局刻书，应令从速送馆；坊间私书有校图必须者，也应购买或开单由外省咨送。

同时，加强对图书的保护，“凡请出图书，多系内庭尊藏之本。发出后，由收掌官将页数及有无原缺损湿痕迹，开单交内务府。原领人员登记，提调官、总纂官共同商酌期限，纂修官、协修官、校对官在馆恭校，不得折角污损，不许私携出馆。每日校毕，收掌官检齐收藏。有折损及携出者，查出即将本员咨回原衙门，并将收掌官记过。校完，即由收掌官送交原领之员，按数核对缴进”[2]。

二是强化绘图管理。

功课宜从严也。现虽各省及边疆藩部图籍未齐，舆图宜稍缓开画，而各门应校应补者，自可次第商办。纂修、协修各官，分任校理考查，将应遵绘、应补绘舆图说、应修改添注增撰之处，一一签出，再由总纂官拟定条例，交臣等核定。

---

[1] 苑书义等编《张之洞全集》，河北人民出版社，2010。

[2] 同上。

应先绘者，即开绘。总纂官、帮总纂官八人，分四班，每班二人。纂修官十人，亦分班轮日到馆，辰入申出，五日咸集，公商疑义。总纂官、帮总纂官有内廷差使者，到馆可稍通融。其余各总纂、帮总纂、纂修官有不到注假，不得连注，俟图多时趱办，宜逐日到馆。自开办之日为始，派定图上收掌官二员，轮班在馆，督供事，登考勤簿，按日详记某总纂官、某帮总纂官覆核某图，增改几条；某纂修、协修官覆辑某图，创办某图，增修某图，校改某图，监绘某图，纂图说若干条，修补改订图说若干条；某详校、校对官核某图及图说；某画图供事画某图，誊录承绘某图，兼缮某图图说，誊录供事注某图图中小字，缮某图图说。每月朔，同书上考勤簿，送各总裁官稽查画押。开办后，亦按照书上章程，三月奏报功课一次，三月无功课之员记过，记过三次之员，咨回原衙门。下次补交初次功课者，销去初次记过。各部院所派图上协修官，……有留心海防营制者，任武备诸门；有精天文、明算术者，任天文、算术、仪器诸门；有熟于何方舆地者，任何方舆地。任定功课，并须时时到馆。其余检查本衙门应办事宜，交出档案图书于会典各图中实可参订者，即案可采之条，作为功课。……舆图武备，兵部所司营屯、牧厂、台站、卡伦，皆舆图所当采。武备新式，海军衙门为多，并宜酌绘纂说。吏部之增设省府厅州县，户部之改定疆理，工部之河渠、海塘、城垣、炮台，总理衙门之界约、界图，理藩院之藩部，并与典图有关，此户、兵、工三部纂修、协修官所应会同海军衙门、总理衙门、理藩院纂修、协修官考查者也。陵寝、坛庙、宫殿制度尺寸，图说中多未详，此工部纂修、协修官所应会同内务府协修官考查行文、测量补纂者也。凡检查图档，每交一事，准其难易，易者作一条功课，难者抵一图功课。图成，于书上纂修官、协修官，并照奏案核算功课，分别议叙。无功课者，不列名。若所交档册书籍，于图无所取载及复出者，发还不列功课。其纂办功课草率者，发还另纂。不听商办者，提调官、总纂官将其应办功课，选派他人[1]。

---

[1] 苑书义等编《张之洞全集》，河北人民出版社，2010。

至于各部院分派的图上协修官、校对官，“如有综核典则、通习图式大例者，仅充协修官，未尽所长。……俟有纂修缺出，升补书上纂修、详校等官。有将本分功课办完，或所学甚优，可兼充图上帮总纂官、纂修官；或能查图档，可兼充图上协修官”[1]。至于画手则采取定期招考的办法解决。

三是规范绘图内容。

（一）地名宜检查也。事例中所有地名，旧图多无稽考。应于开办之初，合图上各员，将《嘉庆会典》事例，分门详检。书中所有大小地名、支河汊港，按省分边地，开成详册。又官书中历届《钦定方略》及《钦定皇朝三通》内地名，图中亦不可略，并应一一请出分检，开入册中。行文各省督抚及各将军、都统、办事大臣等，访查明确。绘图时按方向里数，增入图中。图中不能尽列，别开详册交馆。此次新增事例，所有地名，随时向书上总纂官、帮总纂官知照图上人员续开行查，补入图册。

（二）增改宜有据也。书上以各部档册为据，图上不能尽有档册。所有总纂、帮总纂、纂修、协修各官增补新图、修改旧图及图说，仍按照旧图图说体例，不列书名，别将所据官私书图，详录底册，注明书名卷第，不许私撰臆说。俟绘成，随图交总裁阅改商定订，再排入典图，将来恭呈御览，仍签明敬俟钦定，以杜妄增妄改之弊。

（三）详略宜有体也。凡办书与图，先办长编时不嫌繁，蜜至成书，必芟其芜冗，使就简洁。此书典、例、图，虽分三门，而实则互相发明。典所详者，例与图说略；典不详而例详者，图说亦略；典、例俱不详，应入图说者，说则详。三者各有宜详宜略。其钦定专书、颁立各官者，旧图但举大略，而不甚求详，所以省繁复，亦如部例详而《会典》事例略也。今遵此意，择其应补者补入，应续者续入，要以简明为主。唯舆地一门，康熙、雍正、乾隆、嘉庆四《会典·舆图》，

[1] 苑书义等编《张之洞全集》，河北人民出版社，2010。

以次加详，今宜更详于嘉庆图。办舆图，先办州县，次府、直隶厅州，次省图，再合校总图，由详而略，庶免遗漏舛误。其中体例，尚有须斟酌改订者，俟将来开画时商定[1]。

四是裕筹绘图经费。经费开支大部分为桌饭银，向例每人银一两。“此后书上功课益多，提调官及书上总纂官须日日到馆，各衙门纂修、协修、详校、校对各官来馆办事者渐多。图上开办后，总纂、帮总纂、纂修各官须按期到馆。各衙门所派图上协修、详校、校对各官，亦日有到馆者。至书上承值供事、图上誊录供事人员甚众，日夕在馆办事。桌饭之外，须量其勤惰，酌予津贴，以资鼓励。拟请由户部月发书上经费三百两，图上经费二百两。”[2]

经费开支另一部分是器具。“器具宜求精也。测绘天文算术诸图、地球总图及武备各新式图所用器具，每分直自数金至数十金，均择其适用而精洁灵便者，合宜拟由臣馆自行购办，行文户部，支领价值，臣等公同核定，部中不必扣减。”[3]

同时加强经费管理，“每日书上、图上各轮派收掌官一员，专司账目。每月朔日，由提调官将用款、存款账目与书上、图上考勤簿，呈交臣等详核画押”[4]。

六　续颁《绘图章程》

绘图处成立后不久，唐景崇等就研究制定了《绘图事宜章程》，其中就资料的调取保管、绘图工作的安排考核、画图内容的增加、人员的破格选拔、升迁制度、经费来源等都做出了详细规定。章程得到批准后，以会典馆的名义将原折发往相关部院、各省及边地。

制度总是在进行过程中才能得到逐步完善。光绪十六年（1890 年）年底，一

[1] 苑书义等编《张之洞全集》，河北人民出版社，2010。

[2][3][4] 同上。

年限期过去，呈送到馆的各省分图寥寥无几，且都存在这样或那样的问题，达不到预期目标。唐景崇等共同商定，有必要续颁一个章程，加以明确和规范。

绘图处之所以要续颁章程，唐景崇主要是基于几个方面的考虑：一是原颁章程和画图格式存在明显的缺漏，对边疆省份行政区划特殊性、地图图例的规定方面欠缺周详；二是因为缺乏大规模实测开方计里地图的经验，对编绘过程困难估计不足，限期也过短；三是从呈送到馆的各省地图看，存在精粗各异、详略不一、体例参差的问题；四是随着绘图处工作的逐步深入和对地图测绘认识的增多，因而对会典舆图的期望要求也开始逐步升高；五是一大批精于舆图测绘的人员特别是候补官员的积极参与；六是邹代钧向唐景崇上书以古法对应解释经纬度投影、地形测量绘图、西方测绘技术等的使用，为唐景崇等同样持有“中体西学”观念的官员所赞赏和采纳。

唐景崇酝酿续颁《绘图章程》是在光绪十六年（1890 年）冬，同为总纂官的沈曾植在当年十二月初一的日记中这样记载：“早诣馆，遇春卿、礼卿、仲弢、梦花、曾焕、如鉴。以《康熙图》九幅付周爽、周承仁、梁国溱摹绘，以绘图未尽事宜手折交提调呈堂并表格。”[1] 即续颁章程及表格。

由于笔者没有找到续颁的章程，但通过对有关资料的研究，可以确定颁发的大致时间是在光绪十七年（1891 年）四月。如安徽于当年四月“复准会典馆咨行续定章程、表格”[2]，湖北也在同年四月二十八日“咨到续定章程五条及表格一纸”[3]。

续颁《绘图章程》内容为五条，大致要点如下：

一是实测天度经纬。“又续发章程五条内开，实测天度经纬以为开方计里之根，宜详毋略，此系第一要事，不得草率含糊，以图塞责。等语”［光绪十七年（1891 年）十二月二十六日，《湖广总督张之洞等为请湖北测绘舆图展限事奏

[1] 沈曾植：《恪守庐日录》，上海古籍出版社，2007。

[2] 谢小华：《光绪朝各省绘呈〈会典·舆图〉史料》，载《历史档案》2003 年第 2 期。

[3] 同上。

折》][1]，“旋准会典馆续行咨送章程、表格，并令实测天度经纬，以为开方计里之根”［光绪二十年（1894年）正月十二日，《陕西巡抚鹿传霖为报陕西舆图测绘告成事奏折》］[2]，“十七年（1891年）四月复准会典馆续行章程表格，令实测天度、经纬”［光绪二十一年（1895年）十一月初一，《安徽巡抚福润为报安徽舆图测绘告成事奏折》］[3]。从以上可以看出，续颁章程明确要求实测天度经纬。

二是实测府州县城池经纬。“今馆中颁来条说，拟于州县城池所在及前后左右三十里内外，与三角底线两端均须测其经纬度分秒数”［光绪十八年（1892年）六月初四，两广总督李瀚章说明广东绘图情况时称］[4]，“十七年（1891年）四月复准会典馆咨行续定章程、表格，令于各府州县城池所在实测天度经纬，以为开方计里之根”［光绪十九年（1893年）八月二十日，《安徽巡抚沈秉成为请测绘安徽舆图展限奏折》］[5]。

三是实测名山巨镇经纬。“并测山川、镇市数分秒，详列表中”(鹿传霖奏折)[6]，“馆颁章程凡去城三四十里或有名山巨镇，均须测定经纬”（《福建舆图·录例》)[7]，“(续定章程中）最难者山镇之高、斜度数亦须列表”（李瀚章奏折)[8]，“至于山之高大斜度，水之阔狭浅深，尤非测量不可”［光绪二十二年（1896年）三月二十二日，《江西巡抚德寿为报江西舆图测绘告成事奏折》］[9]。

四是以表格代替州县图说。“(续行章程、表格）府直隶州图照旧式详记为说，州县分图须将地方各事列成一表”(福润奏折)[10]；“盖表格中七事，曰沿革、疆域、

[1] 谢小华辑《光绪朝各省绘呈〈会典·舆图〉史料》，载《历史档案》2003年第2期。

[2][3] 同上。

[4] 台湾中央研究院：《明清内阁大库档案》。

[5] 谢小华辑《光绪朝各省绘呈〈会典·舆图〉史料》，载《历史档案》2003年第2期。

[6] 同上。

[7] 傅以礼等编、保津绘《福建全省地舆图》。

[8] 台湾中央研究院：《明清内阁大库档案》。

[9] 谢小华辑《光绪朝各省绘呈〈会典·舆图〉史料》，载《历史档案》2003年第2期。

[10] 同上。

天度、山镇、水道、乡镇、职官”，其中沿革需记载“至国朝新置分并”；疆域载“(所辖区域）广袤道里及四至八到”及“距京师水程……路程”；天度除前述州县、名山巨镇等经纬度测量结果外，还需各县之冬夏二至太阳出入、昼夜永短列入[1]；山镇不但要记载名称位置，所测“高度斜度亦须列表”，水道则要列出“流入径过、方向道里”，包括“堤堰、津渡、桥梁以及潮汐涨落并及电线所经”（德寿奏折）[2]。

五是明确测量方法。“会典馆原颁条式……省图每方百里，添绘经纬，酌用圆锥外切之法，以肖地体”(《福建舆图・录例》)，“惟圆锥包圆球，在切球面与割通径两间之法，经直而纬曲，纬度相距皆等，经纬相交皆成正角为率，较密，今用其法别绘一总图，以肖地形”[3]。说明以切圆锥投影展绘所测经纬度是会典馆的要求。李瀚章提到“三角底线为测地绘图之根本，然法虽准而实繁”（《广东舆地图说・录例》）[4]。

随同续颁章程附表格一纸，对统一舆图符号样式做出明确规定：“省图、府图所绘各治所，……均遵初次馆章，以清眉目；至若各县分图，其县城悉据真形入绘，所有表识亦遵馆颁条款，如营屯作▫▯，驿作△，山作⌒⌒，水作≺，界作ʕ，路作〉，电线作〉；此外，尚有未尽事宜斟酌添列，如盐场作⊙，县丞作▭，巡检作▯，海关作ㄇ，……”(《福建舆图・录例》)[5]。初次向各省颁发的绘图符号比较有限，因此在续颁章程补充了州县分图中诸如营屯、驿站、县界等地物图例。

唐景崇等续颁《绘图章程》，与初次颁发的《绘图章程》相比，续颁章程弥补了初次章程的不足：增加了新内容，要求更明确，标准也随即提高，目标也更为宏大。

---

[1]《会典馆奏请饬取乌里开方图折》，国家图书馆藏。

[2] 谢小华辑《光绪朝各省绘呈〈会典・舆图〉史料》，载《历史档案》2003 年第 2 期。

[3] 李瀚章等编《广东舆地图说・录例》。

[4] 台湾中央研究院：《明清内阁大库档案》。

[5] 傅以礼等编、保津绘《福建全省地舆图》。

唐景崇等原本希望借由续颁《绘图章程》以提高绘图质量，但却对因要求提高而使各省对面临的困难认识不足，唐景崇等人也过高地估计了各省舆图测绘的技术力量，因而，运行的情况并不乐观。续颁章程前还有个别省份如山西、台湾等将舆图呈送到馆，而续颁章程之后的一年限期内几乎没有一个省能按要求完成任务，更谈不上送图到馆，倒是陆续收到皇上谕批江西巡抚德馨、湖广总督张之洞、黑龙江将军依克唐阿、安徽巡抚沈秉成等各省督抚纷纷奏请展期的奏折，其理由大多为“查各州县所呈图式，核与会典馆颁发章程、格式诸多不符”，“各府州县西北多山，东南多水，既鲜平原旷荡之区，跋涉艰难。复须实测实量，以期详审精当，实非会典馆所定一年限期所能竣事”[1]。

在各省督抚纷纷奏请展期的同时，更有责难者。光绪十八年（1892 年）六月，广东将舆图呈送到馆时，两广总督李瀚章在奏报时强调“惟续颁表式奉到之时，业已成书过半，势难更改”[2]，未能遵办，更是在给会典馆的咨文中进行责难。

两广总督李瀚章的责难虽然有其合理的成分，但更多的是畏难情绪和逃避责任。

唐景崇等人没有将广东省呈送的舆图驳回重测重绘重填，而是做出了妥协和退让，面对各省督抚纷纷奏请展期和相关责难，唐景崇等人虽感到巨大的压力，但并未打算立即放弃其亲手制定并经皇上谕批实施的测绘计划，而是坚持继续推进。

七　定以旧图为准

光绪十八年（1892 年）八月二十日，时任会典馆总裁的翁同龢在日记中写道：“额（额勒和布）、张（张之万）两相国，徐（徐桐）、李（李鸿藻）、许（许应骙）

---

[1] 谢小华辑《光绪朝各省绘呈〈会典・舆图〉史料》，载《历史档案》2003 年第 2 期。

[2] 同上。

皆集，论《会典》事。一仍截至十三年为止，一总理衙门止载职掌不载事例，一各省地图拟入《一统志》。此三者，余主其说，群公谓然也。”[1] 此时，会典馆总裁还在商议将会典各省地图纳入国史馆正在续修的《大清一统志》，其目标颇高。

光绪十八年（1892 年）九月，一件意外事件打了会典馆总裁和唐景崇等人一个措手不及，使得他们不得不改变绘制舆图的计划和进程。

事件全因一个人而起，这个人名叫洪钧。

洪钧，字陶士，江苏吴县人，同治七年（1868 年）状元，授职修撰。因有状元桂冠，洪钧官运亨通。光绪十三年（1887 年），清廷特命洪钧充任出使俄国、德国、奥地利、荷兰四国外交大臣，洪钧由此步入外交领域。

出使期间，洪钧见到“俄有《中俄界图》，精细之致”，鉴于中国舆图于边外太过简略且多有错误，故“爰于俄馆展拓摹译，阅两年余而始告成”[2]。洪钧将译成的《中俄界图》寄回总理衙门作为参考[3]。这既是出使大臣的分内之职，也是一个官员的爱国之举。洪钧可能做梦也没想到，费尽心血，结果不仅没有得到封赏，还受到弹劾，差点给自己带来杀身之祸。

经此一事，洪钧遭受沉重打击，抑郁成疾，于光绪十九年（1893 年）八月二十三日病逝于北京，年仅五十四岁。

洪钧翻译《中俄界图》原意为提供参考，却遭受到莫大的政治责难，使正在雄心勃勃绘制全国舆图，特别是要求详绘边界的会典馆总裁意识到巨大的政治风险。唐景崇等具体负责绘图事务的官员也深有同感。

文廷式的日记中这样记载：

数年以来，会典馆奏请饬各省绘详细地图，自是要务，而各省能测量之人至少。惟广东图先成合法，江苏、浙江亦可望成，而其余之不足依用者至伙。请展

[1] 翁同龢著、陈义杰整理《翁同龢日记》，中华书局，1997。

[2] 薛福成著，张玄浩、张英宇校点《出使英法义比四国日记》，岳麓书社，1985。

[3] 孙光祺等整理《洪钧奏折选录》。

限之奏，亦相继达天听，几于所向可期，汗青无日矣。适是时帕米儿弃地事，以洪钧绘图而误，达官悚惧，遂定议一切依旧图，但以道光《一统志》略校得失云。余以总裁殷勤咨取，到馆闻明岁当改法速修[1]。

文廷式，字芸阁，江西萍乡人，曾与王懿荣、张謇等并称“四大公车”，光绪十六年（1890年）榜眼。上述日记记叙之时，正是他到会典馆绘图处任职之时。日记里透露出三个信息：一是洪钧案发，会典馆总裁“悚惧”；二是“定议一切依旧图，但以道光《一统志》略校得失”；三是“明岁当改法速修”。

会典舆图的绘纂方法和标准的修变远比文廷式听闻的要迅速，唐景崇等在总裁的安排下，组织人员撰写了一个奏折及附片，于洪钧被准良弹劾的一个月后即光绪十八年（1892年）十月二十六日上呈光绪皇帝，会典馆“附片奏明，仍照嘉庆《会典》旧式办理，不绘州县分图，亦经奉旨允准”[2]，而“各省外界事关交涉，尤不可轻于更动，今以旧图为准，虽注有新界，概不绘入”[3]。

经皇上谕定：一是仍照《嘉庆会典》旧图绘制；二是不绘州县分图；三是新定界线不绘入图中，仅注于图说。因为皇上的谕准，会典馆有了上方宝剑，不仅名正言顺地定“以旧图为准”，大大降低了绘图的难度，而且很好地规避了编绘新图带来的政治风险。

胳膊扭不过大腿，唐景崇等人虽心有不甘，但也不得不在严酷的现实面前低头。总纂沈曾植叹道：“使总裁为苟，我辈为简，固官书之旧规也。”[4]蒯光典更是直接上奏批评：“以会典馆言之，地图武备皆章程奏定后又行奏改；地图之关系紧要，外国人皆私绘之，臣不暇深论，即以边界言，卡伦、鄂博可以改移而天度则必不可改，若有可据之图，则群臣不能面欺矣，据此则后之说非也。乃前之说

[1] 文廷式：《知过轩谭屑》，载《近代中国》第十八辑，2007。

[2] 昆冈等编《光绪会典》，礼部刊本，光绪二十五年。

[3] 同上。

[4] 文廷式：《知过轩谭屑》，载《近代中国》第十八辑，2007。

皇上俞之，后之说皇上亦俞之。”[1]看来，蒯光典亦是一副十足的书生气。

会典馆在洪钧案的影响下，虽然是以“各省纷请展限”冠冕堂皇的名义定“以旧图为准”，但也是不得已而为之。好在定“以旧图为准”仅仅是针对会典馆本身的绘图工作，各省测绘要求仍未变更，故续修《绘图章程》对各省仍然有效，各省绘图的步骤和安排并没有被打乱。

八 《光绪会典》

会典馆绘图处成立后，在督促指导各省编绘舆图的同时，唐景崇等人将绘图处的工作分成三大块：一是绘制礼、乐、冠服、舆卫、武备、天文等图，“并应遵照原图考绘，武备之属，须酌增新式数事”[2]；二是编绘各省分图；三是绘制全国总图即《皇舆全图》。所有绘图处人员也分成三拨，对应其事，分工负责。

在等待各省测绘呈送舆图期间，唐景崇等按照《绘图章程》“将应遵绘、应补绘舆图说、应修改添注增撰之处，一一签出”，同时因“应先绘者，即开绘”的要求，会典舆图的全国总图即《皇舆全图》，在开办绘图处不久即启动。

各省分图，从光绪十九年（1893年）开始，随着各省舆图陆续呈送到馆，唐景崇等人立即安排人手启动编绘各省分图工作。虽然有各省送到的舆图作为基础，但并不能就此编入《光绪会典》，其中考订绘制的工作量仍然繁复而巨大。

唐景崇先期任绘图处总纂，光绪十九年（1893年）十一月担任绘图处总校。总纂可以多人同时担任，但总校只有唐景崇担任。因此，可以说绘图处编绘的典、例、图最后全部经过唐景崇总校后才呈交总裁们审定，工作之繁重，难以想象。

差之毫厘，谬以千里。唐景崇打起十二分精神，严谨以待，一丝不苟，审慎

---

[1] 蒯光典：《金粟斋遗集》，黄山书社，2020。

[2] 苑书义等编《张之洞全集》，河北人民出版社，2010。

校订。为更好地总校会典图，唐景崇着力培养其长子唐运源成为助手。在其次子唐运清眼中：“吾父总校会典图，注《新唐书》，皆兄襄赞之力居多。”[1]

经过与绘图处同仁的不懈努力，唐景崇终于在光绪二十四年（1898 年）六月离开京城出督浙江学政时，将所有典、例、图呈送到总裁的手上。

礼、乐、冠服、舆卫、武备、天文等图 编绘礼、乐、冠服、舆卫、武备、天文等图无须等待各省送图到馆，因而是最早开绘的，并且进展顺利，也是最早完成的。

光绪二十年（1894 年）正月，天文图告成。“除嘉庆旧典旧一百五十七图，新增一百七十有六图，共为三百三十三图。图各有说，旧图说之误者正之，略者补之。”[2]

光绪二十三年（1897 年）十二月，冠服图、礼制图告成。“今臣馆纂办冠服图，仍其总目，而分子目五，曰礼服，曰吉服，曰常服，曰行服，曰雨服。……计增图一百二十有六，并旧图，凡二百八十有八”[3]；礼制图，“只用礼字为总目，别分六子目，曰礼典，曰祭器，曰彝器，曰朝会，曰燕飨，曰服制。计新增图五十九，并旧图，共二百四十有一”[4]。

光绪二十四年（1898 年）七月，舆卫图、乐图告成。舆卫图，“凡增四卷，并旧卷为十有四，增图三十有二，并旧图为二百一十有四”[5]；乐图，“原本作乐律五卷、乐器八卷，并度量、权卫一卷，为十四卷。……计增卷十二，并旧卷二十有六，增图谱表二百有二，并旧图谱表，凡三百八十有六，说亦随之”[6]。

光绪二十五年（1899 年）四月，武备图告成，“臣馆纂办武备图，仍遵《嘉庆会典》总名而分子目五，曰甲，曰弓箭，曰枪炮，曰器械，曰幄纛。……计增图六十有八，并旧图为三百一十有六”[7]。

分省舆图 会典舆图编绘完成后尚未编入《光绪会典》，而是以清单的形式

---

[1] 虞和平主编《近代史所藏清代名人稿本抄本（第一辑）· 唐景崇档》，大象出版社，2011。

[2] 昆冈等编《光绪会典》，礼部刊本，光绪二十五年。

[3][4][5][6][7] 同上。

呈送御览[1]，待皇上钦定后再纳入《光绪会典》。会典舆图各省分图根据不同情况，以几种方式呈现在给皇上的清单中。

一是完全依据新图编绘。唐景崇等人认为一些省份呈送的新图编绘较好，将其作为基础，参酌相关典籍，加以改定，如湖北送馆新图“测绘精密，考证确详”，《湖北总图》《府州分图》全部“据以修改”旧图；黑龙江、江西、福建、浙江、台湾、湖南、广东等省情况类似。也有一些省份新图如《盛京新图》“颇称详备，惟天度与《内府图》所差甚多，但东边一带官皆新设，舍此更无稽考”，故只能据以修改；《吉林图》的情况相似。还有一些省份如山东“虽有天度开方，然非实测，故出入甚多，府图县图亦多矛盾，然大致尚合”，也据以修改，会典云南、新疆图情况类似[2]。

二是部分依据新图编绘。唐景崇等人认为一些省份呈送的新图其中某些部分编绘较好，并将这部分融入馆绘新图之中，参酌相关典籍，加以改定，如《江苏新图》水道详密，但“有图无说，表格亦略，水亦多不注名，殊难据办，且苏省之水，江湖互通，尤难强分宾主”，只能“据《新图说》，据《一统志》及（送馆）各府县志修改”；《甘肃新图》“绘注亦均详密，惟有图无说，水名亦多舛误，碍难据办”，只能根据《新图》水道形势，“证以《内府图》《一统志》《通志》各书，误者正之，略者详之，以衷于是”；《山西新图》“山川村镇颇详，绘画亦工，惟无天度，故与邻省形势出入过大”，只能根据送馆《通志》《新图》《内府图》修改；《湖南新图》“山川源委详审精密，图表均有条理”，可以据以修改，但“水多俗名，据《通志》修改，其边界形势闲有侵越邻省处，据《内府》《胡图》修改”；类似省份还有广西、贵州、蒙古等[3]。

三是依据其他资料编绘。唐景崇等人对于“边僻各省或无新图，或有图而不堪据”的情况，则按照《内府舆图》《一统志》等，参考其他书图绘出，如《直隶

---

[1]《舆地图目录清单》，台北故宫博物院藏。

[2][3] 同上。

新图》“并非实测绘，注亦不合法，惟《正定府图说》详确可据，余皆不及《畿辅通志》考核之详”，故“据《内府图》《通志》《胡图》诸书，参以《新图》修改”；《四川新图》“绘注全不合法，水道亦自相矛盾，表无一可采，惟《四川通志》典要止据”，只能依据《内府图》《通志》修改编绘；内蒙古、青海等省的会典图的编绘情况类似。此外，察哈尔无新图送馆，只能参考《内府图》，并且“其在直隶者据直隶图，在山西者据《山西通志》修改”；西藏也无新图送馆，只能依据《内府图》和其他书籍修改编绘[1]。

最终，“用百里方格绘成各省全图，用五十里方格绘成各府分图，皆不加经纬线，其省图只绘名山大川、驻官、处所、官商、电线，惟举其要；府图则山川、村镇、驿站、卡伦、海口、岛屿，务尽其详。庶几全图视度，分图视里，仰观俯察，乃相得而益彰；省图求要，府图求详，纲举目张，自有条而不紊”[2]。

《皇舆全图》 绘制《皇舆全图》是绘图处重中之重的工作，从绘图处成立伊始，唐景崇等人就安排布置启动这项工作。

《皇舆全图》是按《内府舆图》依葫芦画瓢绘制，要有所突破、创新，这是摆在唐景崇等人面前的一道难题。适邹代钧的来书论及切圆锥投影地图的绘制方法，给唐景崇等人提供了新的思路：绘经纬网需先求出圆锥半径，然后用圆规从圆心绘出各等距圆弧作为纬线；填绘州县经纬度时用圆规、分率微分尺按其数值量取画出；若距赤道较远则需要将经度换算相应纬度的实际距离，再按里数在图上量取画出。

唐景崇等人采纳邹代钧的建议，采用当时比较先进的绘图方法，重新绘制出《皇舆全图》。唐景崇等人的说法是：

地本圆体，图为平面，绘圆于平，虽有弦线、切线及西人墨加岛诸法，然皆因图制宜，利弊参半。

---

[1]《舆地图目录清单》，台北故宫博物院藏。

[2] 昆冈等编《光绪会典》，礼部刊本，光绪二十五年。

皇朝幅员宏廓，东西距几八十度，南北距几五十度，图幅愈大，吻合愈难。前湖北巡抚胡林翼所绘之图，精密详备，为诸图之所不及，惟误会乾隆年所修《内府图》五度通弦之义，凡经线皆斜直不合弦理，而又强加方格，以致偏度愈大，形势愈差。不知《内府图》系每五度成一册，每册经线一曲，实即五度通弦，虽非弧线而弧线之理自在，且只绘度分不绘方格，义尤精确。

今遵《内府图》，高偏度分，用尖锥容圆法绘成《皇舆全图》，不加方格[1]。

最终送呈皇上御览的《光绪〈会典舆图〉目录清单》解释《皇舆全图》绘制时称：

今以京师为经度之中，北极出地三十九度五十五分为中纬线，用尖锥容圆法，凡过极经线皆切中纬，绘成全图，计东西距七十七度，南北距四十四度[2]。

《皇舆全图》所用投影以通过北京经纬线分别作为中经线、中纬线，且中经线皆与中纬线垂直。与现有投影对照，可以发现符合正切圆锥投影的特征；其“尖锥容圆法”的名称，即是当时对正切圆锥投影的说法。

“光绪《皇舆全图》是中国人第一次完全依靠自身力量，使用正确的投影概念完成的全国地图。”会典馆“最终完成第一幅全部依靠中国人自身力量，严格按照正切等距圆锥投影绘制的全国地图，地图标准经线、纬线分别为过北京的经纬线”[3]。

---

[1] 昆冈等编《光绪会典》，礼部刊本，光绪二十五年。

[2]《舆地图目录清单》，台北故宫博物院藏。

[3] 王一帆：《清末地理大测绘：以光绪〈会典舆图〉为中心的研究》，复旦大学，2011。

第十三章

办新学锐志图成

一　示范引领

“庚子之役”，清廷可谓创深痛剧。慈禧太后仓皇西逃的路上痛定思痛，在到达西安后，她以光绪皇帝的名义发布诏书，决定实行变法。光绪二十七年（1901年）八月初二，颁布了后来被称为“兴学诏”的上谕：

人才为庶政之本，作育人才，端在修明学术。三代以来，学校之隆，皆以德行、道艺为重，故其时体用兼备、贤才众多。近日士子或空疏无用，或浮薄寡实，今欲痛除此弊，自非敬教劝学，无由感发兴起。除京师已设大学堂，应行切实整顿外，著将各省所有书院，于省城均改设大学堂，各府厅直隶州均设中学堂，各州县均设小学堂，并多设蒙养学堂。其教法当以《四书》《五经》纲常大义为主，以历代史鉴及中外政治、艺学为辅。务使心术端正，文行交修，博通时务，讲求实用。庶几植基立本，成德达材，方副朕图治作人之至意。著该督抚、学政切实通筹，认真举办，所有慎延师长、妥定教规及学生卒业，应如何选举鼓励，一切详细章程，著政务处咨行各省悉心酌议，会同礼部覆核具奏[1]。

“兴学诏”的颁布，标志着清廷正式把推行新式教育定作为一项国策，而兴

[1] 第一历史档案馆编《光绪宣统两朝上谕档》，广西师范大学出版社，1996。

学重任清廷明确交给了总督、巡抚、学政。因此，兴学成为各地一大要政，也成为考核新政政绩的重要内容之一。

朝廷有令，管学大臣张百熙就开始着手制定学制。光绪二十八年（1902年），清廷颁布了我国近代第一部学校系统章程《钦定学堂章程》，即《壬寅学制》。这个章程虽未实施，但却为后来《癸卯学制》的出台奠定了基础。

光绪二十九年（1903年）十一月二十六日，清廷颁布了由张百熙、张之洞、荣庆拟订的《奏定学堂章程》，这是中国教育史上第一个完整的学制系统文件。因为这一年为癸卯年，故又称为《癸卯学制》。《癸卯学制》中颁布的《重定学堂章程折》《学务纲要》《各学堂管理通则》等规定，对各级各类学校的各类制度都提出了明确的要求，使新式学校系统以法令的形式在全国确定下来。

在《癸卯学制》颁布的这一年，唐景崇出任江苏学政，江苏兴学重任落在了他的肩上。

江苏素称“人文渊薮”，有清一代科名之盛，少有望其项背者。即以世所羡称之三鼎甲而论，江苏可谓人才辈出，“至祖孙、父子、兄弟、叔侄之间为翰林者，更属常见”。照理说，像江苏这样素来重视教育传统的地方必然可以为新式教育的发展提供一个较好的始基，新式教育应该领先其他地方才对，但现实却恰恰相反，在其他地方兴办新学方兴未艾之际，江苏的新式教育却未能尽如人意。

端方，字午桥，满洲正白旗人。光绪八年（1882年）中举人，捐员外郎，后迁候补郎中；光绪二十七年（1901年），端方升任湖北巡抚；光绪二十八年（1902年），代理湖广总督；光绪三十年（1904年），调署江苏巡抚，后署两江总督。

端方是一位热心兴学的封疆大吏。他到江苏不久，即对江苏兴学进行考察。考察的结果令他大为震惊：“省城只有一中西学堂，其余府中学堂及长洲、元和和吴县三县小学堂亦皆规模未备。”“臣在湖北时，即于武昌省城创设初等小学六十所，风气渐开，百姓咸知就学之益。比来江宁考察江宁、上元两县，官立、公立之蒙小学堂寥寥无几。此时财政支绌，纵未能遽圆普及，而江宁省会之大，亦当有小学数十处，乃足以宏教育而植始基。”[1]

光绪三十年（1904年）六月十六日《申报》报道：

本月某日，长、元、吴三县主苏、金、李三大令谒见江苏巡抚端午帅，询及三县学堂共设若干？所答称三县合设一所。问学生几何？答称每县十五名。午帅讶曰：“难道一县子弟仅有十五名能读书，余皆不堪造就耶？”三大令称：“经费不敷，难以增额。”午帅曰：“经费须悉心筹画，如皆如此办理，则煌煌上谕岂非等若具文乎？”三大令唯唯而退[2]。

在江苏兴学落后的情形下，唐景崇来到江苏提督学政，这是他继出督浙江学政后，第二次主政地方学务。与主政浙江学务时不同的是，此次来到江苏，兴办新式学堂已成为各地学务的主要任务。

唐景崇在大力推进新式教育发展进程中，注重抓点带面，通过亲自办学实践，示范引领，为江苏新式教育快速发展探索出了一条可行的路子。

小学。唐景崇亲自抓礼延高等小学堂。一是兴办学堂。“光绪二十九年（1903年），江苏学政唐景崇令礼延校士馆兼办高等小学，称‘礼延高等小学堂’。”二是任命学堂负责人。“任章若琴（际治）为监督（校长），后任祝丹卿为校长。”三是亲自设定学制。“规定学制四年。”四是规定学习科目。“所学科目，除经史外，还有算术、英文等，后又逐渐增设理科、体操、舆地等。”“光绪三十一年（1905年），清政府下令废除科举，礼延校士馆停办，原校士馆兼办之‘礼延高等小学’则独立成校。”[3]之后，随着形势的发展，礼延高等小学逐步发展成了江阴高中。2003年，江阴高中有百年校庆之举，即以唐景崇亲办礼延高等小学为始基。

在唐景崇示范引领下，江阴一大批有识之士纷纷加入兴学的行列。在唐景崇

[1] 沈云龙主编《端忠敏公（方）奏稿》，文海出版社，1973。

[2]《查询学堂》，《申报》光绪三十年六月十六日。

[3] 江阴高中《江苏省江阴高级中学校史》，该校网站资料。

不足三年的学政任期内，江阴新式学堂如雨后春笋般兴起。在城区，除将礼延书院改为礼延学堂、创办礼延高等小学堂外，还创办了辅延、翰墨林、澄中两等小学堂，以及求我、敬业、澄北、翊延等小学堂；在东外，创办了蓉东小学堂；在南外，创办了澄南（两等）小学堂；在北外，创办了君山、永定、春麓等小学堂；在乡区，创办各类小学堂则达二十多所[1]。

中学。唐景崇则亲自抓南菁高等学堂的改革和发展。

二　南菁高等学堂

晚清，在江苏有一所由学政主办的全省最高学府，就是南菁高等学堂。南菁高等学堂的前身是南菁书院。

黄体芳，字漱兰，浙江瑞安人，“同治二年（1863 年）进士，选庶吉士，授编修，日探讨掌故，慨然有经世志，累迁侍读学士，频上书言时政得失”。黄体芳作为清流派成员，弹劾大臣，“直声震中外”[2]。

光绪六年（1880 年）八月，黄体芳以詹事府少詹事出督江苏学政。光绪八年（1882 年）九月，他在两江总督左宗棠的鼎力支持下，开始筹建南菁书院。书院建在原本是长江水师京口营游击署故址上，处于江阴城内中心。“经始八年九月，成于九年六月。”[3] 用时不到一年，“凡造屋八十余间”[4]。左宗堂亲笔书写“南菁书院”校名题额。

光绪二十三年（1897 年）八月，瞿鸿禨以詹事府詹事出督江苏学政。光绪二十四年（1898 年），瞿鸿禨响应变法，于七月十一日奏准，将南菁书院改为南菁高等学堂。但瞿鸿禨将书院改为学堂，只不过是换了一个名称而已，虽有学堂

[1]《革新教育的末任学政唐景崇》，载沈俊鸿：《暨阳钩沉》，苏州大学出版社，2018。

[2]《黄体芳列传》，载赵尔巽主编《清史稿》，中华书局，1977。

[3] 黄体芳：《南菁书院志》，载赵统编《南菁书院志》，上海书店出版社，2015。

[4] 朱铭盘：《南菁书院记》，光绪刻本。

之名，仍留书院之实。

光绪二十六年（1900年）九月，李殿林以吏部左侍郎出督江苏学政。为表示紧跟朝廷改革步伐，他于光绪二十七年（1901年）十二月初八上奏《南菁书院遵改学堂并拟章程》，奏准将“南菁书院”改为“江苏全省南菁高等学堂”。

光绪二十九年（1903年）十月中旬，唐景崇到达江阴，正式就任江苏学政，也正式接管南菁高等学堂。对于南菁高等学堂，他事必亲躬，殚精竭虑，不遗余力；对学务关键环节，他紧抓不放，倾心尽力，一丝不苟。

第一，按照通行章程，更定职名，始设监督、教务长、庶务长等职。在唐景崇看来，“办理学务，贵在得人”[1]。他接管南菁高等学堂，“留心整顿，恪守奏定学堂章程，更定职名，设监督、教务长”[2]。

一是找来自己的门生宋育仁（四川人）担任南菁高等学堂总教习。二是委派章际治出任南菁高等学堂监督（校长）。三是委派宋育仁改任监督，章际治改任教务长兼庶务长。四是委派金鉽充任南菁高等学堂教务长。

第二，完善学科，增配师资。唐景崇要求南菁高等学堂：“凡学科未备者，更添教员，补习功课，务期将来程度与新章符合。”[3]“其应增各项，业经先行筹画，添聘翻译、图画、体操各教员。”[4]

特别是增配师资，他不仅亲自过问，而且亲自把关。比如，对聘请彭教员兼任图画、体操教员，《唐景崇札委》指出：“南菁高等学堂亟图整顿，现在图画、体操两科尚需教员，查得该教员图画精工，体操娴习，俾兼任此两席职务，必能胜任。”[5]对江阴陈教谕派充斋务长与周训导，《唐景崇札委》指出：“该教谕尚知

[1]《奏为委派在籍翰林院编修金鉽充任南菁学堂教务长事》，中国第一历史档案馆档案。

[2]《奏为接管整顿南菁学堂事》，中国第一历史档案馆档案。

[3]《奏为接管南菁高等学堂整顿教科添筹经费以期扩充规制折》，载《谕折汇存》，北平撷华书局，光绪刻本。

[4]《奏为办理南菁高等学堂情形片》，载《谕折汇存》，北平撷华书局，光绪刻本。

[5]《唐景崇札委》，载虞和平主编《近代史所藏清代名人稿本抄本（第一辑）·唐景崇档》，大象出版社，2011。

留心学务，可派充此堂斋务长与周训导，轮流住堂查课，认真将事，毋稍疏懈。”[1]

唐景崇不仅对南菁高等学堂教员进入严格把关，而且对在堂教员也进行了严格管理。比如，对教员参加礼仪活动事宜，唐景崇专门牌示：

查奏定章程礼仪规条章，每月朔日自监督以下率领学生至圣人位前行礼。闻本堂各员有迟至八钟未到者，殊属疏慢。嗣后务须恪恭将事，届时早到，毋得迟误，以肃礼仪而守定章[2]。

比如，为考核教员讲义事宜，唐景崇专门牌示：

查定章考试学堂学生，各教员讲义亦应呈堂考核。现本堂不日开考，即由监督会同教务长先行将此件检查，以备将来呈阅[3]。

第三，改设科班，增添学额，严格要求。南菁高等学堂，在李殿林主政时期，“额设学生百名，即以课生充之。堂内设政、艺两科，以总教习主管教务，别延分教习数人。学生分专斋头班、二班，正斋头班、二班及备斋五班。用积分法升斋”[4]。唐景崇接管以后，改斋班为预科班、本科班，本科班由预科班升入，学额由一百名增至一百四十名。

对请求到南菁高等学堂学习的学生，唐景崇有严格的资质要求，严把学生入堂关。对学生在堂学习情况十分关注，“臣每值出棚试毕回署，必亲诣该堂稽查一切，并谆谕诸生须仰承圣明德意，力图上进，造为有体有用之学，毋尚嚣张气习，

---

[1]《唐景崇札委》，载虞和平主编《近代史所藏清代名人稿本抄本（第一辑）·唐景崇档》，大象出版社，2011。

[2][3] 同上。

[4]《学校·城内学堂》，载《江阴县续志》卷六，民国刻本。

毋惑邪僻议论。幸诸生均知自爱，不染浮华，且皆学有根柢，造就尚易成材”[1]。

第四，增建教学设施。唐景崇接管南菁高等学堂以后，“增设斋舍，围筑操场，修改各项应用堂室，续购各种图书、仪器，……以期渐兴，与新章密合”[2]。

第五，解决办学经费。唐景崇接管南菁高等学堂后，困扰着他的是经费问题。学堂管理人员、教员及职员需要发放薪资，学生食宿、膏火及月奖，增设斋舍，围筑操场，修建各项应用堂室，续购书籍、仪器等，需大量经费方能支撑。

南菁高等学堂的经费来源，“每年进款有限，除典息外，取给于绅捐之沙田租息”[3]。

南菁高等学堂经费来源之一是典息。这是在书院开办之初，由当时的两江总督左宗棠奏拨盐课二万两，发商生息，以作为入院肄业诸生的膏火。

南菁高等学堂经费的另一来源就是沙田租息。在长江入东海处，有一个横在江中的小岛，当时属江苏松江府川沙厅管辖，原是由长江中的泥沙淤积而成，故称“横沙岛”。道光年间，这岛露出江面，大小约有万亩，以后又逐年增大。然而，岛上是一片盐碱地，长满了荒草、芦苇。由于岛上的芦苇砍伐后可做柴薪，那些在海上打鱼的人，私自上岛伐薪，甚至围垦造田，只是要稍微纳点税（“草息”）给川沙厅官吏。同治年间，正式征息入江苏布政司库，每年可得八百千文。光绪七年（1881 年），江南大吏上奏朝廷，要求清算丈量新涨的沙田，招佃报买。由于横沙岛在左宗棠的眼中还有其军事上的意义，且“前经议定”，所以“永远不准承买”，只能“招佃”。而在有此“议定”之前一年［同治十一年（1872 年）］，富绅姚文柟、费学曾及郁姓等多人已花银一万二千两，承佃报买横沙岛田四万余亩，每年上缴草息两千千文。承佃者将沙田分散转租给佃

[1]《奏为接管南菁高等学堂整顿教科添筹经费以期扩充规制折》，载《谕折汇存》，北平撷华书局，光绪刻本。

[2]《奏为办理南菁高等学堂情形片》，载《谕折汇存》，北平撷华书局，光绪刻本。

[3]《奏为接管南菁高等学堂整顿教科添筹经费以期扩充规制折》，载《谕折汇存》，北平撷华书局，光绪刻本。

农，收取的地租远远超过上缴之数，所以“众竞于利，争讼积年，奸蠹丛生”。而承佃的沙田现又明文规定“永远不准承买”，为避免积年不决而又无谓的争讼，姚文枏、费学曾两人毅然将承佃的芦草滩地二万零二十五亩，悉数捐给了南菁书院。之后，时任江苏学政的王先谦又筹措了六千零八十八两银子，购入了郁姓承佃的二万零二十五亩。连同接涨的白涂水滩九千四百零四亩，总计滩地为四万九千四百五十四亩。自此，横沙岛沙田成为南菁书院的产业。南菁书院自身不事农桑，只好向外招租，收取租息，以此作为书院的主要经费来源。

照理，南菁高等学堂有了典息和沙田租息，完全不用为经费犯愁，但唐景崇接管后，发现自己面临经费管理混乱，无钱可用的窘境。在光绪二十九年（1903年）十一月的《为南菁学堂节省糜费事札提调经董文》中，唐景崇说：

南菁自改学堂，需用浩繁，经费支绌，全赖董理得人，实事求是，尚可勉力支持，若事事虚糜费，报销含糊，不仅公款不继，且亦易滋物议。本部院莅任，接收李前院（李殿林）移交南菁收支总账，其中开支各项，无论有无虚糜，既经前院核销，姑不深究，即就南菁及宾兴（科举时代，地方官设宴招待应举之士的费用）两簿内总结核之，以存款抵除不敷外，照算尚应余钱四千串上下，而面询经董，据云并无赢余，深为诧异，屡经询究，均以宾兴存款已入南菁总账为词，而核之南菁总账收支项下，亦无宾兴拨入字样，册系该董造报，按册责令赔缴，当亦俯首无词。本部院岂能听其虚糜巨款？但详察实在情形，此款为数甚巨，该提调、经董未必敢于任意侵蚀，总由办事草率，于报销账内含糊疏漏，以致账目不符，咎无可辞[1]。

唐景崇不得不从加强经费管理入手，确保南菁高等学堂经费不致虚糜，强调

[1]《为南菁学堂节省糜费事札提调经董文》，载虞和平主编《近代史所藏清代名人稿本抄本（第一辑）·唐景崇档》，大象出版社，2011。

要求：

此后，自本年［光绪二十九年（1903年）］九月十六日起，一切支用，务当详慎经理，毋再如前忽略。查每季本有批定造册报销，由提调、经董会核、画押之案，自宜实力遵行。每遇册报时，各宜会同查核，一律签押呈核。如有不签押者，即将因何情由禀明察夺。此后，季报凡有定额之款，自易核对，即膏火、火食两项，虽无定额，前既牌示，按月开单禀报，将来即可以月报照核。季报毋得彼此参差不符。此外，杂支修理、添置器用什物诸名目，不准随手开列，含糊一片，致多弊混。杂支系指何项，如何用法，逐款列明。若遇修理之件，应由该提调、经董先行禀报派查估后，方准办理，若先时未经报明修理，报销时列入账中，不准核销；若添置器用什物，凡重大之物，需款多者，必先禀明酌办，其细小者，亦必由该提调、经董公同商酌添购，毋得一人妄出主意，浪费公款。凡添一器一物，必四人眼同查对，毋得账已报而物不知归于何所，若四人中有此种妄为情事，准同事来辕禀明究办。今年冬季报销，限年内办讫，速行禀报，年清年账，毋得逾限。又明年所请分教习共四人，月中所需油烛茶烟纸等物，殊太零星，账房难以支给，应由该提调、经董饬账房来年每月各分教习处每处送银壹两，听分教习自行备办。以上各条，该提调、经董务须懔遵照办。本部院为节省糜费起见，该提调、经董亦当谅此苦心也，毋违[1]！

随着南菁高等学堂改革的推进，所需经费大大增多，原有的经费来源渠道难以满足，唐景崇不得不谋求新的经费来源，于是，他与署理江苏巡抚端方咨商，得到端方的大力支持。端方在光绪三十年（1904年）十一月的《南菁书院改学堂片》中呈奏：“臣等现饬于苏州鼓铸铜元盈余项下，自明年正月起，每月拨银

[1]《为南菁学堂节省糜费事札提调经董文》，载虞和平主编《近代史所藏清代名人稿本抄本（第一辑）· 唐景崇档》，大象出版社，2011。

一千两，作为南菁高等学堂常年经费，以资应用。”[1]

光绪三十一年（1905年），端方调任湖南巡抚，加之利减原因，原本答应的每年一万二千两白银拨款，未能足额拨付。屋漏偏遭连夜雨，是年八月，江苏沿海遭受潮灾，南菁高等学堂所属横沙岛沙田受灾最为惨重，各业户纷纷要求蠲免。南菁高等学堂经费一时捉襟见肘，唐景崇不得不向两江总督周馥、江苏巡抚陆元鼎求助：

查该学堂常年经费向以川沙厅属横沙田租为岁入大宗。近年改办学堂，用费增巨，开支不敷，经本部院咨商调任抚院端在苏州铜元局新厂项下奏明每年协助壹万贰千两，本年铜元利减，协拨未能足数，已形支绌。不料横沙骤被潮灾，田亩、民庐尽遭淹没。该学堂向以本年之租作次年之用，今既被灾，收成无望，明岁学堂开办之资实在无从筹措，素仰贵部堂关怀大局，畛域不分，复旦学堂，尚沾大泽，而南菁士子同系部民，且为文襄公所创设，贵部堂提振学务全局，必能极意维持，与湘阴相国相辉映，则已成之学舍不至中隳，垂就之人才不虞坐废。非惟本部院所依赖，亦三吴学子所感戴不忘者也。为此咨请贵部堂饬司筹拨的款，以期常年接济，盼切施行[2]。

两江总督周馥、江苏巡抚陆元鼎承诺各拨款三千两白银[3]。

光绪三十二年（1906年）正月开学，南菁高等学堂经费再度陷入困境。唐景崇不得不再次致函陆元鼎，寻求支持：

今年正月廿四日开校，一切开支款项毫无着落，不得已备文饬该堂教务长等

[1] 沈云龙主编《端忠敏公（方）奏稿》，文海出版社，1973。

[2]《致周馥、陆元鼎函》，载虞和平主编《近代史所藏清代名人稿本抄本（第一辑）·唐景崇档》，大象出版社，2011。

[3]《致陆元鼎函》，载虞和平主编《近代史所藏清代名人稿本抄本（第一辑）·唐景崇档》，大象出版社，2011。

来辕禀商，务恳我公始终大力维持，以救目前眉急。他日学子稍有进步，涵濡教化，振发新机，益当铭戴深恩于无量，祷甚！幸甚！

唐景崇致函不久，陆元鼎即调任湖南巡抚，临行前，交代拨银四千两资助南菁高等学堂。

第六，亲自主持毕业考试。光绪三十二年（1906 年）三月，唐景崇在南菁高等学堂牌示：

照得苏州高等学堂现仿山东奏定暂用章程，办理考试中学堂毕业给凭给奖。南菁高等学堂亦应一律办理。候本部院查学回署后，定期临堂，认真考试，严核分数，以定去取，凡在堂已补习普通学一年者，均得与考。如有年限已满，于各科普通学实未能备，愿再修业，此次不欲与考者亦听。至与考之学生，所有日记、课卷、算草、画稿、图稿，均应呈堂，以备考核，如平日有著述，亦可呈览，以验学力。仰教务长、斋务长先行查明。例得与考之学生，开具籍贯、年貌并到堂年月清册，呈送备查[1]。

四月，唐景崇查学回到江阴驻署，即亲临南菁高等学堂，主持第一次预科毕业考试。考试结果，预科毕业者共四十九名，其中，“最优等十三名，优等三十名，中等六名。毕业后留堂入本科者二十七名”[2]。

三　苦为劝导晓谕

唐景崇上任伊始，力图加快兴办新学的步伐。他在淮安府禀请开办初等小学

[1]《唐景崇牌示》，载虞和平主编《近代史所藏清代名人稿本抄本（第一辑）· 唐景崇档》，大象出版社，2011。

[2]《学校 · 南菁高等文科第一类学校》，载《江阴县续志》卷六，民国刻本。

及师范传习所时所作的批文中就提出兴学的目标：

蒙学为养正始基，亟应多设。蒙学广储，师范为目前急务。前抚部院札示，按定章，每百家设一初等小学，果能照此办法，自极完密。倘或目前未能办到，亦应遵照定章，五年之内，每四百家设一初等小学；十年之内，每二百家设一初等小学。如此逐渐推广，蒙学自日有起色[1]。

对于各属兴办学堂，他提出明确要求：

至各属中有公立、私立之学校，由地方官禀报前来，此等绅士有志兴学，自应予以一二奖励之词，使之奋勉从事，但必一切规制、章程、学科、教法大致完备，始能照准立案。若章程苟简，规模未立，应饬地方官劝谕该绅等赶为设法筹措，果能布置周妥，一一开列详细章程禀报，再行照准立案[2]。

在唐景崇的不懈努力下，江苏兴办新学的势头起来了，各地掀起了办新学的热潮。

面对大好形势，对各地办学的热情和积极性，唐景崇及时加以肯定和鼓励，并小心呵护。

淮安府开办初等小学及师范传习所，他褒以“该府识见通达，所筹各节均属切要”；上海绅士开办私立学堂，他肯定“该绅筹款兴学，其志可嘉”；教谕沈臧寿办学，他认为“该教谕沈臧寿苦心筹款，锐志兴学，深堪嘉尚”；某县令捐资办学，他鼓励“前抚部院严饬之后，深知愧励，锐志兴学，并慨捐廉钱一十千文，以为补助，颇堪嘉许”；江阴拟就地方公费办学之事，他指出“其志甚属可

[1]《唐景崇批示文》，载虞和平主编《近代史所藏清代名人稿本抄本（第一辑）·唐景崇档》，大象出版社，2011。

[2] 同上。

嘉，但兴学之事，绅赖官主持，官赖绅辅助，总须官绅同心协力，详筹办法，始有禆益”；盐城李保堂等兴办学堂，他认为“该绅李保堂等注重中学，深合本部院前次奏陈学务亟图扩充中学之意。该绅等锐志筹款创办，深堪嘉尚”；泰兴县禀报办学情况，他在肯定的同时并提出期许：“该县筹办一切甚是。惟蒙学堂尚须设法扩充，以期教育普及。……该县于学务颇有志讲求，本部院有厚望焉！”海门厅拟创办私立长乐镇第三初等小学，他称赞“张徐氏能佐其夫捐赀兴学，不遗余力，其志趣、识量洵为女妇中所罕见”；通州张詧、张謇兄弟拟捐建私立初等小学，他给予美誉：“该绅张詧、张謇等所议捐建私立初等小学校一所，意欲推扩教育，不使寄居人之子弟失学，洵属法良意美，且兄弟同心，力肩此建造之资，尤属难得，所议简章均极妥协。”武进县代理教谕王钟骏捐资办学，他给予高度肯定：“该绅捐办初等小学四所，并捐助房产、河滩约值二千金有奇，以作常年经费，洵属有志兴学，其勇于任事之忱，足为一乡之倡尚，望始终勿懈，再与该县设法扩充，力求整饬。本部院有厚望焉！”[1]

对办学过程中出现的偏差，唐景崇及时提醒并加以纠正。

金匮县绅士华鸿模兴办私立果育小学堂，他肯定并提醒：“该绅留心教育，私立果育学校，其志可嘉，但学堂一切规制、学科、课程、年限均应遵照定章办理，先行立案，将来毕业时始能与官立学堂一体考试、给奖。”绅士刘承均等创立高等小学堂，他认为：“该绅刘承均等设法筹款创立高等小学堂，其志可嘉，但既由众绅公同筹办，应谓之公立，不得谓之私立。私立乃系一人独立创办，与公立情形不同也。须将名目更正，至钟点应遵照定章，一星期三十六钟点，不得短少；学科尚短读经讲经，务添入。”[2]

唐景崇不遗余力兴学的过程中，不时有杂音冒出，也不时有阻力出现。经学大师、著名教育家孙诒让在致汪康年的信中提到：“春卿学使按临，锐意重兴，

---

[1]《唐景崇批示文》，载虞和平主编《近代史所藏清代名人稿本抄本（第一辑）·唐景崇档》，大象出版社，2011。

[2] 同上。

萌蘖幸未绝。然地方官以此为多事，旧学腐儒复又交口讪笑之。”[1]

唐景崇在致友人的函中亦有类似感慨：

苏省学务各属稍有萌芽，江南视江北风气为开通，惟欲求推广、整齐，一时尚难办到，总缘绅与绅不和，绅与官又不和，苦为劝导晓谕，舌敝唇焦。地方官深明教育复能实心任事者不可多得，大都非敷衍即糊涂，批答公牍殊费笔墨，所幸与玉帅、春帅尚能和衷商办，亦尽心力所能而已[2]。

玉帅，时任两江总督周馥是也。春帅，时任江苏巡抚陆元鼎是也。

各地方官多以守成为己任，对兴办新学兴趣不大，意愿不强。一些地方官员往往敷衍塞责，草率从事，致使兴办新学困难重重。

对于高淳县的兴学的敷衍塞责，唐景崇尖锐地指出：“查所禀各节，语多敷衍，尚无真实下手之处。该县宜先将奏定章程悉心考究，办学始有端绪。高等小学、初等小学及师范传习所，应如何办法，总须先有把握，学规必求整饬，学科必求完备，其管理员、教员均须加意慎选，教员宜择程度较高者尽心教授学生，始有裨益。……该县所禀一切布置，毫无主脑。表内所载监督一条，高等小学并无监督名目，该县于定章并未究心可知。又定章载明高等小学毋庸兼习洋文……该县于是小学诸学科只提及英文一节，亦系未深悉定章之故。该县毋得如此颟顸，致误要公，务须刻意讲求为要。”对于睢宁县知县梁继元的禀报，唐景崇严厉地责问：“查所禀各节，浮词多而真意少。该县如此办学，安有改良之一日？所拟将养正学堂改为高等小学，未尝不是，然学生只三十余人，已觉额数太少，教员只中文一人，算术一人，殊属不成事体，禀中尚侈谈悉遵奏定章程办理。定章高等小学共九科，该县似于定章未尝寓目，不然何办法如此苟简？所拟陈教谕充

---

[1] 上海图书馆编《汪康年师友书札》，上海书店出版社，2017。

[2]《致友人函》，载虞和平主编《近代史所藏清代名人稿本抄本（第一辑）· 唐景崇档》，大象出版社，2011。

监督，高等小学只有校长，并无监督，何得妄设，至与定章名目不合。折内所开蒙学亦太寥寥，教员只一人，学生十数人，成何局面？此件仰徐州道查明该县学务，严饬该县赶紧设法整顿，虽地方瘠苦，尔当勉为其难，毋得如此颟顸糊涂。”对于甘泉县的办学情况，唐景崇提出严厉批评：“查（该县）官立初等小学只属四区，此外公立、私立毫无眉目，教育焉能普及？该县务须设法推广，毋得空言敷衍。至择选教员，整顿学科，均关切要。本部院将来亲临考校，倘或粉饰朦禀，定干查究。”[1]

在唐景崇的严格要求下，一些原本草率从事的地方官员摒弃了应付了事的心态，转而真心实意兴学，致使江苏出现了前所未有的办学势头。

在江苏，科举使很多人飞黄腾达，因而科举制度流风所及，学子每以博取功名为目的，加之长期耳濡目染前辈先贤的辉煌历史，科兴思想较他处更为根深蒂固，这就使得新式教育在起步阶段必然面临比他处更为强大的阻力。一方面是来自塾师的抵抗，他们抱残守缺，不愿接受新生事物，不愿转型，有的还劝诫子弟不入新式学堂；另一方面是来自学生的抵制，一些子弟不愿入学，往往导致新式学堂缺额甚众，“扬州官私学堂一律于正月廿四日开学，唯生徒均不甚多，其中以方泽山孝廉所创之小学堂规模为最完善，而报名者止有十二人”[2]。

面对来自旧学腐儒和学生的阻力，唐景崇只能加大说服引导的力度，耐心做劝导工作。在唐景崇的不懈努力下，百姓在思想观念才慢慢跟上新式教育的步伐。

经过唐景崇等人近三年的努力，江苏新式教育取得长足发展，迈入全国先进行业，其学生数量在全国排名第四，仅次于四川、直隶和湖北。据统计，到光绪三十二年（1906 年）年底，江苏创办新式小学堂共计 1632 所，学生 49921 人，其中，二等小学堂 217 所，学生 9692 人；高等小学堂 91 所，学生 4839 人；初等

---

[1]《唐景崇批示文》，载虞和平主编《近代史所藏清代名人稿本抄本（第一辑）· 唐景崇档》，大象出版社，2011。

[2]《扬州官私学堂生徒不多》，《警钟日报》二十四号。

小学堂 1105 所，学生 29112 人；半日学堂 123 所，学生 2080 人；女子学堂 96 所，学生 4198 人[1]。

四　健全兴学机构

光绪二十八年（1902 年）十月初九，唐景崇的老师张之洞接署两江总督。张之洞上任伊始，就奏请设立两江学务处（亦称宁学务处），“专督全省学校事宜”。

端方署理江苏巡抚到达苏州后，立即察觉到江苏只设两江学务处不利于江苏新式教育的发展，便与唐景崇函商，由端方奏请设立了苏州学务处。

如此一来，江苏一省内，设立了两处省级学务处，分别由两江总督和江苏巡抚管辖，互不隶属，分别掌管宁属地区和苏属地区的学堂筹办事务。

学务处与学政各有职司，但承担的却是同一目标任务——兴学。在江苏，这就形成了两江学务处、苏州学务处与江苏学政三者共存的格局。因为两处学务处的总办、会办等官员均为兼职，所以兴办学堂事务的重责就落在了学政唐景崇的肩上。为此，两处学务处虽然直接听从督抚的指挥，但在兴学事务上又必须向唐景崇禀报，听从唐景崇指示。

例如，苏州学务处就地方公款、蒙学、教科书三事向唐景崇请示，唐景崇认为“所核议学务三端办法，均属周妥”，批示：

地方公款自应裒集存储。该地方学务公所由官绅公同商定学务办法，需用款项，详候核准，再行动用。如是，则款有着落而事有端绪。在公正通达之绅士，上为朝廷，下为桑梓，自愿与官同心协力，设法推广学校，俾子弟各有习业之所，谅无不以办法为然。然其中亦有劣绅或久管公费，不免暗侵潜蚀，即经地方官查追仍不肯和盘托出者，并有藉办学为名，希图朦混渔利者，该学务处须认

[1] 江苏地方志编纂委员会编《江苏省志·教育志》，江苏古籍出版社，2000。

真查究，并照该处所议饬各州县限两月内一律查明造册具报，并饬各州县于清查后，严催该经董赶紧拨交学务公所，毋得册上有数可稽而款仍无着，卒致延误公事。

至蒙学一节，所议照定章内另刊初级小学单行本通行各属，每一学堂分给一册，以备查考，自应照办。至目前各蒙学办理多不合格，诚恐贻误儿童。所议此后，初等小学无论公立、私立，均应考验合格，始准立案。查定章有云此时创办暂行酌量从宽，凡十五岁以下，略能读经而性质尚敏者，经考验合格亦可入高等小学，是虽通融办理，亦必以考验为重。所议考验合格始准立案，实注重蒙养始基，不得仍前苟简固陋办法，甚属切要……

又教科书为办学第一要件。前次钦奉谕旨饬学务大臣迅速颁发，未便渎催，然各属有纷来请示者。前曾于批示淮安府文内将蒙学教科书办法大要一述……

至该处所请如学堂因陋就简，地方官督率无方者，由该处随时详请劝惩，此节自应破除情面，认真办理，始能得力。前接督部堂函云，已饬两江学务处会同苏州学务处条陈办法，俟议详到日再行商办[1]。

省一级有学务处负责兴学事宜，各府、厅、州、县怎么办？在唐景崇指示下，由苏州学务处、两江学务处下文饬各府、厅、州、县设立学务公所，承担兴学任务。府、厅、州、县学务公所参照省级学务处，亦由官绅合办，接受学政的指示。而要成立学务公所，必须由学政唐景崇批准立案。

徐州道袁大化呈请设立徐州学务公所，唐景崇立即批示：

禀与章程俱悉，一切筹画均有条理，所立学务公所，既归该道管理，自应如此办法，始成局面。公务亦较吃紧，此件若督抚部堂院意见相同，彼此照准，自

[1]《唐景崇批示文》，载虞和平主编《近代史所藏清代名人稿本抄本（第一辑）·唐景崇档》，大象出版社，2011。

应立案[1]。

华、娄两县绅士呈请设立学务公所，唐景崇批示：

该绅等拟设立华、娄两县学务公所，俾商办学务有一总汇之区，洵属兴学第一要著。折内所开各节，亦尚有条理，应照准立案。……公所设立后，一切学务，官绅须和衷商办，妥为布置[2]。

常、昭两县绅士呈请设立学务分公所，他批示："该绅等拟设学务分公所，辅学务公所之未逮，用意甚是，章程亦俱平妥，仰常、昭两县督同该绅等，认真经理。"金坛县呈请设立学务公所，他批示："该县于学务之事，尚属不甚明晰。学务公所乃以地方官为主，以绅董佐之，系官绅会同议学之所，学会则系绅士开设，所以辅学务公所之不及，办事则彼此互相联络，仍彼此各有界限。"宝山县呈请设立学务公所，他批示："该县拟设立学务公所，自属目前急务，所拟简章亦俱妥协，应照准立案。"东台县夏绅、杨绅等议呈请设立学务公所，他批示："该绅等所请设学务公所，自属目前要著，所拟章程十条均属妥协，该县应与该绅等和衷妥协，可也。"高邮州呈请设立学务公所，他批示："所拟设立学务公所，自应及早开办，俾官绅商议学务有一总汇之区。……该州赶紧妥为经理，可也。"[3]

在唐景崇的督促下，江苏各府、厅、州、县先后设立了学务公所，为推进江苏新式教育发展奠定了基础。

不管是省级学务处，还是府、厅、州、县学务公所，都是以地方官为主，以绅董佐之的行政机构，在新式教育蓬勃兴起的大背景下，难免存在力有不逮之处。为更好推动江苏新式教育的发展，唐景崇大力倡导新式教育"合群"理念，

---

[1]《唐景崇批示文》，载虞和平主编《近代史所藏清代名人稿本抄本（第一辑）· 唐景崇档》，大象出版社，2011。

[2][3] 同上。

督促组建各级教育学会，以补官办机构之不足。

在唐景崇的督促、鼓励和支持下，江苏各府、厅、州、县相继成立教育学会，其中，光绪三十一年（1905年）成立的有东台、泰州、通州、昆新（昆山、新阳）、吴震（吴江、震泽）、金山、金坛、高邮、萧县、宝山、无金（无锡、金匮）、江宁、常昭（常熟、昭文）、砀山、武阳（武进、阳湖）等，光绪三十二年（1906年）成立的有崇明、扬州、淮安、桃源、靖江、太镇（太仓州、镇洋县）、江都、甘泉、仪征、宝应、兴化、盐城、徐州、宿迁、泰兴、镇江、丹阳、溧阳、太镇、铜山、丹徒、川沙等[1]。

在各府、厅、州、县纷纷成立教育学会的推动下，光绪三十一年（1905年）八月，江苏学会在上海成立，其宗旨是联络本省同志以图学界之公益，选举张謇为总理，恽祖祁为协理[2]，会员232人[3]。

五　督办师范教育

江苏是中国近代师范教育的发源地。

光绪二十三年（1897年），大理寺少卿盛宣怀在上海创办南洋公学，首置师范院。这是江苏历史上首个师范学堂，也是中国历史上第一所近代师范学堂。

光绪二十八年（1902年），唐景崇的门生张謇在南通创办了通州民立师范学校，这是江苏也是中国第一所独立设置的民立师范学校。

光绪二十九年（1903年），为解决江苏等省在开办新式教育中的师资问题，时任两江总督的张之洞奏准在江宁设立三江师范学堂。光绪三十二年（1906年），改称两江师范学堂。

光绪三十年（1904年），署江苏巡抚端方将苏州紫阳书院改建为官立江苏师

---

[1] 江苏学务总会编《江苏学务总会文牍》，上海商务印书馆，光绪三十二年刊本。

[2][3] 同上。

范学堂。光绪三十二年（1906年），改称江苏两级师范学堂。

唐景崇深知师范教育在推进新式教育中的重要地位和作用，在督学江苏时，他十分重视师范学堂的创办和学科的设置。在他的大力倡导和督促下，江苏师范学堂得到长足发展。光绪三十年（1904年），苏松太道改龙门书院为龙门师范学校，校址在上海；江宁创办官立江宁初级师范学堂，校址在江宁城内两江师范学堂前大石桥东。光绪三十一年（1905年），由江北提督刘永庆将江北高等学堂改为初级师范性质的江北师范学堂，校址在淮阴；东台县创办官立初等师范学堂，校址在东台县城文昌阁。光绪三十二年（1906年），金坛县创办官立金坛初级师范学堂，校址在金坛大南门察院场；徐州府道台袁大化创办徐州官立师范学堂，校址在徐州城内；无锡由无锡劝学所改建而成锡金初级师范学堂，校址在无锡；绅商卢显恩在扬州创办私立芦氏师范学校，后改为扬州速成师范学堂。

与此同时，唐景崇还十分重视女子师范教育，其目的是加快女子接受新式教育的步伐。在他的推动下，江苏女子师范学堂发展走在全国前列。光绪三十年（1904年），私立务本女塾开办师范科。光绪三十一年（1905年），太仓县创办公立毓娄女子师范学堂；张謇、张謇兄弟在南通创办通州女子师范学校；江宁创办旅宁第一女学堂，后改称官立粹敏第一女学；无锡侯鸿鉴创办私立竞志女学，设有师范科；苏州创办私立苏苏女子两等小学堂，设有幼稚师范班。光绪三十二年（1906年），元和县创办私立大同女学堂和私立振华女学堂，均附设有师范科；常州刘德孙创办私立毓化女学堂，内设有师范科；泰兴士绅沈文翰创办泰兴女子师范学堂；苏州创办苏州私立女子师范学堂；上海创办城东女学，内设有师范班；江宁创办公立毓秀女学，内设有师范本科、预科。

江苏尽管创办了众多正规的师范学堂，但远远不能满足全省兴办新学对师资的需求。特别是科举停止后，一大批私塾先生需要转型，他们原有的知识和技能适应不了新式学堂教育，需要经过教育培训；一大批在校生员（秀才）需要进行再教育，才能找到深造和谋生的出路。

怎么办？早在光绪三十年（1904年），清廷就在《奏定初级师范学堂章程》

中规定：

各州县于初级师范学堂尚未齐设之时，宜急设师范传习所，择省城初级师范学堂简易科毕业生之优等者分往传习。……其学生凡向在乡村市镇以教授蒙馆为生业，而品行端谨，文理平通，年在三十以上五十以下者，无论生童，均可招集入学传习，限定十个月为期[1]。

师范传习所是开办新学后，清廷为解决私塾先生、生童出路问题和补充小学堂师资而采取的临时应急措施。虽为应急措施，却不失为一个好办法。唐景崇通饬江苏八府三州一厅：

科举停止，各属生员众多，亟应筹安置之法。查该生等程度未必尽能入高等，况全省高等学堂只四区，学额亦属无几，殊难容纳。惟中学阶级，最属相符，奈每府只能设一中学，官力已竭，势难再行推广。现惟有多设师范传习所，只须觅得宽阔公所，使诸生各有一席之地，得以安身习业，费省则额可从宽。齿长者，入师范讲习所，半年毕业；齿壮者，入师范速成科，一年毕业。稍筹得经费，专注重请教员一节。师范为课蒙起见，凡初等小学应有之学科，均须教员分别讲授，其至要者，尤在管理、教授之法。前批示淮安府文已反复言之，发交阅看自悉，合行札饬。札到该府州厅，速行筹办，如有已开办师范者，应设法扩充，如其尚未开办者，应设法开办，并应转饬各州县，亦一体设法开办[2]。

札饬中说到的批示淮安府文，是唐景崇为淮安府禀请开办初等小学堂及师范传习所时的批文。在批示淮安府文中，唐景崇说：

---

[1] 朱有瓛主编《中国近代学制史料》，华东师范大学出版社，1992。

[2]《通饬八府三州一厅文》，载虞和平主编《近代史所藏清代名人稿本抄本（第一辑）· 唐景崇档》，大象出版社，2011。

现在科举既停，此项生员万不能不设法安置。每府约在千人以上，江北视江南尤众，其年壮有志进修者，殆不下数百人。江苏高等学堂只四区，一区只容百余人，况该生等程度未必尽能入高等，惟中等学堂阶级最属符合，但每府只设一中学，其学额不逾百数十人，似此焉能有济？是在官绅通力合筹，于州县中多设中学一二区，并将府中中学推广学额，按照定章，少则三四百人，多则五六百人，使少壮生员全行入学，安心习业。小学程度未足者，令其补习，乃系正办。该府现拟开办师范传习所，固属目前切要之图，但只为齿长者计，未及为齿壮者计，筹画尚少周密。现江阴拟办师范传习所，招考诸生，只定额数，不计年格，齿壮者入师范速成科，以一年为期，齿长者入师范讲习所，以半年为期。该府所定三月之期，似稍苟简。此种办法，只须觅得屋舍，足以容纳，使诸生有习业之所，至膳宿则听诸生自计。如此，则费省而额可宽，稍筹得经费，专注重请教科书员一节。初等小学经史、国文，诸生程度谅亦相去不远，惟算术、格致、舆地、体操诸科，必须教员讲授，始有门径。其至要尤在管理、教授之法，能得洋教员讲授，较合法度，东洋如有熟人或函托订请一人前来，较为得力。至讲求师范应用之书，有上海昌明公司所售《师范讲义》，系日本波多野贞之助所著，为湖北游学日本师范生所编刻者，甚属有用，可购买发交诸生阅看，中多可采用之法。又山东所刻《师范讲义》及上海文明书局所售《最新学校管理法》《最新教授法》，商务印书馆所售《初等小学修身教科书教授法》，均可参用[1]。

唐景崇将批示淮安府文专门转饬全省各属，目的十分明确，就是要求各属加快创办师范传习所的步伐。在唐景崇的督饬下，全省各属创办师范传习所的积极性高涨，请示纷至沓来。唐景崇精心作出批示：对办学认真、章程妥协、传授得法者予以肯定和鼓励；对办学过程中出现的偏差，小心予以纠正；对办学敷衍了

[1]《札饬淮安府文》，载虞和平主编《近代史所藏清代名人稿本抄本（第一辑）·唐景崇档》，大象出版社，2011。

事、行动迟缓者，提出严厉批评，札催速办。

在唐景崇的不懈努力下，师范传习所作为初等师资培训机构改革的一种，在江苏各属得到较快发展。扬州：兴化郑希曾、高廪等于光绪三十一年（1905年）开办师范传习所，首届毕业生24人；高邮于光绪三十二年（1906年）开办官立师范传习所。镇江：常镇道郭观察与地方绅董于光绪三十一年（1905年）在镇江开设师范传习所，丹徒县于光绪三十二年（1906年）在范公桥县学宫开办师范传习所。无锡：胡壹修、胡尔霖兄弟及其父胡和梅在天上市尤家坦开设师范传习所。苏州：学务处于光绪三十一年（1905年）开办长、元、吴公立师范传习所，每期半年，至光绪三十三年（1907年）毕业，共六期。徐州：沛县于光绪三十二年（1906年）开办师范传习所于沛城内歌风书院，学习年限为一年。淮阴：宿迁于光绪三十二年（1906年）开办师范传习所。盐城：东台县乡绅于光绪三十二年（1906年）开办私立栟茶师范传习所。通州：海门厅同知梁孝熊于光绪三十二年（1906年）借茅镇东首孔庙内厅开办师范传习所，毕业一届招收一届。江阴：县署在邑庙西厅开办师范传习所，学生毕业后分派到各学堂任教。

师范传习所为江苏新式小学堂输送了大量师资。据不完全统计，到光绪三十二年（1906年）年底，江苏拥有小学教员4491人，职员2539人，其中，两等小学堂教员1157人，职员531人；高等小学堂教员516人，职员346人；初等小学堂教员1881人，职员1234人；半日学堂教员293人，职员168人；女子学堂教员644人，职员256人[1]。

这些经过师范传习所培训出来的教员，承担起了江苏新式教育发展的重任，也奠定了江苏成为全国新式教育前列地位的基础。

---

[1] 江苏地方志编纂委员会编《江苏省志·教育志》，江苏古籍出版社，2000。

六　编辑《课本书目》

《癸卯学制》颁布后，全国掀起兴办新式学堂的热潮。《癸卯学制》明确规定了中小学堂的科目设置，由于推出时间急迫，光绪皇帝虽经谕令学务大臣迅速颁发各科教材，但编订各科教材需要时日，这就导致各地新式学堂不知用什么书籍作为教材。

江苏的情况也是如此。各属纷纷向唐景崇请示，希望唐景崇拿出一个办法来。面对此种情况，唐景崇忧心忡忡：

至教科书为办学第一要件，本部院本拟奏催，因此次钦奉谕旨，饬学务大臣迅速颁发，未便再行渎请，只合静候，但不卜何时颁到，焦盼之至[1]。

唐景崇在焦急等待的同时，想方设法另谋出路。他在认真研究《癸卯学制》的基础上，对各书馆出版的教科书进行精心挑选，选出参考书目供各学堂选用。

初等、高等小学堂教科书，唐景崇在淮安府呈请批文中批示推荐：

修身一条，摘讲朱子《小学》、刘忠介《人谱》、各种《蒙学图说》，读有益风化之极短古诗歌。虽《小学》《人谱》理蕴精深，儿童或遽难领悟，应饬教员先择其浅近者，与之讲说；至有益风化之诗歌，教员学问赅洽者，自足胜采选之任，此定章不可违背疏漏者。若陈文恭公《养正遗规》内有浅显数种，亦可参用。

至读经讲经之法，定章开明第一年读某书，某书每日约若干字；第二年读某书，某书每日约若干字，此五年中均已指明，书目排定课程，教员择其浅近者讲说，一切均应遵照办理。

---

[1]《札饬淮安府文》，载虞和平主编《近代史所藏清代名人稿本抄本（第一辑）·唐景崇档》，大象出版社，2011。

至国文一科，教儿童文字入手之法，有上海商务印书馆《初等小学国文教科书》《国文教科书教授法》，又春风馆《国文初等小学五年教科书》，均属可用。

至算术，可饬教员先定一加减乘除开方简本指授，兹发去南菁叶学生《简算》两册，《简算器》两册，可参用。又商务印书馆《初等小学笔算教科书》，亦可购用。

至历史一科，定章开明第一年、第二年讲乡土之大端、故事及本地古先名人之事实，可考史册与地志，关乎淮安府属者编纂成书，如《方舆纪要》所载淮安形势甚详，惟时局地势今昔不同，须摘要发明。至本地古先名人之事实，可检查《大清一统志》《江苏省志》《淮安府志》及各县志，证以史册，亦易纂辑。所定第三年、第四年讲历朝年代、国号及圣主贤君之大事，可检齐召南《历代帝王年表》、李申耆《纪元编》句稽定一简本。《御批通鉴辑览》采择圣主贤君事实纂录大要，一朝不过数君，一君不过数事，此亦易办。第五年讲本朝开国大略及列圣仁政，可检《圣训》《皇朝通考》《东华录》《圣武记》诸书，编纂大要，亦易成书。此谨就定章照办者。若儿童知识渐开，通解文义，如《易知录》、顾畴纲《鉴正史约》、日本人所撰《支那通史》，皆国史简本，可令阅看，便可渐读《通鉴辑览》矣。坊间有《国史教科书》《中国历史教科书》，似可参用。

至地理一科，定章开明第一年、第二年讲乡土之道里、建置、附近之山水及本地先贤祠庙、遗迹；第三年讲本县、本府、本省之地理山水、中国地理之大概；第四年讲中国地理幅员大势及名山大川之梗概；第五年讲中国幅员与外国毗连之大概、名山大川、都会之位置。按以上所列诸条，应检《水经注》《水道提纲》《禹贡锥指》《大清一统志》《皇朝一统舆图》《大学堂审定中外舆地全图》《方舆纪要》《江苏省志》《淮安府志》及各县志、《朔方备乘》《盛京通志》《黑龙江述略》《皇舆西域图志》《新疆识略》《西域水道记》《卫藏通志》《瀛环志略》《海国图志》《瀛环新志》《瀛环全志》《皇朝藩属舆地丛书》《五洲列国志汇》，凡中外地理书及外洋地理精图，不可殚述，但既欲举中国幅员之大势及与外国毗连之大概，为之讲授，必从地理总汇之书，撮纂大要，定一简本，始属有用。至坊间所售《高等小学地理教科书》

《地文学问答改正》《世界地理》等书，均可参用。

至格致一科，坊间《格致教科书》可用。

体操一科，坊间《德国武备体操学》《日本普通体操学》，均可用。

总之，各种科学、教科书，只分深浅，决无异同，此即就中外间新出者，暂作课本练习，要不至与将来颁发者多歧异[1]。

唐景崇上述批示虽为淮安府所作，但考虑到江苏全省各地大都如此，因此，他在批给淮安府的同时，将批示转饬全省其他七府三州一厅。

唐景崇上述批示已经十分明确，但全省各属还是纷纷呈请确定教科书；两江总督周馥、江苏巡抚陆元鼎更是明确要求唐景崇编辑高等小学堂、中学堂暂用课本。为此，唐景崇急江苏新式教育之所急，经过一段时间的准备，搜采数百种书籍，精心编纂，于光绪三十一年（1905年）九月采辑、编订成《高等小学堂暂用课本之书目》《中学堂暂用课本之书目》，并由江苏学政署衙刊刻。

在复函周馥、陆元鼎时，唐景崇说：

前承尊嘱，采选中学、高等小学暂用课本。弟思此件为目前急需，不能不筹一办法，奈旧籍大半繁重，不能作课本之用，各书局新出课本，亦未能备且其编课之法，均系照从前旧章办理，其书旨之深浅，卷帙之多寡，按之新章年限、钟点，俱不能恰合，颇费踌躇，爰遍为搜采，反复参酌支配，大致就绪，所选列诸种，似尚无大疵，或不至于与定章背谬，并按照各门小注，节节配搭，以期密合。查定章，中学有各科教法，高等小学有各科教育要义，均属精要周密。课本简略，应按照各门酌举参考书数种，以补课本之不足，俾教员博采广稽，详明讲

[1]《札饬淮安府文》，载虞和平主编《近代史所藏清代名人稿本抄本（第一辑）·唐景崇档》，大象出版社，2011。

授，学者易于领悟[1]。

唐景崇编的《高等小学堂暂用课本之书目》《中学堂暂用课本之书目》凸显了唐景崇的精深学识和谨慎态度。《高等小学堂暂用课本之书目》编辑大致就是上文批示淮安府文中所涉及的内容，这里不再赘述。

《中学堂暂用课本之书目》按照《癸卯学制》所设定的科目和学习年限，除作为课堂上讲授的课本之外，还附有若干“研究书”“参考书”作为学生课外自学的书籍，是一套经过精心设计的，授课、参阅、自学紧密结合的教学规程和培养方案。

“中学修身”一科，唐景崇辑选了许多先贤诗文，明确指出阅读这些书目是为了学习古人嘉言懿行，以修身养正、训俗劝化及为官从政；强调修身要义，一在坚其敦尚伦常之心；二在鼓其奋发有为之气，尤以示以一身与家族、朋类、国家、世界之关系。主要课本有《陈文恭五种遗规》(陈宏谋)、《古诗源》(清沈德潜选)、《古今风谣谚语》(明杨慎辑)、《乐府诗集》(宋郭茂倩选辑)、《西堂全集》(清尤侗撰)等，并附有大量解释诗文的参考书[2]。

“中学读经讲经”一科，唐景崇辑选古代儒家经典，要求学生熟读《礼记》《春秋》《左传》等儒家经典，目的是要熟知“前朝制度之善养民教民，发明大义，切于实用”。主要课本有武英殿读本《左传》、《左传杜注补阙》(清姚培谦辑)、《周官精义》、《周礼节训》(清黄叔琳节本)、《十三经注疏》、《御纂七经》等书目，并附有《春秋释例》(晋杜预撰，清庄述祖、孙星衍同校重刊本)、《周礼疑义举要》(清江永撰)、《五礼通考》(清秦蕙田撰)、《周官禄田考》(清沈彤撰)等参考书。

“中学中国文学”一科，唐景崇注重对学生语言文字水平及写作能力的培养和训练，辑选的书目主要有《御选古文渊鉴》、《古文辞类纂》(清姚鼐纂集)、《经

[1]《复函周馥、陆元鼎函》，载虞和平主编《近代史所藏清代名人稿本抄本(第一辑)·唐景崇档》，大象出版社，2011。

[2] 唐景崇编《中学堂暂用课本之书目》，光绪三十一年刊刻本。

史百家杂钞》（清曾国藩选录）、《高等国文学教科书》（清程先甲编纂）等，并附有《皇朝经世文编》（清贺长龄辑）、《皇朝经世文续编》（清葛士濬辑）、《鸣原堂论文》（清曾国藩著）等大量参阅书。在唐景崇看来，学生学习这些书目，目的在于“明文风盛衰之要略，采近代之文”。

“中学外国语”一科，唐景崇注重培养学生的外语水平和翻译能力，将之分为东语、英语、法语等类。其中，东语即日语，主要课本选用《寻常小学读本》（日本文部省著）、《高等国语读本》、《续日本文典》（日本佐佐政一著）等；英语的主要课本选用《英文初阶》（印度教会牧师著）、《志还启蒙》（英国文法学堂本）、《华英翻译捷诀》（天津水师学堂本）、《英文汉诂》（清严复著）、《英语文规》（香港约翰书院本）；法语的主要课本选用《赖克底尔读本》《法文初范》《雷维司氏法国史》《科司莱氏中等文典》《汉译法文典》等。唐景崇对于中学生学习外语，强调：“外国语先教审音缀字，再进则习简易文章之读法、译解书法，再进则讲普通之文章及文法之大要，兼使会话、习字作文。”

“中学历史”一科，唐景崇主要着眼于使学生对中西历史有一个比较全面的了解，选用的主要课本有《东西洋历史教科书》（清吴葆诚编译，上海文明书局本）和《国朝大事表》（清柳诒徽编，江楚书局本）。前者是当时关于世界史的权威中译著作，书后附有世界大事表，旨在让学生更好地掌握世界历史的发展与各国国情；后者是关于中国历史尤其是清朝历史的著作，旨在让学生充分了解中国的历史和国情。参考书有《中国历史教科书》（清夏曾佑编辑，上海商务印书馆出版）、《中外交涉类要表》（清钱学嘉编）、《日本国志》（清黄遵宪著）等。在授课次序上，唐景崇强调应先讲授中国历史，后续讲亚洲历史尤其是日本维新历史，突出“近采东洋”的主张。

“中学地理”一科，唐景崇主张主要讲授世界各国地理概况及中国周围地理环境的基本知识，选用的主要课本有《中国地理学教科书》（清屠寄著）、《瀛寰全志》（清谢洪赉编）等，参考书有《大清一统志》《大清会典图》《皇朝一统舆图》等。此外，唐景崇还将一些重要的地方志书、传统地理图纳入教科书目之列。

“中学算学”一科，唐景崇主张主要讲授加减乘除、平立求积、二次方程等计算方法和相关平面几何知识，选用的主要课本包括《笔算教本》(日本泽田吾一著)、《代数备旨》(美国狄考文选译)、《形学备旨》(美国狄考文选译) 等，参考书有《代数通艺录》(清方恺撰)、《代数术》(英国华里司辑)、《几何原本》(泰西利玛窦口译，明徐光启笔受) 等。唐景崇对这些算学教材的选择标准是“尤切实用”。

“中学博物科理化科”主要讲授生物、物理、化学知识。唐景崇主要选用的课本包括《植物图说》(英国傅兰雅著)、《最新中学动物教科书》(美国白纳著，清黄英译)、《卫生要旨》(美国嘉约翰译)、《最新中学物理教科书》(清谢洪赉编)、《博物学教科书》(日本饭冢启著)、《最新实验化学教科书》(日本高松丰吉著) 等。

“中学图画科”和“中学体操科”为辅助教学内容，“由教员量时而授课”。唐景崇选用图画科的主要课本包括《测绘教科书》(清童世亨编)、《图形一斑》(清王肇鋐编)、《运规约指》(英国白起德辑)。体操科的主要课本有《普通体操法》(作新社本)、《日本普通体操学》(清王肇鋐译) [1]。

随即，唐景崇还将自辑的《高等小学堂暂用课本之书目》《中学堂暂用课本之书目》递呈学部。

《奏定学堂章程》中虽已有审定教科书的规定，但不详细，也未能取得很好的施行效果。就在学部编译图书局官员为不能及时编辑出版各级各类统一的教科书而焦虑之时，唐景崇编辑的《高等小学堂暂用课本之书目》《中学堂暂用课本之书目》被呈送到了他们的手中，编译图书局官员受到启发，采用唐景崇的办法，在统一的教科书未竣事前，选取各家著述加以审定，以备学堂之用，此不失为一个比较好的应急办法。光绪三十二年（1906 年)，学部编译图书局参照唐景崇编辑书目的办法，陆续颁布了一系列审定教科书的凡例和书目，如《学部第一次审定教科书凡例》《学部通行第一次审定初等小学暂用书目文》《学部第一次审定高等小学暂用书目表》《学部第一次审定中学堂初级师范暂用书目凡例并表》等。

---

[1] 唐景崇编《中学堂暂用课本之书目》，光绪三十一年刊刻本。

七 处理毁学事件

唐景崇就任江苏学政的第二年，即光绪三十年（1904年）七月初，无锡爆发了震惊全国的“毁学事件”。有论者认为“以无锡毁学事件为开端，以破坏学务、捣毁学堂为目的的毁学事件，此后在各地乡村屡屡出现”[1]。

说到无锡“毁学事件”，不得不说到一个人，这个人名叫杨模。

杨模，字范甫，生于咸丰二年（1852年）。他自幼苦读经史，科举道路上从童生起步，考秀才，中举人。光绪十二年（1886年），他应直隶总督李鸿章之招，出任天津武备学堂汉文教习；后又入湖北湖广总督张之洞幕府，襄办自强学堂，任国文教习，编译海外书籍。光绪二十二年（1896年），应山西巡抚之聘，出任山西武备学堂监督兼总教习。

光绪二十三年（1897年）冬，杨模回到家乡无锡，筹办新式学堂，“以个人之力，创造艰难，经营惨淡，经济不足，则百方筹措之，以二千元赎旧时邑署而为校舍，又租上寿禅院之西舍为扩充之地”。光绪二十四年（1898年）正月，竢实学堂正式开学，杨模自任总理，聘请著名数学家华蘅芳、蒋留春、蒋仲怀教授算术，秦鼎臣教授国文、历史，杨维翰教授英文。“开校之日，雍雍一堂，生徒五十余人。”继而延聘吴松云任修身、国文教员，丁福保任算学教员，许侣樵任英文教员，并延日本人松元教授日语[2]。

随着学堂的发展，经费问题日益突出，办学之事难以为继。按清廷兴学就地筹款的原则，杨模等议定向无锡地方筹捐。无锡的米市向来发达，城区有大小米行一百多家，米捐每年一万余金。按照约定俗成，这些捐款分成十三份，其中六成充庙捐，四成充各善堂，二成充米业公所经费，一成充修桥经费[3]。光绪二十七年（1901年），杨模等为兴学计，便提议把米业庙捐部分拨充学堂经费，化无用

[1] 田正平：《清末毁学风潮与乡村教育早期现代化的受挫》，《教育研究》2007年第5期。

[2] 无锡地方志编纂委员会编《无锡地方史资料汇编》，无锡地方志编纂委员会印，1986。

[3] 羊冀成等编《无锡米市调查》，载《近代农业调查资料》，凤凰出版社，2014。

之费为有用之费。在杨模等人看来，米业董事兼任庙董，这中间不免有中饱私囊的嫌疑，因此，从庙捐下手既可以剔除中饱私囊的嫌疑，也不另增商民的负担。照此办理，无锡兴学就有了经费保障。

然而，如果让庙捐归入学堂，从表面上说不过是将原先米行所纳庙捐转归学堂而已，不会增加米商的负担，然而在事实上意味着要从米董口中争食，米董自然不愿意，米董生员赵夔、监生张锦钊对杨模等人拨庙捐兴学的要求迟迟不应允。米董为对付杨模等人，利用地方民众的庙会习俗，于光绪三十年（1904 年）三月，通过米行主持了盛大的赛会，当地民众为此对米行的举动颇有好感，且对米董赵夔、张锦钊等甚为颂扬。同时，米行对杨模等提出反控，认为杨模等是借兴学敛财，“竢实自开办至今，传闻捐罚之款不一而足。堂中学生悉系绅富子弟，月出修膳，约数甚巨”，而“该董又复扬言经费奇绌，各业勒捐，一或不应，叱以抗违，动借学堂声势，咄咄逼人”，更何况竢实学堂、东林学堂并非义学善举，而是“绅富所踞，孤寒向隅”之处，“邑中寒素贫乏者未许问津，名为公学，实质徇私”[1]。

杨模等与米董就庙捐归属的争执，本应由地方官妥善协调处理，但地方官却颟顸，敷衍了事。无锡知县陈诒与金匮知县汪鸣凤只是照会米业，要求其从杨模等所请，拨米捐以兴学堂，并上报至常州府。常州府认为学堂经费宜筹，而商情亦不可不恤，并认为杨模等不从各善堂提捐内酌拨兴学经费，而要从米行自留捐款中酌拨，如果“遽行遵办，迹近勒派”，并进而认为“设立学堂，本为培植人材起见”，暗示杨模等人有“假立学之名，为营私之计”。江苏布政司也认为“以一学堂而捐及众商”，舆情未必能允洽，也无此办法[2]。

杨模等见事情解决无着，便向江苏学政唐景崇上禀求援，谓赵夔、张锦钊霸捐阻挠学务。唐景崇批饬：

---

[1] 杨模编《锡金学校重兴纪事》，民国刊本。

[2] 同上。

严提米商董事生员赵夔、监生张锦钊到县，认捐完案[1]。

唐景崇的批饬，态度鲜明坚决。无锡知县陈诒、金匮知县汪鸣凤收到唐景崇的批饬，一面提解米业董事赵夔、张锦钊，一面仍由绅董、商董和平解决此事，但要求杨模等不得逼提赵夔、张锦钊两人到案。然绅董与米董议而不决，杨模等要求两县令按照唐景崇的批饬，出票拘捕赵夔、张锦钊。陈诒、汪鸣凤两县令迫于唐景崇的饬令，遂出朱票拘押赵夔、张锦钊。通过各米行的调解，赵夔、张锦钊遂认定捐款，以米捐一厘（约九百万元）为学堂经费。而以杨模为首的学堂一方坚持要求捐三厘方可。各米行已情愿认捐一厘，而无本钱专为掮客的数十客货行坚持不肯认此一厘之捐。由此双方又僵持。

无锡知县陈诒、金匮知县汪鸣凤对此案始终不积极，认为这一案件并不应由县里来管，而应该由地方绅商自行协商解决。在两县令看来，绅董与商董双方可以互相通融解决，之所以出面干涉，不过是由于杨模的势力太大，如果不办理，杨模必与县令为难，并谓不是县府要捐，而是杨模等逼迫，米董有力量自可以与杨模交涉。同时，米业一方对唐景崇的札饬并不信以为真，认为札饬是由杨模仿造，学宪对于无锡学堂要求米业庙捐拨归学堂并不知情。在此情况下，米业遂准备对杨模发起反击，议定由各米行罢市以挟制官府，反对已成庙捐归学堂之议，并由北里米业同仁对各米行发出传单。至此，“毁学事件”一触即发。

本年六月，无锡、金匮两县绅首杨模因竢实、东林学堂经费不足，拟抽米厘未允。禀经江苏学政饬勒提米董生员赵夔、监生张锦钊到案，每年认捐洋一千元。赵夔等心不甘服，捏造谣言，谓各业亦须一律捐输。在逃之米商杨寿康、尤根保起意罢市挟制，邀允已获之钱阿其、岳子斌、在逃之雷三大、陈贵林、刘瑶卿、顾盘生、朱阿金、朱小云共十人，写立名单，协令各米行一律罢市。遂于七

[1] 沈云龙主编《端忠敏公奏稿》，文海出版社，1973。

月初二日先赴公所会齐，令将各行米斛挑入公所，各持火把、香火，齐赴杨模家，放火烧毁大厅三间、侧屋二间。适遇无锡、金匮两县前往弹压，恃众拥闹，挟制出示免捐。旋复至竢实、东林两学堂及崇安寺蒙学堂，拆毁墙壁、门窗等项，图籍、器具多遭损失。次日，因知杨模住房未焚，复聚众赴杨模家，放火焚毁楼房七间，后偏平屋四间。匪徒、贫民麇至，衣物、器具抢毁无存。陶彦君、丁殿臣、高隆生均各开设米行被协罢市，冯士生因往公所闲看，经杨寿康令其照料茶水，俱未同谋滋事。维时朱阿福、曹宝大、麻子阿全与未获之强头阿顺、孙阿荣至杨模家探看，因县中所派巡勇王德胜持枪拦阻，疑杨姓保标之人扭住拷打，致伤王德胜脑后发际、两腿、两臂，旋即释放。朱阿福、曹宝大复随同杨寿康至蒙学堂，帮同毁拆。苗阿荣于火起之后，乘机抢得衣物两箱，嗣经事主查知，反以空箱向其勒诈银钱[1]。

“毁学事件”发生后，唐景崇立即与江苏巡抚端方电商处理，无锡、金匮两县令则向端方告急，而受害方杨模也向端方发电紧急求助：

抚宪钧鉴：米商匿捐罢市两日，今晚聚众二千余至舍，劫掠索人，纵火房屋，危迫万状。速请钧裁，电饬营县，妥为解散，不胜待令[2]。

端方接到电告后，迅速派防营前往镇压，并委许星璧为委员前往查办。端方批饬无锡、金匮两县令的具禀时指出，两县令玩忽职守，对“毁学事件”责无旁贷，并指出米行原来所捐之款既有十厘之多，而杨模等为兴办学堂要求米行从中拨出一成，为数甚少，而如此区区之数，米董竟不肯，而导致毁学之大案，“此中必另有别故，非旦夕之事”，并重申兴学为朝廷要政，兴办学堂本是地方要政，

[1] 沈云龙主编《端忠敏公奏稿》，文海出版社，1973。

[2]《县立高小学校廿周纪念会续志》，载《新无锡报》，民国刻本。

绅商筹捐经费也属正常，且清提中饱与加捐不同，因此必须彻查此案[1]。

端方出面干预出乎无锡一些绅董的意料，事件得到迅速解决。端方认为商民与绅士不协而打毁学堂、焚烧绅士房屋，情节严重，如不严办不足以鼓绅士兴学之心，也对地方的公事不利。处理结果：一是包括常州知府和无锡、金匮两县知县在内的官员因处置不力被追究；二是惩办纵火打砸的肇事者；三是要求米商作出赔偿，米商答应拨充庙捐三厘和桥工捐一厘作为地方办学常年经费，以两万元赔偿杨模私人及波及族人的房屋家具，另以两千元建筑锡金学务处，作为地方教育机构办公之所[2]。

“毁学事件”平息后，唐景崇积极做好善后工作，居中协调各方关系，共谋新学发展，无锡兴学不仅没有受到影响，反而出现了积极的势头：新派与旧势力、绅士与商民开始合作。在唐景崇的推动和督促下，锡金学务公所于当年十月成立，裘廷梁为总董，薛南溟为经董，这是江苏最早成立的县级新学学务机构。学务机构成立后，担当起了地方兴学的重任，推动无锡、金匮两县新式学堂的迅速发展，到光绪三十二年（1906年）年底，无锡、金匮“城乡小学，云起泉涌”，两县在校学生达两千八百余人，“他县啧啧盛称之”[3]。

“毁学事件”产生了连锁反应。无锡毁学风波过后，江苏各属“毁学事件”时有发生。江苏的新式教育发展得比较快，兴学的力度也比较大，因此，乡村中各种教育冲突和矛盾暴露得也比其他地区更为充分，“毁学事件”也较其他地区多。

光绪三十一年（1905年），泰兴县发生“毁学事件”，使得泰兴学堂经营数年的功绩毁于一旦，学校一百三十多间校舍门窗、玻璃皆被毁坏，墙垣屋瓦倒塌甚多，至于书籍、仪器更是无一完全。

泰兴县“毁学事件”发生后，唐景崇接到泰兴县的禀报，立即对泰兴县知县龙璋作出批示：

---

[1] 沈云龙主编《端忠敏公奏稿》，文海出版社，1973。

[2] 同上。

[3]《锡金学务公所报告书》，《申报》光绪三十三年十月初五。

禀悉该乡民等竟敢藉演团为名，聚众毁伤官长，并毁坏学堂，实属憨不畏法，亟应惩办。仰该县赶紧查拿首要，研讯详办，一面解散协从，杜绝乱萌，俾地方得以安谧为要。至该县学堂办理有年，方望渐收实效，一旦毁废，实属可恨。俟事务稍定后，亟应设法赶为整理。其如何办法，当再详禀候夺[1]。

泰兴县“毁学事件”在唐景崇的督饬下得到平息。事后，唐景崇再度批示：

禀悉该乡民既已解散，地方自可安谧无虞，俟委员到县后，该县应随同认真查拿严办，以示惩儆。至学堂毁坏，于学界大有关系，该县应如何设法兴复，亦须及早筹画。现在管理员、教员、各学生是否一切无恙？目前如何安顿？应再详禀，以免悬系[2]。

兴学与毁学是一对矛盾。唐景崇既要在大力兴学的同时，要尽量避免“毁学事件”的发生。当“毁学事件”发生后，要妥善处理，并从中吸取教训，努力消除兴学方与毁学方的“隔膜”，使毁学方向兴学方转化，从而形成兴学的合力。正因为唐景崇的持续努力，江苏新式教育在唐景崇任期内得以长足发展。

八　查视新式学堂

光绪三十一年（1905 年）九月，光绪皇帝颁布停止岁科考试的上谕。唐景崇立即将全部精力转移到办新学上来，他决定“于发落日，起程沿途考查各府县学

---

[1]《唐景崇批示文》，载虞和平主编《近代史所藏清代名人稿本抄本（第一辑）· 唐景崇档》，大象出版社，2011。

[2] 同上。

堂”。

光绪三十二年（1906年）春节，是唐景崇就任江苏学政以来在江阴过的第三个春节。春节过后，离三年任期结束的日子不远了，而此时裁撤各省学政的小道消息不时传来。唐景崇此时的想法是要抓紧时间，将谋划多时的查视学堂付诸实施。在《奏遵旨回京供职并查视学堂情形折》的开篇说到他查视学堂的目的是："窃臣自经理学堂以来，因思兹事体大，非亲历各属查视，不足以窥实际。"[1]

为查视学堂，唐景崇专门给江苏学务处发去咨文，对查视学堂提出明确要求，并作出具体安排，以便各地做好迎查准备：

本部院有查察各府厅州县学堂之责，此次出辕周巡各属，曾经奏明在案，所至之处，均调查教员之讲义，管理员之规则，各学生之程度，以及学额、班次、钟点之多寡，图书、仪器之有无，校舍是否合宜，经费是否敷用，亦既分门登记，严加考核，分别等次，发昭激劝。其有独具特色及未尽合宜之处，除面加奖励与指驳外，应再咨会各处学务公所列榜通知，庶几短长互见，新旧沟通，冀有裨于学界，以尽本部院劝勉学子之苦心。除商部高等实业学堂、制造局兵工学堂、教会所设各学堂不列等次外，特将查过之各学堂应列何等，详加批示，咨请贵学务处（总学会）榜示，再传知各学堂监督、校长遵照办理，毋违[2]！

同时，唐景崇也给江苏学务总会发去照会文：

上海续发中外，风气开明，学校如林，灿然有色，又得贵学会热心提倡，务求实际，持纲挈领，俾教法一律改良。本部院承乏此邦，实深敬佩。窃念东西各

---

[1]《奏遵旨回京供职并查视学堂情形折》，载虞和平主编《近代史所藏清代名人稿本抄本（第一辑）·唐景崇档》，大象出版社，2011。

[2]《致江苏学务处咨文》，载虞和平主编《近代史所藏清代名人稿本抄本（第一辑）·唐景崇档》，大象出版社，2011。

国人才辈出，竞进富强，皆赖学会讲求之力。贵学会自开办以来，已著成效，官绅一气，同济时艰，体朝廷作育之心，综学界合群之实，经营创始，鼓吹文明，其成就人才为甚多，转移风气为尤速。本部院景企之余，愿观厥盛兹，择期月之十五日由江阴启程，前赴上海调查学堂，凡隶城厢内外所有官立、公立、私立各学校，烦贵学会先期达知，比輶轩之问俗，惭津逮以未能，所愿贵学会诸公概表同情，藉匡不逮，众长博采，既得观摩之公益，勉尽劝学之微忱。区区此心，乃本部院所豫为跂祷者也[1]！

学政出巡是大事要事。唐景崇委托唐浩镇打前站，妥善安排：

此件如何着手？必须提纲挈领办理，始能得法。故拟约吾弟到澄一商，方有主义。现弟既难抽身，即可不必。俟到锡山再从容商酌。惟必弟先赴沪安排，是为要著。中学、小学课本书目，拟带二百套，黄纸匾额酌带数份，短少再添补。至行程则拟由金锡至苏，到苏须留两日，要一官轮拖带至沪。由沪回时仍要一官轮拖带回苏。由苏仍回金锡，出常州，走镇江、扬州、通州、淮安查学。至清江浦回程，大致如此安顿[2]。

从唐景崇的安排看，从三月开始至十一月学政任期结束，先查视江南，后查视江北，是一次全省性的视学活动。

光绪三十二年（1906年）三月十六日，唐景崇带随员章际治、唐浩镇及随从由江阴起程，开启了中国学政第一次查视全省新式学堂活动。

关于此次视学情形，唐景崇在《奏遵旨回京供职并查视学掌情形折》中这样描述：

---

[1]《唐学使照会江苏学务总会文》,《申报》光绪三十二年三月十五日。

[2]《致唐浩镇函》，载虞和平主编《近代史所藏清代名人稿本抄本（第一辑）· 唐景崇档》，大象出版社，2011。

三月十六日，臣自备资斧，简从出巡，自江阴先莅无锡、金匮，继至苏州省会，复至上海租界。初拟上海查毕，即遄往江北各属，适上海查将及半，恭奉电传四月初二日内阁钞奉上谕……臣遂将该县所有学堂赶即查毕，折回江阴驻署，料理任内公事，以备检交[1]。

从三月十六日起到四月初十结束，前后历时二十四天。除到江苏学务处、江苏学务总会检查指导外，唐景崇共查视金匮、无锡、苏州、上海等府县各类新式学堂七十三所，其中上海一县就查视了五十八所。唐景崇往往是清晨出发直到半夜方回住处，一天最多查视了八所。

《申报》对于此次唐景崇的视学活动高度关注，全程跟踪报道，除逐日报道外，还在一地视学结束后，进行一次总结性报道。如三月二十六日《再纪唐学政锡苏视学情形》记载：

此次唐宗师调查锡苏各学堂，均取教员课本讲义、学生课卷图稿，逐件查阅，然后评定教员之教法、学生之程度，另记一册以别优劣。锡金各学多由绅主持，各校均备欢迎曲、入门歌，以表欢迎之意；商校、女校并赠画屏等物留作纪念。宗师大加赞赏，于其办理得法者，赠匾额有“九龙擢秀”“声蜚咫角”等字样[2]。

三月二十八日《补纪唐文宗在苏视学详情》记载：

宗师于各校科学之完备与欠缺、教员之讲义与教法、学生之功课与程度、管理之规则与实行、经费之多寡与所自出、校舍一切之形式并全校之精神，考察详

[1]《奏遵旨回京供职并查视学掌情形折》，载虞和平主编《近代史所藏清代名人稿本抄本（第一辑）·唐景崇档》，大象出版社，2011。

[2]《再纪唐学政锡苏视学情形》，《申报》光绪三十二年三月二十六日。

密，一一记载，加以评语，公立民立，劝勉尤殷，并给匾奖励[1]。

关于此次视学情形，唐景崇于闰四月十六日《奏遵旨回京供职并查视学堂情形折》中作了专门奏报：

伏念此次所查学堂，其官立者固属不少，尤以绅商公立及私立者为多。官立者，如苏省两级师范学堂、高等学堂、游学预备科、上海商部高等实业学堂、制造局兵工学堂、龙门师范学堂，均规模宏整，法制谨严；公立、私立者，如无锡中等商业廷弼学堂、初级师范学堂、上海澄衷中学堂、南洋中学堂，其形式之整齐，精神之发达，实足与官立者相勒，且苏省纱缎业、上海衣业、金业、花业、水果业等皆知各筹经费，自办学堂，以故商界诸人，无不争先恐后，各自为谋，思以学战为商战之本，即寒儒下士多有苦心筹度，勉尽义务，栽培下等社会之子弟。而各处女学，亦复渐有萌芽，数年以后，学校当能林立，教育可期普及。统计刻下，锡金两县有公立、私立学堂五十所，苏省长、元、吴三县有公立、私立学堂三十余所，上海一县有公立、私立学堂一百二十余所，或独力创办，或集资成立，要非诸绅商热心教育不及此。臣每到一学，敬谨奉宣朝廷德意、立学宗旨，殷殷与诸绅商相劝勉，复为之考查教法若何，程度若何，管理法若何，所筹经费若何，靡不一一录记，但为日无多，四乡不能遍到，苟来约请，亦心必迂道一往。俟全县择尤查毕，复为之分别等次，奖给匾额，列榜通知，群情甚为鼓舞[2]。

就在视学上海学堂及半的四月初二,一道“所有各省学政一律裁撤，均著回京供职”的上谕传到唐景崇的手上。虽然早有传闻，但没想到来得这么快，唐景崇查视江苏全省学堂的安排被打乱。

---

[1]《补纪唐文宗在苏视学详情》,《申报》光绪三十二年三月二十八日。

[2]《奏遵旨回京供职并查视学堂情形折》，载虞和平主编《近代史所藏清代名人稿本抄本（第一辑）·唐景崇档》，大象出版社，2011。

上谕已经下达，学政使命终结。唐景崇抓紧最后的时间完成对上海学堂的查视，于初十启程回江阴。

九　洁己耐烦

唐景崇出身寒素，待普通百姓亲切宽和，诫官员善以待之，他自己以身作则，对自己和属下都约束甚严。在一个视贪腐怠惰为寻常的环境里，主事者的清正有为往往更有力量，更有示范作用。唐景崇的所作所为，对于跟随唐景崇的一众属下，是一种鞭策和激励，也是一次学习和终身难忘的历练。

唐景崇为南菁高等学堂可谓费尽心力，多方筹措巨资，方才保证南菁高等学堂扩额和正常运转。南菁高等学堂诸君共同商议，考虑到唐景崇学政衙署经费紧张，拟帮其代交房费并拟送银六百两以充学政衙署公费之用。唐景崇致函南菁高等学堂教务长兼庶务长唐浩镇，婉言谢绝：

至房费一件，由琴弟交来我处，不便照收，已仍交由回琴弟矣。又承诸君厚爱，由蘅弟、琴弟及少虎三君送来南菁公费六百金，据云出于全堂公议。此情可感，于义则万不可受，业已敬璧。其不可受之故，试为吾弟一述其概要，本堂如此，为救眉急，苦心苦口向当道陈说，得此数千金暂用，而我尚欲分用，成何事体？若照如此办法，此后我若代且本堂筹款，当道不免生疑，以为我有自利之心，从何洗涤？既开此端，将来何以处？后任岂不为本堂多出一笔开支？即此之端，已断无可受之理。请吾弟千万不必再提此件，否则非吾真知己矣[1]。

[1]《致唐浩镇函》，载虞和平主编《近代史所藏清代名人稿本抄本（第一辑）·唐景崇档》，大象出版社，2011。

光绪三十二年（1906年）三月十六日，唐景崇“自备资斧，简从出巡”[1]，查视江苏各属办学情况。为视学事，在致唐浩镇函中，唐景崇一一交代：

此次出巡查视学堂，约计需船五号。只带幕友一人，缮写一人。本拟约令叔同往各校考查，因年齿稍长，道远，不免劳累，拟改南菁学生叶莚渔，年力壮盛，文笔亦好，各科学俱有门径，将来若需演说，或即饬其代表，若虑叶生不甚老练，则不如请弟充当此席。此件亦大有关系，总须发挥沉痛剀切，始足动人。

此外，只带文熙一人，并无公事，不过饬其稽查。家丁吏役带书吏两人，号房一人，其余吏役概不必跟去。带厨子一人，茶房一人，剃头一人，管衣服一人，跟班一人，轿头一人。所过各州县，只饬其备办舟车夫马。从前所供给上下酒物及各项规费，概行裁去。特饬廖文巡专司稽查，倘有私取分文，一经查出，定行严惩。既照如此办法，上面固须自备资斧，即吏役人等亦须自备火食，是以只带三人，余不必去。

来书云到锡山拟借义庄为行辕，并云吾弟先赴沪上，屏当行辕一著。鄙意或不必用行辕，缘一搬移，诸多繁费，试问此项用度，出于官乎？出于绅乎？出于自办乎？若出于官，将来必滋闲言；出于绅，于心有所不安；出于自办，开销愈大，似不相宜。不如仍住舟中，有一二应会之客，舟中亦可促膝。至于登岸查学及拜客，不过需一二舆轿人夫。到沪上县中，只须预备两马车，三数东洋车，其余执事可不必用，若照例派警兵护卫亦可。有两马车便可坐四人，或我与叶生同坐，弟与琴弟同坐，其三数东洋车，则听一二仆人及号房用，如此办法，则州县所费无几，不过给发数舟之水脚及一二舆轿人夫之费而已。如此多句留三两日，亦不至州县受累。不然，此曹外貌敬恭而内实巧滑，待学政与待督抚有别，不能不处处留心也。

---

[1]《奏遵旨回京供职并查视学堂情形折》，载虞和平主编《近代史所藏清代名人稿本抄本（第一辑）·唐景崇档》，大象出版社，2011。

唐景崇对此次出巡视学十分重视，对打前站的唐浩镇的叮嘱可谓十分周详和细致。学政出巡视学，本是公事，但唐景崇却一反惯例，自掏腰包，轻车简从。这在清朝历史上可谓独有。

唐景崇一生清廉自持，对身边的书吏、仆役也要求甚严。这次出巡视学，他特别交代沿途照料安排廖巡捕：

此次本部院考查各属学堂，所有沿途经过州县，凡一切上下酒物及各种规费，一概不得馈送。所经过各州县，即仰该巡捕先行会晤印官，传谕遵照。倘有不遵谕示，一经查出，定行参办。至本部院所带家丁及吏役人等，一切火食，由本部院给发，倘有向该州县分文需索，务即禀明严办。在该巡捕当差有年，谅能自爱，应不烦本部院谆谆告诫。惟既受本部院严委，即应破除情面，实力稽查，须知与受同科，固难宽贷，而代人受过，亦殊不值。懔遵无违，至要至要[1]。

清正廉洁，是官员的底线。唐景崇札知廖巡捕，先是要求经过州、县，凡一切上下酒物及各种规费，一概不得馈送；继而约束随从人员，倘有向该州、县分文需索，务即禀明严办；最后，告诫廖巡捕，应破除情面，实力稽查。他的行为不仅起到震慑作用，还兼具影响力和感染力。

江苏学务总会对唐景崇到上海视学，本拟举行盛大欢迎酒会，但在唐景崇的要求下，一切从简，欢迎会上只备茶点，只到园中草地拍照，留作纪念事。整个欢迎仪式简朴而热烈。

此次唐景崇出巡视学，《申报》高度重视，派出得力记者，一路跟踪报道。这些自视甚高、对待官员检视甚严的记者，对唐景崇严于律己的言行，也不禁感慨赞叹：

---

[1]《江苏学政札廖巡捕文》，《申报》光绪三十二年三月十九日。

宗师洁己耐烦，志切兴学，摒除官样文章，实事求是。一切供应，概不收受。午饭时，校中便膳，或干点皆可，如备酒席，则滋不悦，谓非酬酢，仪文时也。随从极简，亦无丝毫需索。士林咸称之[1]。

“洁己”，意即使自己行为端谨，符合规范，保持自身廉洁，一心奉行公事。《论语·述而》载：“人洁己以进，与其洁也，不保其往也。”“耐烦”，为曾国藩居官名言。曾国藩曾经说过：“居官以耐烦为第一要义。”

《申报》用“洁己耐烦”赞叹唐景崇，评价不可谓不高。

十　疏陈学务十事

唐景崇在江苏学政任上，亲自主办南菁高等学堂，主抓江阴礼延高等小学堂等学堂，审批各属学堂立案，亲临各属查视，通过对《癸卯学制》及通行章程的深入研究，对在兴办新式教育过程中，如何办好学务进行深入思考，形成了自己的想法和思路。

光绪三十一年（1905年）九月二十四日，唐景崇疏陈学务十事。十事是：隆典礼以崇圣教、讲经学以端儒术、扩中学以宏造就、定赏罚以励兴学、宣学例以防流弊、晰升阶以定学级、添襄校以重试典、考科学以储人才、兴实业以厚民生、研医学以重卫生。十条建议，条条来自现实与实践，无疑是真知灼见，具有极强的针对性和可操作性，对于清廷的决策和后世教育的发展有着深远的意义。

比如，扩中学以宏造就事：

查每府廪、增、附生约在千人以上，其年壮有志进修者，殆不下数百人，如统归之师范传习所，恐难容纳。按学堂章程所定中学阶级与廪、增、附生尚属符

[1]《补纪唐文宗在苏视学详情》,《申报》光绪三十二年三月二十八日。

合，惟有多立中学，使诸生入堂安心习业。小学程度未足者，令其补习中学，额数本定以三四百人或五六百人为合格，乃各属官立中学款项支绌，每府不过一堂，每堂学额不逾百数十人，已属难以办理。至州县更无力创建中学。今欲扩充，必须官民通力合筹，明定奖励以为鼓励。查实业学堂通则有私立实业学堂者，量其捐资多寡，奏请从优奖励制度。拟请嗣后各府州县如有私立中学者，即援照办理，或有公立中学者，亦得请旨从优嘉奖，庶辅官立之不足，而中学渐可扩充矣。

比如，考科学以储人才事：

查学堂所设诸科，如法律、财政、兵法、交涉、舆地诸门，凡工国文者，果能从事中西精要之书教员善为讲授，易得其门径，但欲徵诸实用，则非历练不足以成材。至算学、图画、翻译、理化诸门，海内习算者，尚不乏人，然程度亦只及代数，精微积者尚罕睹，缘中国所传习者，仅有《代数积拾级》《微积溯源》两书，难以致力，近日东洋亦有微积教科简本，未能译出，殊不适用；通测绘者，亦尚有人，然用法熟而且精者究少；至翻译、理化，十年以来，风气渐开，争思练习，虽中国译书、制器未能遽精其艺术，然此两门已渐有程度。迩来上海、无锡一带开社建堂，专习翻译、理化者甚夥，颇有进步；其农务化学、工业化学最属有用，而习者尚少。外省各学堂所请翻译、理化各教员，以洋人难聘，仍多选用华人。拟请饬令学务大臣将翻译、理化两科出示招考，于大学堂中择洋教员程度高者畀之衡校，选拔精通之品，予以荣途，以示鼓励，科学乃渐收实效。此项人才储备大学堂中，为异日考试高等学襄校之用，盖此系专家学，临时不易选充也。

比如，兴实业以厚民生事：

查实业学堂章程已备，乃各省所设立者甚属寥寥，生齿日繁，财源日竭，治生实为今日之急务。中国日用所需各物，仰给于外洋者，何可胜数？亟宜锐志振兴实业，以期抵制之方。虽重大工艺一时筹款维艰，而日用寻常手工制造，须早开立学堂，以便肄习。拟请饬下各省督抚赶紧设法开办，其乡镇村市尤应广设。大凡农家子弟，能耐劳苦且善操作，以之肄习工艺，较之儒生尤易成就。日本崛兴之初，独于实业学堂特别注意，盖此项学堂视研究政法及文字语言诸学堂较易收效，何则工艺卒业便可谋生，实于富强大有关系，不可视为末务也。

比如，研医学以重卫生事：

查医学一道，自汉唐以来，讲求日众，元时诏立医学，令生员习课定其优劣。近来泰东西各国以医学堂为专门学校，各府县均设立。外洋以卫生为教育根本，故有公众卫生，有个人卫生，是古今中外靡不郑重医学，诚以此关系人生之性命，实属体育之权。与近日中国习医之士或泥于中，或偏于西，讵知中医尚少实验之功，西医不尽和平之法，其弊惟均，非合中西而并研究，断难尽善。今欲广开学堂，需款浩繁，惟有先立医学研究会，似较轻而易举。应如何妥定章程，拟请饬下顺天府兼尹、府尹及督抚设法办理，提倡医学，先从省、府、州、县及繁盛镇市，官民合筹广设医学研究会，使本地素通医者，肄心其间，聘请精通中西医术之士在局，互相讨论，尽心教授，必于斯道大有发明，瘵来大学专科之医，未必不萌芽于此。果使医学倡明，卫生有益，亦即强民之一端也。

除以上四事，隆典礼以崇圣教事，强调学堂章程管理通则内礼仪规条章，维护孔子的神圣地位，强化学生个人修身，唐景崇建言：“拟请饬下各省学政于小学堂学生毕业考试得生员后亦应由学政率领教官及该生等恭谒文庙，并参酌新旧例章，饬令教官敬谨宣读钦定卧碑圣谕广训，是尊崇师表巨典永垂也。”

讲经学以端儒术事，强调要培养学生修身养正，训俗劝化，坚其敦尚伦常之心，鼓其奋发有为之气，唐景崇建言："拟请饬下各省学政采访现在宿儒，无论举贡、廪附，果其治经有家法、韦布孤学、孜孜不倦者，酌量咨送学务大臣考核，或请旨赏给官职，或荣以虚衔，派充小学、中学、高等学经学教员，俟授课期满，一体奖励，则已成之经生不致湮没，而未来之经生且资鼓励，庶于人心世道，两有裨益。"

定赏罚以励兴学事，强调兴学要明确责任，落实赏罚，唐景崇建言："拟请饬下政务处及吏部详议办学功过，将所办学堂分晰大小多寡及开办时日深浅，或确著成效，或毫无实济，逐条剖判，权以赏罚之轻重，著为成例，将来核其功过，按例照办，该府州县懔然例议之可畏，自视学堂为功名得失之关键，不致庸玩延误矣。"

宣学例以防流弊事，强调新式教育的目的是使学生成为"学行交修"之完品，唐景崇建言："可否请旨明宣学律，俾学堂禁令，昭然在人耳目，并严饬各省办理学务诸员与肄业学堂诸生，务须谨守法律，切实遵行，倘学生等或有违犯，惟有严执定律从事，毋稍宽假，于是学生等有所警惕，咸知自爱，学律严而后学规始肃也。"

晰升阶以定学级事，唐景崇则建言："拟请饬令学务大臣详议办法，（将晰升阶以定学级事）补入奖励章程，通饬各省，异日毕业考试按照奖励，庶昭平允而符定章。"

添襄校以重试典事，唐景崇则建言："是惟有准添襄校一法，方有定衡，拟请饬令学务大臣详加核议，俾临时不至棘手。盖学生之去取，既决于试官，则平日之程度，全恃试官之核校，倘使忽略从事，或致滥取，是学堂仍无异科举。或谓学堂有课程分数，亦岂毫无可据？然必试官详加衡校者，所以郑重求才，苟无定衡则真才不可得也。"

最后，唐景崇疾呼：

总之，薄海兴学，惟期教育普及，士兵农工商人人有学，然后教育始完。外洋分造士、教民为两途，故能各收实效。此次，诸臣请推广学校，所云学堂不专为储才，以开通民智为主，即是兴学之要旨也。再臣现专司考校学堂事务，目前各属开办学堂事务甚繁，臣应随时简从出巡，面加考校，或与官绅等筹商布置较妥，公务亦较吃紧，谨此先行奏明[1]。

---

[1]《唐景崇疏陈学务十事》,《教育杂志》光绪三十一年十二月。

第十四章

顾桑梓一片赤诚

一 阻挠立传建祠

光绪十八年（1892年）十月初五，一道奏折呈递到了光绪皇帝的案头。光绪皇帝阅后，朱笔一挥："著照所请，该衙门知道。"[1]

这道奏折涉及两个人，一个是现任广西巡抚即上折者张联桂，另一个是前任广西巡抚苏凤文。

张联桂，字丹叔，江苏江都人，咸丰年间入资为太常博士。同治初年授广西庆远府同知，累迁至广东高州知府。光绪八年（1882年）擢惠潮嘉道，调署粮道。中法战争期间，筹办海防，曾陈十二策，多被两广总督张之洞所采纳。光绪十二年（1886年）调湖北荆宜施道。次年擢广西按察使，迁布政使。光绪十八年（1892年）升广西巡抚。

苏凤文，贵州贵筑人，举人出身。道光二十五年（1845年）十二月，分发广西成为候补知县；咸丰五年（1855年）署全州知州，咸丰十年（1860年）擢左江道；同治元年（1862年）任广西按察使，同治四年（1865年）升任广西布政使，同治六年（1867年）继张凯嵩署理广西巡抚。

张联桂在奏折中历陈苏凤文宦桂功绩，集中在军功方面，主要有五点：一是在罗城任上，苏凤文感化招抚土匪余八，并在之后的剿匪行动中得余八之死力相

[1]《京报》光绪十八年十月二十二日。

助。二是署理全州期间，苏凤文通过加筑加固城池，将十万太平军拒于城外。三是咸丰四年（1854年），太平军袭全州“势甚猖獗”，苏凤文先是率军于新圩马渡桥击退太平军，接着又与檄营宫潘其泰内外夹击，大败来犯之黄金亮、马盈科等匪股。四是咸丰五年（1855年），石达开二十万众围困省城桂林，苏凤文派部将卢爵唐等三次赴湖南告急求援。前任湖南巡抚骆秉章遂派蒋益丰、江忠源等率军援剿。与此同时，苏凤文多方筹集客军所需之粮草，并派部将率后勇团练为之向导，桂林之围遂解。五是石达开军攻陷全州，苏凤文遣部将赴永州乞援，与湖南援军合力大败太平军，随后又剪除窜扰州境之土匪杨得高等。

除军功外，张联桂奏折中还列出苏凤文政绩若干，主要包括筹办军饷、紧抓团练、组织抗旱，并奏请增加学额等。

张联桂认为苏凤文事必躬亲，将地方政务处理得井井有条。因此，在苏凤文离开广西赴淮安就任漕运总督之时，广西士民千里相送，感念至深，舆情爱戴，至今追思不忘。因此，张联桂以吏部主事雷祖迪等呈请为由，上折奏请先将苏凤文事迹宣付史馆，俟例限（礼部崇祀章程规定：其身故三十年后，才能题请建祠）届期再行题请建祠。

张联桂的奏折和皇上的谕批先是在光绪十八年（1892年）十月十二日《邸报》刊出；时隔十天即二十二日，《京报》登出；继而是十一月初一，《申报》转载。舆情在逐步扩散，影响也在逐渐扩大。

苏凤文长期在广西为官，是否真的如张联桂奏折所述那样功绩显著？事实恰恰相反，苏凤文在广西民众和桂籍京官中可谓是“声名恶劣，舆情并不爱戴”。

“是可忍孰不可忍。”广西一众京官汇聚到京城广西会馆，在时任日讲起居注官、翰林院侍读唐景崇的主持下，商量如何应对这一事件。请求皇上收回成命，关系到朝廷的威信、皇上的权威和颜面，这可不是一件容易的事，如果没有充足的理由，不仅不能让皇上收回成命，而且有可能会危及自身的仕途和安危。但是为了故乡广西，哪怕是冒犯君颜，唐景崇等也要放手一搏。

商量的最终结果是，以唐景崇等人联名具折为主奏，其他人联名具折为辅奏，另外让雷祖迪现身说法，赴都察院申明，张联桂为“捏名在籍”。唐景崇领衔桂籍京官决心通过三个行动，以期皇上收回成命，达成弹劾现任广西巡抚张联桂和已故广西巡抚苏凤文的目的，还广西一片朗朗乾坤。

十一月初十，桂籍京官的两份奏折同时出现在光绪皇帝的手上。

一份奏折由日讲起居注官、翰林院侍读唐景崇起草领衔，光禄寺少卿岑春煊、刑科给事中唐椿森副署。这三人在桂籍京官中品级相对较高，加之唐景崇作为日讲起居注官，有专折言事之权，不用那么麻烦，奏折可以直接呈递上去。

另一份奏折由翰林院编修钟德祥领衔，记名御史内阁侍读王鹏运；中书况周仪、陆嘉晋；翰林院修撰张建勋、刘福姚，编修骆景寅、曹树藩、许晋祁；吏部主事雷祖迪、关榕裕、陆辅清；户部员外郎苏玉霖，主事傅超、李庆云、谢启华、吕森、谢承恕；礼部主事李秉瑞；兵部主事党庆奎；刑部主事左盛均、杨文春、黄守正；光禄寺署正唐启宇等署名。这二十四人联名具折，因为没有直接上奏之权，只能“遣抱长班陈兴”赴都察院，“公请据情代奏，以公彰瘅而存直道”。

唐景崇三人奏折的重点：一是弹劾现任广西巡抚张联桂，二是弹劾已故广西巡抚苏凤文。

弹劾现任广西巡抚张联桂的理由。

其一，“捏饰假名，上渎天聪”：

今查得同乡吏部主事雷祖迪在京供职，并未在籍。询诸雷祖迪，亦无为故抚臣苏凤文呈请立传建祠情事。伏思国家旷典，非可幸邀，岂宜捏饰假名，上渎天聪。

其二，奏报苏凤文“战功亦多失实”：

咸丰二年（1852 年），全州被洪逆屠毁该州，绅民惩前警后，创立团练，在州城设总局，择乡村设分局。遇有寇患，则总局传调，分局四应，粮械齐备。其时办团得力者有武进士蒋子麟、武生傅俞骅、廪生廖祖昌、生员唐亨九等。凡外匪窜扰，州属团练舍死力战。马渡桥之役，廖祖昌、唐亨九均殁于阵。地方官不理团练之事，致廖祖昌、唐亨九等竟被该故抚湮没，不闻请恤。前后贼扑州境，堵御皆团练之力。该故抚于事后攘攫居功，皆未据实禀报，州民犹以为恨。咸丰四年（1854 年），洪逆早已由湘而鄂，窜据金陵，共所闻见，乃谓四年内洪匪在州猖獗，显系不实。又称黄金亮等股来犯，檄营官潘其泰内外夹击，擒斩渠魁。查潘其泰即投诚之潘七。咸丰三四年间，确系带勇保卫南宁府城，何以忽称移剿全州？咸丰五年（1855 年），石达开回窜桂林省城，其枝匪扑犯全州。得前顺天府府尹臣蒋琦龄以桑梓患迫，发急书致前湖南藩司文格转禀前湖南抚臣骆秉章饬师援救，乃遣蒋益澧等领兵赴粤。该故抚虽亦有求援文禀，岂得据贪为己功。此战功之铺张失实也。

弹劾已故广西巡抚苏凤文“声名狼藉，贪黩闻于道路”：

一、该故抚于全州任内，以城防捐缺营房坍坏，令富绅唐光文出赀修复，告以工竣，禀请给奖。乃该绅捐修筑银三千两，该故抚掠美攘功，以自行捐廉禀报。唐光文捐输款项竟被湮没，致令州民急公仗义之情群相沮愤。

二、该故抚任全州时，创造站笼，滥刑毙命，惨不忍观，该州人尚能道之。

三、发逆窜扰全州，楚军入援，该故抚勒派乡民，出谷助饷，匿不上闻，复果请上宪照数给发，尽入私囊肥己。

四、该故抚于藩司任内，值甲子科文乡试，抽收闱费，监生抽银三两，生员抽银一两五钱，致令寒士不能买卷入场，聚集多人前往乞免，该故抚坚执不准，几至激成事变。

五、该故抚于甲子科应试监生呈验监照，凡京捐与前捐者，虽经学臣鲍源深验照录科，仍悬牌均著不准买卷，勒令照省捐银两另缴观光，士子多有向隅，一时士心怨愤。

六、候补道李均由佐杂起家，诡僻无耻，素善钻营。该故抚用为厘金军需等局总办，寄以心腹，凡委补人员，先向李均贿赂关税，乃能委补。李均攘公利而增私橐，积赀至数十万。该故抚之得赂尤多，故当广西乱离之后，该故抚历藩而抚，家赀充牣，至今犹称富豪。李均被参有案。

七、该故抚不禁私铸，钱法最坏，酿成祸端，致有同治十三年（1874年）变换钱法，惨杀多命。

八、梧州府关加抽经费一项，比正税为重，系知府陈瑞芝任梧州时，因河路不靖，商货难通，经商禀请添设水勇保护，认输经费资饷，原议平定之日裁撤。乃平定之后，水勇虽裁，经费如故，而梧州知府遂藉为行贿之资。迭经各商禀请裁撤，该故抚并不批准。此又该故抚恋赂病民之咎也。

九、该故抚用候补道锡敬为梧州厘金督办，所有司事、签役、巡丁均由贿鬻。二三年间，司事积富至数万金，签役、巡丁各饱其欲，其为攘公利而病商民。可知司事、签役、巡丁之须贿鬻，由该故抚用锡敬始。

十、广西乱后，民气凋敝。该故抚倚任亲戚，冯姓有冯舅老爷之名，以缺之优次定贿之多寡，贪风大肆，民更不堪，至今通省闾阎尚有余憾。佥谓广西乱后之抚藩，以该故抚为贪污之最。迨补授漕运总督，去粤之日，所储赃款装入酒瓮累累，顾湖南人在广西当瓦匠者搬运，碰破一瓮，白镪坠出，始知所装是银，一时轰笑，商民有无子无孙，究竟为认作孽之语。

唐景崇等在奏折最后表明，“谨就臣等所闻见者上陈”，指出“实则该故抚劣迹尚不止此”，这是为钟德祥等人的奏折埋下伏笔，进而申述：

查原称该故抚平生功绩以在全州为最著，粤民感恋亦惟全州为最深，而全州之舆论如此，厥后擢任抚藩，任人不善，行政多乖。臣等籍隶广西，知之最悉。故抚臣刘长佑遗爱在人，粤民情殷，尸祝出于至诚。该故抚劣迹昭彰，群情怨恨，倘使犹存人世，尚愧对粤中人士，其能受一字褒荣千秋俎豆乎[1]？

钟德祥等人的奏折只是对唐景崇三人奏折的补充和强调。这样做的好处在于声势较大，容易引起皇上及各方的重视和关注。

光绪皇帝亲阅广西京官的两份奏折，立马召见唐景崇[2]。光绪皇帝垂询，唐景崇如实陈述，事情的来龙去脉立即清楚。光绪皇帝立即纠错，朱笔批示，收回成命：

前据张联桂奏广西在籍绅士雷祖迪等呈称："已故广西巡抚苏凤文功绩卓著，恳请宣付国史馆立传，俟例限届期，再行题请建祠。"当经降旨允准。

本日，都察院代奏广西京官钟德祥等联名呈称："苏凤文官粤声名平常，舆论不洽。吏部主事雷祖迪以在京供职，并未在籍具呈等词，赴该衙门声明。"复据翰林院侍读唐景崇等奏："苏凤文黩货攘功，群情怨恨，恳请收回成命"等语。

国史馆立传，必须事实详确，方足以昭彰瘅之公。苏凤文官粤时，不特舆论不洽，且为众怨所归，岂可滥邀旷典。所有请将苏凤文事迹宣付国史馆之处，著即撤销；例限届期请建祠，亦不准行。

张联桂于苏凤文声名政绩，并未详查确实，遽行入告，且雷祖迪既未在籍具呈，何以该抚率不加察，尤属不合。张联桂著交部议处。寻吏部议，张联桂应得降二级留任公罪[3]。

圣旨下达，遂成定案。桂籍京官在唐景崇领导和主持下，从得知广西巡抚张联桂为已故广西巡抚苏凤文请旨立传建祠事，到他们相互联络策划，分头上奏合

---

[1]《奏为前广西巡抚苏凤文声名恶劣恳请收回建祠立传成命事》，中国第一历史档案馆档案，档案号：03-5299-023。

[2]《谕折汇存》，北平撷华书局，光绪刻本。

[3] 同上。

参，到最后联手将现任广西巡抚张联桂和已故广西巡抚苏凤文弹劾成功，展现了他们对家乡的关注和对家乡事务的参与，为在广西的为官者树立典范，提供警示。

弹劾现任广西巡抚张联桂和已故广西巡抚苏凤文一案，初步确立了唐景崇在晚清桂籍京官中的领袖地位。

二　心系故乡灾情

广西地处边远，由于自然地理环境和人类活动造成的生态失衡等因素，清末民初时期，可谓多灾多难，各种自然灾害频繁发生，其中最为严重的灾害主要是水灾、旱灾和蝗虫灾害，不仅给广西民众的生产生活造成极大的困难，而且导致广西社会一直处于纷乱动荡之中。

唐景崇自同治七年（1868 年）离开桂林赴京赶考之后，其间只回过家乡几次：一是同治十年（1871 年）秋，在被钦点为翰林院庶吉士入庶常馆学习期间回乡省亲；二是光绪三年（1877 年）冬，其父唐开旭在京去世，其扶柩还乡，继而丁忧守制；三是光绪二十五年（1899 年）正月，因母去世，奔丧回籍，然后丁忧守制。其他时间在京城（亦带京官衔出任直省学政、乡试主考官）为官，虽然与家乡远隔千山万水，但却没有阻断他对故乡的眷恋和关注。故土情深，故乡的山山水水，一草一木，唐景崇魂牵梦萦；故乡父老乡亲的安危冷暖，唐景崇时刻记挂在心。

光绪二十一年（1895 年）入秋之后，广西各地晴多雨少，农作物普遍歉收，粮食大幅减产，民众饥不择食，连饮水也极度困难。郁林州（今玉林市）等地的干旱延续到光绪二十二年（1896 年）五月，郁林州“旱，饥，知州从国外购回大米卖给饥民，每日半斤，挤死不少人，惨不忍睹”，贵港“大旱，饥荒严至，卖妻卖女”[1]。

[1] 玉林市志编纂委员会编《玉林市志》。

光绪二十二年（1896年）正月初五，广西巡抚史念祖的《奏崇善等州县民力竭蹶请将应征地丁兵米分别蠲缓带征折》就呈递到了光绪皇帝的手中。光绪皇帝面对广西灾情，谕批道：

去年入秋以后，广西思恩等府属晴多雨少，晚禾多有歉收，若将应征地丁兵米照常征收，民力实有未逮，加恩著照所请，所有：崇善、养利、来宾等三州县应征光绪二十一年（1895年）钱粮银两著各蠲免十分之五，其余五分归入本年启征；左州、永康、柳城、雒容、象州等五州县应征光绪二十一年（1895年）钱粮银两著各蠲免十分之三，其余七分归入本年启征；贺县、桂平、平南、贵县、武宣、宣化、横州、马平等八州县应征光绪二十一年（1895年）钱粮银两著各以八分归入本年启征，其余二分分限三年带征；容县、富川二县应征光绪二十一年（1895年）钱粮银两著各蠲免十分之三，其余七分归入本年启征；凌云、临桂、灵川等三县应征光绪二十一年（1895年）钱粮银两著各以八分归入本年启征，其余二分分限三年带征。……该抚即刊刻誊黄，遍行晓谕，务使实惠均沾，无任吏胥舞弊，用副轸念民艰至意[1]。

史念祖，字纯之，江苏江都人，同治年间以捐资得通判衔，从军镇压捻军，升道员。不到三十岁即任直隶按察使。光绪初年，调任甘肃按察使，后升任甘肃布政使。之后，调贵州布政使、云南布政使。光绪二十一年（1895年）六月升任广西巡抚。

家乡的大旱牵动着唐景崇的心，他感同身受。当得知皇上蠲免广西多地钱粮的消息，唐景崇为家乡民众能受到皇上的恩惠由衷高兴，于是领衔桂籍京官上奏谢恩：

---

[1] 第一历史档案馆编《光绪宣统两朝上谕档》，广西师范大学出版社，1996。

钦惟皇上化洽寰区，量同覆帱，宵衣旰食，九重廑念，民依凿井，耕田亿兆，渥沾帝德。属在西粤，僻处南交，值偏灾而方叹鸿嗷，施仁政而同欣鸠集。泽敷桐茂，情浃葵倾。臣等鹓鹭班联，枌榆谊切，远离岭峤，喜里闬之腾欢，近效嵩呼，望天廷而拜命[1]。

每逢故乡遭遇灾难，他总是亲率桂籍京官，一面呈折向皇帝反映情况，寻求朝廷救助，期望皇上给予广西更多的关注和施恩，拯救故乡民众于水深火热之中；一面对于朝廷给予广西的救助，领衔上折谢恩，希望皇上对广西给予更多的关注。

清朝覆亡，民国建立，唐景崇“侨寓天津”，不再为官，“杜门不出”，“不再与闻国事”，但他仍然时刻牵挂故乡广西。

民国元年（1912年），广西发生洪涝灾害，受灾县达到十一个，灾情严重。唐景崇了解灾情后，即致函大总统袁世凯，请求拨款支持广西救灾。袁世凯看在唐景崇曾同朝为官的面子，批准拨济广西三百万元。

民国二年（1913年）五月，广西再次遭遇重大洪涝灾害，漓江、郁江暴雨成灾，江水泛滥。临桂、灵川、龙胜、全县、永福、苍梧、贺县、恭城等县田禾荡没，房屋倒塌，民众忍饥挨饿。唐景崇听闻家乡受灾消息，心急如焚，再次给大总统袁世凯上书请求拨款救灾。袁世凯电准拨款一百万元。

虽有袁世凯的亲批，但财政部却没有将应拨款项及时拨付给广西，民国元年（1912年）仅拨款五万元，民国二年（1913年）也只拨了五万元。杯水车薪，唐景崇得知情况，只得再次出马，领衔广西旅京同乡上书总理衙门催拨：

广西连日大雨，漓、邕、柳等江水大涨，阳朔、平乐、全县、富川、贺县、

---

[1]《唐景崇等恭谢天恩折》，载虞和平主编《近代史所藏清代名人稿本抄本（第一辑）· 唐景崇档》，大象出版社，2011。

雒容等县先后报灾，梧州、浔州灾情尤重。上年蒙大总统批准拨济三百万元，本年又奉大总统电准拨一百万元。此项拨款始终未奉财政部发给。合词禀请，转呈大总统饬部将前项允拨之款从速发给，以救地方[1]。

总理衙门收到唐景崇的书禀，即致函财政总长：

查广西水灾业经于本年七月五日奉大总统申令，饬筹赈款五万元即日兑往赶放急赈在案。惟灾情过重，待济尤殷，兹据唐景崇等禀称：前系补救地方起见，自应据情咨请贵部迅兑赈款。至上年及本年所奉批电准拨济款，系属贵部行政范围，贵部自有权衡相应[2]。

至是，财政部才陆续将袁世凯批拨赈灾款项拨付到广西，救广西民众于灾难之中。

三　阻止商包赌饷

光绪二十七年（1901年）八月，清廷全权代表奕劻和李鸿章与十一国代表签订了《辛丑条约》。《辛丑条约》第六款议定，清政府赔偿俄、德、法、英、美、日、意、奥八国及比、荷、西、葡、瑞典和挪威六“受害国”的军费、损失费四亿五千万两白银，赔款的期限为三十九年，年息四厘，本息合计为九亿八千万两，是为“庚子赔款”。

为了填补赔款这个窟窿，朝廷便把主意打在了老百姓身上：令各省盐价每斤增加四文钱，土药（土产鸦片）、茶、糖、烟、酒厘金增加三成。但即使这样，还

---

[1] 民国政府《内务公报》第十一期52号。

[2] 同上。

有一千八百万两的缺口无法填补，于是，按当时全国十八个省分摊。广西摊到每年三十万两，外加“补平、补色、汇费各项”，合计每年三十四万两。这对本来已经捉襟见肘的广西财政来说，无疑是飞来的横祸，令广西各任巡抚无不如坐针毡。

面对所分的巨额赔款，时任广西巡抚的丁振铎也想不出什么生钱办法，只好打起老百姓的主意。

丁振铎，字声伯，河南罗山人，为唐景崇同科进士，散馆授翰林院编修，后外放任甘肃知府，升新疆布政使，光绪二十七年（1901 年）四月授任广西巡抚。

丁振铎筹款办法有七条，即其新增之款，倡导而征输者二：官捐、糖酒油领贴加税；其旧有之款，整顿而扩充者四：浔税改章、整顿税契、押店加饷、增改厘税；实不得已而为之者一：闱姓各赌[1]。

对于闱姓各赌，丁振铎在奏折中说：

闱姓各赌，承充公司也。广西地接广东，赌风相沿成习。广东闱姓公司，承缴巨饷。西省近亦私卖闱姓，且有代东省公司揽收者，踪迹诡密，难于查禁。又查前抚臣黄槐森饬梧州官绅就赌博规中筹饷，招募安勇。此外，各州县亦多有收规募勇之处。既已不能禁绝，不如化私为公。除白鸽票各赌仍行严禁外，仿广东省章程，包商缴饷，暂行试办。自本年五月起，每年共缴饷三十万两，除划拨各处募勇外，尚余二十余万两内外。此则不得已而为之者也[2]。

丁振铎奏请开设闱姓各赌，自有其苦衷在。唐景崇等桂籍京官对开赌闱姓带坏民风，导致广西社会的不安定忧心如焚，对丁振铎的做法不满，但考虑到广西筹措赔款的艰难，就睁一只眼闭一只眼，没有予以制止。

[1] 朱寿朋编纂《光绪东华录》，中华书局，1958。

[2] 同上。

十个月过去，光绪二十九年（1903年）二月十六日，时任广西巡抚王之春上奏称："前抚臣丁振铎奏明招商承办赌饷，现因地方多事，所认赌饷丝毫未缴。"[1]

王之春，字爵棠，湖南清泉县人。弱冠从戎，先后作为曾国藩、李鸿章和彭玉麟的部属，参与镇压太平天国起义，历任山西巡抚、安徽巡抚，光绪二十八年（1902年）年底，调任广西巡抚。

招商承包赌饷，名义上有助于广西解决赔款问题，但开赌以后，不仅使得不少人沉溺其中不能自拔，而且也没有增加广西的收入，这就是未获其利先受其害。唐景崇读了王之春的奏疏后，再也坐不住了，立即命其门生赵炳麟起草致王之春书。赵炳麟写好后，由唐景崇改定并领衔，说：

敬再启者：前丁中丞为筹款计，奏请抽收赌规。敝省地瘠民贫，款项奇绌，于无可如何之际，为此万不得已之谋。当事者之苦心，固早为吾粤人所共谅矣！虽然，两利相权，从其大者；两害相权，从其小者。敝省之收赌规，所谓见小利而忘大害者也。敝省自戊戌以来，会党纵横，游匪四起，练团清野犹恐不治，加以赌帜如林，盗贼混迹，少年子弟趋赌如骛，父兄不能约束，师友不能劝止。正业既失，游民愈多，盗风愈炽，抢夺之案层见叠出。遂致去岁以来，游、土、会勾结一气，盗贼如毛，剿不胜剿，抚不胜抚。是以旌麾莅粤，万难措手。加以水旱成灾，哀鸿遍野，民间元气势将殆尽。现复纵之明目张胆以赌为业，民脂愈削而愈枯，人心愈诱而愈坏，盗源未清，盗薮日丛，其患伊于胡底？弟等半年来迭接乡人来书，太息痛恨于此事，以为数百年来未睹之奇害。弟等未敢缄默不言，伏读大公祖本年六月十六日大疏，谓"丁抚奏明招商承办赌饷，现因地方多事，所认赌饷丝毫未缴"等语，是于国家并无丝毫之利，而于地方实有莫大之害，徒使奸商猾痞剥削快意，以至民不聊生而后已。大公祖以爱民为心，视吾粤民犹赤子，粤民之视大公祖犹父母。以父母为赤子谋。未有不统筹全局而去其大害者。

[1]《谕折汇存》，北平撷华书局，光绪刻本。

倘蒙鉴察，此事关系甚巨，毅然奏请停收赌规，设法禁止开赌，使盗贼敛迹，地方肃清，吾粤人士共戴贤父母之德政于无穷矣！若虑款项无出，或请将厘金、盐务酌量招商包办，仍派委员督查，酌给公费。此两项包商，每年约可增二十万。此外有于小民无大损者，善为劝导，量力捐输，可凑三五万。如此办理，谅亦可以抵赌饷。惟仰赖大公祖与方怡、廉访两大公祖熟筹妥办，无任叩祷！弟等为国事民生起见，公同商酌，谨贡下情，伏乞赐鉴[1]！

“大公祖”是明清两朝士绅对府以上官员的尊称。唐景崇领衔致函广西巡抚王之春的目的是请他“毅然奏请停收赌规，设法禁止开赌，使盗贼敛迹，地方肃清”。改定，交由门生赵炳麟让同乡京官联署。因此，赵炳麟记载：“癸卯，自京中用同乡公函寄桂，唐春卿侍郎领衔，列名者四十五人。”[2]

唐景崇领衔书函发出不久，即闰五月初四，有人奏参：“广西糜烂日甚，巡抚王之春欺罔不识。”光绪皇帝阅奏，即批：“著岑春煊按照所参各款，严密查明，据实覆奏，毋稍瞻徇。”[3]

岑春煊，字云阶，广西西林人。云贵总督岑毓英之子，光绪十一年（1885年）考取举人，以恩荫入仕。中日甲午战争时前赴战场，光绪二十四年（1898年）因力主变法维新而得光绪皇帝青睐，授为广东布政使。光绪二十五年（1899年）调任甘肃布政使。光绪二十六年（1900年），岑春煊率军至北京“勤王”，并护送慈禧太后和光绪皇帝至西安，因功擢陕西巡抚，次年任山西巡抚，后署理四川总督。是时，署理两广总督。

岑春煊经过几天的明察暗访，于闰五月十三日将查明情况上报，光绪皇帝阅后谕批：“巡抚王之春办理军务，诸多蒙蔽，……著一并革职。”[4]同日，皇上再下

[1] 赵炳麟：《赵柏岩集》，广西人民出版社，2001。

[2] 同上。

[3] 第一历史档案馆编《光绪宣统两朝上谕档》，广西师范大学出版社，1996。

[4] 同上。

谕旨："广西巡抚著柯逢时补授。"[1]

广西人事的变动，有关禁赌之事被耽搁下来。六月十二日，唐景崇被钦派为浙江乡试正考官，但他始终惦记广西禁赌之事。为此，唐景崇赶在离京前，具折上奏称"广西赌饷，贻害地方，请饬速行停止"[2]。六月十八日，光绪皇帝谕军机大臣等："著岑春煊、丁体常查明情形，即行禁革，以全政体而清盗源。"[3]

至此，由赔款而引出的广西招商承赌之事才算被禁革，唐景崇也才放心地前往浙江主持乡试。

四　阻止商包盐饷

清末，赌风最盛莫过于广东。广东先是奏请官商合办闱姓，之后，白鸽票、山票、铺票、彩票等赌博方式也先后招商承饷，使赌博逐渐公开化、合法化。有了广东的先例，各省纷纷仿效，打起了"擦边球"。一时间，赌风猖獗，不但败坏了社会风气、危及民众生计，而且"盗由赌生"，不少赌徒流为盗匪，使社会治安形势更趋恶化，直接影响到了清廷的统治稳定。因此，不少朝中大臣纷纷呼吁禁赌，至宣统元年（1909 年），朝廷出台了初步的禁赌方案，定于宣统三年（1911 年）全面禁赌。

袁树勋，字海观，湖南湘潭人，由军功起家，历任江苏高淳知县、江西景德镇知府、江苏按察使、顺天府尹、民政部左侍郎、山东巡抚等职。在山东巡抚任内，他大力推进各项新政建设，尤以勇于裁撤冗员而闻名。在出任山东巡抚一年后，于宣统元年（1909 年）五月调署两广总督。

袁树勋上任伊始，即表示"粤省赌风向甲他省，为害最烈"，"必须严禁，以除民害"[4]。但赌饷却是广东重要的财政收入，因此，对于如何禁赌，袁树勋表

[1] 第一历史档案馆编《光绪宣统两朝上谕档》，广西师范大学出版社，1996。

[2][3] 同上。

[4]《粤督禁赌之先声》，《申报》宣统元年八月初二。

示将视筹抵情况而定，“筹款多则多减赌饷，筹款少则少减赌饷，饷则递减以至于无，赌则递禁以至于绝”。他请求朝廷明降谕旨，将闱姓即榜卜饷翌年禁绝，彩票则在当年底禁绝，承饷较巨的番摊（缉捕经费）、基铺山票则节节被限制，凡无赌之区，不得再开赌，有赌之区，仍着设法筹抵[1]。

为了筹抵因禁赌而减少的赌饷，袁树勋与其司道同僚瞄准了盐饷。“现今各处条陈均乏切实筹抵善法，惟据司道开列清折，盐斤加价为了筹抵赌饷，尚属简易能行。”“当时由司道各大员再三讨论，均以盐斤加价较有把握，惟加价之数目，必须按诸赌饷全数核计盐斤总额，以定多寡。”[2]督署随即将此意向函告陈宝琛等商人：“粤省赌博为害，现已奏明分别筹禁。惟禁赌必以筹饷为先，地方绅商均有应尽之义，或将盐务如何改良，或将商务如何整理，务竭力筹集巨资，将筹办之法与夫可筹款数详议妥章禀办。”

陈宝琛等人商议后回复袁树勋，表示愿集资承包全省盐饷，每年认缴正饷一千万两白银，另向有关衙门缴纳公费二十万两白银，方案如获允准，即先缴饷银两百万两[3]。盐饷由原来的三百三十万两白银骤然增加到一千万两白银。赌饷筹抵有了着落，袁树勋自然应允了商人们的提议，并在批示中称赞陈宝琛等商人“力顾公益，深堪嘉尚”[4]。

盐饷属于国家正课，如欲有所变动，须得到朝廷的允准，因此，袁树勋于宣统元年（1909年）十月二十九日致电军机处转奏朝廷，希望朝廷允准广东通过改良盐务来筹抵赌饷，并请朝廷下令度支部、农工商部先行立案，以坚承办者之心。朝廷对此的谕批是：度支部、农工商部知道[5]。袁树勋得到批复后，经过与陈宝琛等商人反复商议，于十一月十六日发出告示，允准陈宝琛等集资包承粤省盐

---

[1]《署两广总督袁树勋奏覆陈粤省赌饷筹办情形折》，《东方杂志》宣统元年第九期。

[2]《筹抵赌饷之问题》，《大公报》宣统元年九月三十日。

[3]《运司饬议包盐章程》，《申报》宣统元年十二月二十三日。

[4]《粤商承办全省盐饷记事》，《东方杂志》宣统元年第十三期。

[5]《粤督致军机处电》，《申报》宣统元年十二月初三。

饷[1]。

商包盐饷的消息甫经传出，即引发轩然大波。首先发难的是粤商自治会。他们推举前贵州巡抚、在籍大绅邓华熙致函袁树勋，提出五大质疑：一是盐价暴涨，影响民食；二是港澳洋盐入口，致开交涉而长漏卮；三是盐商设轮缉私，勒限加价，会断绝渔户生路；四是水陆缉私必领大帮军火，会发生串匪走税的事情；五是该商等均赌博无赖，恐非殷实，致蹈包厘覆辙，有碍饷源[2]。随即，上海、汉口、福州、天津、九江、南洋、美洲等地的粤商团体纷纷复电表示支持。

广西是粤盐的引地，广东盐价波动必然会影响到广西的盐价。正因为利益攸关，所以广东商包盐饷的消息传到广西后，立即引起广西方面的抗议和担忧。广西咨议局数次致电袁树勋，指出新商“承抵赌饷约一千万两之多，比平时盐价势必加重无疑。粤垣如逾五分，西省必昂多一倍。贫民固难负担，越盐且暗畅销，国课民食具有妨碍”[3]。同时，派出议员唐钟元、莫汝庞前往广东调查、磋商，并致电同乡京官鼎力支持，据理力争。

面对社会各界的质疑和反对之声，袁树勋坚持己见，不为所动。宣统元年（1909 年）十二月二十七日，袁树勋将盐务商办方案呈奏朝廷。

就在袁树勋上陈奏折后的第三天（即十二月二十九日），粤籍京官、外务部尚书梁敦彦即具折上奏，指出：“赌害必当祛除，而筹抵不宜竭泽；盐法必当整顿，而中饱先予廓清。”况且将属于官权的缉私权交给商贾，“万一勾串劣弁，私运军火贩卖内地，隐患固不可忍言；更恐其以搜私为名，到各属村庄任意搜索讹诈，吞噬流弊尤在意中。是去一害民之赌饷，来一扰民之盐商”。请求朝廷详加核议[4]。

之后，粤籍京官、给事中陈庆桂也上奏称“粤盐加价，藉抵赌饷，宜妥筹办

---

[1]《粤商承办全省盐饷记事》,《东方杂志》宣统元年第十三期。

[2]《粤督函论包盐抵饷之利》,《申报》宣统元年十二月初四。

[3]《关于西省抗争广东盐捐要电》,《申报》宣统元年十二月十八日。

[4]《粤京官奏参粤商包盐流弊》,《申报》宣统二年正月二十九日。

法，以保国课而卫民生”[1]。

当听到粤商包盐饷的消息，唐景崇即刻对其高度关注。他一边关注粤商包盐饷事件的进一步发酵，一边关注袁树勋的下一步举动。袁树勋将盐务商办方案上报朝廷之后，唐景崇立即组织桂籍京官商议对策，力图加以阻止。这就有了宣统二年（1910年）正月十四日唐景崇领衔同乡京官向宣统皇帝呈递奏折之事。

唐景崇等认为“粤商承盐加饷两省受害最深”：

窃维两粤唇齿相依，利害关系最为切近，自来治粤者必统筹全局，庶无顾此失彼之虞。东省赌饷之害尽人知之，欲禁绝赌害，须先筹抵赌饷，历任督臣悉心擘画，苦无善道，迄未施行。近日两广督臣袁树勋有改良盐务充抵赌饷之请，果能廓清积弊，化私为公，不病商以妨民，复惠民而裕国，增数百万之巨饷，除数十年之大害，岂惟粤东之福，邻省士民亦当食德饮和，同声感戴，何敢复有他议？

惟查该督奏陈各节及该商承办章程各条，粤西受害不浅，臣等不敢缄默，谨为我皇上披沥陈之。伏查粤盐引地，其分销他省者，如闽之南赣福建之汀州、湖南之郴永、贵州之古州、云南之开广等处，不过一二府县之小部分，不仅恃粤盐之接济，其负担饷项无多，则受害少少，惟粤西全省专销东盐，东省盐政一有变迁，则西省之影响甚大。

唐景崇等认为“综其弊害，厥有数端”：一是“商人承饷太重，盐价必昂，小民难以负担也”。“西省盐税迭加，食户已不胜其苦”。“东省原有正课仅三百二十余万两，今归商办，虽提厘中鲍，撙节浮费，度亦不过增多二三百万耳，乃该商承饷之数，岁缴银一千零二十万两，逾于原额两倍，何术得此巨款，不加重盐价将焉取盈”。“西省素号瘠区，兵燹之后，元气未复，何堪令奸商垄断

[1]《督办盐政处会奏粤盐改章关系重要拟派员确查折》，《大公报》宣统二年二月十三日。

居奇妨民食，其害一也”。二是“粤盐价贵越盐乘隙浸灌，漏卮将日甚也”。近年云贵两省越盐充斥，广西边境越盐“每斤价仅二分数厘，较官盐价廉数倍，若再高抬盐价，小民何知避贵趋贱相率而食洋盐，虽慈母不能保其子，官安能禁其民”。“数年之后，利权外溢，粤西引界已非我有，虽有贤者，亦无以善其后。司其事者，何忍徇商人目前之利而贻地方百世之忧？其害二也”。三是“缉私之权假手商人，流弊伊胡底也”。“缉私以杜洋盐入口为第一要义”。现在，“惟以全粤盐政巡缉之权委诸二三狡黠商贾之手，万一缉私之人即走私之人，购运采买是否洋盐，从何稽查，且粤西匪氛未靖，巡输出入，万一不肖之徒溷迹其中，私运军火售与内地，隐患何可胜言。又或藉缉私为名添设卡隘讹诈规费，搜索村庄，鱼肉良善。西省之民频年厄于兵，厄于匪，厄于水旱偏灾，又增一蠹民之盐商，牧民者何忍出此？其害三也”。四是“盐法骤改，商民失业者多，恐酿生祸变也”。广东以盐为业者多达数十万人，“今该商所定章程，举全粤之盐田、盐船、盐场、盐埠及缉私之权皆属于该商之势力范围，大权独揽，旧制荡然，脱令办理不善，群商解体，相率哗溃，又值禁赌之余，失业穷民其不流为盗贼者几希。西省伏莽未清，万一串通勾结乘机窃发，不可不防。是因禁赌以弭盗，反以承盐而酿盗，其害四也”。五是“商人成本太重，恐半途辍业，国课民食均受损害也”。“盐税为西省入款之大宗”，“所可虑者，该商承饷至巨，成本过重”，“设使蹈包厘覆辙，力小任重，废于半途”，“桂省库帑奇绌，必有牵动全局贻误要需者”，如果“该商孤注之掷，且恐新商偾事，旧商失业，全网败坏，不可收拾，引源缺乏，于民食大有妨碍。东省纵有亡羊补牢之计，而西省不免池鱼殃及之嗟，其害五也”。

唐景崇等在历数商包盐饷弊端后，大声呼吁：

凡此数端，皆粤西受害之显著者。夫因禁赌而盐饷加重，在东省去一害又来一害；加盐价而民不聊生，在西省无一利而有百害。比月以来，乡人父老函电交驰，群情汹汹，且疑且惧，惟有仰恳天恩，俯念粤西地瘠民贫，匪乱甫定，民困未苏，可否饬下督办盐政大臣详慎核议，并责成广西抚臣张鸣岐会商督臣袁树勋妥筹办法，以纾民力而遏乱萌，粤西幸甚，大局幸甚[1]。

来自民间的反对声音朝廷尚可装聋作哑，但来自尚书、侍郎、言官的意见朝廷就不能不考虑了。于是，监国摄政王载沣在接到唐景崇等同乡京官的奏折后，下旨要求："著该衙门归并前案妥议具奏。"[2]

宣统二年（1910年）正月二十六日，督办盐政处决定派督办处提调、度支部署右参议晏安澜前往广东实地调查盐务情况。经过晏安澜的实地调查，度支部尚书、督办盐政大臣载泽于宣统二年（1910年）五月二十六日上奏朝廷，认为袁树勋所提商包盐饷办法存在加饷太多、限价太贵、垄断太甚、联络港澳隐患难防、尽夺官权矫枉过正等弊端，建议"粤盐加饷，办法窒碍难行，应仍令旧商办理"，"分年递增盐饷，至七百八十万两为止"。朝廷准其所请[3]。

在唐景崇等多方的遏阻下，袁树勋借商包盐饷以抵赌饷的计划落空。

五　筹建广西铁路

中国有铁路始于清朝末期。

中国大地上的第一条营业性铁路是上海吴淞铁路。这条铁路是英、美诡称修建的从吴淞到上海的一条"寻常马路"，由英国在华代理人——怡和洋行背着清政府擅自在中国的土地上修建，光绪二年（1876年）通车。

中国自建的第一条铁路是唐胥铁路。这条光绪七年（1881年）通车的长约十公里的运煤铁路，被后人称为"中国铁路建筑史的正式开端"。

中日甲午战争后，帝国主义列强在瓜分中国的狂潮中，纷纷瞄准中国铁路利

---

[1]《广西咨议局第二次报告书》，载桑兵主编《清代稿钞本》，广东人民出版社，2007。

[2]《政治官报》第八百三十二号，光绪刊本。

[3]《督办盐务处会奏广东盐务新商加饷办法窒碍难行拟请仍令旧商办理折》，《政治官报》第九百七十号，光绪刊本。

权。由于法国在中法战争中占领了越南，因而他们掠夺铁路利权的主要目标是广西。光绪二十二年（1896年），法国取得了龙州铁路的建筑权，此后又企图以龙州铁路为基地进一步攫取广西全境的铁路建筑权，以配合其侵略中国西南乃至华南的阴谋。光绪二十四年（1898年），法国又借口还辽报酬俄、德所获较多，要求增加同登至龙州、龙州至南宁、龙州至百色、南宁至北海、老开至云南等铁路建筑权[1]。尔后又得寸进尺地要求以北海为起点的其他铁路不得让与其他国家修建。

法国对广西铁路利权的掠夺，激起了广西人民对法国侵略者的强烈愤慨，在全国人民收回铁路利权运动的影响下，广西人民奋起自救。广西绅商多次召集会议，筹划商办广西铁路建设。

在广西绅商于地方筹划商办铁路的同时，广西在京官绅出于爱乡热情也纷起响应，相互积极联络，谋划筹建家乡铁路。光绪三十二年（1906年）正月十八日，广西同乡京官聚在一起共商广西铁路建设。《申报》报道：

广西同乡京官及留京学界诸人于十八日在内城銮庆胡同广西老馆筹议修筑桂省铁路事宜，咸拟公举外省某大员为总办，俟议定办法，即行联衔具禀商部请代奏[2]。

广西老馆即广西在京城的会馆之一，所谓“老”是相对另一广西会馆而言的。京城会馆首建于明代，而盛于清代。遍布京师的会馆，大多数为赴京公干的地方官员、游历士绅及应试举子提供居停和聚会方便。这些有民间联谊性质的会馆，后来逐渐成了沟通家乡与京师信息的纽带，且无论官民、绅商皆可前往，于是会馆渐渐成为政治和社会活动的重要场所。位于銮庆胡同的广西会馆（老馆）

[1] 谢彬：《中国铁道史》，知识产权出版社，2015。

[2]《筹议修筑桂省铁路事宜》，《申报》光绪三十二年正月二十五日。

就是桂籍京官的重要活动场所。

这一次桂籍京官与居京学界诸人就广西铁路修建达成四点重要共识：一是仿照江西、福建等省奏案制定自行筹款章程；二是准备公举总办人选；三是由主持会议的内阁侍读陆嘉晋等专函向唐景崇呈报；四是待前两项确定后，即行联衔具禀商部代奏。

是时，作为桂籍京官领袖的唐景崇以工部左侍郎的身份在江苏督学。唐景崇收到电函后，觉得事关家乡事宜，事关广西大局，即从江阴赶到上海，召集寓沪广西官绅商议，拟公举张建勋为总理，并于会后致电两广总督岑春煊征求意见。晚清广西官员以唐景崇和岑春煊为首，前者为桂籍京官领袖，后者为桂籍居外高官，有关广西的重大事宜，两人都商量着办。

岑春煊同意唐景崇的意见，但还须征得张建勋的同意。光绪三十二年（1906年）四月初十，在尚未得到张建勋回复的情况下，唐景崇再次来到上海，召集会议。《申报》报道：

两广铁路前由唐春卿学使等电致粤督，拟公举张季端殿撰建勋为总理，尚未得殿撰允许、覆音。日昨，寓沪广西官绅又在徐园提议此事。唐春卿学使仍拟举张殿撰，倘不允，则举广东学政于晦若学使。议定后，由广西同乡会发电致岑云帅、于学使，云：广东岑制台、于学台鉴，法索路急，前拟举季端，允否？春老在此会同公议：季端若不允，决举晦翁，乞电复[1]。

张建勋，字季端，广西临桂县人。光绪十五年（1889年）己丑科状元，被授为翰林院修撰，故称“张殿撰”。光绪二十年（1894年）被任命为云南乡试主考官，后任云南学政。在云南期间，致力于边远之地的教育，倡地方之学，开风气之先。任职期满，当地民众把他当作兴学功臣，以“大启滇文”题榜相赠，以表

---

[1]《两广铁路议举总理电文》，《申报》光绪三十二年四月十一日。

彰其功德。

于式枚，字晦若，广西贺县人。十五岁中举人，十六岁中进士［光绪六年（1880 年）庚辰科］，授兵部主事。充李鸿章幕僚多年。光绪二十二年（1896 年），随李鸿章参加俄皇加冕典礼并出访德、法、英、美等国，回国后授礼部主事，由员外郎授御史，升给事中。光绪二十七年（1901 年），赏五品京堂，充任政务处帮提调、大学堂总办、译学馆监督。

事情的变化总是出人意料。就在唐景崇与岑春煊函电往来会商之际，清廷在裁撤学政后，于四月十九日颁布上谕：以翰林院侍讲张建勋为黑龙江提学使，候补五品京堂于式枚为广东提学使[1]。

唐景崇属意的两个人选被清廷外派为官，不能再兼顾广西铁路建设事宜了，所有的安排被打乱。闰四月上旬，广西同乡京官不得不再次聚集广西会馆，会商人选。经过反复商量，考虑到唐景崇已经卸任江苏学政，不日将回京城，所以一致同意：拟举唐景崇总理广西铁路。

广西铁路本拟举张建勋、于式枚为总理，嗣因张、于二君均已简授提学使，不能兼顾。日前，广西同乡京官电致江苏学政唐春卿学使，拟举为总理。闻唐学使覆电谓："须俟到京后，方能提议此事也。"[2]

唐景崇在《致六生仁弟大人函》中这样说道：

冬初，接同乡留学日本诸君公函并寄敬告父老兄弟书，曾饬小儿托省塘黎东旭转呈在省诸公，当邀台览。前又致书云帅及在京廖子方郎中，嗣闻京官会议，拟举于晦若学使、左小竹京卿，此二公均自力辞。复由云帅、晦兄转举张季端殿

[1] 陈宝琛等：《大清德宗景皇帝实录》，中华书局，1985。

[2]《拟举唐学使总理广西全省铁路》，《申报》光绪三十二年闰四月二十日。

撰，曾电知敝处，复电愿表同情，不审季兄已应允否？

目今外侮日迫，凡我中国人士宜善保权利，此举兴废，关系吾粤西生死，非昔日自争利益可比，但造路筹款不易。吾弟拟约同志先立一总公司，此举甚好，不审已有端绪否？

近阅报，有两广合办之说，此最善策，但东省人应如何联络，亦须我省举定督办方好商量。在东省人亦未尝不愿合办，不然，将来筹款亦仰赖东省，与其后日间接，何如今日直接？西省无力竟不能办，虽东省办成，亦难独立，此极明显之理。吾弟以为何如？

前留学诸君拟举兄督理，因事体重大，一时难决，已婉谢诸君矣[1]。

唐景崇这样答复的原因，一是事关重大，必须妥商才行；二是因为他即将卸任江苏学政，拟于闰四月十六日告别江阴，踏上返回京城之路。

五月中旬，唐景崇回到离开近三年的京城，即回工部左侍郎之任。

回到工部，唐景崇妥善处置相关部务后，将广西同乡官绅召集到广西会馆，再度会商广西铁路建设事宜。唐景崇认为：于式枚在广东任提学使，便于就近兼顾广西铁路事宜，所以仍然主张拟举于式枚为总理，左宗藩为协理。这一提议，获得同乡京官一致同意。除确定人选外，此次会议还就具体操作做了安排：一是由内阁侍读陆嘉晋领衔同乡京官呈请商部据情代奏，二是由唐景崇专函托请振贝子代奏。

振贝子，爱新觉罗·载振，字育周，满洲镶蓝旗人。清朝宗室，庆亲王爱新觉罗·奕劻长子，历封镇国公、贝子头衔。光绪二十八年（1902 年）曾代表清廷赴英参加英国国王爱德华七世加冕典礼。光绪二十九年（1903 年）赴日本考察第五届劝业博览会。回国后积极参与新政，奏请成立商部，任尚书。

---

[1]《致六生仁弟大人函》，载虞和平主编《近代史所藏清代名人稿本抄本（第一辑）·唐景崇档》，大象出版社，2011。

商部尚书载振收到唐景崇的托请函和陆嘉晋的呈请代奏后，即具折上奏：

臣部于光绪三十二年（1906年）六月间接据广西官绅内阁侍读陆嘉晋、内阁候补侍读梁济等联名六十八人呈称：窃维铁路保护利权，关系重要。近年风气渐开，如皖、赣、川、粤、苏、浙等省，皆由本省绅商合力筹办，均邀奏奉谕旨允准在案。广西地处边陲，运输不便，非建筑铁路，商务断无起色。现经京外官绅屡次集议大概办法，拟先集股一千万元，设立广西全省有限公司；先由本省绅商筹备正底股百万元为创办之用。路未告成以前之股息，暂就地方情形酌量筹补。其路线大概由桂林上至全州，以达于湘，下致梧州，以达于粤，为一段；由梧州至南宁为一段；由南宁至龙州为一段。三段路线，择紧要一段首先开筑。其余枝路各线，陆续测勘，次第兴办。惟责任重大繁难，非声望素著及家道殷实足以联合绅商之人，不克膺此巨任。查有广西提学使于式枚，学识宏通，才猷练达，夙昔究心时务，于铁路各项办法，均能得其要领，且近在广西，易于兼顾，一切路事，用函电商榷控制，可期得力，拟公举为总理。候补四品京堂左宗藩，商务熟习，办事勤能，素为商民所信服，拟公举为协理，以之主持公司事宜，必能裨益路政，控置裕如。

并准工部左侍郎唐景崇函称“呈中所述各节，均系景崇与京外官绅函电筹商，意见相同。此事为粤西路政所关，即国家利权所系。眷顾桑梓，念切时艰。虽未列名简端，亦迫于同里之义务，应请援照各省成案，据情奏明立案”等语。臣等深维路政关系重要，既据该省官绅呈请代奏前来，未便壅于上闻，谨恭折代陈[1]。

光绪三十二年（1906年）七月十七日，光绪皇帝阅奏，谕批：“依议。”

经过半年多的筹备，筹建广西全省铁路方案得到清廷批准同意，唐景崇等同

[1]《载振奏折》，《商务官报》第十六期。

乡京官热爱故土、眷顾桑梓之情得到淋漓尽致的展现。

光绪三十三年（1907 年）二月，候补四品京堂左宗藩因故不能再为协理，唐景崇再次召集同乡京官，采用投筒公举的办法，公举在籍工部主事梁廷栋为协理。于是，于式枚邀请梁廷栋到广东会商广西铁路筹建事宜。梁廷栋回到广西后即着手准备成立广西铁路的筹建机关[1]。不久，于式枚升授为邮传部侍郎，不便继续遥领广西铁路筹建事宜，遂将所有铁路往来函牍及各广西同乡函陈各策移交给梁廷栋。四月，梁廷栋等人在梧州设立铁路建设总机关，积极筹备招股工作。五月初一为招股之期，参股者“颇为踊跃，计一日之间，梧州一隅之地认股者已二千有余”。这种形势极大地激发了梁廷栋等人商办广西铁路的热情[2]。六月初六，梁廷栋的协理之职得到广西全省绅商的认可[3]。他呈请广西巡抚张鸣岐批准，于六月十五日开设商办广西铁路办事公所，分设桂林（桂全局）和梧州（梧邕局）两处，作为“联合全省绅商集议招股开设公司之导线”，并核议通过《商办广西铁路办事公所简章》，准备集股一千五百万元。

光绪三十三年（1907 年）六月十五日，广西铁路办事公所在桂林成立桂全局（桂林商办铁路办事公所）；七月初八，在梧州成立梧邕局（梧州商办铁路办事公所）。筹备于九月三十日在桂林召开广西铁路公所第一次大会。

开局不错，但由于种种原因，加之清朝灭亡，广西修建铁路的事情也就此搁浅。

唐景崇等同乡京官筹建广西全省铁路的目标虽然没有实现，但却为以后广西修筑铁路积累了经验，奠定了一定的基础。

---

[1]《申报》光绪三十三年六月二十五日。

[2]《申报》光绪三十三年五月初十。

[3]《申报》光绪三十三年六月初七。

六 阻止迁省南宁

光绪三十二年（1906 年）五月中旬，唐景崇卸任江苏学政，回到京城。上班伊始，唐景崇就看到两广总督岑春煊和广西巡抚林绍年的会衔合奏《奏移置省会以资治理折》，万分震惊。

林绍年，字赞虞，福建人。同治十三年（1874 年）进士，散馆授翰林院编修。光绪十四年（1888 年）任御史，以极谏慈禧动用海军经费修颐和园而名噪四海。光绪二十六年（1900 年）迁云南布政使，后擢巡抚，兼署云贵总督。光绪三十一年（1905 年）移抚广西，第二年二月才行抵广西省会桂林，接篆视事。

岑、林二人在奏折中指广西桂林省城僻在东北一隅，如今“交涉日繁，边防日重，法人经营越南不遗余力”，提出应移抚署驻扎南宁，亦即将广西省会从桂林迁往南宁，指出南宁“前俯越防，后蔽全省，又称富庶，于吏事民情亦极便适”[1]。

岑春煊慎重其事，单独上了一道密折——《密陈南服筹边大计》，强调中法战争后，法国在越南北方边境“眈眈逐逐日以谋我，东窥广东，西瞰云南，中叩镇南关”，认为“若以南宁为省会，则当聚全省之力以治边，改革绸缪，其势必有顺而较易者……较之桂林僻处东北者，利害悬绝，此不能不详陈者”[2]。其意是广西省会桂林地处广西东北一隅，不便控制广西南部，而南宁则靠近边防，交通便利，更适合作为省会。同时，岑春煊还建议，为了巩固边防，省会南迁后，应将广东钦廉划归广西。“省会移至南宁，边局固可一振，然不割广东之钦廉以并广西，则边防之势犹未全也……钦廉介乎海防、广州湾之间，且为达南宁之捷径，又为南宁之外翼……钦廉与桂边如唇齿之相依，则平时自宜合一，以便布置……

---

[1] 林保恒编《闽县林侍郎（绍年）奏稿》，载沈云龙主编《近代中国史料丛刊》，文海出版社，1973。

[2]《密陈南服筹边大计》，中国第一历史档案馆档案，档案号：03-5618-034。

故固粤西必并钦廉，然后形势全而脉络贯。”[1]

桂林作为广西省会始于宋代，清初因袭旧制，仍以桂林为省会。但随后将省会从桂林迁往南宁的意见不时被提出。雍正八年（1730年），大学士鄂尔泰提出迁移广西省会至南宁的意见；晚清中法战争前，清廷在筹办中越边务过程中，据称有过改设广西省会的考虑[2]；光绪二十八年（1902年），有消息称时任广西巡抚王之春曾奏请迁省南宁[3]。但这些提案并无下文，事情无疾而终。

林绍年抵达桂林不久，就与岑春煊达成了迁省南宁的共识。为了达到迁省南宁的目的，岑春煊、林绍年二人不时放出消息，既是为了测民意，更是为了营造有利于迁省的舆论氛围。先是随着南宁开埠之事传出将迁省南宁的消息[4]；随后有日本《大阪每日新闻》的消息称，是林绍年电请政府将省城移于南宁，政府已经允准[5]；四月，又有消息传出，指桂抚现已驻节南宁，原因是“居中控驭起见，又以越南边塞久为法国领土，且有法兵驻扎，若不速迁抚署，则相隔太远，未免鞭长莫及”[6]；随后更有报道振振有词，断言“朝旨决意举行”[7]。

在唐景崇看来，岑春煊、林绍年关于广西迁省的想法，如果放在国家安定、朝政稳定、边防稳固、财力充沛的承平年间，不失为有远见和有战略眼光，但当下外有强敌环伺，内有祸乱丛生，大清王朝风雨飘摇，朝廷财政捉襟见肘，且被巨额赔款压得喘不过气来。处此危困之际，朝廷哪里还经得起广西迁省这样的折腾，广西更经不起这样的折腾。唐景崇意识到广西迁省，不仅事关广西，而且事关全国，必须果断采取措施加以阻止。于是，唐景崇召集同乡京官会商，议定：

---

[1] 林保恒编《闽县林侍郎（绍年）奏稿》，载沈云龙主编《近代中国史料丛刊》，文海出版社，1973。

[2] 同上。

[3]《王之春议将桂省迁邕》，《申报》光绪二十八年九月初十。

[4]《西省开埠兼迁抚署》，《中外日报》光绪三十二年三月十六日。

[5]《桂抚奏请以南宁府为首府》，《申报》光绪三十二年三月二十七日。

[6]《纪广西抚署改迁南宁事》，《申报》光绪三十二年四月二十日。

[7]《南宁建省消息》，《中外日报》光绪三十二年五月初八。

一是由内阁侍读陆嘉晋等同乡京官联名具奏，二是由唐景崇单独具呈密折。陆嘉晋等人的联名奏折由都察院代为上呈，题为《奏为广西省会迁至南宁遗害全局据呈代奏事》，称“广西迁省，贻害全局”[1]。

唐景崇的奏折上呈的时间是光绪三十二年（1906年）六月初十，题目是《奏为密陈广西迁省劳民费财管见事》。唐景崇针对岑春煊、林绍年“奏请改置广西省会弃桂林而就南宁，取其水陆交通且与越南密迩，以为抵制法人之计”的意见，在奏折开篇就从古今中外的事证得出，固边并非在于迁省。

臣窃以为疏矣！惟建置都会，原有二义：由古之说，则用保守主义，必据山川形胜之区；由今之说，则用竞争主义，恒取水陆交通之便。德之兴也，以都柏林；俄之强也，以迁（圣）彼得堡。大都利在滨海近河，进取便捷，非复从前闭关设险，我能往寇亦能往也。此次广西迁省之议，大约因法人自得越南，步步为营，与龙州逼近，时蓄狡谋。桂林相距较远，声气难通，不若改建南宁为省会，便于布置，此即竞争主义，近来谈形势者之新说也。

而臣独以为，今日当务之急，实不在此。何者？德无百万之雄师，普鲁士之败，不难复见于柏林；俄无波罗的海之舰队，墨（莫）斯科之祸，不难复见于彼得堡。以近事例之，俄人特设远东总督，开府治事，与我逼处，何以一战而蹶于日；中国直隶总督移驻天津，可谓海陆交通，形势便利，何以庚子之变，门户洞开，不闻收尺寸之效。是知强弱之分，不在形势。今该省疆臣建议迁省，试问此举能否在邕州竭全力布置，扼龙州、北海水陆之冲要，战守兼备，百度振兴？一旦外人与我决裂，不能使之越邕州一步？是则迁省之计，良得知其不能。不过将省会移置此地，虚张声势，贻笑外人。更恐外人见此举为防彼而设，滋生疑忌，不免藉此挑逗尝试，则边事愈棘手。

---

[1]《奏为广西省会迁至南宁遗害全局据呈代奏事》，中国第一历史档案馆档案，档案号：03-5474-025。

如果真如所请，广西省会从桂林迁往南宁，在朝廷财政窘困，广西财政更是入不敷出，且全国都处在外敌环伺的情况下，唐景崇立足全国、广西大局，认为：

且改置南宁，有迁徙之费，有缔造之费，有桂林善后之费，练兵筹饷相因而至，又有种种设防之费，求其布置周密，以副其抵制外人之本志，至少非数千万金不办。静观时局，俄踞西陲，英窥南徼，蒙、藏、川、滇势均岌岌，非独一法夷之可畏，一桂省之可忧。为大局计，决不能竭中国全力以事广西之一隅。即以广西而论，学堂未能扩充，警察未能完密，新军未能成立，实业未能考求，路矿未能兴办，大乱之后，百端待理，亦断不能竭广西全力以事南宁之一隅，办迁省之一事。

广西地处中越边防前线，在不将省会移迁至南宁的情况下，唐景崇认为，要从固边战略全局来解广西边防危机，必须有近期和长期两手的策略和准备，从以下五个方面着手：

一是特简重臣驻扎龙州，将广西提督移驻南宁，加强边防力量。

臣愚窃为今日计之，拟仿蒙古垦务大臣之例，恳请特简重臣驻扎龙州。……拟请将广西提督移驻南宁，以典军事。从前边防各营改归边省统带者，今拟统归提臣管理，以一事权。查边防仅二十余营，汛地辽远，不敷分布，应就本地土著另募十营，取其服习水土，无从前疫疾之患，限一年内训练成军，营制饷章统归一律。然后择要分防，遇有游土各匪，应由该提臣相机剿捕。

二是加强边境开发，实行富民固边，最终达成“守边以民”。

于对汛边地二千里，相度土宜，分树艺、屯垦、畜牧、开矿四大门，竭力经营，明用殖民之策，阴行实边之谋，俟地利渐兴，人口渐繁，民智渐开，再以兵法部勒之，实行征兵之制，密为防范，毋生戎心，斯为远谋。从前，边防大臣既已裁撤，亦无骈指之病。守边以兵，不若守边以民，之为得也。

三是加强电线建设，以确保信息畅通，以便及时了解和掌握边情。

如谓缓不济急，必求目前应变之策，拟请在龙州设立电线，其中路电线通桂林者，业已设立；复东至上思，以通广东；再西至百色，以通云南。前任边防大臣郑孝胥曾经估价，不过需银八万余两，近闻该省疆臣已照办理，应请饬催，限于年内竣事。三路电局已备，边地数千里呼吸始能灵通。……电线既通，由桂林以达极边。一日可以往返。该省抚臣不难电示机宜，妥为因应，当不至延误失时。

四是加强对边地州县的治理，以应对复杂的边情。

其民事一门，查太平府、归顺州一带土州、土县与各州县纷杂交错，其闻地方辽阔荒僻，其汛地可相距太远，或所设州县道路阻长，面积过广，应责成该省疆臣审度地势，或应改土归流，或应添县佐，随时奏明核办，务使便于治理，统归边省管辖，责无旁贷。至军事、民事内，遇有交涉重要案件，仍应随时禀商抚臣。

五是想方设法解决广西边防饷项，确保广西边防要需。

再查广西边防饷项每年五十万两。近来各省欠解协饷，其数不下百万，虽屡次催解，颇难响应。近闻户部议覆伊犁将军长庚练兵筹饷折内，请将各省应协新饷拨作赔款项下，提用四十万两以应急需，已奉旨允准，合无仰恳天恩，俯念广西、新疆同为贫瘠之区，同为边患所迫，饬下户部援案筹拨，将广西每年应解赔款暂行停解。并恳饬催欠解广西协饷，各省分年摊解汇沪以作赔款，一转移间，两为便捷，俾该省文武大吏腾出此项的款，得所措手，亦可为朝廷稍纾南顾之忧。

最后，唐景崇得出结论：广西迁省之事“未可轻举，以摇人心而贻后患”。

凡此数层，似皆目前应变之要图。以现今财力人事计之，亦尚可以办到，不至徒托空言。若如今日迁省之举，劳民费财，徒骇观听，则非臣愚所敢知矣。广西大乱甫定，余孽未清，非常之隙，黎民所惧，倘有匪徒乘腹地空虚，揭竿啸聚，正恐外侮难御，内乱复生，柳庆之事，可为寒心。

总之，广西民力未纾，强邻逼伺，非有万全之计，似未可轻举，以摇人心而贻后患[1]。

广西迁省之议，除唐景崇等桂籍京官反对外，“时两广疆臣建议广西省会移治南宁，京朝官皆持异议”[2]。早在光绪三十二年（1906年）五月二十七日，浙江道监察御史石长信就在《奏为敬陈广西不必迁省管见事》中指出：“广西迁省，劳民费财。”[3]

光绪三十二年（1906年）七月十二日，政务处大臣奕劻等在《奏为议复岑春煊等广西移置省会以资治理一折事》中强调：

详查署两广总督岑春煊等所奏，移设广西省会，自系为慎重边防起见，而以全省大局计之，实有顾此失彼之虞。既据各臣工纷纷陈请阻止，应请毋庸置议。

---

[1]《奏为密陈广西迁省劳民费财管见事》，中国第一历史档案馆档案，档案号：03-5618-044。

[2] 张书云：《唐景崇传》，载赵尔巽主编《清史稿》，中华书局，1977。

[3]《奏为敬陈广西不必迁省管见事》，中国第一历史档案馆档案，档案号：03-5618-043。

惟该省密迩越境，拟如唐景崇等所奏，将广西提督移驻南宁，原驻之左江道即改为关道。并如石长信等所奏，于南宁添设督抚行署，以备该省疆臣随时巡阅，相机布置[1]。

唐景崇关于广西不必迁省和加强边防的有关建议为政务处所采纳。光绪皇帝最终同意政务处大臣奕劻等所请，广西迁省之争尘埃落定。

七　奖掖同乡后进

唐景崇通籍之后，一直在京城打拼，由翰林院编修官至内阁国务大臣、学务大臣，为晚清广西在朝为官品级最高者。他在晚清官场上展现了耐心、坚韧、中庸、谨慎、忠诚、清廉等品质，他被后辈视为楷模。除自己奋进外，唐景崇在培养提携后进特别是广西后辈方面，可谓不遗余力，“奖掖后进，常若不及，与人谈，清辩滔滔，竟日无倦容”[2]。

在科举考试中，秀才、举人甚至天子门生，都有启蒙师、座师、房师。一省学政、乡试的主考和副主考、会试的总裁和同考官、殿试的读卷官、朝考的阅卷大臣，将其录取者视为门生；而亲自授课的庶吉士教习，被庶吉士视为老师，更是名正言顺。

唐景崇自光绪十二年（1886年）起，提督学政两次（浙江、江苏）；派充乡试主考官两次（广东、浙江）、会试同考官一次、会试知贡举一次、会试大总裁一次、殿试读卷大臣两次、朝考阅卷大臣三次、部试留学生主试官四次、廷试留学生阅卷大臣两次，出任庶吉士教习一次。特别是自擢任为内阁学士兼礼部侍郎衔后，唐景崇屡司文柄，每一次抡才大典，几乎从不缺他的身影，他可以说是真正

[1]《奏为议复岑春煊等广西移置省会以资治理一折事》，中国第一历史档案馆档案，档案号：03-7437-009。

[2] 张书云：《唐景崇传》，转引自《广西大学周刊》第五卷第十期。

的晚清抡才大典的考官，真正的桃李满天下。

光绪十二年（1886年）以后通过会试进入仕途的广西人，大多为唐景崇的门生。

光绪十二年（1886年）丙戌科会试，时任翰林院编修的唐景崇被派充同考官。这一科，广西考中进士的有谢元麒（临桂）、党庆奎（北流）、杨文春（苍梧）、文德馨（玉林）、凌芬（临桂）、杨森（桂平）、陈时中（容县）、唐则璲（临桂）、金鹏（临桂）、杨书詹（玉林）、胡裔麟（苍梧）、王秉籙（融县）、唐国珍（灵川）。

光绪十六年（1890年）庚寅恩科，时任翰林院侍讲的唐景崇被命充庶吉士小教习。这一科，广西的庶吉士有王敩成（藤县）、许晋祁（临桂）、李骧年（永福）、李孝先（贺县）。

光绪二十年（1894年）甲午恩科，时任内阁学士兼礼部侍郎衔的唐景崇被命充会试知贡举、殿试读卷大臣。这一科，广西考中进士的有关冕钧（苍梧）、周绍昌（灵川）、冯锡瑰（岑溪）、麦玉华（容县）、谢崇厚（宣化）、赵润生（全州）、莫如晋（阳朔）、黎元熙（灵川）、彭希祖（兴业）、李良年（永福）、朱宝翰（平南）、祁永膺（博白）、茹震模（苍梧）、陈仕杨（北流）、郑揆一（临桂）。

光绪二十一年（1895年）乙未科，时任内阁学士兼礼部侍郎衔的唐景崇被派充会试副考官、朝考阅卷大臣。这一科，广西考中进士的有赵炳麟（全州）、朱永观（横州）、刘明华（博白）、文同书（灵川）、江蕴琛（融县）、朱远绶（临桂）、张存谐（博白）、朱远缮（临桂）、韦锦恩（奉议）、杨书勋（玉林）、秦献祥（永福）。

光绪二十四年（1898年）戊戌科，时任礼部右侍郎的唐景崇被派充殿试读卷大臣、朝考阅卷大臣。这一科，广西考中进士的有蔡桐昌（博白）、于式棱（贺县）、崔肇琳（桂平）、区家伟（苍梧）、陈启棠（北流）、王希贤（临桂）、陈智伟（临桂）、范晋藩（陆川）、龙焕纶（临桂）、唐樾森（宣化）、韦朝冕（宣化）、黎效松（藤县）、陈德英（玉林）。

光绪二十九年（1903年）癸卯科，时任工部左侍郎的唐景崇被派充朝考阅卷大臣。这一科，广西考中进士的有赖瑾（桂平）、朱德垣（临桂）、陈树勋（岑溪）、廖振槼（平乐）、邓荣辅（临桂）、高嘉仁（苍梧）、唐树彤（临桂）、张书云（临桂）、吕澹堃（陆川）、马骏昌（临桂）、李文诏（岑溪）。

师生关系，虽然以道相传，但当科举考试变成进入官场的入场券后，师生关系却成了一种私人关系，录取也似乎成了私相授受的事情。门生仕途发达与否，关系到老师的颜面。门生对老师的尊敬、爱戴、感激，更多含私欲，它成了官场网络的经纬线之一。

赵润生、赵炳麟是一对父子，先后成为唐景崇的门生。

赵润生，字钟霖，广西全州人。光绪二十年（1894年）参加会试入闱，殿试中三甲第二十六名进士。是科，唐景崇为殿试读卷大臣，故赵润生是他的门生。在五月初十上谕中，赵润生交由吏部分发各省，以知县即用。之后，吏部将赵润生分发到湖南。临行前，赵润生登门拜别恩师唐景崇，唐景崇嘱咐他要勤慎政事，清廉自持。

赵炳麟，自幼聪慧，少年得志。十三岁为秀才，十五岁中举人。光绪二十一年（1895年），十九岁的赵炳麟参加乙未科会试，当时唐景崇为会试副考官，取批赵炳麟朱卷："力厚思沉，经策淹雅。"[1]殿试时，赵炳麟因卷错五个字，读卷大臣粘黄笺五条，本置在三甲，然而赵炳麟"策论熟娴如掌故"，深受光绪皇帝赏识，将其拔擢为二甲第十一名，并钦点为翰林院庶吉士。散馆授翰林院编修。光绪二十八年（1902年）九月，唐景崇向朝廷举荐人才，其中就有翰林院编修赵炳麟，唐景崇认为他"博考中西，讲求实用"，并强调"臣知之最深，其性情心术，笃实平正，皆能砥砺实学，留心时务"[2]。光绪三十二年（1906年）八月，赵炳麟升任福建京畿道监察御史。宣统元年（1909年）二月，监国摄政王载沣欲效仿慈禧太后的做法，继续让朝中有声望的大臣给皇上轮班进讲经史和国朝掌故，除原班人马外，拟增加人选，在唐景崇的举荐下，赵炳麟得以列名其中，随恩师唐景

[1] 顾廷龙主编《清代朱卷集成》，成文出版社，1992。

[2]《唐景崇举荐人才折》，载虞和平主编《近代史所藏清代名人稿本抄本（第一辑）· 唐景崇档》，大象出版社，2011。

崇一道主讲国朝掌故[1]。宣统二年（1910年），时任学部尚书的唐景崇再次举荐赵炳麟堪以重用。宣统三年（1911年）三月，赵炳麟获赏四品京堂，《申报》载“实系学部保荐人才之结果”[2]。

在唐景崇向朝廷举荐的人才中，广西除赵炳麟外，还有廖振榘等。廖振榘，广西平乐人，以举人官至兵部郎中（候补）。光绪二十九年（1903年）参加癸卯科会试，成为唐景崇的门生。

张书云，字慰农，广西临桂人。光绪二十九年（1903年）中进士，散馆授翰林院检讨。宣统元年（1909年）二月，唐景崇命充《德宗实录》副总裁官，推荐张书云担任纂修官。张书云自中进士后，一直随侍在唐景崇身旁，“因其《唐书注》未成书，外人鲜知其底蕴也。余谬蒙知爱，侍坐十余年，师尝与商榷体例及刻书办法。癸丑，师自津还京，命余代觅手书缮写清本，任校雠（仇）之役。未几，师病，每问疾，必语及注书事，至为伤痛，屡劝其养病不宜涉及此事，然师终不能自禁也。三日不往，手书即至，报告病状，或谕令往谈。疾革时，师握手以刊书事嘱托，余为泪下”[3]。《清史稿》之《唐景崇传》就出自张书云之手：“此《清史稿·列传》原稿，民国四年（1915年）乙卯春，据文简师《履历》《奏稿》《唐书注·序》，并参酌余所见闻，及师平日谈论，为之纂辑。事实详确。赵次珊馆长阅之，谓余曰：‘此传诚非君莫属。’”[4]

唐景崇与于式枚并非师生关系，但对于式枚的厚爱和提携并不少于门生。唐景崇多次举荐于式枚出任广西铁路总理，无不体现出唐景崇对他的信任和重视。二人曾同官吏部，唐景崇为左侍郎，于式枚为右侍郎。宣统二年（1910年）二月，唐景崇被钦命为学部尚书后，于式枚接替唐景崇转任左侍郎。特别是宣统三年（1911年）四月，唐景崇出任国务大臣、学务大臣后，于式枚的吏部左侍郎

---

[1] 第一历史档案馆编《光绪宣统两朝上谕档》，广西师范大学出版社，1996。

[2]《赵炳麟开缺之原因》，《申报》宣统三年三月十六日。

[3] 张书云：《唐景崇传》，转引自《广西大学周刊》第五卷第十期。

[4] 同上。

遭裁撤，唐景崇乘机向监国摄政王载沣请求将于式枚调来学部。在他的反复争取下，于式枚于宣统三年（1911年）五月被命为学部右侍郎，辅佐唐景崇抓全国学务工作。

光绪三十四年（1908年），光绪皇帝特颁明诏，设立各省咨议局。广西巡抚张鸣岐请唐景崇推荐广西人才，唐景崇将任务交给赵炳麟，赵炳麟推荐陈竹铭、唐星航和蒋伯文，得到唐景崇认可，张鸣岐奏调三人回籍。为此，唐景崇组织为其送行：

少宰唐师约同乡旅京数百人，饯之于京门。少宰曰："兹事体大，不可不赠以言。"因命炳麟握管，炳麟窃考政无中外，大抵圣哲肇兴，未有不勤求民隐者。所谓东海西海，理同心同[1]。

少宰，官名，即《周礼·天官》的小宰，为大宰的副职，明清为吏部侍郎的俗称。唐师，唐景崇也。时唐景崇任吏部左侍郎，赵炳麟故称之为少宰唐师。由此可见，唐景崇对故乡的情有多深，对广西后辈的关照有多周全。

[1] 赵炳麟：《赵柏岩集》，广西人民出版社，2001。

第十五章

勤圣学以资治理

一　初任经筵讲官

光绪三十三年（1907年）十月初三，立冬。京城的天气忽然从晴空万里转为阴晦沉沉，似乎颇有“酿雪之意”。

就在这一天，唐景崇的门生都察院监察御史赵炳麟上了一道奏疏——《请开讲筵疏——奏为敬陈治本仰赞高深事》。赵炳麟开宗明义，“臣所欲言而未尝尽言者何在乎？勤帝学以明治理而已”，建议：

方今我皇上春秋鼎盛，欣值我皇太后圣躬强健，万政有所禀承，正可趁此典学，讲求大经、大法，为临万民，操纵群臣四夷之具。可否仿康熙、乾隆间日讲之例，重开讲筵？凡进讲之时，我皇太后坐而督之，一廷雍雍讲求治理，至足乐也。其进讲之法，拟稍变通，分中学、西学，进讲以刚日讲中学、讲经史及本朝掌故；以柔日讲西学、讲东西各国政法、历史、理财、练兵等学。中学讲官可用曾国藩条议，于京官中选择；西学讲官拟弗拘品级，弗论资格，诏部院督抚、出使各国大臣，选精通西学、志虑忠纯者出具切实考语，注明曾在外国何等学堂毕业，肄习何学，详悉奏保，听候召见[1]。

[1] 赵炳麟：《赵柏岩集》，广西人民出版社，2001。

古人以“十干”记日，甲、丙、戊、庚、壬五日居奇位，属阳刚，故称刚日；乙、丁、己、辛、癸五日属偶数，称偶日，亦称柔日。

清代十分重视对帝王的教育，大致通过三个途径进行教育：一是为年幼的皇帝专请典学师傅，授皇帝课读。如同治皇帝载淳即位时年仅六岁，两宫太后精心挑选当时朝廷德高望重且学问淹通的祁隽藻、翁心存、倭仁、李鸿藻为弘德殿行走，授皇帝读书。二是日讲。清代，每日陪伴皇帝左右，为皇帝讲解经书、回答皇帝咨询兼记录皇帝言行的官员叫日讲官。日讲官大多由翰林院资深的侍讲、侍读充任。光绪十六年（1890 年）九月，时任翰林院侍读的唐景崇曾被钦派为日讲起居注官，陪伴光绪皇帝三年。三是经筵进讲。经筵，指的是汉唐以来帝王为讲经论史而特设的御前讲席，在宋代正式制度化，为元、明、清代所沿袭。清代首开经筵是顺治十四年（1657 年）。八月，顺治皇帝谕礼部：“经筵大典，理当早举。向因文华殿未建，有旨暂缓。今思稽古典学，有关治道，难以再迟，应于保和殿先行开讲。尔部即详考典例，择吉开列仪注具奏。”九月，顺治皇帝首开经筵。至咸丰十年（1860 年）最后一次举行经筵大典，经筵大典持续了两百余年。但同治即位以来，虽然不时有大臣上奏建议举行经筵大典，但因种种原因，直到赵炳麟这一次上疏，再提重开经筵，其间有四十五年没有举行过经筵大典了。

光绪皇帝盯着奏疏，一时拿不定主意，因为他揣摩不透慈禧太后的心思。表面上，光绪皇帝坐在台前，有着君王的威仪；而实际上，坐在垂帘后面的慈禧太后才是国家的最高权力者。

对于重开经筵这样重大的事，光绪皇帝不敢轻易作决策，只能将赵炳麟的奏疏让人转递给垂帘后的慈禧太后。

慈禧太后回到住处，拿着赵炳麟的奏疏认真看了一遍，然后将奏疏放在案上，目光却移向窗外。窗外那棵树上仅剩的几片黄叶在北风的吹拂下飘向远处，那飘落的黄叶似乎勾起了她无尽的伤感。

庚子之乱，八国联军占领紫禁城，慈禧太后带着光绪皇帝狼狈地逃向古都西安，虽美其名曰“西幸”，但她心里清楚，这大清国的天下真如民间所言的那样，

“王小二过年，一年不如一年”。面对大清国内忧外患、风雨飘摇、朝不保夕的艰困局面，经历颠沛流离之苦后，作为最高权力执掌者，慈禧太后不想大清的宗庙社稷最后败在自己手里，让她日后无颜去见列祖列宗。为挽救即将倾覆的大清江山，慈禧太后不得不打起精神，做最后的努力。她下诏全面变法，兴办新式学堂，废除科举，发展工商业，创办警局，改革兵制，派大臣出洋考察政治，推行预备立宪制。

光绪三十二年（1906年），慈禧太后先后七次召见出洋考察政治的大臣，经反复筹划，在七月十三日颁布“预备仿行宪政”的谕旨。

全面变法，推行新政，这一切都是老祖宗没有面临过的课题，从老祖宗那里也找不到答案，慈禧太后和光绪皇帝感到原有知识不够用，必须增加知识储备。在慈禧太后心里，赵炳麟的建议倒不失为一个较好的选择。

光绪三十三年（1907年）十月初七，也就是慈禧太后万寿生辰的前三天，慈禧太后终于作出重大决策，听从赵炳麟的建议，重开时隔四十五年的经筵大典。是日，军机大臣面奉谕旨：

钦奉慈禧端佑康颐昭豫庄诚寿恭钦献崇熙皇太后懿旨：著派孙家鼐、荣庆、陆润庠、张英麟、唐景崇、宝熙、朱益藩轮班进讲经史及国朝掌故，以裨典学而资治理[1]。

虽然慈禧太后听从了赵炳麟的建议重开经筵，但对赵炳麟的建议并没有全盘采纳，比如赵炳麟提出的选用西学讲官的建议，慈禧太后有自己的主张，她更加信赖身边的亲信老臣。

经筵讲官是给皇帝讲课的，由翰林出身、位高资深、学问淹通者担任，具有无上荣耀。这一次，慈禧太后钦点的七位大臣无疑是她极为倚重之人，也是一个

---

[1]《慈禧懿旨》,《政治官报》第十九号，光绪刊本。

顶级而强大的阵容。

孙家鼐，字燮臣，安徽寿州人。咸丰九年（1859 年）状元，与翁同龢同为光绪的典学师傅。累迁内阁学士，历任工部侍郎，署工部、礼部、户部、吏部、刑部尚书。光绪二十四年（1898 年），以吏部尚书、协办大学士受命为京师大学堂任管理学务大臣。光绪二十六年（1900 年）后，任文渊阁大学士、学务大臣等。

荣庆，字华卿，蒙古正黄旗人。光绪十二年（1886 年）进士，以编修充镶蓝旗管学官。累迁至侍读学士、蒙古学士。居三年，擢鸿胪卿，转通政副使，简山东学政。光绪二十七年（1901 年），擢大理卿，署仓场侍郎。光绪二十八年（1902 年），授刑部尚书。大学堂创立之时，命为管学大臣。光绪三十一年（1905 年），协办大学士。是冬，改学部尚书。

张英麟，字振卿，山东历城人。同治四年（1865 年）进士，选庶吉士，授编修。同治十三年（1874 年），授弘德殿行走。光绪年间，历仕福建、云南乡试主考官，国子监祭酒，詹事府詹事，奉天府丞兼学政，晋内阁学士、奉天学政，擢吏部侍郎。光绪二十九年（1903 年），以侍郎迁任京旗、蒙古副都统，不久晋升都统。

陆润庠，时任吏部尚书。

唐景崇，时任吏部左侍郎。

爱新觉罗·宝熙，字瑞臣，河北宛平人，隶属满洲正蓝旗，清朝宗室，清太祖努尔哈赤第十五子豫通亲王多铎九世孙。光绪十八年（1892 年）进士，历任编修、侍读、国子监祭酒、内阁学士兼礼部侍郎、修订法律大臣、总理禁烟事务大臣、度支部右侍郎等职。

朱益藩，字艾卿，江西萍乡人。光绪十六年（1890 年）进士，钦点翰林，散馆授翰林院编修；光绪二十年（1894 年）升詹事府詹事；光绪二十一年（1895 年）任翰林院侍读；光绪二十九年（1903 年）任陕西学政；光绪三十三年（1907 年）任京师大学堂总监督、南书房行走。

七席经筵讲官，吏部占了两席，不仅尚书陆润庠、左侍郎唐景崇深感无上荣光，而且轰动了整个吏部，为吏部大大长脸。

慈禧太后对这一次经筵大典颇为慎重，在钦点进讲官员之后，再让军机大臣传谕进讲讲题：恭讲四书、书经、庭训格言，御批历代通鉴辑览、国朝掌故并及各国政略，每日分班伺候[1]。

从慈禧太后安排的讲题看，这一次经筵大典与以前历次经筵大典最大的不同，是确如赵炳麟建言的那样，添加了“各国政略”一题。

二 “帝数称善”

担任经筵讲官，翰林出身的官员一向视为无上荣耀，须专折谢恩。

光绪三十三年（1907 年）十月初八，孙家鼐、荣庆、朱益藩来到吏部，大家一番互致祝贺，可谓皆大欢喜。陆润庠、唐景崇作为东道主，尽心招待，宾主相谈甚欢。这一次，孙家鼐、荣庆、朱益藩来主要是商定联衔一折共同谢恩一事。至于未到的张英麟、宝熙，则请荣庆代为转达。

第二天一早，七位经筵讲官齐到德昌门内谢恩。

十月十二日，唐景崇与其他几位大臣相约至孙家鼐处，商定分班进讲事宜，参照曾国藩进讲事宜疏，拟呈四条，由学部承办。

道光三十年（1850 年）三月，道光皇帝病逝，咸丰皇帝刚刚即位，尚未改元，时任礼部侍郎的曾国藩递应诏陈言一折，宣称日讲有培养圣学和考察人才两大作用。

咸丰皇帝准备采纳曾国藩的建议，恢复日讲。四月初四，曾国藩再上《条陈日讲事宜疏》，再次阐述恢复日讲的目的在于“赞助圣学”，并借以“陶成人才”。疏中称：“谨参考《会典》《圣祖御制文集》《国史列传》诸书，竭臣愚见，先定大概规模，补前折所未备。请皇上再交各衙门核议，务使精益求精，圣学人才两

[1]《政治官报》第三十号，光绪刊本。

有裨益，方得实效。”曾国藩还在疏中拟定了考定日讲设官之制、讲官员数、每日进讲员数、讲官应用何项人、定保举讲官之法、进讲之地、进讲之仪、进讲之时、所讲之书、陈讲之道、覆讲之法、讲义编写、讲官待遇、进讲年数十四条日讲条款[1]。

十月十五日，唐景崇与其他几位经筵讲官一道进入西苑门联衔具奏进讲事宜：

一拟臣等七人分作三班，臣孙家鼐、臣荣庆、臣陆润庠为头班，讲四书、书经；臣张英麟、臣朱益藩为二班，讲庭训格言、御批历代通鉴辑览；臣唐景崇、臣宝熙为三班，讲国朝掌故及各国政略。

一拟第一日，头班进讲四书；第二日，二班进讲庭训格言；第三日，三班进讲国朝掌故；第四日，头班进讲书经；第五日，二班进讲御批历代通鉴辑览；第六日，三班进讲各国政略。以后递推。

一拟每日将所讲之书，综其大义，择其精语，恭拟讲义一篇、缮写两份，先一日进呈皇太后、皇上御览。

一拟进讲之日，讲员进殿，行一叩礼，立讲案前恭讲。讲毕，再行一叩礼，退[2]。

七位经筵讲官讨论时，其他各讲，都有前例可循，相对要容易得多，唯独各国政略是新增的，没有前例可资借鉴，其难度自然最大。慈禧太后独具慧眼，心里早有人选，他就是朝中最为熟悉西方历史和政情的唐景崇。

光绪皇帝在奏疏上御批：知道了，单留览，著于二十五日起进讲[3]。

十月十六日，唐景崇等人齐聚学部，借用学部西厅为进讲日常办公场所。

[1] 盛康编《皇朝经世文续编》，思补楼刊行，光绪二十三年。

[2]《具奏进讲事宜》，《政治官报》第三十号，光绪刊本。

[3]《光绪谕旨》，《政治官报》第三十号，光绪刊本。

虽然光绪皇帝明确要求“著于二十五日起进讲”，但不知什么原因，真正开讲却是二十八日。荣庆在《荣庆日记》中记述：

十月二十八日，巳初，同孙、陆进讲钦明文思。入殿即谕分讲，即跪奏讲，次复承垂询。一刻许退。归家饭后入署，燮相、春老、瑞臣已到，暮前归[1]。

按照安排，光绪三十三年（1907年）十月二十九日为二班张英麟、朱益藩进讲庭训格言，唐景崇、宝熙进讲就安排在十一月初一。

《清稗类钞》中谈及此次经筵进讲，慈禧太后与光绪皇帝“每日视朝后，听讲于勤政殿”。这里明确三件事：一是进讲是每日，二是进讲是在上朝后，三是进讲地点是在勤政殿。

此次听讲主角是慈禧太后和光绪皇帝。按照惯例，参与听讲的还有大学士、各部尚书、侍郎及都察院、通政使司、大理寺、詹事府满汉堂官等，加之记注官等。

按惯例，光绪皇帝居中宝座，慈禧太后坐于垂帘之后。宝座前，设皇帝书案一，南向。南设讲案一，北向。案左右摆陈讲章。

唐景崇作为国朝掌故和各国政略的主讲，理所当然由唐景崇主讲，只有在唐景崇有特殊原因情况下，才由宝熙主讲。

经筵讲官宣讲完毕后整个经筵进讲还不算完结。接下来由皇上垂询：一是皇上就没听明白之处发问；二是需要强调的地方让讲官再说上几句，目的是让陪同听讲的大臣明白皇上的意图。垂询完毕，还有最后一个环节——经筵御论。经筵御论是皇帝在经筵进讲中发表的议论。在经筵中正式导入御论的是雍正。雍正时期，对皇帝议论如何进入传统经筵礼制程序进行了多年的探索。乾隆时期，经筵御论的形式最终确定。经筵讲章在正式进入经筵程序前已经进呈皇帝御览。皇

[1] 荣庆著、谢兴尧整理《荣庆日记》，西北大学出版社，1986。

帝如有不同意见，经筵讲官可以提前予以改定。经筵讲义不过是照本宣科，不应再存有议论。但皇帝有自己的想法，他不光听讲，还会发表御论。经筵御论的内容非常广泛。大多是围绕经筵讲题抒发感想，涉及圣学修身方法理论的探索、儒家义理概念的辨析、治国方针政策的阐述、天理人伦的宣示、理学经学的体会等。

这一次经筵进讲，虽然以慈禧太后为主，但她终归坐在垂帘后，因此，她就将经筵御论完全交给光绪皇帝，由光绪皇帝发表经筵御论，阐释论说时局大势、大政方针。充分展示皇上学识才情。

从《荣庆日记》看，荣庆从十月二十八日开始进讲，到十二月初十谕旨暂停进讲，在总共四十天的时间里，荣庆共参与进讲十二次，以此推算，唐景崇也应进讲十二次，其中进讲国朝掌故六次，进讲各国政略六次。光绪三十四年（1908年）正月二十二日再次进讲并持续进行，除三月初八“圣躬欠安，传医停讲”，一直进讲到五月初十。三班轮流进讲，日不间断。

五月初十以后，由于光绪身体不佳，不得已下旨停讲，此时离光绪皇帝、慈禧太后逝世只有五个月。当时光绪皇帝仍然谕令：“五日汇进讲义一次，俟大安后再补讲。”

经筵进讲颇受重视，因此经筵讲官必须用心备课，精心撰拟讲章，然后交给内阁审批，通过之后，再上交皇帝备案，才能用它来上课。在这段时间，吏部的工作已经让唐景崇非常繁忙，他还要抽出时间撰拟讲章，虽然经筵大臣配有助手，但唐景崇秉持一贯作风，不愿假他人之手，讲章一定要亲自撰写，并亲自缮录。唐景崇门生张书云赞叹：

其冬，奉懿旨轮班进讲。景崇通达治体，谙习国故，盛气敢言，每奏对称旨；及进讲，辄辩论数千言，声琅琅震殿陛，帝数称善。每撰进讲义，手书细楷，点画不苟[1]。

---

[1] 张书云：《唐景崇传》，转引自《广西大学周刊》第五卷第十期。

三　主讲“国朝掌故”

唐景崇主讲的首个主题为“国朝掌故”。“国朝”，指的是本朝，即清朝；“掌故”，指的是旧制、旧例、故事、史实。

唐景崇所主讲的“国朝掌故”，主要取材清朝顺治、康熙、雍正、乾隆、嘉庆等时期皇帝的经典事例、皇帝训示、历史人物、典章制度及其他遗闻轶事，内容涉及廉政、平叛、理财、政治改革、对外政策等诸多方面。如顺治时期，主讲了《世祖训示治道》等；康熙时期，主讲了《圣祖谕奏章关系国政最为紧要》《圣祖赐直隶巡抚于成龙诗》《圣祖幾微之慎》《圣祖定尼布楚条约》《圣祖因武昌兵变颁敕谕于都统瓦岱》等；雍正时期，主讲了《世宗褒勉忠节》《世宗崇尚敦睦》等；乾隆时期，主讲了《高宗善理财政》《高宗信赏必罚一秉至公》《高宗宣示为君难为臣不易立言之本意》《高宗御制执中成宪序》《高宗勤理庶政》《高宗宽严得中》《高宗再征金川》《高宗增建辟雍》《高宗御制授时历通考序》《高宗圣训理财门》《高宗谕治道贵乎得中矫枉不可过正》等；嘉庆时期，主讲了《仁宗谕教养为治世之大端惟在行之以实要之以久》《仁宗厘正制度》《仁宗喜读司马光〈资治通鉴〉》《仁宗俯允晋省士民之请亲诣五台为民祈福》《仁宗谕求治以勤政为本》《仁宗严饬法纪》《仁宗谕向来治家以崇俭为本今治天下不易此心》等。

下面将唐景崇撰拟的《圣祖定尼布楚条约》移录如次：

臣谨案，自古以来，外交与军事，每相为表里，观于国初中俄交涉，尤其日用徵已。

方俄罗斯从其属部罗刹，以侵据黑龙江北岸之尼布楚（一作尼布潮，本系布忒乌梁海茂明安诸部落牧马捕貂之地，在敖嫩河之东北，黑龙江之上游，其北有尼布楚河，因以为名）、雅克萨（在黑龙江城西北一千三百里，直西距尼布楚近千里，其城近依黑龙江，以北则接外兴安岭）二城，将远肆其东封之志。顺治年间，我定宁古塔守臣，数以兵拒之，然未能大加惩创也。

圣祖以其渐逼陪都，不可滋蔓，于康熙二十一年（1682年），遣副都统郎谈等，侦探罗刹情形。旋于二十四年（1685年），特命都统彭春等，率水陆两军征之。陆军自墨尔根出，水军自松花江出，以抵黑龙江，遂进集雅克萨城下，列营猛攻，罗刹惊惧乞降。次年（1686年），俄将率援兵复据旧垒，为抵御计。我师谋以长围困之，敌势大蹙，垒可旦夕平。会其主彼得第一遣使请和，于二十七年（1688年），乃命内大臣索额图等与俄使议界务，并饬都统郎谈等率官兵同往，俄使至色冷格地方以待。适因喀厄鲁特战争，道途阻滞，遂召索额图等还。于二十八年（1689年），复命索额图等与俄使会议于尼布楚，并增所带官兵，又调黑龙江兵由水路前进，同会于尼布楚。俄使见我军容甚盛，气大沮，乃归我雅克萨、尼布楚二城，而定以额尔古纳河（发源于黑龙江省西界之呼伦池，东北流入黑龙江）及格尔必齐河（发源于外兴安岭，东南流入黑龙江，西距尼布楚城约二百里，《朔方备乘》所谓安巴格尔必齐河界碑是也，自此界碑以东，始入黑龙江省界）为界，议约凡七条（一、黑龙江支流格尔必齐河沿外兴安岭以至于海，凡岭南诸川注入黑龙江者属中国，岭北属俄；二、以流入黑龙江之额尔古纳河为界，河南属中国，河北属俄；三、毁雅克萨城，雅克萨居民及物用，听迁往俄境；四、两国猎户人等，毋许擅越国界，违者送所司惩罚；五、中国所有俄人及俄国所有中国人，仍留不遣；六、行旅有官许文票者，得贸易不禁；七、两国彼此不得容留逃人），所谓尼布楚条约者也。

当用兵进讨之时，廷臣皆以道远、难以成功为言，圣祖则毅然行之，于是采地形以便进止，设屯戍以资战守，造运艘以足兵食，立驿站以速军情，良田筹画于数年之前，故能克奏厥功如此，盖圣祖知俄人东略之志，迄未能绝，先命乌拉官兵永戍爱珲，设将军镇守之，复遣员经理黑龙江屯堡，以为粮储军饷计，自是六十年间，俄人无敢萌他志，直至咸丰八年（1858年），两国界约犹如故。

论者谓我国外交之事以此始，亦以此为最称得手云[1]。

从上面唐景崇所撰拟的讲章看，没有什么深奥难解的内容。看起来不难，但其实也不容易，难在懂得取舍，难在要通晓本朝历史，难在通过典型事例引申出对现实的观照，予皇帝以启迪。

如《世祖训示治道》，叙述顺治皇帝关于治道的一系列言行，认为“此其故惟世祖知之最深，言之最切，盖痛惩明季之秕政，所以见圣识之精，推崇明太祖之贤，所以见圣量之大。我朝大一统之业，亿万年之基，胥于是乎在矣”[2]。

如《高宗善理财政》，则叙述乾隆皇帝“自御极以来，即以国家经费有常，通盘计算，施之有后先，而行之有次第也”，认为“凡此所以开源节流者，不咸钦庙谟之深远也欤”[3]。

如《仁宗谕向来治家以崇俭为本今治天下不易此心》，则叙述嘉庆皇帝治家到治天下的经典言行，认为“凡在臣民，果能服膺圣训，非即理财中节流之要道也欤”。

在选择讲题方面，唐景崇特别注重选择国朝历史上能为当前上下所关注、急于破解的一系列重大难题的相关掌故加以阐释和评论，让光绪皇帝、慈禧太后及陪同听讲的诸大臣有所启发，“以裨典学而资治理”，达到为治理国家提供借鉴的目的。

---

[1]《国朝掌故讲义》，载虞和平主编《近代史所藏清代名人稿本抄本（第一辑）· 唐景崇档》，大象出版社，2011。

[2][3] 同上。

四　主讲“各国政略”

唐景崇进讲的另一个主题是“各国政略”。

是时，正值清廷预备立宪，清廷欲仿行西方之制，改革政治制度，这也许就是慈禧太后钦点唐景崇、宝熙给光绪皇帝讲授“各国政略”的主要原因。

“各国政略”毕竟是一个新的讲题，无前例可循，因此，唐景崇与宝熙几经商榷，对上意有了深刻领会，对撰拟讲章也有了明确思路，于是，拟定上呈《西史讲义叙例》：

臣等谨考《山海经》一书，为大禹所手创，其于八陬四极、远国异人之谣俗形状莫不备纪。圣德广运，极于罔外古帝之神谟，殆有度越百王者。成周设官职，方氏掌天下之图，辨其邦国都鄙、四夷八蛮、七闽九貉、五戎六狄之人民与其财用，九穀六畜之数，要周知其利害。盖王者继天立，极欲合万邦而怀柔抚绥之，则于其事实要领亦万几之余所当留意者也。夫古初之世，其环拱神州而与我为邻者，大率无政、无教、文化未开之部族耳，而圣王犹不敢不矜矜垂注焉。

今裨瀛沟通，万方合会，欧美列强虽云僻远，而梯航辐辏，浸成牙错机张之势，且其政治艺学效著富强，又多足为我所取资。是彼土外史之籍，固亦当世得失之林也。昔圣祖仁皇帝召西儒南怀仁等入侍内廷，研习其文字算术，考求其政俗区域，颇极精详。圣谟闳远，固已不出户庭而知天下已。我皇上圣不自圣，躬勤典学，臣等忻逢其盛。窃以为宜远师古意，上法圣祖，经史掌故而外兼及各国史事，用通万方之略而闳无外之规。

臣等学识弇陋，虽未能如郑侨之周知四国，而肄业所及，或少有管蠡之窥测，爰就象胥译本，缀集所闻，用备敷陈。

谨先述旨要并析其例如左：

一各国史志，未有官书，东西移译之籍虽多，亦甚芜杂。惟当博采慎择，编纂成篇，其不经之事，无稽之论，悉从删削。

一区分时期为西国史家之特识。上古、中古虽可藉以考厥原始，而代远年湮，究属陈迹。兹谨拟专取其近世历史之有关系者，敬为讲述，以陈时变。

一事有本末，故史有纲目，此中外史家所同也。兹谨拟事之简者，但总揭大纲；事之繁者，于大纲之后并分细目，依次编述，以期赅括。

一西史之人名、地名，译者不一，且苦繁累。兹谨拟择其习见通行者用之，并标记于旁（人名用红单行，地名用红双行），冀便乙览[1]。

这一次经筵进讲的“各国政略”，唐景崇主讲了《俄皇彼得之雄略》《俄土战争》《俄奥普之分波兰》《俄之经营西伯利亚》《普鲁士之勃兴》《普奥战争》《普法战争》《法兰西之内乱》《法皇拿破仑之霸业》《法皇路易十四世之伯业》《德意志之统一》《意大利之统一》《英吉利之内乱》《巴黎条约》《维也纳会议》《美利坚南北战争》《美利坚之立国》《各国平均势力之发端》《各国改革宗教之变乱》《新航路之发明》《新大陆之发见》等。因为时间有限，有的一次不能讲完，则分为上、下两讲，如《普鲁士之勃兴》等；有的两次也讲不完，则分为上、中、下三讲，如《美利坚之立国》等。

唐景崇在西史讲义取材上，厚今薄古，博采慎择，尤重各国政治改革、经略扩张，又因受日俄战争的影响，对俄国历史，特别是其经略西伯利亚之野心，尤为注重。

对于俄国经略西伯利亚，唐景崇追根溯源，讲得清晰简略：

西伯利亚者（何秋涛《朔方备乘》谓本鲜卑，故地一称锡伯利特，译音之转耳），亚洲极北之大荒也，东西各部旧为蒙古诸王所分据。洎元亡，保有俄比河（一作鄂毕河，在西伯利亚西部，与俄隔乌拉岭）流域者，尚有奥伯道耳根达、畏吾儿、苏尔克特、朱缅等汗国。朱缅又称西伯利亚。一千五百五十五年（明嘉靖

[1] 张毅君供稿《为光绪帝进讲“各国政略”稿》，载《近代史资料》总一百四〇号。

三十四年)，其汗也的给儿遣使莫斯科（俄之旧都)，请为藩属。俄主宜万四世纳其请，亲授西伯利亚王之尊号。后三年，俄人克理古利上书宜万，谓由喀麻河（一作喀马河，在白尔摩山之西南，朱缅建国即当白尔摩与乌拉尔两山之间）至楚索瓦雅河其间，原野辽阔，林木森茂，亟宜建筑城砦，创设市府，辟地利，升租税，置戍兵，以为国家外藩。宜万深韪其策，逐次施行，是为俄人经营西伯利亚之始。一千五百六十三年（明嘉庆四十二年)，元拔都（元太祖长术赤之子）裔库程者杀也的给儿自立为西伯利亚汗，绝贡于俄。俄遣使爱萨谕令归顺。库程阳示服从，阴怀反覆，俄镇将苏土鲁噶诺不能制。会可萨克（中国官书谓之罗刹，其部落居里海、黑海之间，隶俄之高加索部，人最犷悍，俄国骑兵皆出于此）叛人耶尔麻（一作以耳马克）惧罪遁至西伯利亚，苏土鲁噶诺纳之，劝其攻克库程，立功以赎罪。耶尔麻率其死党八百余，与库程苦战连岁，走之，复徇下诸部以貂皮等物贡于俄。宜万宥其罪，封为西伯利亚公（一千五百八十二年，明万历十年)。次年，又以波尔和斯奇任西伯利亚将军，以克尔和为事务官，分掌民政、兵政、裁判、征税诸事，因罪流戍者悉归管理。以毛皮、烟酒、大黄、象骨等贸易为官业，隶之将军，藉资转饷莫斯科。都城设西伯利亚，政厅遥领全部民政，于是西伯利亚直为俄之重要属地焉。

俄国经略西伯利亚从开始到全面控制，历时四百多年，唐景崇在讲述时把握了关键节点，在进讲时间有限的情况下，分上、中、下三篇讲完。以上引文为上篇。在下篇结束时，唐景崇略加案语，提醒对俄国保持警惕之心。

西伯利亚特一大荒耳，俄人累叶经营，卒以通东西之邮，使亚洲局势为之一变，诚所谓以人胜天者哉。然自其近年被创于日也，遂不得逞志于太平洋，而于我之外蒙古及西北诸边地，实不免有狡焉思启之心，观西伯利亚铁路之成，彼岂终甘于蛰伏哉[1]。

唐景崇撰拟的西史讲义每章之后，都附有简单的案语（评点史事，臧否人物；探究得失，以陈时变；借古讽今，以史为鉴），从中可见唐景崇的历史观。这些案语往往起到画龙点睛、以启沃心的作用。

在进讲《俄皇彼得之雄略》时，唐景崇的案语是：

俄彼得之微服游学，与赵武灵王之胡服骑射，身入秦关，殆有类焉。欲开一国之风气，固非此不为功乎。至其终身兵间，辟地斥境，虽元太祖蔑以过之。外史氏称其每下一令，皆以强迫行之，议其以严厉为家法，致贻后世内讧之患。然修废振靡，欲发愤起为天下雄，不强忍坚毅，又乌足以有为也[2]。

在进讲《美利坚之立国》时，唐景崇的案语是：

美远在新大陆，其土虽英之属地，人固犹是英之子民也。待之失平，遂尔不顾宗国，倡言自主，虽其人富于独立之性质，然亦不无可议者哉。华盛顿肇造国基，治安以之，而两任总统归休，自得其器量，则实未易及云[3]。

在进讲《法皇拿破仑之霸业》时，唐景崇的案语是：

拿破仑一世，以匹夫而成就帝业，取威定霸，震撼全欧，可谓壮哉。黩武不已，卒致末路，蹶而不振。有天下者，固不可以马上治之也。拿破仑三世材武远逊先人，乃复蹈其覆辙，身辱国蹙。兵犹火也，弗戢自焚，古今中西能外

[1] 张毅君供稿《为光绪帝进讲“各国政略”稿》，载《近代史资料》总一百四〇号。

[2][3] 同上。

此理哉[1]？

在进讲《各国平均势力之发端》时，唐景崇的案语是：

列国分峙，其利害未有不相倚伏者。此强则彼弱，此蹶则彼兴。《传》曰："邻之厚，君之薄也。"固外交政策，千古不易之要旨乎。欧人自祖平均势力之说，在本洲则藉以永保平和，在他洲则又藉以共分权利，其狡谋诚可畏哉[2]。

在进讲《各国改革宗教之变乱》时，唐景崇的案语是：

宗教之战，虽由彼族迷信之深，各有宗派，其势不能相睦之所致，然亦一二雄黠者操纵其间，以为攘夺权利计耳。故当时各国之乱，名曰宗教竞争，其实则国际竞争而已[3]。

唐景崇进讲"各国政略"稿本后经人汇编成册，名为《西史讲义》。

五　再任经筵讲官

光绪三十四年（1908年），入主中原的大清帝国已历经九帝，统治中国二百六十四年了。

是年二三月间，光绪皇帝"久病未愈，早入膏肓。有时肝气大发，惶无所泄恨，以手扭断某太监顶戴，以足跌翻电气灯。情势日亟，遂有令各省督抚保荐名医之上谕"[4]。因此，《荣庆日记》记载三月初八："因圣躬欠安，传医停讲。"不过，

[1] 张毅君供稿《为光绪帝进讲"各国政略"稿》，载《近代史资料》总一百四〇号。

[2][3] 同上。

[4] 刘声木：《苌楚斋随笔》，有直介堂丛刊本，1929。

这一次停讲时间较短。光绪皇帝病情稍有缓解，即令恢复进讲。

五月以后，光绪皇帝的病情恶化，不得不再一次停讲，但讲义的撰拟却不曾停止，进讲大臣仍要“五日汇进讲义一次，俟大安后再补讲”。由此可见，光绪皇帝是很看重这次进讲的。

虽然进讲因光绪皇帝的病情反复而多次暂停，但断断续续依然坚持到了当年的九月，时间长达一年。

从夏季开始，身体一向硬朗的慈禧太后也生病了，虽经太医正堂张仲元等御医精心调理，但仍久治不愈。入秋，慈禧太后频繁出现咳嗽、肋痛、口渴等症状。入冬，慈禧太后咳嗽加剧，头痛目倦，面目浮肿。

一时间，表面上清朝统治者光绪皇帝和实际掌控国家命脉的慈禧太后都病倒了，神秘莫测的紫禁城笼罩在诡异、沉闷的氛围中。刮过京城的萧瑟寒风吹动着枯枝败叶，更增添了几分凄凉。

此时，慈禧太后不得不为后事作准备——开始她掌权以来第三次为大清帝国挑选继承人。

进入十月中旬，紫禁城里的诡异氛围越来越浓厚了。表面沉闷的背后，却是暗流涌动。这股涌动的暗流，慈禧太后心知肚明。也是在这股暗流涌动之中，慈禧太后心中已经有了大清帝国继承人的方案，且在私底下做好了工作，她反复考虑的只是——何时在何种场合正式端上台面。

十月二十一日傍晚时分，宫中传出噩耗：三十七岁的光绪皇帝在瀛台驾崩。

身处病中的慈禧太后闻此噩耗。尽管她与光绪皇帝有这样那样的不睦，但不管怎么说，光绪皇帝从不满四岁就由她抚养，名分上是她的继子，血缘上是她的外甥，白发人送黑发人的悲剧又一次在她的人生中上演，她不可能不伤感，因而越发痛楚。

此时此际，被多少目光盯住，慈禧太后比任何人都清楚，因此悲伤之余，她只能强打精神，与朝臣商讨大行皇帝的后事，其中最为关键的是，摄政王载沣之子溥仪著入承大统为嗣皇帝。

第二天午后，慈禧太后在作出这一系列决定后，她自己也走到了生命的尽头，在福昌殿撒手人寰，与光绪皇帝去世仅相隔十个时辰。

慈禧太后临终前留下了最后一道懿旨：

现在时势多艰，嗣皇帝尚在冲龄，正宜专心典学，著摄政王载沣为监国，所有军国政事，悉秉予之训示裁度施行，俟皇帝年岁渐长，学业有成，再由嗣皇帝亲裁政事[1]。

是时，溥仪只有两岁多，大清帝国江山社稷的千钧重担就落在了溥仪的生父——年仅二十五岁的监国摄政王载沣肩上。

政事稍微理顺，监国摄政王就将嗣皇帝溥仪的教育摆上议事日程。十二月二十四日，翰林院奏请派充经筵讲官，监国摄政王载沣思考良久，决定派出鹿传霖、张英麟、唐景崇。

宣统元年（1909年）正月二十日，赵炳麟再次上疏《奏为请监国摄政王求贤讲学，以明治理而端政本，恭折仰祈圣鉴事》：

拟请旨特设监国摄政王咨议官，选精通中国政治学者若干人，精通外国政治学者若干人，不拘官阶，但求性质纯良、品行端正、有益启沃者，派充是差。令其按日分班，从容进讲中外典故，固可咨询政治得失，亦堪讨论。会众理于一心，萃群策为己用。至于用力之久而全体大用无不明澈，万事万物之来如影在鉴，毫发莫遁。整纲饬纪，易俗移风，以贻长治久安之庥，端在是矣[2]。

---

[1] 载沣：《醇亲王载沣日记》，群众出版社，2014。

[2] 赵炳麟：《赵柏岩集》，广西人民出版社，2001。

赵炳麟还就定名、选法、资格、进讲、体制、薪俸、每日进讲员数、陈讲之道、复讲之法、进讲年数等另缮清单，提出自己的建议。

二月十七日，监国摄政王载沣下达谕旨：

呈进经史、国朝掌故、各国历史讲义，著仍派荣庆、陆润庠、张英麟、唐景崇、宝熙、朱益藩，添派熙彦、乔树枬、刘廷琛、吴士鉴、周自齐、劳乃宣、赵炳麟、谭学衡轮班撰拟，并著孙家鼐、张之洞总司核定进呈[1]。

这一次讲官队伍进一步扩大，上一次进讲的大臣全部留任，新增了八位进讲大臣；孙家鼐、张之洞总司核定。当日，进讲大臣会衔复奏，分七班进讲：

荣庆讲《四书》，乔树枬讲《大清律例》及圣祖《日知荟说》，为头班；陆润庠讲《陆宣公奏议》，刘廷琛讲《贞观政要》，为二班；张英麟讲《御批通鉴辑览》，吴士鉴讲《西洋通史》，为三班；唐景崇讲《十朝圣训》《东华录》《历代御制诗文集》，周自齐讲《外交史》，为四班；宝熙讲《东洋史》，劳乃宣讲《宪法》，为五班；朱益藩讲《资治通鉴》，赵炳麟讲《皇朝文献通考》《先正事略》，为六班；熙彦讲《皇朝经世文编》，谭学衡讲《军略》，为七班。届期预备膳牌，听候召见[2]。

这一次进讲活动，“初尚分班进讲，后渐弛，只按期呈递讲章，如言官上封事而已”[3]。

宣统二年（1910年）二月二十二日，唐景崇著补授学部尚书；宣统三年（1911年）四月初十，清政府成立责任内阁，唐景崇被授为国务大臣、学务大臣；九月二十六日，袁世凯奉命组建内阁，唐景崇再次出任国务大臣、学务大臣。

---

[1] 第一历史档案馆编《光绪宣统两朝上谕档》，广西师范大学出版社，1996。

[2] 赵炳麟：《赵柏岩集》，广西人民出版社，2001。

[3] 庄建平编《稗海精粹》，四川人民出版社，1999。

在袁世凯组建内阁后第三天，即九月二十八日，唐景崇深感责任重大，政务繁重，再难抽出时间撰拟讲义，因此，上折《奏为政务繁重请旨开去微臣进呈讲义差使事》。

天步艰难，政务愈繁，责任益重，竭蹶图维，犹虞陨越，断不能如从容无事时，可以殚精覃思编辑讲义，所有进讲一差，实难分身兼顾，拟恳天恩俯准开去进呈讲义差使，俾得专心职守，以免贻误所有政务重要[1]。

当日谕旨：

唐景崇奏恳准开去进讲差使一折，唐景崇著准其开去进讲差使[2]。

经筵讲官就是真正的帝师。从光绪三十三年（1907年）十月到宣统三年（1911年）九月，四年时间，历经光绪、宣统两朝，唐景崇凭着绩学端品、学问淹通，一直担任经筵讲官，进讲《国朝掌故》《各国政略》《十朝圣训》《东华录》《历代御制诗文集》，不仅得到慈禧太后、光绪皇帝和监国摄政王载沣宠信，而且享受到无上荣耀。

举办经筵进讲对皇帝进行教育是一种方式，对皇帝进行教育更为重要的方式是为他请典学师傅。因为典学师傅才是一直陪伴在皇帝身边进行教育的真正的老师。因此，在举办经筵进讲的同时，监国摄政王载沣一直在考虑为年幼的皇帝请典学师傅。宣统二年（1910年）四月二十八日《申报》报道：

摄政王现方筹备今上典学事宜，闻总师傅一缺，已拟派体仁阁大学士陆润庠

[1]《奏为政务繁重请旨开去微臣进呈讲义差使事》，中国第一历史档案馆档案，档案号：03-7476-045。

[2] 第一历史档案馆编《光绪宣统两朝上谕档》，广西师范大学出版社，1996。

充任。此外，并拟派副师二缺，专司编辑讲义大旨，以学部尚书唐景崇、编查馆参议劳乃宣二员任之[1]。

后来因为时势云谲波诡，加之政事纷繁，因此，为宣统皇帝请典学师傅一事被耽搁下来。不然，唐景崇就真正成为宣统皇帝的典学师傅，并陪伴他成长。

[1]《摄政王拟派典学师傅》,《申报》宣统二年四月二丨八日。

第十六章

掌学务振兴教育

一　学部尚书

光绪皇帝、慈禧太后相继去世，将年轻的监国摄政王载沣和年幼的嗣皇帝溥仪推到了中国政治舞台的前台。

慈禧太后在去世前两个月，迫于形势的压力，审时度势，作出加快政治改革——预备立宪进程的决断。一日之内，连颁《钦定宪法大纲》《议院法要领》《选举法要领》《九年预备立宪逐年筹备事宜清单》四道上谕，绘制了筹备立宪的路线图。

此时，大清王朝如同一艘行进在波涛汹涌的大海上的破洞百出、即将倾覆的大船，对事先毫无准备的年轻的监国摄政王载沣来说，这无疑是严峻的考验。

载沣上台干的第一件震动朝野的大事就是罢黜颇受慈禧太后庇护的袁世凯。光绪三十四年（1908 年）十二月十一日，监国摄政王载沣颁发上谕：

内阁军机大臣、外务部尚书袁世凯，夙承先朝屡加擢用，朕御极复予懋赏，正以其才可用，俾效驱驰。不意袁世凯现患足疾，步履艰难，难胜职任。袁世凯著即开缺回籍养疴，以示体恤之至意[1]。

[1] 第一历史档案馆编《光绪宣统两朝上谕档》，广西师范大学出版社，1996。

既是立威，也是震慑。

三天之后，袁世凯怀着无比的委屈和幽怨，带着他的家眷和亲信们，孤独而凄凉地离开了京城。

袁世凯被排挤出京后，朝廷人事变动如走马灯一般：杨士骧宣统元年（1909年）去世，端方接任直隶总督；张之洞去世；邮传部尚书陈璧被革职；徐世昌内调邮传部尚书，东三省总督由锡良接替；黑龙江布政使倪嗣冲被查办；民政部侍郎赵秉钧被斥，载沣自己接管警政；江北提督王士珍自请开缺；等等。

按照改革路线图，学部承担着艰巨而繁重的任务。

宣统二年（1910年）二月二十二日，监国摄政王载沣颁发上谕：

礼部尚书著荣庆调补，唐景崇著补授学部尚书[1]。

唐景崇以吏部左侍郎升为学部尚书，确实是皇恩浩荡。是时，他已经六十六岁了。他不像荣庆那样是蒙古贵族出身，也不像他的恩师张之洞那样积攒了封疆大吏的雄厚资本，以他寒门出身、吏部侍郎的资历，在讲究实力的政治天平上，似乎有些不够分量。这一任命，事先无任何迹象，也没有风声走漏，因此，在京城内外引起了热议。

《申报》上报道《荣庆与唐景崇》：

以办理学务十年有余之荣庆而忽调补礼部，以素称守旧、不明教育之唐景崇而忽升授学部，中国之用人真奇妙，不可思议[2]。

《盛京时报》上报道《荣相调补礼尚之原因》：

---

[1] 第一历史档案馆编《光绪宣统两朝上谕档》，广西师范大学出版社，1996。

[2]《荣庆与唐景崇》，《申报》宣统二年二月二十四日。

荣相管理学务，前后厄于两张（张百熙、张之洞），一切设施改革前后均由两张为政。去冬，荣相进呈大学讲义后，已迭次乞休，时张文襄（张之洞）尚在军机，力请监国慰留。此次礼尚缺出，故有是命[1]。

光绪三十一年（1905年）十一月初十，清廷颁发上谕，批准了政务处和学务大臣议复宝熙条陈的奏折，确认振兴学务“必须有总汇之区，以资董率而专责成。著即设立学部，荣庆著调补学部尚书，学部左侍郎著熙瑛补授，翰林院编修严修，著以三品京堂候补，署理学部右侍郎”[2]，并将国子监归并学部。

光绪三十三年（1907年）八月二十三日，清廷谕令入值军机的张之洞管理学部。张之洞管理学部，并位列蒙古尚书荣庆之上，荣庆心中自然不是滋味。依照清朝惯例，在满汉复职的衙门中，“凡指麾一切者，谓之当家。部事向皆满（蒙）尚书当家，汉尚书伴食而已……若管部为满大学士，或汉人而兼军机，则实权在管部；若汉大学士管部，尚书则满人而兼军机，则管部绝不过问”[3]。荣庆虽同为军机，但张之洞并非普通汉臣。张之洞到任，荣庆的当家权势自然被削弱，只能处于附属服从的境地。

张之洞管理学部的谕令颁布，荣庆在日记里写道：“闻湘涛丈管本部，主持有人，学务之幸。”[4]可谓言不由衷。张之洞管理学部，强势介入学部事务，事事过问，亲力亲为，将学部尚书荣庆置于一旁，荣庆动辄得咎，让荣庆十分难堪。两人之间的矛盾日愈加深。

宣统元年（1909年）六月，张之洞病重。七月初六，张之洞在“国运尽矣”的哀叹声中去世。

张之洞去世后，清廷“鉴于学部张、荣二相前此种种牵掣情形，现已决定学

[1]《荣相调补礼尚之原因》，《盛京时报》宣统二年二月二十八日。

[2] 朱寿朋编纂《光绪东华录》，中华书局，1958。

[3]《各部堂官琐事》，载徐珂编撰《清稗类钞》，中华书局，2010。

[4] 荣庆著、谢兴尧整理《荣庆日记》，西北大学出版社，1986。

部管部大臣一缺不再请旨简放，所有学务事宜即责成该部尚侍妥为筹办”[1]。

照理说，这对荣庆可谓是天赐良机，但此时的荣庆已经心灰意冷，去意已决。个中原因：一是乘机有所更张的打算为枢府和监国摄政王阻挠而被迫搁置，萧规曹随又不是他的风格；二是感到光绪皇帝、慈禧太后去世后，渐失宠于上，尤其是宣统元年（1909 年）三月奉命入宫讲学被监国摄政王当面训斥，让其颜面扫地，以致突然中风；三是历经数年磨难，即任时的信心满满、颇思作为的精神已经不再；四是管理学务感觉越发吃力。因此，荣庆对于调离学部早有思想准备，他在日记中写道：“八钟起，奉旨调礼部尚书，天恩高厚，体谅实深。”[2]荣庆自任管学大臣起，主持学务近十年，从学部尚书调为礼部尚书，实际地位明显下降，但他却认为是监国摄政王“天恩高厚”，对他安排是“体谅实深”。

至于认为唐景崇“素称守旧、不明教育”的，则完全不了解或者误解了唐景崇。唐景崇任江苏学政时，大力兴办新式学堂，成绩卓著。唐景崇因裁撤学政而离职，江苏维新人士不无忧虑道：“敝里自春卿侍郎奉讳后，新机又窒，学堂之成俟河之清而已。”[3]有人肯定：“唐春卿尚书，为卿贰多年，素负开通名。”[4]

唐景崇升授学部尚书既是天恩高厚，也是众望所归。

首先，唐景崇得到监国摄政王载沣的器重和宠信。监国摄政王载沣对时任学部尚书荣庆的容忍已经到了极限。光绪皇帝和慈禧太后先后去世，使荣庆失去了最有力的靠山。执掌朝政的监国摄政王载沣与袁世凯为宿敌，而荣庆却与袁世凯的关系甚深，京城内外无人不知。袁世凯在与监国摄政王载沣的争斗中失势，亲朋故旧受到牵连自在不言中。《申报》报道：

此次学部荣尚书转授礼部，外间传说不一。兹经探得，远因则为进讲历史，

---

[1]《学部有不设管部大臣之耗》，《大公报》宣统元年八月三十日。

[2] 荣庆著、谢兴尧整理《荣庆日记》，西北大学出版社，1986。

[3] 上海图书馆编《汪康年师友书札》，上海书店出版社，2017。

[4]《唐景崇对待门生》，载陈灨一：《睇向斋秘录》，中华书局，2007。

忤监国意。近因则为某御史连上三折奏参：一参某学堂毕业考试优劣倒置，几闹风潮；一参图书局所编女学教科内有“妾之子对于母不必称母”等语，名谓不合，败坏风纪；一参学部堂官滥保私人，至以身家不清之内阁茶役秦某奏补实缺，实属不顾名器等语。此三折虽留中宽免查究，而疏误之咎却不能辞，故朝廷有意将其更动云[1]。

作为学部的主官，荣庆对新式教育的了解、认知极其有限。一次，他与京师大学堂监督刘廷琛议论学科设置，竟然说出这样的话：“算学教员薪水较国文教员为昂贵，此科无益学生，大可废止。诚以学生既经毕业，一朝为官，自有账房办理收支，何劳躬亲其事。”[2]

其次，唐景崇得到一批重臣的举荐。唐景崇在官场一路走来，一贯奉行的为官处世原则是矜而不争，群而不党，执两用中，从不阿谀奉承，从不投机钻营，靠的是“绩学端品”，靠的是踏实勤勉，靠的是真才实学。凭着这样的为官品行，他不仅获得了两朝掌权者的器重，而且在一众大臣中有着良好的口碑，屡屡被大臣们信任和看好。

他的恩师张之洞一直对他关爱有加，对他的才干十分赏识，因此，张之洞管理学部时，对与荣庆的矛盾感到为难时，希望唐景崇能助一臂之力，“深喜其（唐景崇）为人，已屡次奏保监国，拟将其调任学部”[3]。临终之时，监国摄政王载沣亲临探视，张之洞还不忘举荐唐景崇。

戴鸿慈，字光孺，广东人，身历咸丰、同治、光绪、宣统四朝，历官刑部侍郎、户部侍郎、刑部尚书、军机大臣，是清末出国考察五大臣之一。就是这样一位当时位高权重的朝廷重臣，也对唐景崇十分看重，“宣统元年（1909年），戴鸿

---

[1]《荣尚书转补礼部之确因》，《申报》宣统二年三月初六。

[2]《荣庆与刘廷琛之议论》，载章伯锋、顾亚编《近代稗海》，四川人民出版社，1988。

[3]《唐景崇得简学部之原因》，《大公报》宣统二年二月二十九日。

慈卒，遗疏荐景崇堪大用”[1]。

荣庆主管学部多年，深感力不从心，在监国摄政王载沣向他征求人选时，荣庆“以学务繁重，且开办大学颇为棘手，故力保唐景崇以自代”[2]。

再次，唐景崇振兴教育的见解“颇为得体”。他于卸任江苏学政回京前，曾专程到苏州、上海等地视学，回京时专折奏陈学务十事，提出对振兴教育的见解，“颇为得体”。因此，监国摄政王载沣用他主管学部，是用其所长，“故将学务重责委之，俾收教育实效”[3]。

监国摄政王载沣对唐景崇寄予厚望，叮嘱唐景崇说：“现值时局艰危，非人才洵莫能济。嗣后对于学务必须实行整顿，慎守宗旨，痛惩积弊，力图实效，以副朝廷培育人才之至意。”[4]

二　整顿部中人事

宣统二年（1910年）二月二十五日清晨，唐景崇上朝毕，踩着积雪，来到学部。他伫立于学部大门口，凝视着有些斑驳陈旧的大门，心情颇不平静。

学部成立时没有属于自己的衙署，时任学部尚书的荣庆经过一番周折，将敬谨亲王府据为学部办公场所，其址位于西单路口南侧。

大门里面等待他的将是什么？他有些迫不及待了。唐景崇迈进大门，来到会议室，打量着这些似曾相识的学部各堂、司官，而学部各堂、司官也在打量着他——这位从吏部左侍郎升上来的学部尚书，等待他的训话。

唐景崇开门见山道：

---

[1]《唐景崇传》，载赵尔巽主编《清史稿》，中华书局，1977。

[2]《申报》宣统二年二月二十四日。

[3]《摄政王之器重唐景崇》，《盛京时报》宣统二年二月二十八日。

[4]《面谕唐尚书纪闻》，《大公报》宣统二年五月初八。

予蒙简授到部，于学务自愧经历无多，诸官遇事总宜竭力赞襄，以匡不逮。教育为宪政之始基，关系重要。前张文襄（张之洞）、张文达（张百熙）两公经营学务，煞费苦心，予惟是萧规曹随，勉力进行而已[1]。

唐景崇在讲话中只字不提任职最久的前任荣庆，对于他这样一个久经宦场、处事周密、注重礼仪的朝廷重臣，不会是遗漏，而是有意为之，当是揣摩监国摄政王载沣旨意的心得。

接着，他对李家驹、宝熙两位侍郎说：

两君均有关宪政各要差，未能逐日到部，嗣后遇有不及会商之件，尚祈见谅，勿怪弟之擅专[2]。

左侍郎李家驹、右侍郎宝熙与唐景崇倒是老熟人了。唐景崇对李家驹来说既是恩师，又是恩人。李家驹参加殿试时，唐景崇充任殿试读卷大臣，是为恩师；光绪二十九年（1903 年），经唐景崇保荐，李家驹出任湖北学政，是为恩人。之后，李家驹一路官路亨通，于宣统元年（1909 年）署理学部左侍郎。唐景崇与宝熙曾同遵慈禧太后懿旨一同为光绪皇帝进讲“国朝掌故”和“各国政略”，两人私谊深厚，配合默契。是时，李家驹、宝熙两人均兼任有关宪政事宜，因此，学部事务难以兼顾，故唐景崇有此一说。

唐景崇上述这番话，可算是他的就职演说。粗粗一看，没有多少新意，倒是有些因循守成，但仔细揣摩，不难看出，实际上有他改革学部的设想，同时也反映出他为人处世的风格。

唐景崇单枪匹马来到学部，面临的第一道难题是人事纠葛。

---

[1]《唐尚书到部后政见》，《大公报》宣统二年二月二十九日。

[2] 同上。

光绪三十一年（1905 年）十一月，学部成立，荣庆入主学部。在蒙古贵族中，荣庆可算是极少数并非以门户荫典取得高位，而是靠个人努力、由科举出身走向仕途巅峰的显宦。他的发迹与袁世凯密切相关。据说，荣庆在山东学政任内结识了同年接任山东巡抚的袁世凯，两人私交甚笃。荣庆出任学部尚书，深感“任大责重，报称实难，殊为悚惕”，接旨的第二天，就走访了袁世凯，以寻求袁世凯政治上的支持。从以后学部的人事安排来看，荣庆确实不枉此行。时隔半年，他搭配起来的学部班子为：乔树枏补左丞、李家驹补右丞、孟庆荣补左参议、林灏深补右参议。这些人大多为袁世凯推荐，日后也成为荣庆的得力助手。在人脉关系上，荣庆偏重于直隶而兼收并蓄；在学务举措上，荣庆大多采用直隶的经验。荣庆这样做的结果就是：直隶的人脉关系在学部中上层占有优势，因而学部在统筹全国学务发展的实际过程中，往往沿袭和发展直隶模式的成功经验，对张之洞依据湖北模式制定的《奏定学堂章程》(癸卯学制）进行了某些调整。

光绪三十三年（1907 年）八月，清廷谕令入值军机的张之洞管理学部。开始，张之洞对学部隐伏的直隶人脉有所顾忌，但他对荣庆在学务举措上重直隶经验而轻湖北经验十分不满。因此，下车伊始，张之洞即在与荣庆商议学务时不避嫌疑地公开贬直隶而扬湖北，表示“深不满意于直隶之各高等学堂，谓程度既不足，而徒务虚名，自欺欺人，莫此为甚。湖北学堂无虑数千，而高等学堂仅存其一，名实不符之事吾不为也”[1]。张之洞为了强化自己在学部的影响，管理学部不久，就不断地将亲信从外地调入学部。但张之洞所推重信任的乔树枏、梁鼎芬等人，在学部的口碑甚差，导致对他本人的不满。荣庆以某分科大学监督为张之洞私人安插，“多有不满之处”，张之洞逝世后，荣庆“颇有更动之意”，后因枢府出面干预，他才罢手。

在荣庆、张之洞的影响下，加之学部成立时从新式教育发达地区调入人员，学部内人际关系逐渐凸显出直隶、湖北、江苏、浙江、四川等地缘群体的特征。

---

[1]《张相国之论学务》,《大公报》光绪三十三年九月十六日。

事在人为，要打开学部的局面，唐景崇新官上任三把火的第一把火就烧向了部中人事。

一是明确职司权限。三月初三，《申报》报道：

学部唐尚书二十四日交谕丞参各堂：令将署中各司厅长、正邦主稿、总办科长各官衔名及各司职掌之权限一并开具清单呈阅，以便挨次传见时当面询试。闻各司人员得此信后异常恐慌，刻均预备文稿，以备面试时有所对答[1]。

三月十三日，《申报》报道：

学部唐尚书到任后，接见部中各司官，颇为注意。昨有某司员因公进见，尚书询以所司各事，不甚了了，继而闲谈各学堂应行改革事宜，某司员又支离牵涉，语多可笑，及叩其出身，则以留学东洋对。尚书因讽之曰："本部任教育全国之责，与别部情形不同，决非门外汉所能胜任，汝以留学生之资格在此办事，不可谓用非所学，何以一切茫然，竟与未学者等？平日之自命安在？"某司员闻言惶恐万状，大约非另行设法调部，难安到其位[2]。

二是归并机构，裁汰冗员。为提高办事效率，节约经费，唐景崇一面决定将"所有职掌较轻、迹近无事之人员分别裁汰"[3]；一面将图书局及编订名词馆统行归并于审定司内，另添一股办理其事[4]。

三是调入新人掺沙子。唐景崇与学部的人脉虽无渊源，但因他的兴学理念、方略是融合南北。在办学理念上，虽然他尊重恩师张之洞的湖北经验，但他却更

[1]《京师近事》，《申报》宣统二年三月初三。

[2]《留学生出身之司员》，《申报》宣统二年三月十三日。

[3]《学部将汰冗员》，《大公报》宣统二年三月初五。

[4]《学部归并局所之近闻》，《大公报》宣统二年三月十二日。

推崇袁世凯的直隶经验。由于湖北一系的乔树枏、罗振玉等人屡屡与之公开冲突，更迫使他不得不倚重直隶人脉。因此，在人员使用上偏重于直隶，他曾力邀直隶一系的严修回学部，重用陈宝泉，并于上任当年先后从直隶学堂毕业生中吸收三十二人进入学部[1]。

四是实施分科办事。宣统二年（1910年）十月，唐景崇决定于新年之后实施分科办事，并将各科负责人由员外郎改称科长[2]，每科设科长一员，设一、二、三等科员各一员，此外尚有科员上行走及视学名目[3]。分科办事有利于提高行政效率，使奖罚有据，成为唐景崇改革学部的一个重要举措。

五是考察、甄别使用地方学务人员。唐景崇在认真了解各提学使的情况后，饬令学司对府、厅、州、县学务人员进行考察，甄别使用，“凡系老迈无能、身多疾病者另行造册送部核定办法，其果年富力强、学有根柢者则分别委任，以助兴学而免赋闲”[4]。

唐景崇大刀阔斧地整顿部中人事，损害了一些小团体的利益，让一些整天无所事事混饭吃的官员顿生危机之感。

为了打破学部盘根错节、根深蒂固的人脉派系，唐景崇不惜与在张之洞、荣庆面前都很吃香的学部左丞乔树枏发生冲突。

乔树枏，字松年，四川华阳县人，同治十二年（1873年）癸酉拔贡，同治十三年（1874年）朝考用刑部小京官，后为刑部主事，光绪二十八年（1902年）初经张之洞举荐补监察御史，后任八旗学堂监督、京师学务处总办，光绪三十二年（1906年）初调入学部。

学部成立之初，荣庆将乔树枏调入学部并十分倚重。据说，“荣中堂自到部以来，考察司员办事，当以乔部郎为第一，故一切事宜乔总办主持其半，而所行

[1]《关于学部官员升迁调补的文件》，中国第一历史档案馆档案。

[2]《宣统三年之学部司员》，《大公报》宣统二年十月二十六日。

[3]《督学局改归口新章》，《大公报》宣统三年二月初二。

[4]《唐尚书拟甄汰学官》，《大公报》宣统二年四月二十五日。

各事亦无不合之处，足见荣中堂之卓识”[1]。由于荣庆的信任，乔树枏成为尚书、侍郎之下，学部丞参中炙手可热的红人，学部的人事大权操于其手。光绪三十二年（1906 年）四月，因学部右侍郎熙瑛病逝，继任张仁黻调离，荣庆曾有将乔树枏“奏请擢升本部侍郎之意”，后虑其“资格太浅，难孚众望”而举棋不定[2]。

张之洞管部期间，对乔树枏也极为赏识，因此乔树枏在学部更加如鱼得水，地位进一步提升。张之洞曾两度向朝廷举荐，备极称赞，认为：“该员志趣端正，性情笃厚，处事精详，语必著实，既不为迂谬之谈，又能杜后生狂躁之弊，盖才能办事而又极稳实者。今日若用此等人才，既有实效，而决无流弊。”[3]“志虑忠纯，识议正大……规划精详，遇事能见其大。臣部设立以后，一切规划提纲挈领，推究利弊，尤资赞助。其忠爱出于天性，绻绻忧国，几乎每饭不忘，其教人以有耻为主，稍悖斯义，不少謇假。实足以息彼邪而戒浮靡。”[4]张之洞在晚清官场素以稳重著称，他如此盛赞乔树枏，对乔树枏的官运亨通无疑有着巨大的影响。

有荣庆的信任和张之洞的赏识，乔树枏在学部大有一手遮天之势。照理说，唐景崇和乔树枏同为张之洞赏识之人，一起共事，理当携手共进，相互支撑，但事实却截然相反。张之洞逝世，荣庆调离，唐景崇继任，乔树枏依然故我，毫无顾忌，不仅不支持唐景崇的工作，反而不将唐景崇放在眼里，独断专行，恣意妄为。当时的舆论认为：

学部左丞乔树枏之把持部务、侵越权限等情，京师政界知者甚多。闻其原因系由从前张文襄（张之洞）所推重。自各堂更动后，唐尚书因到部未久，李、宝两侍郎又因兼差甚多，疏于觉察，而该丞益无忌顾，甚至有不禀明堂宪擅行发放

---

[1]《学部总办得人》，《大公报》光绪三十二年二月初六。

[2]《司员将升侍郎之消息》，《大公报》光绪三十二年四月初九。

[3]《胪举人才折》，载赵德馨主编《张之洞全集》，武汉出版社，2008。

[4]《管理学部事务张之洞等奏荐举人才折》，《政治官报》第一七八号，光绪刊本。

之事。现闻唐尚书对于该丞大为忿怒，正调查乔素日各项舞弊弄权之处，将具折纠参[1]。

乔树枏听闻风声，请假出京查路，“暂避其锋，以便挽人为之周旋”[2]。

乔树枏毕竟位列丞参，任免之权在监国摄政王载沣之手，不由唐景崇决定，虽然乔树枏一大靠山张之洞已逝，但他的另一靠山荣庆还在礼部尚书位置上，何况乔树枏在朝中、在地方仍有很深的人脉根基。唐景崇不得不有所顾忌，只能放他一马，让他出京去查路。

唐景崇与乔树枏的冲突，表面看是人事纠纷，实际上是唐景崇试图改变学部既往人脉派系而做出的努力，目的是突破阻力，修正兴学方针，以加快普及教育的速度。这也是他为挽救清王朝江河日下颓势所做的努力。

三　重视调查研究

中国地域辽阔，人口众多，在清末复杂的环境中发展教育存在难以想象的困难和阻力。面对朝廷与士绅的期盼、督责，唐景崇的压力巨大。为了调适沟通，唐景崇在统筹全国教育的过程中，十分重视各方反映，通过多种渠道建立内外联系，及时回应各种意见和建议，或阐述自己的观点，或采纳别人的主张，或反驳守旧者的非难，或调整不合时宜的政策，或纠正执行中的偏差。

为掌握办学情况，作为统管全国学务的最高行政长官，从上任的第二天起，唐景崇就不辞辛劳，亲赴京城各学堂调查研究，力求掌握第一手兴学情况。宣统二年（1910年）三月十九日，《大公报》以《唐尚书之勤劳》为题进行报道：

---

[1]《唐尚书与乔树枏》，《大公报》宣统二年七月二十一日。

[2]《乔丞堂请查路政之原因》，《大公报》宣统二年七月二十五日。

尚书每日自早七点钟起即赴各学堂从事调查，至十一点钟必莅两处学堂，十二点钟即赴部办事。逐日如斯，毫无倦色。历观诸大老于职司之事，实力整饬不惮烦劳如唐尚书者，诚不数觏也[1]。

随着“癸卯学制”的颁布、新式学堂建设的全面铺开和各级教育行政机关建构的完善，学部为了掌握情况、比较差异、发现问题，以便更好地发挥政策引导、统筹监督、规范管理的作用，因此实施年度教育统计。

第一次教育统计于光绪三十三年（1907年）开始筹划，光绪三十四年（1908年）全面展开。

整个教育统计工作由学部总务司和学制调查局负责，大体分三步：一是由学部组织司员，借鉴日本文部省办法，依循教育统计原理，详拟统计、一览各项表式并相应凡例，一面责令学部各司暨各直辖学堂、京师督学局逐项详细填注，一面颁行各直省分头造报。二是各省提学使司奉到学部表式，即照式排印下发所属各府、厅、州、县，饬令各该地方官及劝学所总董督促辖内各学堂，凡经批准立案者，无论官立、公立、私立，悉遵学部表式，按学期填造一览表，由地方官汇呈提学使司。提学使司督饬学务公所该管科员将各处一览表重行考核审定，并按照统计表式，分项填列，纂修全省教育统计总、分各表。此项总、分各表连同全省学堂一览表，一并装订齐全，依限报送学部。三是学部总务司汇总本部各局司、各直辖学堂及各省的统计表册，详细钩稽，统括分析，编制全国性教育统计图表。事竣，奏呈御览，并分别咨送宪政编查馆、各省督抚、提学使司等，以备参阅。

唐景崇认为：

臣部奏定分年筹备事宜清单内开，自宣统元年（1909年）为始，编订全国教

---

[1]《唐尚书之勤劳》,《大公报》宣统二年三月十九日。

育统计图表一册，通行各省以资比较等因，事关宪政前途，自应按期筹办。惟中国兴办学务历有年所，自光绪二十九年（1903年）奏定学堂章程颁布之后，官私学校推广寖多。第初基甫立，规模未具，等级虽别，程度不殊。盖以学务未有专官，漫无归属。迨三十一年（1905年）设立臣部，三十二年(1906年）设立各直省提学使司，教育行政之官司渐备。于是学校生徒增减之差，经费出入多寡之数，乃得可纪[1]。

由于此事牵扯面广，工程浩大，需时费力，完成调查统计并汇报到部已在次年，整理归纳汇总更需隔年。因此，直到唐景崇上任学部尚书时，第一次教育统计还没有编纂完成。

为了解掌握全国兴学现状、发展脉络及趋势，唐景崇对教育统计寄予厚望。明确要求学部总务司加速汇总进度。唐景崇有令，学部总务司不得不全司动员，加班加点，终于在唐景崇到部的第二个月完成了第一次全国教育统计图表［光绪三十三年（1907年）］汇总编纂。

在宣统二年（1910年）三月二十五日的《奏进呈编定第一次教育统计图表折》中，唐景崇认为：

盖各省学务进步之迟速，生徒就学之多寡，学务经费岁入之盈绌，岁出之丰约，备载于总表、分表之中。又恐阅者不暇详考末由，知其端倪，因荟萃各表，揭其比较之数，制为简明之图，系之以比例，显之以彩色，载诸简端，俾观览者始验之于图，已略识其盈虚，既参之于表，更详知其究竟。在进步速者，因比较而程功可睹，自当益励其进步之心；而进步较迟者，或以风气之未开，或因财力之不继，迨按诸图表优绌较然，相形之余，人情自奋，必能急起直追，力求进益，则将来教育行政乃有成效之可言。此尤臣等夙夜兢兢，期与京外办学人员共

[1]《学部奏进呈编定第一次教育统计图表折》，《政治官报》第九百〇四号，光绪刊本。

勉励者也[1]。

在唐景崇亲自过问和督促下，第二次教育统计图表［光绪三十四年（1908年）］也在宣统二年（1910年）十二月汇总编纂完成。具体情况唐景崇在《奏进呈第二次教育统计图表黄册折》中有简要说明：

将来地方自治机关日臻完善，学务经费日充，就学儿童益众，当不难收教育普及之效。臣等惟有竭虑殚精，力图进步，断不敢以勾萌伊始遽诩为成效可观。

第三次教育统计图表［宣统元年（1909年）］在宣统三年（1911年）八月汇总编纂完成。此次统计，学生人数、学堂处数均有较大幅度增加。唐景崇在《奏进呈第三次统计图表折》中说：

臣等查此次增加学生名数，以普通学堂为多，尤以两等小学学生为最多。现预备立宪之时，普及教育为宪政之根本。将来经费日充，学堂林立，就学儿童日见增加，教育自不难普及。

总之，臣部职司教育，责有专归，惟有督饬京外办学人员实心实力，认真办理，以期仰副朝廷兴学育才之至意[2]。

宣统三年（1911年）五月，在汇总统计的过程中，唐景崇发现安徽、江苏、贵州学务比较落后，要求分别将三省的图表邮寄给所属的提学使司，并专电三省的提学使，督促其认真观摩，对照比较有关数据，切实整顿本省学务[3]。

遗憾的是，宣统二年（1910年）的调查统计因清朝覆亡没有完成汇总编纂，

---

[1]《学部奏进呈编定第一次教育统计图表折》，《政治官报》第九百〇四号，光绪刊本。

[2]《学部奏进呈第三次统计图表折》，《内阁官报》第六十二号。

[3]《分催各省推广教育》，《大公报》宣统三年五月十五日。

而宣统三年（1911年）的调查统计也因清朝覆亡连布置都来不及。

尽管因统计手段的落后及地方官吏的敷衍，所列数字并不精确，但唐景崇亲自主导教育统计仍为当时全国教育发展提供了纵向与横向比较的重要依据，不仅有利于学部对全国教育进行统筹和调整，有利于考核各地学务机构的办学得失，还在一定程度上促进了各省行政和教育当局更加重视学务的发展与改进。同时，也为后来进行的大规模全国教育统计提供了经验借鉴，民国时期的教育统计就是在此基础上改进与发展起来的。

搞全国教育统计有利有弊，在监督促进各地学务发展的同时，也容易助长相互攀比之风。由于并非所有的统计数据均建立在切实调查的基础上，有些地方所提供的统计数据难免存在虚假成分。为此，唐景崇加大视学力度，派遣视学官到各地视察，依照填报的数据逐项核实，所报不实者予以通报批评和处分，并追究当事者及其上司的责任。

宣统元年（1909年）九月，学部奏派学部戴展诚、张濂、王祖训等为视学官，前往河南、江宁、江苏、安徽、江西、湖南、河北、浙江等省择要抽查，随时呈报，以凭考核。戴展诚等人视察完毕，回到京城，于宣统二年（1910年）四月向学部提交查竣报告。唐景崇详加查核，发现“各省学务应行整理改良之处甚多”：

一曰专门教育。查各该省高等学堂皆已设立，然事属创办，学生之程度未能合格，教科设备又不完全。以不合格之学生入不完备之学堂，虽袭高等之隆称，实不足为大学之预备。是必严加整理，将来始有成效之可言。至湖北、江苏之存古学堂，意在保存数千年相传之文学，然未免仍沿书院之旧习；其湖南之成德、达材、景贤三校，虽冒法政学堂之名，并未遵章办理，乃更加窳败，且每校多者不过百人，少者或数十人，徒滋糜费，毫无实益，何以阐学术而植人材?

一曰实业教育。查湘、鄂两省农工商学堂渐次筹设，然仅略具端倪；江西有高等农业学堂一所，江宁有高等实业学堂一所，教科程度均未完善；其他各省简陋更甚。经费固极困难，而教员、学生尤为缺乏，盖中国先少通习实业之人才，办理均不能合法，以致设备则因陋就简，教科则沿讹袭谬，外观虽具，成就无期。

一曰普通教育。如师范学堂，省会所在均已设优级选科；繁盛府治，亦间设初级完全科；惟湖北之两湖师范，江宁之两江师范，规模宏远，成就较多。至中学堂，每府率各设一所，惟湖北文普通，开封、常州、松江、上海各中学教科较为完备。至初等小学，本以教育普及人人读书识字为指归，就教授管而论，沿江各省所设者较胜于河南，然而谋教育普及之效，河南反较易于沿江各省者。则以费用之撙节与浮滥而已，盖河南初等小学岁费不过四五十金，多亦不过百金，而沿江各省初等小学岁费有逾千元以上者，少亦须用三数百元，两者相衡，难易较然。至江宁、苏州官立小学特派道员或京官为总理，两湖、江西官立小学亦另设办事机关，冗费多而学生少，未免与教育普及大有妨碍[1]。

发现存在问题，唐景崇要求各省督抚督饬提学使司，加大整顿沿江各省学务的力度，严定提学使司考成，并明确要求“各省严汰冗员以节滥费，即将撙节之款以为推广之地，庶几财当其用，用得其人”[2]。

宣统二年（1910年）九月，唐景崇再次派出学部总务司员外郎刘宝和、小京官萧友梅、师范毕业生常顺等前往直隶、山西视察并兼查山东省学务，候补员外郎徐焕、候补主事董鸿祎、学习主事林锡光等前往广东、广西两省视察并兼查福建省学务。

唐景崇对视学提出明确要求：“每查一省即将该省学务情形呈报”学部，“以凭考核”，“该员等所需旅居、夫马之费”均由学部“照章发给，不许受地方官供张，以杜滋扰”[3]。

[1]《学部奏派员查学事竣大概情形折》，《学部官报》第一百二十七期。

[2] 同上。

[3]《学部奏派员视学直隶等省折》，《政治官报》第一千〇八十五号，光绪刊本。

由于唐景崇的重视，视学官在视学过程中态度较过去认真，因此视学效果有所增强，比较深入地了解到各省办学的具体情况。比如，刘宝和、萧友梅、常顺等人在视察山东省学务时便发现，“该省初等小学有业在学部详报卒业而实际至今未开办者，捏虚为实，敷衍了事”[1]；在直隶视学时，发现“劝学总董及各州、县官竟有将学款全数侵吞，学堂门虚悬一招牌而堂内并无学生者，又有临时招募学生以遮饰视学员耳目者”[2]。

学部严肃认真地视学，对于各省的确有一定的震慑作用，也在一定程度上推动了各省改进学务。比如，刘宝和、萧友梅、常顺等人刚刚回到京城，直隶总督陈夔龙就把参劾本省办学人员的专折呈递到了朝廷，据说是“小帅恐学部见责，故先择其尤劣者弹劾数员，以卸责任”[3]。

四　教育发展宣言

随着预备立宪进程和地方社会结构的变动，光绪三十四年（1908 年）十二月二十七日，清廷颁布了《城镇乡地方自治章程》，规定：地方自治以专办地方公益事宜，辅佐官治为主。凡府、厅、州、县官府所在地为城，其余市、镇、村、屯、集等地人口满五万以上者为镇，不满五万者为乡。自治事宜包括学务、卫生、道路、农工商务、慈善事业、公共营业及自治经费等。

唐景崇上任学部尚书后发现，在推进地方自治进程中，“地方小学未能骤有进步，揆其原因”，他认为“厥有数端”：

一则地方学费担负未有规也。东西各国两等小学多不征收学费，其办学之款，或取诸原有公款、公产，或取之各种税捐。中国地方办理学务，向无专款。

[1]《北省学务成绩之一斑》，《申报》宣统三年六月十九日。

[2][3] 同上。

地方税章程尚未制定，筹集处理无成规之可循，更未闻有所谓基本财产者。然当学堂未设之时，富家子弟延师有费至百数十金者，即贫民子弟附入义塾修脯，亦在千钱以外，此项费用为数岂少，不过无所统计，故亦习焉而不觉。今欲合私家之力以充公益之用，惟恃国家有法律以规定之，人人知地方办学之费，即父兄为其子弟担任入学之费，责任实无可辞，庶经费易于筹集矣。

一则乡僻地方办学不易也。办理学堂自以地方之财力为衡，乡僻之区，或因户口过少，或因贫困无力，间有难于立学之处。各国力求教育普及，乃设为学区连合及委托代办之法，以济其穷。惟非有国家法律以规定之，则教育事务委托于人者，或有置身事外之嫌，受人之委托者，或有为谋不忠之弊，则事务之管理处置之方法，必有当受其成者矣。

一则地方办学责成无所专属也。臣部《奏定劝学所章程》劝学员于本管区内调查筹款，兴学事项劝令各村董事切实举办，原为推广学务起见，但地方绅董热心公益者，恒不多见，而责成不专良善者，恒以袖手为高不肖者，遂以武断从事，于地方教育实有障碍。现在地方自治章程业经颁行，劝学之区应归于自治之区，则地方教育事项所应执行者，皆法律所认定，于权限无所逾越，即事务无所推诿，庶热心公益之人无所掣肘，而地方学务日有起色矣[1]。

在唐景崇看来，学费负担重、办学不易、责成无所专属等这些问题归根到底出在无法可依。唐景崇接手学部时，可以说中国历史上还没有一部有关地方教育的法律。唐景崇决心亲手为地方教育制定一部法律，解决长期以来地方教育无法可依的难题。

《城镇乡地方自治章程》对地方权限的调整，当然就涉及地方学务权限的调整。因此，为了适应《城镇乡地方自治章程》的推进工作，加快地方教育的发展，

---

[1]《学部奏拟订〈地方学务章程〉呈请饬交资政院议决折》，《政治官报》第一千〇六十八号，光绪刊本。

唐景崇从上任学部尚书之初，就把推动《地方学务章程》立法摆上重要议事日程，亲自出马调查研究，召集幕僚反复磋商论证，终于在宣统二年（1910年）八月二十六日，拟订《地方学务章程》，呈请饬交资政院议决：

臣等共同商酌，拟定《地方学务章程》凡十八条，大要以地方之财办地方之学，即以地方之人治地方之事，于教育普及前途不无裨益，请旨饬资政院议决施行，以重学务[1]。

监国摄政王载沣读了唐景崇的奏折，以宣统皇帝之名，紧急调整了资政院预备国会天字号议案，将《地方学务章程》列为预备国会天字二号议案。

宣统二年（1910年）九月十二日，京城秋高气爽。下午一点多钟，唐景崇来到坐落在宣武门象来街的京师法律学堂。清廷预备立宪后，即决定在东城原贡院旧址上兴建资政院大楼。故在讨论资政院选址时，除考虑交通便利外，还考虑到资政院大楼庄严神圣，“以昔日国家选士之场，为他日人民参政之地”再合适不过了。但直到资政院开院大楼都尚未完工，为不影响资政院运转，又临时决定暂用法律学堂作为资政院议场。

当天，资政院预备国会开议《地方学务章程》议案。先由秘书官朗读《地方学务章程》原奏。接着，唐景崇从容登上议台，向全体议员问好后，发表全国教育发展主旨讲话，说：

本部统辖全国教育行政，就现在情形，酌其缓急次第约分三项：第一项其最急者，如初等小学堂、附设简易识字学塾、初级师范学堂、实业教员讲习所；第二项其次急者，如高等小学堂、文科中学堂、实科中学堂、优级师范学堂、初等

---

[1]《学部奏拟订〈地方学务章程〉呈请饬交资政院议决折》，《政治官报》第一千〇六十八号，光绪刊本。

农工商学堂、中等农工商学堂、高等专门学堂、女学堂；第三项可缓者，如大学堂、高等学堂、大学预科、存古学堂。

就教育经费的增减，他认为：

至于经费之增减，查第一项所列学堂，如初级师范、实业教员讲习所经费，应由官筹备，大加扩充；其初等小学经费，应由各省提学使督饬地方注全力以筹之，按照《地方学务章程》分区兴办，以学龄儿童皆能入学为指归。第二项所列各学堂，其经费业已筹定者，应保存之；其经费未经敷用者，应补救之。如有浮冗之处，应责成办理人员切实裁减，即以所节之款，扩充学额，不得挪作他用，致为进步之阻碍。第三项所列各学堂，除京师大学、北洋大学业已成立，但期维持现状，无庸急于扩充外，应由本部统筹全国情形，分划大学区域，于数年后次第筹设。至各省高等学堂，每有学生少而糜费多及名实不符者，应按照实在情形酌行归并，即以所节经费为补助初等教育、实业教育之用；其存古学堂亦无须每省设立一所以上。

首先，他认为小学、实业教育为当前最急者，强调指出：

小学之所以最急者，以国家之发达系于国民。盖国家者，国民之所积而成也。无论为农、为工、为商、为兵、为公民，欲其与列强相抗，无一不须普通必要之道德知识，即无一不须受小学教育。今之人见夫世界各大国船坚炮利，财富兵雄，以为自强之根本在此矣，而不知实由民德、民智之完备与民力之坚强，万众固结如山岳之不可摇撼，乃为根本中之根本耳。否则财虽富，兵虽雄，船炮虽坚利，而举不为吾用，则何益矣！外洋自十九世纪以来，强迫教育为各国所公认，良以国民为国家之命脉，舍此即无以自立。既重小学，必宜预储师范，此则与小学相因而进之事，不待言也。

至实业教育之所以最急者，盖惟民富斯国富，实业无人材，固无以浚国家之富源；抑惟民富斯国强，人民无职业，尤无以固国家之根本。试就近事证之，如今日收回利权之说，无论财力之万不能逮也，即使能之，今日赎一路，可充工程师者何人？明日开一矿，能明开采炼化者又何人？此不过举工业一端。人才缺乏，既以如此，其他农业、商业，亦可由此类推。虽然，欲造专门之人材，必先树专门之师资。高等实业学堂学术精深，师资殆无善于此者。惟是规模较宏，设备不易完全，且此类学生毕业后多以径办实业事项为主，不尽能充当中、初两等实业学堂教员，以故实业教员讲习所不容缓图，本部前经通行各省先办实业教员讲习所，其已设有高等实业学堂者，即于堂内附设。无论何省，必须指定期限，一律成立，报部备核。庶实业之师资既裕，而振兴各项实业乃有基础矣。

其次，“惟为财力人力所限”，他认为列入第二项的“此时重在保存而不重在扩张”：

虽高等小学与中学本为完全普通所必需，然但使初等学生有升学之地，上级学堂有考选之资，已略足应用矣。优级师范就各省一览表考之，除新疆一省外，无不设立者，但能办齐四类，陆续毕业，按期续招学生，则中学师资尚不致十分缺乏。至中等、初等实业，将来实业教员讲习所毕业者日多，师资渐裕，方能设法推广。高等实业、高等专门各学堂固为当务之急，然必俟中学堂毕业者众，始能大加扩充。女学非不重要，无如现在女学数目与男子学堂相差太远，今日尚在开创时期，若与男学并重，无论经费剧增一倍，力有不逮，且各处风气尚未尽开，女生之入学未如男生之踊跃，扩充之期当俟诸他日，故暂列入第二项焉。

再次，关于大学，他指出：

惟京师、北洋两大学业已成立，然经营方始，规模未备，固不可过于简陋，亦不可稍近虚糜。其学生资格之未合者，教员学历之不足者，管理员之浮于事者，仍须切实淘汰。高等学生毕业无多，分科大学各门亦暂择要设立，无须遍设。教科程度之未能精美者，尤必加意改良，因已有之规则而整顿之，就已定之经费而节用之，不事铺张，力求实际，此京津两大学之办法也。其他如南洋、广东均有筹办大学之议，此时均定议从缓。本部拟就全国形势划定大学区域，不必每省各建大学一所，且目前教员难得，而数年之内，统计高等毕业生人数，于京津两大学足以容之，应俟数年后次第增设，而非目前之所宜汲汲也。至高等学堂、大学预科，所以必酌为合并者，盖有数故：今日各省学堂用费最多、程度最参差者，无过于高等学堂，必宜量为归并，以节糜费，一也；实业教育既为本部所注重，则高等实业学堂不能不招生入学，而今日中学毕业生只有此数，不能同时并进，二也；且经费不能一时遽加，此有所增，则彼有所减，高等学堂应与高等实业互为调济，三也；高等实业毕业生亦可升入大学，裁并高等学堂而设高等实业大学，既有所取材，各省亦可兴实业而挽利权，四也。有此四端，则高等学堂之应合并，殆有必至之势。现在各省已办之高等学堂，除详查程度与定章符合，名实相副者，仍应接续办理；其尚未设立及设备并未完全、程度实不相当、学生人数无多者，均拟令分别归并。其归并之法，凡总督驻扎省分应设高等学堂一所，其兼辖省分之高等学堂察其程度班级，如有不合，应即酌量归并；其无总督省分则与邻省合并。此项办法由本部另行规定通行。总之，以两省或三省之力设一高等学堂，经费不虞缺乏，即以高等学堂所腾出之经费，酌量改充实业教育之用，似于国计民生，裨益为不少也。

最后，他再度强调重申：

以上所拟三项办法，无非权度缓急先后，第一项推广小学、振兴实业，即是目前教育行政所最注重者之方针；第二项、第三项亦属相度时势而言。本部办学之布置如此，特与诸君一说，明其概要焉[1]。

这篇讲话朴实无华，浅显易懂，娓娓道来，充分体现了他的教育思想，充分反映了他执掌全国学务的指导方针、教育规划、工作重心和整体部署，具体而实在。

五　教育发展思想

唐景崇教育发展宣言植根于他的教育发展思想，而他的教育发展思想形成于他长期对教育的经验体会、调研探索的总结提高。

他的教育发展思想主要来源于三点：一是他对世界教育发展的清醒认知："外洋自十九世纪以来，强迫教育为各国所公认，良以国民为国家之命脉，舍此即无以自立。"[2] 二是他在江苏学政任上兴办新式教育的经验体会："薄海兴学，惟期教育普及，士兵农工商人人有学，然后教育始完。"[3] 三是他执掌全国学务以来，对教育发展现状、趋势的深入调研和思考。

普及教育为国家根本至计　光绪三十二年（1906 年）闰四月十六日，唐景崇在卸任江苏学政，离苏回京启程的那一天，具折上呈《奏立宪政策预筹大要折》，将"国民普及教育，所以造成立宪资格"作为宪政必备的前提条件，认为宪法的制定、议院的参政议政，均以人民受教育程度为基础，"故今日而不行宪法则已，其必行宪法也，应以普及教育为入手之方"，"必教育普及，而宪法乃有树立之时"，建议清廷要求各省于省城和府、厅、州、县设立专门政法学堂，责成地方

[1]《唐景崇报告》，载李启成校订《资政院议场会议速记录》，上海三联书店，2011。

[2] 同上。

[3] 唐景崇：《奏敬陈学务事宜折》，《教育杂志》光绪三十一年十二月。

官吏举办义务教育，向社会宣传国家观念[1]。

时隔五个月，唐景崇在《奏敬陈学务事宜折》中再次提出普及教育，“此次，诸臣请推广学校，所云学堂不专为储才，以开通民智为主，即是兴学之要旨也”[2]。

唐景崇“深以教育进行过迟为虑”，上任学部尚书不久便命各司详细条拟强迫教育施行方案、国民教育普及方法等要件，要求“逐条妥议，呈堂查核，以备采择”[3]，并致电英国公使和日本公使，请代为了解收集两国实行强迫教育的有关章程和情况，以备参考[4]。

随着对全国教育发展趋势的深究和把握，唐景崇对普及教育的认识进一步提高升华：由原先的“国民普及教育，所以造成立宪资格也”上升为“盖普及教育为国家根本至计”[5]。

为此，唐景崇明确提出普及教育的两大目标：一是以“人人读书识字”为指归，以“贫民得受教育”为衡量标准[6]。二是“以极浅显之词，开导下级、平民，告以立宪上种种之公德，立宪后种种之利益，使之保障生存，以尽对社会、对国家之观念”[7]。

宣统二年（1910年）十月初三，清廷宣布缩短预备立宪期限，于1913年开设议院，要求中央各部相应调整原定筹备宪政事宜方案。缩短预备立宪期限，普及教育任务更巨，唐景崇顿感压力巨大，但他没有怨天尤人，而是精心筹划，调

[1]《奏立宪政策预筹大要折》，载虞和平主编《近代史所藏清代名人稿本抄本（第一辑）·唐景崇档》，大象出版社，2011。

[2]唐景崇：《奏敬陈学务事宜折》，《教育杂志》光绪三十一年十二月。

[3]《唐尚书教育进行之提议》，《大公报》宣统二年四月初七。

[4]《学部要电纪闻》，《大公报》宣统二年十一月十六日。

[5]《学部奏复陈普及教育最要次要办法折（并单）》，《政治官报》第一千一百三十九号，光绪刊本。

[6]《唐尚书教育普及之办法》，《大公报》宣统二年三月十四日。

[7]《奏立宪政策预筹大要折》，载虞和平主编《近代史所藏清代名人稿本抄本（第一辑）·唐景崇档》，大象出版社，2011。

整原定计划，经过一个多月的努力，于十一月十四日上呈了《学部奏复陈普及教育最要次要办法折（并单）》[1]；又过一个多月，即十二月二十六日再呈《学部奏拟改订筹备教育事宜折（并单）》[2]。这一次，唐景崇打算借缩短预备立宪期限之机，力图突破制约普及教育发展的瓶颈，强力推进普及教育发展，以达成短期内迅速普及国民教育的目标。

宣统二年（1910年）至宣统三年（1911年），尽管朝廷财政日趋拮据，学部经费奇绌，但唐景崇在推广普及教育方面，还是取得了一定的成效，从而使得普及教育在极其艰难的情况下迈出了关键的第一步。

尤以大力发展小学教育为急务 唐景崇在江苏学政任上就提出小学发展的目标："五年之内，每四百家设一初等小学；十年之内，每二百家设一初等小学"，最终实现"每百家设一初等小学"。在他看来，"如此逐渐推广，蒙学自日有起色"[3]。

唐景崇上任学部尚书后，通过对教育发展的调查研究，认为："伏查东西立宪各国，莫不以小学教育为要图。"[4]"以国家之发达系于国民。盖国家者，国民之所积而成也。无论为农、为工、为商、为兵、为公民，欲其与列强相抗，无一不须普通必要之道德知识，即无一不须受小学教育。"[5]

为此，唐景崇强调指出："窃惟教育行政经纬万端，而因时制宜，以注重小学为尤要。""尤以大力发展小学教育为急务。"[6]他认为普及教育的重点在于"专为注重小学，力图普及起见，均属切要难缓之图"[7]。

---

[1]《学部奏复陈普及教育最要次要办法折（并单）》，《政治官报》第一千一百三十九号，光绪刊本。

[2]《学部奏拟改订筹备教育事宜折（并单）》，《政治官报》第一千一百九十五号，光绪刊本。

[3]《唐景崇学务批示文》，载虞和平主编《近代史所藏清代名人稿本抄本（第一辑）·唐景崇档》，大象出版社，2011。

[4]《学部奏改订两等小学堂课程折（并单）》，《政治官报》第一千一百五十六号，光绪刊本。

[5]《唐景崇报告》，载李启成校订《资政院议场会议速记录》，上海三联书店，2011。

[6]《学部答复罗议员质问教育说帖》，《申报》宣统二年十一月二十二日。

[7]《学部奏复陈普及教育最要次要办法折（并单）》，《政治官报》第一千一百三十九号，光绪刊本。

为推进小学特别是初等小学发展，唐景崇采取了强力措施：

一是制定实施《地方学务章程》。他认为“教育普及实根于地方自治”。“盖必地方分职，而后地方有办学之人；确定基本财产，而后地方有办学之费；调查户口，统计学龄，使设立学校与就学人数相符，而后义务教育乃能实行”，“惟非有国家法律以规定之”不可。因此，上任学部尚书之初，他就决定制定实施《地方学务章程》，以解决长期以来地方教育无法可依的难题。

二是改订小学学制和课程。他认为学制的“漫为延长，或有碍小民之生计”。《奏定小学堂章程》定初等小学五年毕业，“期限过长，贫民或穷于担负”，改订为“一律以四年为毕业期限”，并要求“自宣统三年为始，一律按照此次改定章程，认真办理，并迅将初等小学堂设法推广，以裕强迫教育之基，而收学制统一之效”[1]。普及教育课程，“不无应行改订及酌量归并之处，大致启其普通之知识，定为简要之课目，庶延师既不苦其难，毕业亦不嫌于促”。同时酌量归并初等教育课程，删改过于繁重的课程及学时。

三是改订小学教育教科书。“现在立宪，政体既已确定，所有普通之知识，世界之大势，国民应尽之义务，各项教科书中皆应发挥宗旨，指陈大义，以资讲授。”

四是增订国库补助小学经费法及贫困地区教育国库补助法。一直困扰小学教育发展的关键在于经费困难，唐景崇认为“窃惟立宪国家，以推广小学教育为急务，而筹办小学，以规定学堂经费为要图”[2]，经费与普及教育“重有关系”，“小学经费以取给于地方为正当办法”，强调要“国库补助小学经费及贫困地区教育国库补助”，“至地方贫瘠之区无力举办者，按之各国通例，均应以国库补助。盖普及教育为国家根本大计，所谓取之于民，还而用之于民，虽重费帑金，无所吝

[1]《学部奏改订两等小学堂课程折（并单）》，《政治官报》第一千一百五十六号，光绪刊本。

[2]《学部奏定小学经费暂行章程折》，载陈元晖主编《中国近代教育史资料汇编》，上海教育出版社，2007。

惜也”[1]。同时，制定实施了《小学经费暂行章程》。

五是推行强迫教育。唐景崇以强迫教育为手段推广小学教育的态度鲜明而坚定，决定采用“以贵胄为入手，以官家子弟次之，其平民男女再次之”的逐层渐进方案[2]；地域上首先则以京师为起点，其次推之于直隶、江苏、浙江、安徽、福建、湖北、湖南、广东等长江流域和沿海地区，再逐渐向内地与边远省份推进[3]。

唐景崇采取的这一强迫教育方案得到了监国摄政王载沣的首肯。于是，唐景崇准备再次拟定强迫教育实施章程交资政院核议，并提出“嗣后凡已达学龄之学童如尚未受义务教育，即将其父兄应享之公权暂行停止，以昭儆戒”[4]，希望借助法律手段推行强迫教育，以实现小学教育跨越式发展。

学生当以品行为重　唐景崇兴办新学、主管学务，十分重视人才德、智、体的全面发展，尤其注重德育先导。

他认为“蒙学为养正始基”[5]，强调“学生当以品行为重”[6]，指出“苟非学行交修难成完品”[7]。

唐景崇特别注重修身学科。在江苏学政任上所书《为淮安府禀请开办初级小学及师范传习所事批文》中，为初级小学修身学科开列了如下讲读课本：

修身一条，摘讲朱子《小学》、刘忠介《人谱》、各种《蒙学图说》，读有益风化之极短古诗歌。虽《小学》《人谱》理蕴精深，儿童或遽难领悟，应饬教员先择其浅近者，与之讲说；至有益风化之诗歌，教员学问赅洽者，自足胜采选之任，

[1]《学部奏复陈普及教育最要次要办法折（并单）》，《政治官报》第一千一百三十九号，光绪刊本。

[2]《再志强迫教育之办法》，《大公报》宣统二年十月十七日。

[3]《试办强迫教育之次第》，《大公报》宣统二年正月初九。

[4]《强迫教育仍须交议》，《大公报》宣统三年七月二十五日。

[5] 虞和平主编《近代史所藏清代名人稿本抄本（第一辑）· 唐景崇档》，大象出版社，2011。

[6] 同上。

[7] 唐景崇：《奏敬陈学务事宜折》，《教育杂志》光绪三十一年十二月。

此定章不可违背疏漏者。若陈文恭公《养正遗规》内有浅显数种，亦可参用[1]。

按照“癸卯学制”，初等小学、中学设有读经讲经一科。对于初等小学读经讲经，唐景崇要求：按照定章指明书目排定课程办理，“教员择其浅近者讲说，一切均应遵照办理”[2]。

唐景崇还提出：“均宜于各科学外，另立品行一门，亦用积分法与各门科学一体同记分数，其考核之法分言语、容止、行礼、做事、交际、出游六项，随处稽察，第其等差。此应由管理员及教员认真考察办理。”[3]

唐景崇向来对学堂学生要求很严，其目的是使他们通过新式学堂的教育能成为“学行交修”之完品。因此，他认为：“古今中外约束学子必有明律，盖严待于今日者，正所以厚期于将来，苟非学行交修难成完品。”建议“严饬各省办理学务诸员与肄业学堂诸生，务须谨守法律，切实遵行，倘学生等或有违犯，惟有严执定律从事，毋稍宽假，于是学生等有所警惕，咸知自爱，学律严而后学规始肃也”[4]。

中西并重，未可偏尚　光绪三十一年（1905 年）十月，唐景崇札饬江苏全省八府三州一厅，就强调指出学堂教育应“中西并重，未可偏尚”[5]。

唐景崇“中西并重，未可偏尚”的教育思想，是吸取历史、国外的经验教训，对他的老师张之洞等人提出的“中体西用”之教育思想的进一步超越和升华。在取法学习日本近代教育的形式和内容方面，唐景崇似乎比张之洞等人走得更远。

唐景崇在督学江苏、兴办新学期间，就深切感受到：“臣每案临各属试毕，

---

[1] 虞和平主编《近代史所藏清代名人稿本抄本（第一辑）· 唐景崇档》，大象出版社，2011。

[2][3] 同上。

[4] 唐景崇：《奏敬陈学务事宜折》，《教育杂志》光绪三十一年十二月。

[5]《唐学院札知学堂课程中西并重》，《申报》光绪三十一年十月二十九日。

辄往各学查看，其守旧者，大都中学之糟粕；其开新者，又袭西学之皮毛。”[1] 因此，他强调要学习西方的新文化、新知识。

查定章，学堂课程中西并重，原以冀体用兼赅，始能成完备之品格，未可偏尚，致始绮（倚）重之弊未尽改良，不免囿于从前陋习。该府州厅县暨监督、校长及各教员等，须细心体会，按照定章办理，毋偏绮（倚）疏漏，有一项课程尽一番训迪。将来毕业考试，查核教法，衡之定章，未能符合，概不得邀奖励。通饬凛遵办理[2]。

在课程安排上，唐景崇强调“中西并重，未可偏尚”，比如他编辑的《中学堂暂用课本之书目》，既注重中国传统教育的“修身”“读经讲经”“中国文学”“历史”“地理”等，又安排西方教育比较注重的“算学”“博物”“物理及化学”“法制及理财”“图画”“体操”等。并创造性地根据各级各类学校学生发展的需要正确处理“中”“西”关系，使得两者更好地融会贯通，有效地促进学生的全面发展。

唐景崇在倡导“学堂课程，中西并重”的同时，更加注重对西方教育制度的学习借鉴。洋务派以“中体西用”为指导方针进行的教育改革随着洋务运动的失败而落下帷幕，寄希望于通过仅仅学习西方的语言和科技来拯救中国的“中体西用”并没有改变中国贫穷落后的面貌。唐景崇清楚地认识到外国之所以发展速度超过中国，是因为西方国家重视发展教育，除形成了系统的科学知识体系外，关键在于建设了完备的教育制度体系。这使得唐景崇认识到中国教育要发展，需要学习西方的教育制度体系，建立起与中国国情相适应的学校教育制度体系。

宣统二年（1910年），随着预备立宪进程的加速，按照立法与行政分离的原则，中央各部着手建立和完善法规并与之行政命令相区别。唐景崇所书《学部奏

---

[1] 唐景崇：《奏敬陈学务事宜折》，《教育杂志》光绪三十一年十二月。

[2]《唐学院札知学堂课程中西并重》，《申报》光绪三十一年十月二十九日。

拟将学务法律命令参照中日制度分别厘订折》从一个侧面反映了他对教育法令和教育行政相互联系与区别的认识态度。唐景崇认为：“法律命令之分，根本于立宪政体。而法律命令范围之广狭，又视乎国情之若何。”清政府坚持君主立宪制，唐景崇在比较了英、德、日三国不同时期法律命令的种类及概念后，最后决定以日本教育法令为蓝本，将历年来各种有关学务的章程分为以上谕形式和学部奏章形式公布两类[1]。

唐景崇“中西并重”的教育思想吸取了中西方教育的精髓，既适当地保留了中国传统教育注重德艺的部分，又虚心学习西方的系统的自然科学知识和先进的教育制度、教学方法。

唐景崇在学部尚书任内，介绍和引进西方近代教育的单级教授法和二级教授法，并以章程的形式确定而加以推广，成为适合国情并在农村广泛应用的有效教学法，对解决普及教育的师资不足以及生源条件复杂等具体困难有显著作用。

振兴教育，首在培植师范人才 新旧学制交替之际，解决师资问题成为当务之急。仅知“子曰诗云”的私塾老先生显然无法承担起声光电化的教学任务。广兴学堂所需的数量庞大、知识结构全新的教员从何而来成为普及教育能否取得成效的关键。

唐景崇于此有诸多论述，比如：“故今日练习师范为兴学第一要义。”[2]“师范尤以教育为重，学科必得深通教育之人详为讲授。习师范者，先有师范而后可成为师范。”[3]“既重小学，必宜预储师范。”[4]“振兴教育，首在培植师范人才，未有师资缺乏而可以兴教育，学殖浅薄而足以为人师者也。”[5]

---

[1]《学部奏拟将学务法律命令参照中日制度分别厘订折》，《政治官报》第一千一百三十四号，光绪刊本。

[2]《唐景崇学务批示文》，载虞和平主编《近代史所藏清代名人稿本抄本（第一辑）·唐景崇档》，大象出版社，2011。

[3] 同上。

[4]《唐景崇报告》，载李启成校订《资政院议场会议速记录》，上海三联书店，2011。

[5] 陈元晖主编《中国近代教育史资料汇编》，上海教育出版社，2007。

唐景崇深知师范教育在推进新式教育中的重要地位和作用，在督学江苏时，十分重视师范学堂的创办和学科的设置。在他的大力倡导和督促下，江苏师范学堂得到长足发展。唐景崇到任学部后，更是采取了一系列强有力的举措，推进师范教育，并取得了显著成效。

实业教育“为富国裕民之本计” 清末教育改革受到传统观念的极大影响。中国文化传统一向重道轻艺，士为四民之首，农民、工匠、商人或经济地位低下，或社会地位低下，处于社会的下层。从官绅到普通百姓，轻视实业教育的思想一直广泛存在，读书入仕的观念依然占据主导地位，甚至最应该、最需要接受实业教育的下层百姓也以升入普通学堂为荣，以上实业学堂为耻。即使进入实业学堂，很多学生志向也不在实业，只想通过入学堂得到实官奖励，毕业后向仕途发展。这种观念极大地制约着实业教育的发展。

为突破传统观念的束缚，大力推进实业教育的发展，唐景崇认为：“实业学堂所以振兴工农商各项实业，为富国裕民之本计。”[1] 并确定实业教育的宗旨和目的是：“窃维（惟）实业教育以人民得有实在技能为指归，实业学堂以学生皆能实行工作为成效。”[2]

宣统二年（1910年）九月，唐景崇为推动《地方学务章程》立法，在资政院发表教育发展宣言。在发言中，他将实业教育摆在与初等教育同等重要的位置，列为最急者。

推进实业教育发展，唐景崇认为“欲造专门之人才，必先树专门之师资”。为此，他要求各省开办实业教员讲习所。

为解决实业教育经费问题，唐景崇要求各省合并高等学堂、大学预科，这样既能确保高等学堂“经费不虞缺乏”，又能“即以高等学堂所腾出之经费，酌量改充实业教育之用，似于国计民生，裨益为不少也”[3]。

---

[1] 陈元晖主编《中国近代教育史资料汇编》，上海教育出版社，2007。

[2] 同上。

[3]《唐景崇报告》，载李启成校订《资政院议场会议速记录》，上海三联书店，2011。

唐景崇上任学部尚书不久，就发现预备立宪以来，各地忙于应付完成筹备事宜清单所定各项指标，强调普通教育而忽视实业教育。因此，宣统二年（1910年）三月，唐景崇专电各省提学使予以纠偏，力戒急功近利的躁进情绪，要求“此后无论何种专门学堂均须注意，而于实业一门尤与财政有密切之关系，务必认真提倡，藉挽利权”[1]。

唐景崇还大力推进实业教育改革，诸如厘订实业学堂毕业年限，增订实业学堂实习分数算法，增加中等工业学堂应用化学一科，拟订高等实业学堂、附设实业教员讲习所完全科合班教授办法，裁节高等农业、商业学堂预科，择定实业学堂外国语为英语教学，等等，一方面是为了解决实业教育中存在的突出问题，另一方面也是为了进一步统一、规范实业教育，以保证实业教育沿着制度化、规范化的轨道发展，实现“富国裕民之本计”。

六　制定《地方学务章程》

经过一个多月资政院九次会议三读审议修改，《地方学务章程》于宣统二年（1910年）十月十四日议决多数通过。资政院在具陈《资政院会奏议决〈地方学务章程〉请旨裁夺折》中谈到审议经过：

学部拟定《地方学务章程》一案于本年八月二十六日具奏请交资政院议决，旋由军机处遵旨交出学部原奏及清单各一件。资政院照章将前项《地方学务章程》一案列入议事日表，开议之日初读已毕，当付法典股员会审查，并经学部派员到会发议，该股员会一再讨论，提出修正案，于再读之时将原案与修正之案由到会议员逐条议决，复于三读之时以再读之议决案为议案，多数议员意见相同，当场

[1]《通饬各省提倡实业》，《大公报》宣统二年三月十二日。

议决，计原拟章程十八条，经修正议决，定为十五条[1]。

监国摄政王载沣谕批：“著依议。”至此，中国历史上第一个有关教育的法律文件正式诞生。

《地方学务章程》明确规定：

第一条　地方学务将由府、厅、州、县及城镇乡自治职按照《地方自治章程》及关于学务之法令办理；府、厅、州、县自治职对于地方学务应有之职权，在府、厅、州、县自治职成立以前由各府厅州县劝学所行之。

第二条　乡之地处偏僻或财力薄弱者，得照城镇乡《地方自治章程》第十三条设立乡学连合会。照前项设立乡学连合会者，应于协议时将连合会议之编制、事务之管理及经费之筹集处理方法一并规定，其协议不决者，由府、厅、州、县参事会议决之。

第三条　城镇乡或乡学连合会为办理学务，得就各该区域内划分为若干区。

第四条　在城镇乡或乡学连合区域内居住流寓、有不动产或营业者，对于该地方公用之学堂，均负担设立及维持之义务，其本地方原有公款公产者，应先以公款公产之收入充设立及维持之用。

第五条　城镇乡乡学连合会或其分区，经该管地方官之训令，应受他处城镇乡乡学连合或其分区之委托，代办儿童教育事宜。

第六条　乡学连合会因连合解散或担任事务之关系而生财产上之纷议者，由府、厅、州、县参事会议决之。各乡因代办儿童教育所需酬金之有无、多寡及其他必要事项而生纷议者，照前项规定办理。

第七条　府、厅、州、县及城镇乡为办理学务应设学务专员，由各该议事会

[1]《资政院会奏议决〈地方学务章程〉请旨裁夺折（并单）》，《政治官报》第一千一百一十九号，光绪刊本。

公推曾办学务、具有经验者，在府、厅、州、县由地方官委任，在城镇由董事会、在乡由乡董申请地方官委任执行之。

第八条　府、厅、州、县城镇乡乡学连合会或其分区，为办理学堂、蒙养院、图书馆，得置基本财产及积存款项。前项基本财产及积存款项之筹集处理须经监督，官府之核准其照原定宗旨动用积存款项不在此限。从基本财产所生之收入不得于原定宗旨以外移充他用，从积存款项之收入应加于积存款项之内。

第九条　府、厅、州、县城镇乡乡学连合会或其分区遇有捐助学务经费者，应作为基本财产。其捐助人指定作为办理某项之用者，不在此限。

第十条　公立学堂、蒙养院、图书馆所收学费、公费及使用费，均得作为基本财产或积存款项。

第十一条　府厅州县城镇乡乡学连合会或其分区每年经费若有赢余，得作为基本财产或积存款项；其无赢余者，得于岁入内酌增若干，作为基本财产或积存款项。

第十二条　从前为地方学务筹集之款项，若有按照《地方自治章程》列入自治经费移充他项之用者，自本章程实行后，三年之间得以府、厅、州、县参事会之议决，分别划定专作为学堂基本财产或积存款项。

第十三条　本章程自颁行文到之日施行。

第十四条　本章程施行细则由学部以命令定之。

第十五条　本章程内所定由府、厅、州、县参事会代为议决之件，在府厅州县参事会成立以前由各该地方官代办[1]。

《地方学务章程》的核心内容是将原本由中央政府与地方政府共同承担的地方基层办学责任义务改为由地方自治体承担。

---

[1]《资政院会奏议决〈地方学务章程〉请旨裁夺折（并单）》，《政治官报》第一千一百一十九号，光绪刊本。

《地方学务章程》由此获准施行。但在唐景崇看来，《地方学务章程》讲的是大的原则、大的政策，要落到实处，必须要有实施细则：

窃维（惟）《地方学务章程》，所以规划义务教育之始基，挈领提纲，义主赅括，而施行细则，所以规定章程中一切细目，条分缕析，取便实行[1]。

为此，唐景崇亲自主持制定《地方学务章程施行细则》，该细则“大致以原章为根本，以普及教育为指归”[2]，共七章三十八条，对公用学堂、乡学连合会、分区、城镇乡乡学连合会之义务人、委托办理、学务专员、基本财产和积存款项之筹集及处理等方面作出了明确规定，更具针对性，也更具操作性。

《地方学务章程》的颁布实施，对清末乃至民国的地方教育产生了深远而重大的影响。

七　加强地方学务机构建设

清初的地方教育行政建制沿袭明制，即在各省设提学道，戴按察司佥事衔，以各部进士出身之郎中补用，唯顺天、江南、浙江为提督学政，或提督学院。自雍正四年（1726年），各省督学改为提督学政，除奉天府为二员外，其余每省一员。学政的主要事务：一为考核教职，二为考试生童。负责管辖的各级教官，府为教授，州为学正，县为教谕。由于当时的地方教育由民间自办，故省以下的府、厅、州、县只设教官而没有教育行政建制。

新政施行后，伴随学政改为提学使及各地新式学堂的日益增多，地方教育行政的改革逐渐被提上日程。经过管学大臣张之洞、学部尚书荣庆的一番运作，改

[1]《学部奏拟订〈地方学务章程〉施行细则折（并单）》，《政治官报》第一千一百九十九号，光绪刊本。

[2] 同上。

革解决了两个关键问题：一是裁撤学政改设提学使司。首先，取消双轨制，结束了地方新旧学务管理混乱的情况，建立了与《奏定学堂章程》确立的近代新学制相配套的省级地方教育行政机构；其次，改变了清初以来学政与地方督抚相互制约的局面，提学使由学部选派，而归督抚节制，督抚和学部对提学使的行政统属与业务指导分开，缓解了双方的矛盾，有利于地方学务管理工作的正常运作。二是构建省以下府、厅、州、县劝学所，健全地方学务管理机制。

力阻废止提学使　学部统管全国学务，各省提学使是一个关键角色。提学使一方面“为督抚之属官，归其节制考核”；另一方面其员缺，“拟由学部以京官外所属学务职员开单奏请简放”，且“由学部随时考查，不得力者即行奏请撤放”。提学使的双重负责制于章程上虽然职责清晰，实行起来却极易引起混乱。由于其角色难以定位，令当事各方产生困扰。随着地方自治的推行和地方实力的增强，地方实力派要求扩大自主权，意图削弱学部对地方学务的直接管理权限，内阁也有人主张废止提学使。为此，唐景崇不得不据理力争，极力阻止。《申报》报道：

阁议外官制废止提学使问题，学部大臣多次阻挠，以致未能定议。刻阁臣仍提前议，势在必行。所有各省之学务公所由督抚兼理，凡学部颁下法令亦由督抚颁布，即以督抚为全省学务监督。而唐大臣则仍执前说，故此议仍在磋商中，恐一时未易解决[1]。

在唐景崇的极力阻止下，各省提学使得以保留。

订定《学务公所议事细则》　光绪三十二年（1906年），清廷裁撤提督学政，改设提学使司。提学使受总督、巡抚节制和学部业务指导，总理全省教育行政事务、筹集全省教育经费、管理全省各级学堂、聘用外国教员等事宜。为协助提学使管理学务，各省成立学务公所，所内设议长一人、议绅四人。

---

[1]《外官制中之提学使》，《申报》宣统三年七月初十。

学务公所“佐提学使参画学务并备督抚咨询。原以各省学务初兴，不能不借重地方端正绅士深通学务者随时建议，以资擘画。惟议长、议绅以建言为职，只能为辅助行政之机关，而非独立议决之机关，所有议事权限规划，自应详细厘订，以利推行”。为规范学务公所办事，唐景崇组织学部属员在广西学务议长陈树勋等拟具学务议长议事细则十三条的基础上，订定《学务公所议事细则》十二条，其中包括议事时间、议事事项、参会人员、意见陈述、审查报告、法令汇集、文牍调阅、庶务办理等，要求各省“均应一律遵照办理”[1]。

制定《学务公所人员奖励办法》 为调动学务公所人员办学积极性，宣统二年（1910年）七月，唐景崇主导并奏准《学务公所人员奖励办法》：

臣等公同商酌，拟请将学务公所人员比照各省学堂教员、管理员办学请奖成案，其有实心任事、不辞劳怨者，届满三年，有职人员准其按照寻常保举加衔；无职人员参酌定章由臣部咨明吏部，给予六七品职衔；如供差又至五年之久，不论有无官职，一律均照异常劳绩请奖；至三年届满未经按照寻常请奖者，如五年届满亦准一律按照异常办理。惟请奖人员年限应自学务公所成立以后起算，不得牵算从前学务处年月，并应于每学期由提学使将供差及更调人员册报臣部一次，以便稽核而杜冒滥[2]。

宣统二年（1910年）十一月，唐景崇等奏准给予福建学务公所出力人员奖励：福建候补盐大使平文凤、分省县丞张应奎、候补按司狱姚高翥、选用府经历谢元龙四员加六品衔，拣选知县李世新、福建试用知县陈鸿周二员加五品衔，分省补用同知王孝缉加四品衔[3]。随后，还奏准对多省学务公所出力人员给予奖励。

改订《劝学所章程》 劝学所始设于光绪三十二年（1906年），为办理府、厅、

---

[1] 陈元晖主编《中国近代教育史资料汇编》，上海教育出版社，2007。

[2]《学部奏酌拟学务公所人员奖励办法折》，《政治官报》第一千〇十三号，光绪刊本。

[3]《学部奏改订劝学所章程折（并单）》，《政治官报》第一千一百三十七号，光绪刊本。

州、县教育事宜的机构。随着《地方自治章程》《地方学务章程》《地方学务章程施行细则》的施行，伴随中央与地方、官与民关系的重大调整，唐景崇不得不对劝学所的职能进行调整和重新界定。

查臣部于光绪三十二年（1906年）奏定《劝学所章程》，行之数年，颇著成效。惟其时《地方自治章程》及《地方学务章程》尚未颁行，所有地方教育事宜均归办理，在当日固可收统筹兼顾之功，在今日转致有权限不清之虑。

臣等通盘筹划，拟确定劝学所为府厅州县官教育行政辅助机关，除佐理官办学务之外，在自治职未成立地方，对于自治学务有代其执行之责；其在自治职已成立地方，对于自治学务有赞助、监督之权。谨拟改订《劝学所章程》四章，凡二十二条，缮具清单恭呈御览，如蒙俞允，即由臣部通行遵照办理[1]。

唐景崇主导改订的《劝学所章程》从劝学所的设置、委任、职权、经费、待遇及功过等方面进行明确。

明确劝学所职责权限首先是将地方基层办学的责任义务，由政府与地方共同承担改为主要由自治体承担，劝学所则相应由直接执行国家教育政令的机关转变为辅助、监督机关，强化了地方在办学中的角色和责任。

加强对地方官办学的考核　兴学为地方要政。考核地方官员兴学情况，学部成立初期就有相关规定，但在实际执行中，却形同虚设。为改变这种状况，宣统二年（1910年）六月二十七日，唐景崇领衔具呈《奏声明定章请饬各省考核地方学务折》，强化对地方官办学的考核：

臣等查阅原定章，于地方官吏举劾补署大端，提学司有会同具详之责，即是以兴学为地方官考成，原章本甚分明，乃数年以来，各省督抚举劾属员以办学功

[1] 陈元晖主编《中国近代教育史资料汇编》，上海教育出版社，2007。

过为殿最者，颇觉寥寥，若不声明定章，提学司虽有会同具详，名目恐随同画诺，推行渐久，不免遂成具文，地方学务安望日有起色。拟请旨饬下各省督抚责成各该提学使务遵定章，于地方官吏办学功过严行考核，其有办学得力实著成效或玩视学务宕延不办者，准由提学使随时查明详情，请督抚办理。各该督抚应即按照该司所详切实考核，分别举劾，以昭劝惩，庶属员知所儆惧，教育可望振兴[1]。

八　力争办学权限划一

唐景崇来到学部上任，面临的另一个难题是办学权限的划分。

在清末中央官制改革中，学部是新旧结合的产物，其职能为礼部和国子监的教育职能与学务处的新式学堂职能的合并。

学部成立之前，随着新政的推行，在举国兴学的热潮中，清廷各部为适应形势变化和职能的转型，逐渐注重专业人才的培养，并纷纷兴办各类专门学堂，如陆军部办有武备学堂，度支部办有计学馆，民政部办有巡警学堂，法部办有法律学堂，农工商部除本部办有农工商学堂外，各省还办有农工商学堂，等等。各部的学堂均由各部管理。学部成立后，按其职能要求，必须实施对全国学务的统筹管理，这必然会引发学部与各部的权限之争和矛盾冲突。

学部旨在统管全国学务，从一开始，就面临重重阻力。光绪三十三年（1907年）夏秋之际，学部动议对各部院所设学馆进行整顿，将其统归学部管辖，以期划一。风声传出后，立即引起各方反对。九月初十日，《申报》以《各学馆不愿归并学部》为题进行了报道：

---

[1]《学部奏声明定章请饬各省考核地方学务折》，《政治官报》第九百九十六号，光绪刊本。

闻学部各堂官议将各部院之学馆设法合并，如度支部之计学馆、吏部之学冶馆、礼部之礼学馆等，均统辖于学部，以期划一。张相国（之洞）论：“俟与各部院商议妥协，再行定夺。”闻各部以学馆性质与学堂不同，均有不欲归并之意[1]。

在这一问题上，法部唱了一出“双簧”好戏。光绪三十三年（1907年）五月底，法部侍郎沈家本高调具折上奏：“以法律学堂开办至今已将一载，非随时整顿，不足以示讲求。现在法部大理寺事务纷繁，势难再行兼顾，故于日前具折奏请将该堂事宜一律划归学部管理，以专责成而免贻误。”[2]

按理说，有了法部主动具折上奏，而且“奉旨依议”，法律学堂归于学部管辖应该水到渠成，但谁知道这是法部以退为进的策略。法部表面上姿态主动，暗地里却鼓动学堂学员群起反对。几天后，各地媒体纷纷报道法律学堂学员“全体反对”归并学部，“禀陈法部沈侍郎设法挽回，用以保全司法独立之权”的消息[3]。一时间，学员们群情汹涌，以联名禀告、请愿、散发传单、聚议、呼吁等方式反对归并，大有不达目的誓不罢休之势。学员大声疾呼：“学部管理普通教育，毕业后授予学位。若法律学堂多属已授官之人，且系专门，与寻常学堂不同。如陆军部之有武备学堂、度支部之有计学馆、民政部之有巡警学堂，事正相类，何以皆不归学部，而独于法律学堂有此举动？”他们指责此举“殊属不合缘由”，要求“收回成命”。

学员的举动引起社会各界的广泛关注，给学部造成了极大的压力。这本来是法部主动让渡权限，却让学部苦不堪言。学部尚书荣庆不得不以“本部人员深悉法律者甚鲜，实难派以接管，该大臣为法律专家，此学堂自应仍归管理，以资得人而收实效”专折入奏，“奉旨依议”，这才摆脱了学部的难堪局面。

学部“吃一堑，长一智”，在与办学最多的农工商部磋商整顿事宜时，主动

[1]《各学馆不愿归并学部》，《申报》光绪三十三年九月初十。

[2]《法律学堂奉归学部》，《大公报》光绪三十三年六月初四。

[3]《法律学员为争法律学堂独立》，《大公报》光绪三十三年六月初十。

出击，以咨文形式直接提出农工商学堂权限的归属，力争一举攻下农工商这一堡垒，但他们还是低估了整顿学务的复杂性和艰巨性。学部的举动，引起了农工商部的强烈反对。双方的矛盾一触即发，顿时成为媒体连续报道的热点。如《申报》报道：

兹悉冲突之原因，学部初拟将各省农工商学堂由该部管理，农工商部大为反对，当经咨行学部云："嗣后各省所设农工商学堂及之设立者悉归农部管理，学部惟考试毕业后会同出奏，平时不得干涉。"学部接此咨文大为不平，复咨云："此种学堂如系农工商自办者，贵部自有管辖之权，京师、上海等处高等商业学堂是也。各省农工商学堂理应归学部。如来文之意，以后农科大学亦归贵部管理乎"等语。各执一词，相持不下，不知如何了结也[1]。

到底如何了结?《申报》报道最终由某军机出面调解而暂时平息，其条件是"大约管理则归农工商部，核给奖励仍须归自学部"[2]。这位军机大臣出面，也就是和稀泥，事实其实原本就是这样子，调解并没有解决农工商学堂管辖权限的归属问题。由于有军机出面，双方"不看僧面看佛面"，冲突表面上得以平息，但矛盾并没有得到解决。

几次尝试，学部无一例外地败下阵来。学部与其他部院办学权限的争夺表面看来是由职能划分引起的，其实质则是涉及各部权力、资源的重新分配。兴学作为新政的要项，既能申请经费，又会增加政绩，还可以培植人脉。管部大臣张之洞和学部尚书荣庆自然清楚其中的利弊所在，也为此事尝到了苦头，因此，他们不得不采取息事宁人的态度，暂时将统一办学权限和整顿部门办学的事情搁置起来。

---

[1]《学部与农工商部之冲突》,《申报》光绪三十三年十一月十七日。

[2]《农部、学部冲突已平》,《申报》光绪三十三年十一月二十六日。

唐景崇当上学部尚书后，这一烫手山芋自然就交到了他的手中，而此时的情况似乎比他的前任有所好转——随着预备立宪的加速推进，清廷将整顿吏治作为革故鼎新的重要突破口，要求政府各部院以及中央与地方行政机构的职能权限清楚划分，以便协调统一，改变“政出多门”的弊病。

唐景崇走马上任，学部部属和各部院一众大臣非常关注他如何破解这一难题。唐景崇吸取了前任的教训，他既不与各部院正面接触，也不向各部院提出任何建议，而是通过媒体向外放话，要“亲莅各学堂调查之后，即将调查情形具折入奏，并拟将最为完善之学堂分别奖励”。

唐景崇的棋子一动，各部院不得不“随之起舞”，因为这关系到各部院堂官的切身利益。因此各部院堂官争先恐后地陈请他前往所设学堂视察，“已连次陈请尚书临视各该部所设学堂（如度支部之财政学堂、吏部之学治馆、农工商部之实业学堂、民政部之巡警学堂等），请为指示改良之法”。

面对各部院的积极反应，唐景崇作出一副十分为难的样子，称“以各该堂既非本部范围内应行闻问之事，未便越俎代谋，坚不肯往。而各部欢迎甚切，企盼甚殷，大有一经品题声价十倍之势”[1]。这种欲擒故纵之法，令各部院纷纷自投罗网。

此时，唐景崇无法再端架子，而是顺水推舟提出要求：“以各部办理学务诸多腐败，非察之于猝不及防不易得悉，兹拟通饬各省提学使转饬各视学官，于调查各学堂时应遵照第二十四条章程，毋庸预期通知，以防舞弊。”[2]

于是，唐景崇在视察京都学堂时就加入了各部院所设学堂。唐景崇棋高一着，在半推半就、不知不觉中摸清了各部院学堂的底细。

与此同时，清政府全面调整行政关系，为唐景崇创造了整顿学务的良机。宣统二年（1910年）二月二十八日，奕劻等人具陈《宪政编查馆奏行政事务宜明定权限酌拟办法折》：

[1]《各部丞请查学》,《大公报》宣统二年三月二十八日。

[2]《重申视学章程重要之所在》,《大公报》宣统二年十月十九日。

凡国家行政，同一事务必以同一官府统之，统系既明，责任自专，方能定趋向而促进行。现制有一事而分隶数部者，有一人而兼辖诸务者，互相牵制则召争，互相推诿则废事。至于官府不分，皇室事务与国家事务混而为一；职掌未定，常设机关与特设机关冲行抵牾。综此数端，是行政之机关整理愈不容缓矣……方今行政之病，由于职掌不清，以致权限不明，则整理之法，必先规定职掌，以明权限所在……拟以各部现行职掌为经，以四级机关为纬……[1]

于是，唐景崇直接向清廷提出统一办学、规范管理的要求：

以教育事宜关系紧要，现在各省学务权限庞杂混淆，非要筹统一之方，断难收划一之效，因决定具折奏明饬下各衙门及各省，嗣后除军事教育外，其余无论何项学堂，在京者由本部及督学局直接管理，在各行省者应由提学司间接管理，其劝业、巡警等道概不得兼涉学务，以资整齐[2]。

唐景崇提出的要求有六条（综合概括）：

第一，实行地方自治后，督学局管辖的京师地方中小学堂暨劝学所已非直接官治范围，故督学局经费不再由学部开支，改为京师地方经费负担。

第二，各衙门所设学堂宜统归本部管辖，具体分为两类：一是因时而立的权设类，属于短期培训或进修性质，没有学历文凭，学部亦毋庸过问；二是专门性质的常置类，如邮传部的唐山路矿学堂、度支部之财政学堂以及各部所设实业学堂，这些学堂入学资格、学科课程、毕业奖励，将来学生之任用，皆与本部所辖学堂一律即在学堂统系之内，查行政纲目内开农工商各部下皆注有应归学部管理

[1]《宪政编查馆奏行政事务宜明定权限酌拟办法折》，中国第一历史档案馆档案。

[2]《学部统一教育权》，《大公报》宣统二年十月十九日。

一语，自为不易办法。尚有漏未声叙之各衙门所属学堂，似应由宪政编查馆详确注明，统归本部管辖。

第三，各省劝业道衙门所辖学堂应归提学司衙门管理。

第四，建议将图书馆、博物馆、测候所列为地方管理。

第五，既然宪政纲目专门司条下有“我国大学堂无论京师或直省应均属直接官治”等语，建议将各省大学经费划归国家教育经费，由学部划定区域办理[1]。

唐景崇满怀热情，把握机遇，乘势而进，欲藉行政部门职能权限重新划分之机，一举解决长期以来由于职能交叉、权限混淆而导致的矛盾冲突，达到“经费乃能确定，责任乃有专归”的目的，使全国学务在统一规范管理中顺利发展。农工商部试图通过同样的途径解决与学部的纠纷，但目标却截然相反。《大公报》报道：

农工商部前因水产学校及蚕桑讲习所两项管理权与学部大起争论，现伦贝子（农工商部尚书）以实业教育关系重要，必须认真办理方克冀收成效，因拟与宪政编查馆协商，将来颁布行政纲目时仍将实业教育归农部办理，俾得直接整顿[2]。

有了农工商部的先例，其他各部院纷纷起而效仿，办学权限的争议一时成为舆论和社会各界关注的热点。办学权限的划分，涉及利益的重新分配，解决起来自然是困难重重。尽管唐景崇使出浑身解数，但最终问题还是不了了之。

欲借行政部门职能权限重新划分之机的努力落空，唐景崇满心不甘，一有机会即奋起力争。机会再一次送到唐景崇眼前——宣统三年（1911年）二月初六，法部具奏律学馆第一次考试毕业请奖，皇上谕批：“依议。”

---

[1]《学部签注行政纲目内有应咨商厘定者六端咨复核议由》，中国第一历史档案馆档案。

[2]《农部拟争教育权》，《大公报》宣统三年四月初三。

唐景崇于当年二月二十四日上呈《奏拟将各部设立之学堂毕业考试权限划一折》，指出：法部律学馆开办时"系为本署司员肄习律例"而设，且"原定章程两年毕业，由法部自行核办，并无奖励"，法部后来擅自改变性质，将原定进修培训的律学馆改为学历教育的法律专门学堂，通过"增订功课，展长期限"，试图取得奖励出身之资历。唐景崇以此为例，请求统一各部设立学堂毕业考试等权限：

臣等窃维臣部职司教育，除军事教育外，无论何项学堂，臣部皆有考核之专责，故定章，各省设立之学堂，平日须将课程、讲义、学期分数送部核查，毕业之际，或将考卷送部复核，或调部复试。其为各部创立者，如农工商部在京师设立之实业学堂，邮传部在上海设立之实业学堂，修订法律大臣设立之法律学堂，凡应给奖出身者，均无不按照《奏定章程》送由臣部考验。上年十二月，臣部于具奏定期考试法律学堂乙班毕业生折内，曾将臣部考试权限详细声明。

此次该馆毕业，平日课程、分数表册既未送臣部，迨至毕业又未送臣部考验，即行请奖出身，实与《奏定章程》不甚符合。惟此项奖案业已奏明，奉旨允准，臣部自应钦遵办理，仍由该部将试卷送臣部备案，以资考核。嗣后该馆学员如拟照学堂章程奖给出身，应由该部饬令将课程规则悉照《奏定法政别科章程》办理，咨送臣部查核，并由臣部考试毕业。倘仍照该部所定办法，即不得比照学堂给予奖励。

至其余各部所设之学堂，除不在学堂统系之内者均无庸给奖外，其按照臣部《奏定章程》设立之学堂，照章应奖给出身者，须预将课程规则、讲义、课本、学期分数等送由臣部先行查核，毕业考试并应统归臣部办理。否则，虽经请奖，仍由臣部请旨撤销，以昭核实而归划一[1]。

---

[1] 陈元晖主编《中国近代教育史资料汇编》，上海教育出版社，2007。

迫于现实压力，唐景崇不得不放弃直接统管各部学堂的途径，退而求其次，力图通过毕业考试及奖励出身来达到间接统管。唐景崇这一努力没有白费，奏请得到清廷的支持。

然而办学权限的争议并没有因为唐景崇的退让而结束，反而有进一步削减学部权限的企图。宣统三年（1911 年）八月中旬，在一次内阁改革官制的会议上，有人再一次将办学权限争议提了出来，力图削减学部的权限：

日前内阁会议，以学部名义不甚适宜，如陆军、海军、财政、邮电等皆为专门学堂，向不隶于学部，或有因界限不清致起冲突者，拟仿日本改为文部。惟学尚唐景崇不以为然，颇示反对。唐尚之意，拟将各专门学堂事宜划归学部管辖，惟由各该衙门派监督一员监察之，其教育章程暨考核毕业均由学部主持，以归统一。如是则不但学部之名可以不改，而其权力反较前扩张。然阁臣亦不以此说为是，未知将来孰占胜利也[1]。

唐景崇虽然尽了最大努力，也取得了一定的成效，但由于办学权限牵涉的利益太过重大，直到大清王朝覆亡，其争议还在延续，问题还是没有得到解决。

九　筹办预备立宪事宜

预备立宪时间公布后，清廷责令各部院、各省地方“遵照单开各节依限举办”，每半年将筹办成绩“胪列奏闻”，并咨报宪政编查馆查核[2]。使各部院、各省地方与整个预备立宪进程相辅相成。

根据上谕要求，时任学部尚书荣庆组织部属认真梳理，于宣统元年（1909

[1]《学部改名文部之争执》，《申报》宣统三年八月十五。

[2] 故宫博物院明清档案部编《清末筹备立宪档案史料》，中华书局，1979。

年）闰二月奏报了本部筹办预备立宪事宜，并于当年九月奏报了预备立宪第二年上届筹办预备立宪成绩。

唐景崇到任学部尚书之时，正值第二年下届筹办预备立宪事宜完成。为了全面把握学部筹办预备立宪事宜，他组织部属认真回顾总结，于宣统二年（1910年）三月十五日上呈《奏陈第二年下届筹办预备立宪成绩折》。在奏报筹办事宜后，唐景崇如是说：

伏念筹备宪政，固须计日以程，功尤在实事以求是。朝廷既颁布依限举办之谕，馆臣复有先期声明之请，要政綦重，岂容缓图。臣部惟有循序进行，按照原单，期无旷误。臣景崇莅任伊始，益当统筹全局，遇事熟商，俾得妥慎图维，以副圣主敷教化民之至意[1]。

预备立宪是清末政治的头等大事，唐景崇慎重以待，积极响应与配合。宣统二年（1910年）九月，唐景崇上呈《奏预备立宪第三年上届筹办事宜折》，奏道：

查单开中学堂教科书、初级师范学堂教科书及女子小学、女子师范教科书，以至官话课本，经臣等遴选，妥员督饬，编纂已成初稿，尚须审校，计年内当可陆续成书。其初级师范学堂教授细目，已咨行京师督学局及各省提学司编订送部，以备采择；至各种学科中外名词对照表由臣部名词馆专司编订，亦于年底可以告竣；各种辞典类别尤繁，仍须赓续，编译用期，早观厥成。此筹办编辑教科书籍之实在情形也。

其应行颁布之高等小学教科书，已经编印多种，颁发各省照式翻印，藉之普及；其小学、中学教授细目，现在饬臣部谙习教育各员赶紧编排，并通行京师督学局暨各省提学司，悉心甄采，力求善本，以资应用；至各高等专门学堂讲义，

---

[1]《学部奏陈第二年下届筹办预备立宪成绩折》，《政治官报》第八百九十五号，光绪刊本。

除江苏、江西两省业经咨送臣部审定外，其余设有高等专门学堂各省，均经迭次行催，一俟咨送到部，即随时为之审定；其已发行之各种教科书，由审定科各员修改驳正者，日有多帙。此筹办颁布教科书籍之实在情形也。

至于检定中学教员、初级师范教员及优待教员等项章程，已饬司员起具草案，由臣等详慎厘订，俟斟酌妥善，即行请旨颁布，以利推行。前次奏准检定两等小学教员及优待等项章程，业经臣部通行各省遵照切实办理，以期讲席无滥竽充数之虞，师资有教育英材之乐，庶小学可以发达，而中学、师范亦可树之风声。至光绪三十四年（1908 年）分全国学堂统计表册，现据各省陆续咨送到部，由承办统计各员，逐日颟较参稽，不久当可蒇事。其臣部则例，本年续编《奏咨辑要》已刊印成书，一俟装订整齐，即行通咨各省，仍派定臣部专员分门别类赓续编纂。至拟订蒙、藏、回各地方兴学章程，粗具大致，惟边隅情势与腹省不同，尚须详细调查，始能规定妥善。此筹办法令章程类之实在情形也。

他若各省存古学堂，现由臣部拟定变通办法分别已设、未设省分，酌量设立；其各省图书馆，上年奏准章程，业经通行在案，现报部阅办者已有多省，其未经设立省分当再咨行各督抚，一律开办；至因城镇乡已定界域分画学区一项，与地方自治事宜息息相关，前于八月十七日具奏《地方学务章程》，业经钦奉谕旨，饬交资政院议决，俟议决后，奏请裁夺施行，再由臣部分咨各省钦遵办理；其分别各省学务经费之出自国家税与地方税一节，当由度支部厘定国家税、地方税章程后再行分析。此臣部督饬各省筹办事项之实在情形也。

其余如派视学官分查各省学务，派员查看华侨学堂，意在整齐国内之学制，提倡海外之学风，均属要政，不容缓图，臣部拟即次第办理，不误期限。

伏念教育为宪政之根本，必教育之进步日速，而后国民之程度日高，立宪前途乃无阻滞[1]。

---

[1]《学部奏预备立宪第三年上届筹办事宜折》，《政治官报》第一千〇八十四号，光绪刊本。

唐景崇主持开列的清单，不仅将有宪政编查馆要求开列配合宪政进程的内容，而且还有统筹协调发展全国教育的整体计划和实施步骤，始终贯彻师范教育、普通教育、实业教育、专门教育等各项教育协调并举的原则。

同年十月初三，监国摄政王载沣迫于各方压力，发布上谕，其主旨是调整改革路线图：决定缩短预备立宪期限，由原定的九年缩短为五年，即于1913年开设议院，要求中央各部相应调整原定筹备宪政事宜方案。半个月后，监国摄政王载沣再度颁布上谕，明令民政、度支、学部和法部对其所管事务“不容置为缓图”，须将缩短期限后的有关事项通盘筹划。其中对学部的要求是“应筹办教育普及等项，著即迅将提前办法通盘筹划，分别最要、次要详细奏明，请旨办理”[1]。

唐景崇接阅谕旨，立即召集部属认真研究，慎重决策，并于当月二十五日上呈《奏复陈普及教育最要次要办法折》。其中唐景崇指出普及教育的关键是：

窃维教育普及实根于地方自治。盖必自治分职，而后地方有办学之人；确定基本财产，而后地方有办学之费；调查户口，统计学龄，使设立学堂与就学人数相副，而后义务教育乃能实行。

唐景崇认为，普及教育最要、次要办法在四个方面：

初等教育课程最为紧要。功课有不应增入者，趋于繁重，适误其日力之可珍；期限有应行缩短者，漫为延长，或有碍小民之生计。从前奏定小学课程，不无应行改订及酌量归并之处，大致启其普通之知识，定为简要之课目，庶延师既不苦其难，毕业亦不嫌于促。此关乎课程之应更定者也。

教科书为教育之利器。现在立宪，政体既已确定，所有普通之知识，世界之大势，国民应尽之义务，各项教科书中皆应发挥宗旨，指陈大义，以资讲授。且

[1] 故宫博物院明清档案部编《清末筹备立宪档案史料》，中华书局，1979。

小学课程既经更定，即教科讲习之钟点，亦不无赢缩于其间，自应量为改正，迅速颁行。此关乎教科书之应厘订者也。

教育法令为兴举学务之准则。惟从前学务大臣奏定章程及学部设立以来颁布之教育法令，按之今日情势，或稍有所变迁，即当力求其适用。地方学务既定专章、施行细则，劝学章程不容不改。至于小学教员何以筹养成、优待之方，小学经费何以筹国库补助之法，均与教育普及重有关系。此关乎法令之应增订者也。

小学经费以取给于地方正当办法。惟近来办学之人或侈事铺张，或但求形式，以致糜费过多，设学日少，不但四方见而生阻，即本校亦久而难支，尤应妥定章程，严核浮费，新设、旧设之学校令归一律，即以撙节之余为推广之用。至地方贫瘠之区，无力举办者，按之各国通例，均应以国库补助。盖普及教育为国家根本至计，所谓取之于民者，还而用之于民，虽重费帑金，无所吝惜也。此关于经费之应筹备者也。

此外，他将教育普及最要、次要办法缮具清单：

改订两等小学堂课程　改正部颁小学堂教科书　订定地方学务章程施行细则　改订劝学所章程　拟订国库补助小学经费章程　拟订试办义务教育章程　扩充初级师范　规定小学各项经费程式　拟订单级教授二部教授办法　扩充初等教育补助机关（改良私塾、宣讲所、半日学堂、简易识字学塾）　以上均系最要之事。

拟订小学教员优待、任免、俸给各项章程　裁节已设学堂冗员、浮费办法　养成小学临时教员并拟订章程　养成小学单级教员并拟订章程　以上均系次要办法。

对于普及教育，他的态度是：

以上应办诸事，其最要者，固当克期从事；其次要者，亦应次第通筹[1]。

奏折呈上去后，唐景崇一边在京城调查办学情况，一边还在继续思考如何推进教育事宜。经过深入调查和思考，他感到“至原奏筹备事宜，按之现在情势，既有不同，自不宜因循故辙，致涉纷歧”。因此，在唐景崇的主持下，学部堂官和部属坐在一起商讨相关事宜，经过深入讨论，学部最终决定：

将最要、次要事项分年列单，并将原单妥为改订，有为原单所无应行增入者，有为原单所有应行删除者，有就原定条文略为更易者，有就原定年限酌为提前者，总期与普及教育之本旨切合无间，并将各条分配宣统三年（1911 年）、宣统四年（1915 年），冀于议院未开以前，计日程功，拟自明年为始，即按照此次改订事宜，逐条筹办[2]。

十二月二十六日，唐景崇领衔上呈《奏酌拟改订筹备教育事宜折》，并附列清单。清单即改订筹备事宜，具体内容如下：

宣统三年（1911 年） 改正部颁小学堂教科书　拟订国库补助小学经费章程　拟订国库补助实业学堂经费章程　拟订试办义务教育章程　扩充初级师范　规定小学各项经费程式　拟订单级教授二部教授办法　扩充初等教育补助机关（改良私塾、宣讲所、半日学堂、简易识字学塾） 拟订小学教员优待、任免、俸给各项章程　裁节已设学堂冗员、浮费办法　养成小学临时教员并拟订章

[1]《学部奏复陈普及教育最要次要办法折》，《政治官报》第一千一百三十九号，光绪刊本。

[2]《学部奏酌拟改订筹备教育事宜折》，《政治官报》第一千一百七丨二号，光绪刊本。

程　养成小学单级教员并拟订章程　颁布中学教科书　颁布初级师范教科书（分二次颁布）颁布初级师范教授要目　颁布女子师范教科书（分二次颁布）颁布女子小学教科书　颁布单级小学教科书　设立国语调查会　颁布国语课本　实行检定初级师范、中学教员及优待教员章程　通行各省推广实业教员讲习所　续派视学官分查各省学务　编纂教育法令　拟订监督私立学堂章程　派员分查蒙、藏、回各地方筹办学务

宣统四年（1912年）　修改部颁各种教科书　颁布检查学生体格章程　续颁初级师范教科书　续颁女子师范教科书　续编教育法令　续派视学官分查各省学务　通行各省师范学堂试办教授国语　颁布教育法令　拟订认定公立、私立学堂章程　高等小学以上学堂试办教授国语　推广义务教育　派员续查蒙、藏、回各地方筹办学务　调查全国识字人民数目　奏请钦颁教育法令[1]

两份奏折，前后间隔虽只有一个月，但对比可以看出，唐景崇对教育与社会关系的思考在逐步地深入，对于认识、计划、步骤、措施均有明显的改进，从博采众长到融会贯通，从因地制宜到与时俱进，他寻找到了一条曲折通向普及教育最终目标的途径。

计划、目标制定后，唐景崇狠抓落实，全力推进。宣统三年（1911年）三月十五日，唐景崇奏报三年下届筹备宪政事宜，展现阶段性成果；七月二十九日，唐景崇奏报本年上届筹备事宜，继续展现推进成果。

唐景崇的相关主张和办法表明，随着国家和社会对普及教育的需求日益迫切，他对教育与社会发展关系的思考也在逐步深入，制定计划、宏观决策时，从过去的单纯模仿、移植外国的现成经验，到现在的博采众长、融会贯通、因地制宜、与时俱进。对比宣统元年（1909年）学部的《奏报分年筹备事宜折》，可以看出，唐景崇对于教育的认识、计划、步骤和措施等，均有明显的改进，跳出了

[1]《学部奏酌拟改订筹备教育事宜折》，《政治官报》第一千一百七十二号，光绪刊本。

过去一味追求强迫教育的狭境，拓宽思路，将发展教育的重点由单纯扩建正规学校转为利用和发展多种办学形式。

从计划到落实，唐景崇按照清廷预备立宪的要求，一步一步推进全国教育。从中可以看出他的态度是积极的、慎重的和稳健的，也可以看出他借鉴域外、适应国情、实事求是统筹全国教育发展而不断探索的心路历程。正是他不懈的努力，才使得普及教育在极其艰难的情况下向前迈出了关键的一步。

十　奖叙以昭激励

在唐景崇的心里，“教育为宪政始基，兴学乃地方急务，当此经费奇绌之时，地方官吏往往因款项难筹，致稽进步”，各地“办学各员殚心竭力，勉为其难，洵属守令中不可多得之员，使非酌加奖叙，以励其余，恐不足以策进行而收成效”[1]。

法部主事章钰丁忧请假回籍，自光绪三十年（1904 年）八月至宣统元年（1909 年）十一月，在籍历任江苏学务参议，初等小学堂、师范传习所总理，师范学堂监督，高等小学堂堂长，学务公所课长等各项重要差务，所办初等小学堂先后升入高等小学堂的学员计有二百余名，师范学堂简易科、预科及师范传习所毕业学生造就人数亦在二百名以上。宣统二年（1910 年）三月，唐景崇会同吏部议定奏准章钰“留部补用”，并按“异常劳绩给奖”[2]。

内阁中书吴天成“自光绪二十九年（1903 年）调省办学，三十一年（1905 年）嘉定府属绅士就省城创设公立中学堂，该绅被举为监督，并倡垫巨款助其成立，合计历年筹垫之数不下二万六七千金，现计嘉定中学堂陆续毕业生已及五百余人，实属办学得力”。宣统二年（1910 年）三月，唐景崇请准吴天成“照异常

[1]《学部会奏核河南办学人员请奖折》，《政治官报》第九百八十四号，光绪刊本。

[2]《学部会奏议覆苏抚奏在籍办学人员请奖折》，《政治官报》第八百八十五号，光绪刊本。

劳绩，给予叙奖，藉资鼓励”[1]。

福建高等学堂教员刘鸣岐办学绩效显著，宣统二年（1910年）五月，经闽浙总督核查，唐景崇即会同吏部会议，奏准刘鸣岐“自应准行补行给奖”，“请以县丞，不论双单月，归部选用”[2]。

湖北分省补用直隶州知州刘洪烈、分省试用同知张继煦本以办学出力，经前总督张之洞奏请奖励议准，后因保案撤销，距唐景崇上任学部尚书已有数年，为免“资劳最深，未便独令向隅”，唐景崇奏准给予刘洪烈、张继煦“免补本班，以知府分省补用”。内阁中书权量历任商业学堂监督、实业科科长，“湖北实业赖以筹画赞助者居多”；试用道黄祖徽办理农业学堂五年有余，学生毕业三次，管教均甚合法，宣统二年（1910年）四月，唐景崇认为“该二员现虽难差，核其前劳，尤未可泯”，奏准给予“内阁中书权量请俟截取同知，后以知府分省补用；湖北试用道黄祖徽请仍以道员归候补班补用”[3]。

河南卫辉府知府华辉、候补知府俞纪瑞、候补知县祝鸿元、武陟县知县张秀升四员实心兴学，成效卓著。宣统二年（1910年）六月，唐景崇奏准“办学出力之卫辉府知府华辉以道员在任，候补知府俞纪瑞以道员仍留省补用，候补知县祝鸿元以直隶州知府仍留原省补用，武陟县知县张秀升以直隶州知州在任候补”，并“各给予寻常加一级，纪录二次”奖励[4]。

与此同时，唐景崇奏准给予“湖北办学人员核给奖励”，计有“异常劳绩”李克佐等六员、“寻常劳绩”杨楼等十六员[5]。同年十一月，唐景崇奏准给予为福建学务出力人员平文凤等八员予以“升阶班次”奖励[6]。宣统三年（1911年）四

---

[1]《学部会奏核议四川籍绅吴天成兴学请奖折》，《政治官报》第九百号，光绪刊本。

[2]《学部会奏福建高等学堂教员刘鸣岐补行请奖折》，《政治官报》第九百五十八号，光绪刊本。

[3]《学部会奏核议湖北办学员绅奖案折》，《政治官报》第九百一十七号，光绪刊本。

[4]《学部会奏核河南办学人员请奖折》，《政治官报》第九百八十四号，光绪刊本。

[5]《学部会奏湖北办学人员核给奖励折》，《政治官报》第九百九十九号，光绪刊本。

[6]《学部会奏核福建学务公所出力人员请奖折》，《政治官报》第一千一百三十七号，光绪刊本。

月，唐景崇奏准给予关外办学得力人员吴嘉谟等七员予以“升阶班次”奖励[1]。

四川举人注册以知县拣选徐炯、举人报捐候选中书陆慎言、署巴州知州楼藜均“热心兴学，成绩卓著”。宣统三年（1911 年）闰六月，唐景崇奏准给予徐炯“奖以知县俟指分到省后试用”，陆慎言“奖给五品衔”，楼藜于现官任内奖以寻常加一级，加二品衔，“藉昭激劝”[2]。

对各级踏实办学、成效显著者，唐景崇总是奏准按“异常劳绩”给予奖叙，激励先进，鞭策后进，让学务人员见贤思齐，为教育发展贡献心力。

唐景崇还认为：“教育之普及，端资民力，而所以提倡鼓舞之者，则在国家。日本之福泽谕吉、英国之鲁滨孙，皆以兴学之故，国家极其尊崇，风声所树，私校日多，遂有举国皆学之盛。”“自奉明诏停罢科举以来，建设学堂亦复历有年所，而国民教育仍未能至于普及者，则以在上者倡导虽宏，而在下者感奋尚有未至也。”[3]

早在江苏学政任上，唐景崇就力推士绅捐资办学。二品顶戴、候选道、商部三等顾问官周廷弼，为无锡县人，“在该县南乡设立中等商业廷弼学堂，计费银三万两，岁费约四千元”；布政使理问衔、从五品封典曹家麟，江宁人，“在镇江设立承成学堂，计费三万两，岁费约四千元”；运同衔杨斯盛，川河厅人，“在上海设立广明小学堂，又在浦东创建中学堂，尚未竣工，计需费银四五万两，岁费约五六千元，皆系独力捐办，合计建筑开校等费及常年经费之母金均在十万两上下，颇有毁家不惜之概”。唐景崇“以为该绅等具此热心之实力，海内殆不多觏，如竟听其湮没，何以鼓励”。周廷弼、曹家麟、杨斯盛“创各学堂所费亦属不赀，且有成效可观”。光绪三十二年（1906 年）闰四月，唐景崇呈奏清廷对周、曹、

[1]《学部会奏川滇边务大臣奏关外办学人员请奖折》，《政治官报》第一千二百六十六号，光绪刊本。

[2]《学部奏议覆川督奏办学员绅分别给奖折》，《政治官报》第一千三百六十六号，光绪刊本。

[3]《学部奏议覆鲁抚奏请将捐学义丐武训事实宣付史馆立传折》，《政治官报》第一千〇七十三号，光绪刊本。

杨三人“从优奖励”[1]。

四川省华阳县陈罗氏提倡女学，捐助学费银在千两以上，“其身任校务，久著勤劳，毅力热心，首开风气”。宣统二年（1910年）七月，唐景崇以为陈罗氏“提倡女学，捐助学费，且管理校务，始终六年，不辞劳瘁，其热心公益，洵属巾帼中所罕觏”，奏准陈罗氏在籍自行建坊，给予“女宗遗惠”字样，“以示殊荣而资激劝”[2]。

武训，山东堂邑人，三岁时其父亲去世，家里贫穷，只能靠乞讨过日子。尽管如此，武训吃饭必先是侍奉母亲吃，人们都说他是孝顺的乞丐。七岁的时候其母亲又去世了，稍长，且佣且乞。自恨不识字，誓积赀设义学。武训行乞三十八年，建起义学三所，人称“义丐”。“该义丐武训以一乞人，兴学三州县，积赀万余串，仅予寻常旌表，诚恐苦操奇行不足以示来兹而风薄俗”，“窃查前史独行一行孝义等传，苟其人有一节之可取，有一行之可传，莫不为之列诸史册，俾得传后”，“武训道虽未闻而孝思笃于龆齿，身虽行乞而义性本于天生，终一生之所获，惟以兴学为己任，实于今日世道人心，大有裨益”。唐景崇认为，“前山东巡抚臣张曜于光绪十四年（1888年）奏请建坊，给予‘乐善好施’字样，蒙恩允准在案，综核该义丐生平行谊，深得扶翼世教要领，若仅予建坊，似犹未足彰圣朝阐扬幽隐之意”，于是，宣统二年（1910年）九月，唐上折奏准“将该义丐武训生平事实宣付国史馆立传，以章奇节而振学风”[3]。因此，《清史稿》有了《武训列传》。

杨斯盛，江苏川沙人，运同衔，“于光绪三十年（1904年）就上海县寓所捐办广明小学，复于三十二年（1906年）添办广明师范传习所，至三十三年（1907

---

[1]《附·苏学唐奏振兴学务片》，载《谕折汇存》，北平撷华书局，光绪刻本。

[2]《学部会奏四川陈罗氏捐助学费饬部撰给特别字样建坊片》，《政治官报》第一千〇二十六号，光绪刊本。

[3]《学部奏议覆鲁抚奏请将捐学义丐武训事实宣付史馆立传折》，《政治官报》第一千〇七十三号，光绪刊本。

年）正月，又在原籍开办浦东私立中学堂，且移改广明小学为附属高等小学，并增设第一附属初等小学，又续在川沙厅青墩地方筹设第二附设初等小学，又拟筹设第三附属初等小学，未成而卒。该故职商至诚兴学，五年之中，通共刱捐小学堂建筑，基本经常各费计库平银十八万一千余两”。唐景崇认为“伏考端木赐以百牢饷，吴弦高以十二乘，犒秦皆身为货殖为国效劳，左史称之传为盛事，厥后汉臣司马迁创立货殖列传，班固修后汉书，因仍其体，良以懋迁有无者，亦四民之一，载之国史，足以考一朝之世变，面觇全国之生计”。继而认为“今该故职商杨斯盛起家市廛，诗书非所素习，乃急公好义，慨捐巨赀至十余万，刱建学校至六七所，毁家兴学，积劳殒身，洵属深明大义，行谊可风”，“该故职商杨斯盛捐款较巨，造就尤宏”。宣统三年（1911 年）四月，唐景崇上折奏准“将已故职商杨斯盛宣付国史馆立传，以彰义行而振学风”。“惟念其创捐巨款，仅予宣付国史馆立传，似犹未足以殚圣明褒荣之意”，为此唐景崇建议“加恩恤赠盐运使衔，以示旌异”[1]。

京师公立崇实两等学堂是翰林院学士锡钧在义塾的基础上扩充而成的，创办于光绪三十一年（1905 年），初无定款。三十四年（1908 年）七月，因“公务废弛，民信未孚”遭革职的前湖北荆门直隶州知州庆春充当堂长兼教员，“到堂以后，款项益绌，每遇开支不敷，该堂长即出资垫办，前后计垫款五六百元以上，苦心经营，不遗余力”。宣统三年（1911 年）五月，庆春积劳病故。临终之际，庆春仍“呓语谆谆，皆系学堂之事，并嘱其家人不令索偿垫款”。庆春在堂三年，“课程力求完备，管理不惮勤劳，一切费用辄解囊垫用，其有裨于本学堂者，实非浅鲜”，“今在学堂效力三载，积劳殒身，教员、学生等同深感”。六月，唐景崇因“庆春在堂三年，捐资效力，以致劳瘁殒命，情事亦深堪悯恻”，又由于“该堂教员、学生合词公恳”，奏准给予庆春“开复原衔，以昭恤劝”[2]。

---

[1]《奏议复苏抚奏杨斯盛倾产兴学请宣付史馆立传并追赠职衔折》，《政治官报》第一千二百九十七号，光绪刊本。

[2]《学部奏革员办学积劳故恳照案开复原衔折》，《内阁官报》第十二号。

普及教育仅靠官方投入、官方兴办是远远不够的，为此，唐景崇大力提倡地方士绅捐资办学，将士绅捐资办学成效卓著者树为典型，以引领社会兴学风气。

十一　带头减薪，苦苦支撑

唐景崇上任学部尚书，就遇到了学部经费拮据万分的困境：“臣部历年节存之款既经告匮，而各省应解之款延欠实多，值此筹备宪政之时，而中央学务几有中辍之势。”[1]唐景崇苦不堪言。如《申报》报道：

学部唐春卿尚书近因预算该部经费兼各省学款，亏损甚巨，大为焦灼[2]。

学部在清政府十一部中位列第六，但论财政力量则居末席，是有名的“清水衙门”。学务处时期，教育行政机构和学堂的数量有限，教育经费收支的矛盾还不那么突出。学部成立后一直饱受经费短缺的困扰：一方面直辖学校较前增多，全赖学部拨款维持，所需经费增加不少；另一方面教育行政体系的建立与运作刻不容缓，加大了教育经费供求的不平衡。此外，新政宪政将学务发展和教育普及列为重头戏，政府和社会对教育发展的期望值不断推高，需求不断扩张。经受甲午、辛丑两大赔款后，清政府的财政早已不堪重负，而旧制未废，新政创行，财政未作统一规划，教育经费既无教育税保障，也未得到国家财政统一拨款。

学部经费是在学务处经费的基础上发展形成的，其来源包括中央财政拨款、各省地方汇解款、学部自筹款三部分，并以前两项为大宗。

学部成立后，经费没有单独立项，仅在原学务处经费的基础上，分别加入国子监经费和科场经费的五成银两。虽然中央财政拨款历年有所增加，但对于迅速

[1]《奏部款奇绌请饬各省将应提应解各款一律清解折》，《政治官报》第九百五十八号，光绪刊本。
[2]《申报》宣统二年八月十三日。

扩大的教育行政规模和学务发展规模来说无异于杯水车薪。在中央财政拨款中，除大学堂经费、国子监经费数额确定外，其余均以各银行存款利息为基数，而银行利率随市场行情不断波动，因此难以形成稳固的经费来源。

华俄银行息入一项，向于次年结算前一年账目，每年所获利息，多者三四十万两，少或不及二十万两，原无额定数目。光绪三十三年（1907年），该行生理亏折，致臣部三十四年（1908年）应入息款分毫无着，盖该行为营业性质，获利与否，视其商业之盛衰，断难指为的款。此银行息入之不可恃者也[1]。

宣统二年（1910年），学部经费常存之源丰润票庄又亏款倒闭，致使“部存各款已归无着”[2]。

各省地方汇解款分为科场经费、廪膳银两、考棚经费三项。但地方政府纷纷以本省财政困难为由，向学部提出“设筹所有外销之款应请酌留，藉资费用”，试图截留应解款项。学部重申科举各项用款专备学务经费的上谕，强调“本部为学务总汇之区，需款较各省为巨，筹款较各省为难。查各省关于外销之款既经奉旨尽数解京，自应钦遵办理”，并明确规定各省解京的款项“自光绪三十三年（1907年）起分年核算，每年六月以前解半，十二月底前扫数解清”。时限虽有所通融，款额则一步不让[3]。

新政要务繁多经费支绌。为此，清廷对各省的摊派越来越多，地方财政拆东墙补西墙，拖欠已成家常便饭，何况事有轻重缓急之分。学务虽然是新政宪政的基础，但在疆臣眼中，与军国大事相比，学务为不急之务。由于缺乏有效的行政措施，学部煞费苦心仍未能如愿以偿，不仅不能如愿得到应解款项，到唐景崇当上学部尚书时，拖欠之势更甚。

---

[1]《奏部款奇绌请饬各省应提应解各款一律清解折》，《政治官报》第九百五十八号，光绪刊本。

[2]《源丰润之累及学部》，《大公报》宣统二年九月十八日。

[3]《咨复闽督科场外销款目仍应分期按成解部文》，《学部官报》第六期。

科场经费则两江、安徽、江西、两广、云贵等省未解分文；廪膳银两则直隶、山东、河南、两江、安徽、江西、广东、福建、山西、甘肃、贵州等省或已册报，或未册报，均未解分文；考棚经费，则东三省、直隶、河南、山西、两江、安徽、江西、浙江、湖北、四川、两广、陕西、云贵等省均未提解。以上三款，虽曾经报解省分亦不免迟延，积压欠解累累。此提解各省科举各费之缓不济急者也[1]。

另外，还有各省认解经费，拖欠也十分严重。

臣部奏请各省认解经费一节，除两江、山东照数清解外，福建、浙江、江西、云南、贵州、广西、甘肃等省未经认解，直隶、山西认而未解，其余各省或认解不及原派之数，或解款不及原认之数，大抵清解者少，压欠者多。至各省原认大学堂经费，除广西、甘肃、新疆未认解外，山东、河南、湖南、湖北、福建等省有欠两三年者。此各省认解臣部及大学堂经费之参差不齐者也[2]。

学部本就是用钱机构，而非生财机构，且生钱渠道少，故而想要完全依靠学部自筹款解决学部经费困境是不现实的。但为解决问题，学部诸公亦想方设法筹措经费。学部成立后，科举业已停废，但学部仍然继续对学堂毕业生奖励功名出身，得奖者发给执照，这成了学部创收路径——收执照费。光绪三十四年（1908年），“学部奏定毕业生得奖给照各费，进士、举人、贡生由部给照，廪、增、附生由督学局、提学司照刊给发，撤革须缴还，进士照费二十四两，举人十二两，充分科大学经费；贡生六两，充京省兴学经费；廪生等二两，充府、县学费，不得移作别用”[3]。虽然为数不多，但聊胜于无。

---

[1]《奏部款奇绌请饬各省应提应解各款一律清解折》,《政治官报》第九百五十八号，光绪刊本。

[2] 同上。

[3]《专电一》,《申报》光绪三十四年八月十二日。

学务发展经费增加和行政支出增加的缺口越来越大的现实困境成为唐景崇亟须解决的棘手难题，他不得不挖空心思开源节流。为集思广益，他曾饬令学部丞参以下各司员“详抒己见，条拟节款办法呈堂备核，以便采择施行”[1]。实际上，唐景崇心里清楚，各司员哪里能想到什么好办法，他此举的目的是让各司员了解本部面临的经费困境，为以后采取的开源节流措施打下基础。

各省应提应解各款是学部经费的大头，因此如数清解就成了唐景崇的优先举措。他采取“三步走”催解各省欠款：

第一步，以学部名义咨催各省清解应提应解经费。

调查各省应解本部大学堂经费及本部提解各省科场考棚等费、廪粮斋膳银两、南北洋认解大学堂经费，均系切要之需，无可再缓。即使源源清解，本部的款有数，应办事务日益增多，已属艰窘万状。乃各省于应解银两率多逾延，甚或有积欠者，留渴待井，无米为炊，不特推广行动皆窒碍，即业经开办急待动支者，办岌岌乎，穷于应付。查学务为人才所自出，而本部尤学务总汇机关，非各省共任其难，万不足以集事，非各省于应解款项年清年款，仍不足以应要需。除咨度支部外，相应开单咨请查照行司，迅速清解，勿任稍延[2]。

第二步，上奏施加压力。唐景崇唯恐学部的咨催力度还不够，担忧封疆大吏不予理睬，便直接上奏，欲借朝廷威势来解决各省拖欠应提应解各款这一棘手问题。

臣等亦知财政艰窘，京外所同，一切度支无不力求撙节，而环顾应举之事，实无一非关系紧要，即以分科大学而论，常年经费款最巨，但各省高等学堂陆续

[1]《学部徵取节费条陈》，《大公报》宣统二年四月二十四日。

[2]《学部奏咨催清解经费》，《申报》宣统二年五月十八日。

毕业，若无分科大学，何以为升学之地？且专门学术，何由发明？兼之内外观瞻所系，规制不求恢宏，课程必须完备……

仰恳天恩俯念臣部非财所自出，而学务进行万无作辍之理，饬下各省督抚，于臣部奏提科举各费，遵照定章如数清解，勿得短欠分毫。臣部及在学堂经费已认解者，毋稍逾延；未认解者，竭力筹认。并请饬下度支部查照原案，分别催解。俾臣部岁有常款，稍得藉资周转，庶于筹备宪政事宜不至延误[1]。

第三步，借奏折获准施行之机，请求度支部切实咨催。

学部经费拮据万分，本年出款不敷甚巨，唐尚书甚为焦灼，因饬司调查案卷，所有各省历年欠解之款，即开列数目，咨度支部，切实咨催，务饬扫数清解，以济要用。该司已查核清楚，移会泽尚书查照矣[2]。

一套连环拳打下来，各省清解拖欠学部经费的情况有所好转。

申请专款立项，是唐景崇采取的又一举措。仅依靠中央财政拨款，就算学部再精打细算，维持日常公务的经费缺口仍然很大，遇有特殊需办项目，必须申请专款。这种专款立项的办法，虽然不能从根本上解决学部经费困难的问题，但对推进特殊需办项目有一定的帮助。宣统二年（1910年）六月十四日，唐景崇因知晓宣统三年（1911年）中央预算教育经费在一百六十万两左右，而出洋留学经费却没有预算，为此，唐景崇亲自前往度支部，与度支部尚书载泽议商，请载泽设法筹备，并分期拨用。载泽闻言，面露难色，含糊其词，只说“考虑考虑”。

学部既经费常年不足，请拨专款又不易，唐景崇只得绞尽脑汁自辟筹资渠道。高等专门以上及游学生考试费用原由学部经费项下开支，因学部经费一再减

[1]《奏部款奇绌请饬各省应提应解各款一律清解折》，《政治官报》第九百五十八号，光绪刊本。

[2]《学部经费拮据万分》，《申报》宣统二年七月十三日。

少，唐景崇不得不于宣统三年（1911 年）二月十四日上奏：

臣部向来考试高等专门以上各学堂及游学毕业各生，所需卷费及阅卷各官供给并一切杂费，即在臣部公费项下开支。上年试办预算，度支部以臣部款项入不敷出，令臣部切实核减，遂将此项考试经费概行删去，未列预算之内。盖以东西各国学堂考试，无不抽学生收试验费。即上年法部考试法官亦曾经奏明每人收考费四元，奉旨允准，遵行在案。臣部经费奇绌，自可援照办理。现拟于本年起，凡考试高等专门以上各项学堂及游学毕业各生，一律酌收考试费，以资办公[1]。

上奏获准，此项收费纳入学部自筹经费，用于学部解决学务经费的困难。

减薪裁员，这是唐景崇万不得已的举措。与新政各部相同，学部堂司官员的收入由俸银、俸米、养廉三部分组成。荣庆主政学部时，光绪三十三年（1907 年）已拿养廉银开刀，“养廉数目减成酌给津贴”，据此，学部尚书、侍郎每月实际领取的养廉银仅为其他各部同级官员的 48% 至 45%，而主事仅为其他同级的 25%。光绪三十四年（1908 年），因华俄道胜银行经营不善，导致当年中央财政实际无款拨入，学部收入亦减少四五十万两银，荣庆不得已打起俸米的主意，各司官的俸米均减为原本的四至六成发放。

唐景崇接手后，学部经费常存之源丰润票庄亏损倒闭，致使“部存各款已归无着”。为了渡过难关，而养廉、俸米已经不可再减，唐景崇只能以身作则，带头减薪，尚书、侍郎只领俸银的五成，丞、参领六成，六品以下司员领七成。

即便如此，学部经费仍然入不敷出，唐景崇一个头两个大，不得不着手裁撤精简机构。首当其冲是图书局，继之为编订名词馆及学制调查局。由于经费奇绌，学部靠裁并局、馆，且屡屡减薪，才勉强得以维持。媒体对“学部堂司薪水尚须大减”的经费危机表示关注和同情，多方报道，但于事无补。学部减薪，不

[1] 陈元晖主编《中国近代教育史资料汇编》，上海教育出版社，2007。

仅影响士气，而且直接影响到下层司员的生活。

宣统二年（1910年）中秋节，学部司员及下层官员因生活窘迫，要求发薪过节，掀起风潮。

学部自设立以来，部中本无的款，全仗各省协济以充常年各项所需，故时有不给之患。近以中秋节近，该部各员司及七八九品书记等官，于初十日左右即诣丞参堂，面请早日发薪，以备节下之用。丞参当时亦含糊应之，迨至十二日仍无消息。各员司迫不及待，联名续请。丞参敷衍，乃以大堂尚未签字为辞，直待至午后，仍未见有发薪动静，于是各员及书记官、书记生，群相鼓噪，大有不发不散之势。盖该部人员不但书记以下半系寒士，即司员中亦多有恃此为生活者。丞参见司员窘迫鼓噪如此，恐风声一经传出，有失体面，乃回堂设法，直至晚十钟，始得齐集款项，按名发给。各员均欢忻而散，其情可怜，其状实堪哂也[1]。

“屋漏偏逢连夜雨”，宣统三年（1911年）财政预算显示，学部呈报经费预算数为二百一十万余两，度支部审计减为一百八十四万余两，资政院议决再减为一百七十三万余两，这使已陷极度困境的学部财政更加困难。

造成宣统三年（1911年）学部财政预算大幅减少的原因在于该部会计司犯了几个致命的错误：一是“以各省协款八十万认为本部岁入的款”。各省协款惯例是由度支部接收后再转交学部，而这八十万协款，会计司提出“应学部直接收受，度部当经认可”。宣统三年（1911年）上半年，“各省以财政支出，其汇解到部者不过十余万”，学部为催解欠款，“函电交驰，均归无效”。不得已，唐景崇亲自向度支部索取，但度支部“以此事业与己无干，只允力为催索，不担责任”。“闻协款扣至年终，可收三十万，大约亏短在五十万之数”。二是遗漏督学局的经费预算。督学局为学部京师第一重门户，每年用款约在十六七万左右，该部预

[1]《学部发薪之风潮》，《申报》宣统二年八月二十日。

算表册竟将该局遗失，未曾列入。为此，学部不得不从极度拮据的本部预算经费中分拨款项以维持其正常运转。三是面对预算咨询时本部未能积极主动争取。资政院议员讨论财政预算时，只是一味压缩，所定额度之低连维持学部基本运转都难，但学部特派员也“未十分反对”。总之，宣统三年（1911 年），学部“仍亏八十万之数，学尚唐大臣近日焦急异常，不知何以善其后也”[1]。

唐景崇虽为学部经费奇绌而焦头烂额，但不得不积极争取，以渡难关。一是提出追加预算。“学部经费大窘，拟提出追加预算。饬司预备议案，俟资政院开会时要求确认。”[2] 二是向度支部索款。

唐尚书以左右支绌筹思无计，连日行文向度支部请款接济，文牍往返，几于舌敝唇焦，而度支部终以预算案系由资政院议决奏定，不能代为活动。最后之结果则以本允认补拨学部之九万两先行全数拨给。奈学部因需款甚多，杯水车薪，无济于事，仍向度部要求多拨。度部堂官以该部不明事理，深为不满，近日两部感情因之愈加恶劣[3]。

面对异常窘迫的经费困境，万般无奈的唐景崇苦苦支撑，甚至产生了“拟将中学以上各学堂暂行停止，即尽财力所及，办理高等小学以下各学堂，以资变通”[4] 的想法。

十二　整顿规范师范教育

唐景崇深知师范教育在推进新式教育中的重要地位和作用，在督学江苏时，

[1]《学部亏空经费八十万》，《申报》宣统三年六月初九。

[2] 同上。

[3]《学部仍向度部索款》，《申报》宣统三年六月十四日。

[4]《学部会议教育事项》，《大公报》宣统二年十一月。

唐景崇就十分重视师范学堂的创办和学科的设置。在他的大力倡导和督促下，江苏师范学堂得到长足发展。

唐景崇到任学部后发现，在初级师范教育的发展过程中，各种各样的弊端也逐渐暴露出来：一些府、州、县行政官吏图“铺张造就师范之虚名”，急于创办普通学校及师范传习所，以求博得社会的好评；一些官员甚至根本不懂教育，只知多设学堂，邀功请赏；有的学堂不重视教育课程的设置，没有教学实验基地。大批生员涌入各种师范简易科、讲习所，经短期培训后任为教师，其水平很低，在质量上多数难以达到标准，严重影响着普及教育的发展。唐景崇对此严加批评。

针对暴露出来的问题，唐景崇采取措施，努力整顿。宣统二年（1910年）二月二十八日，上任伊始，唐景崇就在《咨各省师范学堂自本年始一律停招优级选科初级简易科文》中指出：

定章：初级师范五年毕业准充小学堂教员，优级师范必须初级师范或中学堂之毕业生升入公共科一年，本科三年毕业，准充中学堂及初级师范学堂教员，立法至为详备。特以兴学伊始，中小学堂急于求师，故奏定初级师范学堂章程内载：初办时可于完全科外，别教简易科以应急需，俟完全科毕业有人，即酌量裁撤等语。又光绪三十二年（1906年）本部订定优级师范选科简章，通行各省，仍限定每省止设一所，诚以两级师范本以完全科为正，办其选科、简易科只属一时权宜之计，而非经久不易之规。现在兴办学堂已逾五载，各省初级简易科毕业者已不止一处，即完全科亦次第毕业，是小堂已不患无师。又上年本部奏改中学堂分为文实两科，以后学科既简，学生程度必将加高，是中学堂断非优级选科之毕业生所能胜任。兹由本部通筹全局，自本年始，凡各省旧设之优级选科概不准再招新班，俟现时在堂各学生毕业后，一律改办优级完全科。至简易师范，除边远地方风气初开，教员缺乏，暂准办理外，其余各省亦应自本年起一律停止招考，俟在堂各生毕业后改办初级完全科。一切学科务求完备，教法务宜切实，以规远大而资深造[1]。

为安置学习程度不足的速成师范毕业生，唐景崇在停办师范选科和简易科十天后，拟定变通办法，发出《札各省优级师范准附设补习班文》，批准各省在优级师范学堂内附设补习班，使选科和简易科毕业生入班补习，这在一定程度上缓解了由政策变化引起的矛盾。唐景崇为此强调：

各省自应按照部咨速设优级师范完全科，以期教育日臻进步。定章：优级师范招考学生，须曾在中学及初级师范五年毕业者，方为合格。现各省中学及初级师范五年毕业者人数无多，悬额待入，亦非推广教育之道。兹特定一变通办法：各省优级师范学堂均准附设补习班，考选二年以上之初级师范简易毕业生入班补习。课程酌照初级师范后三年科目办理，期限定以三年，期满时考试及格，准升入优级师范公共科肄业。如此变通办法，优级师范学堂既有以储材，其简易科学生亦可藉资深造。惟补习班毕业，既与毕业中学与初级师范者有别，应只准升入公共科，不得援案请奖，以示限制。各处除先就中学及初级师范毕业生招考程度相合者，照章径办公共科外，所有学额不足者，并准按照此次变通办法附设补习班，以宏造就[2]。

同时，为纠正与避免盲目发展师范的偏向，学部在宣统二年（1910年）七月二十三日颁布《通行各省整顿师范义务办法文》，唐景崇强调指出：

查师范之设，意在改良教育，本部不徒重师范毕业人数之多，重在师范毕业后于中小学堂教育之日有进益。近闻各处提学使有徒铺张造就师范之虚名，追师

[1] 陈元晖主编《中国近代教育史资料汇编》，上海教育出版社，2007。

[2]《学部札各省优级师范准附设补习班文》，《学部官报》第一百二十四期。

范毕业后毫无位置，至有谓其程度不足任教授之责者，如此国家何贵岁糜无数国币造就此无用之师范为也！如谓师范程度不足，该提学使何不于未毕业之先力求整顿，乃平日于监督教员不免徇情爱好，至毕业后则徒归咎于学生之程度，抚衷自问，提学使能不内疚于心？

唐景崇意在将师范教育逐步纳入有计划、按比例发展的规范化轨道，置于学部统筹与监督之下为此，唐景崇要求各省：

本部为统筹教育全局起见，兹特定一考核办法，各省应九年筹备教育事宜表内，将师范毕业人数与推广中小学堂学生人数预为分配，列作事项，送部备核。至此师范毕业生应由各该省提学使统筹兼顾，按照学生学科程度妥为委派。其北洋师范及两江师范各学堂，本非专收一省之人，应由直隶总督、两江总督咨明各省会同办理。至师范毕业生之已否派尽义务，及学生之私自迁延者，应各就所辖师范生造具毕业义务总册，解部备核，以便照章办理[1]。

然而，唐景崇在一步步整顿、规范师范教育的过程中，遇到了预备立宪期限的缩短，各衙门必须相应压缩原定筹办事宜的日程表，学部规划的普及教育亦必须提前筹办。此外，小学教育急需大的发展，小学教员的需求也急剧扩大种种现象表明，发展师范教育迫在眉睫。为此，学部于宣统三年（1911年）闰六月初四颁发《咨扩充各省师范学堂文》，下令要求各省大力发展师范教育。唐景崇要求：

惟现在预备立宪，年期既经缩短，小学教育亟应提前赶办。初级师范为小学之本，非迅速扩充，殊难以应急需。所有各省初级师范学堂，自应及时筹画，每府或直隶州设立一所。其有因特别情形，或两府三府业经合设一处者，应即扩充

[1]《通行各省整顿师范义务办法文》，载《学部奏咨辑要》三编。

学生名额。查奏定学堂章程内载："省城初级师范学堂师范生以三百为足额，各州县初级师范学堂师范生以一百五十人为足额"等语。两府或三府合设之初级师范学堂，亦当比照省城初级师范学堂学生定额，添招班次，期以三百人为度。总之初级师范扩充之标准，以小学堂为比例，然后小学教员无悬缺待人之患，亦无供过于求之虞。应由该省提学使暂以预筹每年扩广小学数目为准，扩充初级师范，务令有盈无绌。俟各省人总数查清以后，再照学龄儿童数目筹设小学，照小学需用教员数目，分年养成师范，以裕师范而裨学务。至此项学堂经费，从前或支官款，或由地方公款项下开支，虽有不同，惟兴学为地方要政，列入地方官考成，早经本部奏准通行，遵照在案。上年本部奏定《地方学务章程施行细则》，因筹设初级师范学堂，应列入官治范围以内，并未作为府、厅、州、县自治职应设之公用学堂，是扩充初级师范学堂，纯为地方官及学务官之专责，更非他项学堂可比，应饬该省提学使认真催办，以重要政[1]。

时隔一个星期，唐景崇奏准颁布《拟订临时教员养成所简章》，并强调：

查育才以兴学为先，兴学以求师为急。现在初等小学亟待扩张，临时教员动虞缺乏。历年各省初级师范及初级师范简易科虽已次第毕业，可以派充小学教员，然合之纵见其多，分之仍觉其少。亟宜多设小学教员养成所，以应急需。其肄业年限，拟定一年以上，二年以下。至招生名额，由各该地方预计全境之内应设学堂若干所，需用教员若干人，适宜规定，毕业以后分别派充教员，概不给奖，俾得专心教授，以杜幸进之心[2]。

唐景崇整顿、规范、发展师范教育，意在将师范教育逐步纳入有计划、按比

---

[1]《咨扩充各省师范学堂文》，《教育杂志》第三卷第九期。

[2] 陈元晖主编《中国近代教育史资料汇编》，上海教育出版社，2007。

例发展的规范化轨道，置入学部统筹与监控之下，以顺应教育发展的需要。

十三　严把教材编审关

教科书，又称课本、教材，“关系教育，至关重要”[1]。

唐景崇一贯重视教科书的编定与使用。在江苏学政任上，应江苏新式教育之急需，他亲自从数百种书籍中遍为搜采，精心编订成《高等小学堂暂用课本之书目》,《中学堂暂用课本之书目》，由江苏学政署衙刊刻，下发全省八府三州一厅，并呈送学部，为学部编订一系列教科书的凡例和书目提供了参考。

光绪三十二年（1906 年），学部设立编译图书局作为编纂各级各类学堂教科书的专职机构。《学部编译图书局备览》所列章程确定的准则：一是编纂教科书宜恪守“忠君、尊孔、尚公、尚武、尚实”的教育宗旨，贯彻国民教育精神。二是按轻重缓急为序，即以初等小学最先，高等小学次之，中学和初级师范又次之，所编教材务使程度相宜，有利于教育进步。三是须兼编教师参考书方便教学；每一课本在编纂前须议定教学年限和学时，以与学制体系吻合。四是教科书编成后交由学部总务司审定科审定，再通行各省学堂；鼓励学堂对所使用的教材提出意见和建议[2]。

学部编译图书局尽管汇集了一批文化精英，如袁嘉谷、杨兆麟、夏寿田、王寿彭、王国维等，虽然他们费尽心力，也编纂出版了一批教材，对当时的新式学堂教育起到了一定的作用，但他们毕竟是接受旧式教育过来的，对新式教育虽有了解，但研究不足深入，且当时新旧教育转换过渡所面临的复杂环境也不是他们所能解决的。因此，他们所编纂的教科书无论是数量或质量，都存在着许多问题。

---

[1]《札行各省查禁伪造学部审定教科书文》,《教育杂志》第二卷十二期。

[2]《学部编译图书局备览》,《学部官报》第六十八期至七十期。

唐景崇到任学部后，立即就感受到了朝野内外对教科书的诸多非议和指责，“学部教科书恶劣之声不绝于教育社会”，其“分配之荒谬，程度之参差，大为教育界所诟病”[1]。有人分析：“学部编书局非无人才，然在外间或可编出适用之书，在部则决无其事。一则应酬甚繁，安能全力办公。堂官又不知甘苦，平日任其稽延，一旦期迫，尽力催促，但求不误宪政之筹备。何为教育，何为教科书，皆非彼所注意也。二则局员分编辑、校勘两种，编辑者尚有明教育之人，校勘者大概词林中人，不知教育为何物，持笔乱改。每有原稿尚佳，一经校勘反不适用者矣。校勘之后，尚须呈堂官，较校勘者辈分愈老，顽固愈甚，一经动笔，更不知与教育原理如何背谬。然以堂官之威严，何人敢与对抗？彼所改者，无论如何，皆必颁行。科学为彼辈所不解，不敢轻于下笔，故笑柄尚鲜，修身、国文、历史、地理，彼辈自命高明，最喜改窜，故笑柄最多。”[2]

面对非议和指责，唐景崇详加辨析。对正确的意见和建议，他虚怀若谷，从善如流；对不合理的责难，他亦积极回应，诚意释疑。

宣统二年（1910 年）初，唐景崇的门生赵炳麟呈奏，建议“学部图书局不作功课，挂名人员应予裁汰”。唐景崇上任后即予以解释，“图书局编译已成之书计有七十余种，成效尚属可观，章程亦称严密，似可无庸另定”[3]。

四月上旬，直隶总督陈夔龙上奏称：“东西游学生译刊之书籍、报纸，往往肆意讥评，淆乱黑白，虽经严饬查禁，而辗转传播，仍未能尽绝根株。人心世道之忧，所关甚大。请饬下学部将一切教科书籍精心审订。”以维护和巩固三纲五常为准绳，“凡有宗尚稍偏易滋流弊者，一律摈而弗取，俾免习焉不察，误入奇衺”。

面对如此责难，唐景崇理正辞严回应：“臣部自顷岁以来，挈持纲领，审慎图维，虽不敢谓措置咸宜，然独于扶植世教，整齐学风，则尤为兢兢致意。”强

---

[1] 江梦梅：《前清学部编书之状况》，《中华教育》第三卷第一期。

[2] 同上。

[3] 陈宝琛等：《大清宣统政纪》，台北华联出版社，1964。

调“遇有教科书籍非经臣部审定而宗旨歧异，皆当严行禁止，无俾流传”[1]。

唐景崇主政学部，始终将提高教科书质量和水平作为一项核心任务，力争任内在教科书改进方面卓有成效。

为此，唐景崇广泛征求意见，从善改订教科书。唐景崇认为“本部所编教科书已有多种，惟各省情形不同，所颁各书未必一律适合教授之用”。因此“饬司通行各省提学使转饬各学堂教员，将教授困难之处详细签注明晰，汇送本部，以便饬司改订”[2]。

唐景崇参考世界各国之例，于教科书颁行前先行试验，检验“其适宜与否”，教科书一经编成，一面发交京师督学局“就近试行”；一面发交各省提学使“悉心考验”；并广征学部各咨议官意见，“如有未当之处，仍应随时修改”。

光绪三十四年（1908 年），学部着手编辑《国民必读课本》，“敬辑列圣谕旨及圣贤经传，以示标准而资遵循”[3]。因编纂《国民必读课本》为学部预备立宪第一年应办之事，学部极为重视，便将该书交由严复负责编纂。为此，严复倾注了大量心血，终于在宣统元年（1909 年）十二月二十六日完成此项工作，到部缴交《国民必读课本》卷。学部按照惯例，立即将该书送各省提学使等考验，并说明该书先是由“承辑各员悉必编纂”，而后由学部大员细致审阅，“凡有体例未合、词意未纯者，随时饬令删改，并由丞参各员逐条覆校”[4]，要求各提学使“悉心考验”。唐景崇上任不久，即收到江西提学使、学部一等咨议官汤寿潜一封长函。汤寿潜在函中“痛诋该部新编《国民读本》种种不通，逐节指驳，几乎体无完肤。最末数语略谓，内容之腐败姑不具论，但《国民读本》系人人必读之书，今用洋纸装订，计每部需纸价一元，若中国每人手置一编，则此纸价之外溢，已不下

[1]《学部奏遵旨核覆直督敬陈管见折》，《政治官报》第九百六十八号，光绪刊本。

[2]《唐尚书注重收集对教科书之意见》，《申报》宣统二年十月十四日。

[3]《学部奏编辑〈国民必读课本〉〈简易识字课本〉情形折》，《政治官报》宣统元年正月二十日，光绪刊本。

[4]《学部为颁发〈国民必读课本〉致江西提学使汤寿潜的照会》，载《汤寿潜档》，中国第一历史档案馆档案。

四千万万，何不改用国内纸张，自保利权云云”[1]。

唐景崇觉得汤寿潜的意见虽然有些偏激，但其中不乏中肯建议，且因事关全民教育，遂“将原函发交名词馆，并谕令修订改正”。而严复认为“此项读本本非名词馆分内之事，只因昔日受荣相国之嘱托，故抽忙为之编定，今既不满人意，应请另派作家重行改订”，故“仍将原书缴还”。在此情况下，学部编辑各员无人敢接手，他们“以严京卿为著作大家，尚不免为人评论，且此项读本已届预定颁行各省之期，一时实难措手”，故“均互相推诿，敬谢不敏”[2]。此等大事，唐景崇不可能置身事外，不得不亲自找严复耐心做工作，诚心劝勉，严复才心气平复，继续修订改正。与此同时，唐景崇更是亲自参与修订，审核把关，才使《国民必读课本》如期出版发行。

唐景崇“对于女学非常注重，昨与各堂会议，以京师为学务总汇之区，除女子师范学堂外，并无官立女学，殊为教育之缺点。决于本年内筹设官立女子小学四处、中学一处，均于明年一律开办”[3]。对于女学教科书，唐景崇明令“一律检齐呈堂，以便亲加核阅”[4]，“阅后又大加改削”[5]。

清末，除学部编译图书局作为官方机构主持编纂教科书外，民间也掀起了自编教科书的热潮，不仅有各地各级学堂，如南洋公学、京师大学堂、上海澄衷蒙学堂、无锡三等学堂等，还有商务印书馆、文澜书局、文明书局等民间出版机构，个人编辑者更是难以数计。由于编写者的思想素质与学识素养参差不齐，因此造成同一学科各种版本的教科书五花八门。

鉴于当时形势，学部采取部编教科书和审定民间教科书相结合的方式，计划通过健全、完善部编教科书，最终实现逐步取代民间教科书并使之规范化的

[1]《汤寿潜痛诋〈国民读本〉》,《申报》宣统二年三月十六日。

[2]《汤寿潜吓退学部编辑员》,《申报》宣统二年三月二十一日。

[3]《唐尚书注重女学》,《申报》宣统二年八月二十二日。

[4]《唐尚书注重女学用书》,《大公报》宣统二年四月初十。

[5]《唐尚书改削女学课本》,《申报》宣统二年三月初四。

目标。

对于呈送到部的民间自编教科书，唐景崇责成审定科严加阅审；对于经过审定科初审的教科书，唐景崇更是亲自审定；“凡私家著述呈请审定者，无论或准或驳，皆几经校阅，然后定稿，批示一秉至公，毫无迁就”[1]；并将处理意见撰成审定提要，在《学部官报》《审定书目》栏公布。处理意见大致分为三种：

一是审定通过。如商务印文馆经理、候选道夏瑞芳呈送博物、物理、植物、动物等书，请求学部审定。学部审定：“《博物学大意》，教材合宜，译笔明顺，作为中学初年用书；《矿物学》以金石为主兼及岩石地质，绪言所称提纲挈领，体例最善，洵非虚语，惟译文间有求能通行之处，幸皆附有英文原名，教者可以校正；《初等物理学教科书》，简明合用，可作为中学初年级教科书；《中学植物学教科书》，体例完备，记述简要，最合中学教科之用，于植物名目博考《本草》等书而定之，故能确有证据，非率尔操觚者可比；《动物学》，叙述动物，大纲至为明晰，译笔亦条畅，定名尤审慎，惟所举动物内有为吾国所罕见者，宜由教员选择同类之品以易之。以上各书均作为审定之本。”“《中国历史读本》，综挈纲领，于历代治乱兴衰之迹，莫不苦心钩考，胪列详明，文亦渊雅可诵，叙述国朝史尤多扼要，深合史例，准作为高等小学教科书。”宁波中学堂监督冯丙然呈书请审，学部审定：“查新著《算术教科书》，编纂悉准中学程度各课，立法详明，说理确实，可作中学及初级师范学堂教授之用，间有误处，均已标出，再版宜改；《立体平面几何学教科书》，原著为三轮桓一郎所著，日本文部省检定之本，其学说条理颇能推陈出新，真确不移，准作为中学教科书。”粟培钧呈请审《地理教科书》，学部审定：“是编于六大洲形势颇能举要，于中国疆域及气候诸类亦能应有尽有，近时编地理教科书者，大率同此体例，有所舛误及未尽稳妥处，已经签出，应俟悉心改正后，作为中学地理参考书。”[2]

---

[1]《札行各省查禁伪造学部审定教科书文》，《教育杂志》第二卷第十二期。

[2]《审定书目》，《学部官报》第一百三十六期。

二是改正后再呈审定。如夏瑞芳请审《新教育学》，学部审后认为："《新教育学》于教育原理反复推勘，直凑单微，译笔亦显豁呈露，间有未合之处签出，改正后再呈审定。""《高等小学用商业教科书》，大致明显，可作高等小学堂加授商业科及初等商业学堂《商事要项教科书》之用，以此两种学科只授商业最浅近之知识、艺能，而《商事要项》又只居初等商业科目《簿记学》《商品学》各科之一也，惟书中应改之处签出，即行修改，再呈审定。"[1] 留日学生王诗新呈审《图画范本》，学部审后认为："是书旁搜博采，足见作者研究美术之勤，前经批还，兹复修改呈来，详加校阅，其未合教授之处尚多，兹特批示，应即改正再呈审定。"[2]

三是无庸审定。学部认为，李兆麟代呈《算稿》"惟法术太旧，不合教科之用，无庸审定"；湖南长沙协副将刘昆《瀛寰论语二千文》"难合教科书之用也，无庸审定，原书发还"；浙江举人宣澍甘《说文声母歌括》"向例凡歌括书以其与教科体例不甚相宜，概不审定，此书既用歌括体，应即毋庸审定，原书发还"；严良辅《论语说文教科书》"更为错谬，万无审定之理"；但焘《周礼政诠》"中西文对译不符，实不合教科之用，毋庸审定"[3]；周宣吉《微积初阶》《算术》"不合教科之用，以上二书均毋庸审定"[4]。

宣统二年（1910年）十月，学部因"初等小学各书现拟修改，高等小学各书正待颁布"，唐景崇未雨绸缪，对各地翻印事宜要求"严立限制，以杜伪滥"，并将图书局厘订办法十八条札饬各提学司遵照执行。明确"由提学司担任翻印事宜。凡学务公所设有印书局者准其翻印外，再指定商店一齐承办此事。须将筹定办法先期报部，经本部认定后方准翻印、发行。如未经报部认定，不准擅自翻印"；明确"由提学司督饬局店酌于府、厅、州、县地方开设发行分所或委托他

[1]《审定书目》,《学部官报》第一百三十七期。

[2]《审定书目》,《学部官报》第一百三十八期。

[3]《审定书目》,《学部官报》第一百三十七期。

[4]《审定书目》,《学部官报》第一百三十八期。

店代售，以期普遍推行”；明确翻印质量，对诸如字体、图画、墨色、页数、字样大小、篇页长短文狭，均要求“照式翻印”，对“所用之纸张，以色淡黄而质坚韧者为宜”；要求“翻印之书于末一页必须载明学部图书局编纂及翻印处发行处之名称、地址及翻印第几次与其年月，以备查核”，“每册上粘本部印花，并于印花骑缝处加盖该局店圆式图章，以便稽查”；发行价格，“翻印之书每册分售之价目，至多不得逾本部定价”；要求“各省提学司须按照翻印之书某种若干册先其报部，本部按照所报之册数发给印花票”；并明确了对违规者的处罚措施；等等。

宣统二年（1910年）十一月，唐景崇发现“乃近有无耻之徒，捏造审定科司员名单，石印成一小册，希图影射，诈取钱财”；明确告诫“诚恐无知书坊，受其愚弄，倘经发觉，与受同科，在招摇者难逃诈取之条，各书坊亦应坐行赇之罪”；要求“各省提学使司出示晓谕，俾各呈书人及各书坊，知本部于审定书籍，极为严慎，决非事外之人所能影射朦混。其所呈图书果能合用，无不批准通行，其不适用者，亦决无所迁就”；“倘有惑引敲诈之徒，借端撞骗，准各书坊登时扭送各该管地方衙门，按律严惩，以儆奸顽”；对于石印伪造学部审定科职员名单，“咨行民政部转饬内外城巡警总厅严密查拿，务获究办”[1]。通过上述措施，教科书印刷、发行混乱无序的情况有所改变，对教育的良性发展起到了积极作用。

十四　谨慎应对学潮

宣统二年（1910年）八月初一，《申报》以《唐尚书整饬学务一斑》为题，刊发报道：

学部唐尚书景崇近来于整顿学务尚为认真。日前，与左右堂商议本部应行兴革问题，当决定三事：一停止游学生廷试，并另筹任用之法；二撤裁学堂奖励，

---

[1]《札行各省查禁伪造学部审定教科书文》，《教育杂志》第二卷第十二期。

并妥订激劝章程；三限制学生出洋，并严定游学资格，决于明春实行。

唐尚书又以近来京师各学堂学生多于星期及星期六等日，三五成群，肆意冶游，不惟有玷品行，且于卫生亦多妨害，亟宜设法严查以重学务。嗣后如查有此项墨习，除将该学生立即斥革，并将该堂教员、管理员分别惩罚。日昨，特札行督学局局长晏允宝分别饬知各学堂遵照；一面咨请民政部转饬外城总厅增订取缔乐户不得接待学生之规则，除浇习而端学风[1]。

实际上，上述《申报》报道的只属于学部分内事务，处理起来当然就比较顺手。但唐景崇从就任学部尚书开始，就直接面临着山雨欲来风满楼的政治形势，学部几成风暴的中心：学潮此起彼伏，且起因、目标、结果多与内政外交大事密切相关，如剪发运动、国会请愿、筹还国债、保路争权等，学生采取的行动方式比较激烈，如不少热血青年学生刺血上书等。清廷对学潮的动向尤为关注，而唐景崇则处于学潮风暴的中心。

宣统二年（1910 年）十月，农工商部以京师商务总会和各省商众要求的名义奏请剪辫易服，清廷则以“国家服制等级分明，习用已久，从未轻易更张”为理由拒绝，明确规定“所有政界、学界以及各色人等，均应恪遵定制不得轻听浮言，致滋误会”[2]。

资政院开会时，先是议员罗杰提出《剪辫易服与世大同》议案，后有议员周震麟提出《剪除发辫改良礼服》议案，并为大多数议员所赞同。在资政院议员和民主思潮的鼓动下，剪发之风迅速席卷京师学界，“各专门高等学堂，如殖边、财政、税务、实业、法政、巡警、交通各处之学生，皆联盟剪剃”[3]，“已有一发难遏之势”，连八旗学堂也“一鼓作气，全堂剪剃，刻已无一人仍拖辫发矣”[4]。

---

[1]《唐尚书整饬学务一斑》,《申报》宣统二年八月初一。

[2] 陈宝琛等:《大清宣统政纪》，台北华联出版社，1964。

[3]《一大过换一辫子》,《民立报》宣统十一月初十。

[4]《学界剪发之热潮》,《大公报》宣统十一月十一日。

剪辫风潮初始时，唐景崇“对于剃辫问题曾拟不必过问”。如果是单纯的剪个发辫，唐景崇当然可以“不必过问”，但后来的发展证明这只是他的一厢情愿，事实是剪发变成了学潮，甚至与推翻清廷统治的政治运动挂上了钩。“讵近因各学堂一倡百合，行动自由，大有一发难遏之势。”[1]

面对学堂剪发风潮，唐景崇承受着巨大的政治压力：一是唐景崇以汉大臣身份独掌学部，对于与清朝“体制攸关”、象征身份归属、曾引起种族屠杀的发辫，他不敢有丝毫差池；二是来自朝野的呼声和行动；三是朝廷的压力——朝廷有令在前，作为朝廷命臣，焉有不执行之理。因此，唐景崇面对剪发的态度由“不必过问”转变为严加禁止。

学部尚书唐景崇本系优需，近因学界剪发者络绎不绝，唐尚大不为然，乃用强压手段，咨行督学局严禁剪发。

唐景崇明谕：

查剪发之说喧腾报纸，并以资政院提作议案，是否准行，自应静候明谕。乃闻各学堂学生竟有私自剪去者，殊属有违定制。应由各学堂管理、教员严行禁止。嗣后如再有私自剪去者，以违制论，并将各该管理员从严参办，以儆效尤[2]。

唐景崇心中十分清楚，他不能因严禁剪发问题将学部乃至自己公开推上与学生直接对立的前台。因此，他明谕严加禁止，就是做做样子，对朝野有个交代，但在对学生剪发问题的处理上并不积极。

大势已经形成，挡是挡不住的。唐景崇并非愚顽守旧之人，只要有明谕，他

---

[1]《北京之是是非非》,《民立报》宣统二年十一月十三日。

[2]《唐尚书不许学生剪发》,《申报》宣统二年十一月十四日。

就会顺势而为。宣统三年（1911 年）十月十七日，资政院奏请“降旨即行剪发，以昭大同”，宣统皇帝降旨：“凡我臣民均准其自由剪发。”唐景崇作为国务大臣、学务大臣，爽快地在谕旨上署上了自己的大名。

唐景崇就任学部尚书前，学部曾通电各省提学使，了解各地学堂学生发起参与国会请愿及办理筹还国债等“一切情形”[1]，密切关注学界动向。唐景崇上任后，至于采取何种措施应对学潮，学部堂官的看法并不一致。

唐尚书日来迭与李（李家驹）、宝（宝熙）两侍郎提议禁止学生结会办法，据李侍郎之政见，以学生结会不可一概而论，如其宗旨正大，于国家政事有益，地方官可勿庸禁止，俾得遂其忠君爱国之忱。唐尚书甚以为然，惟宝侍郎一词莫赞[2]。

唐景崇、李家驹本是清政府中的立宪派，而宝熙则是守旧派，因而在对待学生结会的态度上截然不同，而且学生国会请愿伊始时又采取比较温和的方式，因此，此时的唐景崇内心十分矛盾：一方面同情学生结会，另一方面作为主管学部的最高长官，不得不表明自己的态度。为此，他要求学部通咨各属学堂“凡学界中人一概不准干预”[3]。

“速开国会”请愿活动一波未平，一波又起，加之资政院多数议员的积极推动，宣统二年（1910 年）十月初二，监国摄政王在养心殿召见各亲王、军机大臣、大学士、各部尚书，研拟“速开国会”对策。

徐、肃、泽、伦、邹、荫、唐俱赞其说，庆邸力言筹备不及，更以民气嚣张

[1]《学部注意学界之近情》，《大公报》宣统元年十二月初九。

[2]《学生结会有可否之别》，《大公报》宣统二年十月二十一日。

[3]《不许教员学生请愿国会》，《大公报》宣统二年八月二十九日。

为虑，那表同情，监国踌躇再三，卒折衷两说，定为五年召集[1]。

其中的“唐”就是唐景崇，他是赞成“速开国会”的。第二天（十月初三）朝廷谕旨颁布：

著缩改于宣统五年开设议院，先将官制厘定，提前颁布试办，须即组织内阁迅速遵照钦定宪法大纲编订宪法条款，交将议院法、上下议院议员选举法及有关于宪法范围以内必须提前赶办事项，均著同时并举，于召集议院之前一律完备，奏请钦定颁行，不得少有延误……缓之固无可缓，急之无可再急，应即作为确定年限，一经宣布，万不再议更张[2]。

“缩短三年”，一部分请愿代表团表示欢迎，如北京的代表团随即解散；但更多的代表团并不满足，如湖北、四川、浙江、直隶和东三省等并没有停止请愿，且湖北和东三省的请愿都有督抚的支持。他们继续请愿的理由是：“责任内阁万无先于国会之理由。”“外祸日亟，国会万不能迟，仍须请求速开。”[3]

之后，奉天省发起第四次请愿，通电各省力求援助。各省则纷纷致电本省资政院议员，嘱其并为第四次请愿代表，其中包括直隶、山西、云南、湖南、广西等省。

宣统二年（1910年）十一月中旬，唐景崇接到直隶提学司电报：“天津各校学生罢课，要求请开国会。”唐景崇认为：“学生职在求学，妄思干预政治，殊违朝廷禁令。都中各校均甚安靖。”二十三日，唐景崇致电各省督抚“严禁学生请开国会”，要求：

---

[1]《本馆专电》，《神州日报》宣统二年十月初四。

[2] 故宫博物院明清档案部编《清末筹备立宪档案史料》，中华书局，1979。

[3]《国会速开热之不懈》，《大公报》宣统二年十月二十二日。

直督饬司谕令各校学生一体照常上课，毋得妄动，如抗抵不遵，应准从严究办。近得直省督覆电，业经照办。惟军医学生分途四散，此项学生难免不至各省煽惑，应请饬司务加防范，免至勾通。倘学生有妄动情事，应即凯切诫谕。如不受劝告，自应严办，全体解散亦所不惜，慎勿疏懈，是为至要[1]。

看似要求严格，措辞严厉，措施强硬，但从电令中可以看出重点在“诫谕”、“劝告”。说到底，唐景崇此时并未认真对待学生请开国会问题。

二十四日，监国摄政王载沣召见唐景崇，问：“学界对于即开国会有什么反应？”

“还算和平。”唐景崇回答。

监国摄政王载沣对唐景崇的回答和学生、教员干预政事非常不满，因此严厉训诫唐景崇：“对关心政治而违例之师生一律严查斥革。如再有违章情事，即惟尔是问。”[2]

“惟尔是问”体现了监国摄政王载沣严厉追责的态度，唐景崇压力山大，对学界国会请愿的态度不得不转为强硬。二十六日，唐景崇亲自致电各省：

本部尚书今日（二十四日）召见，奉监国摄政王面谕：“本月二十三日谕旨：‘以改缩开设议院期限，经前降旨宣示，不准再行要求，如有纠众违抗，即行查拿严办。学生职在求学，尤当遵守法理；监督为全堂表率，教习为学生师资，自应申明禁令，严加防范’等因。”应请转饬学司将本月二十三日谕旨及监国摄政王面谕传知各学生，一体遵守。至学司有考查全省学务之责，监督有管理全堂员生之责，均应随时稽查，先事防维，如学生有被人诱惑，敢于干涉政事，或教员等从中鼓动等情，即分别开除、斥退，毋稍宽纵[3]。

---

[1]《学部连禁学生请开国会》，《申报》宣统二年十二月初七。

[2]《唐尚书奏对之续闻》，《大公报》宣统二年十一月二十九日。

[3]《学部连禁学生请开国会》，《申报》宣统二年十二月初七。

宣统二年（1910年）十二月初三，清廷颁发谕旨："不安分之徒，藉速开国会为名，仍复到处鼓惑，各学堂学生，多系年幼无知，血气未定，往往被其愚弄，转发传单，纷纷停课，聚众要求。闻奉天、直隶、四川等省，均有此项情事。""前已面谕学部尚书唐景崇，通饬各省，严行禁止，著各省督抚，再行剀切晓谕，随时弹压。"[1]

十一月下旬，监国摄政王载沣为防止学生组织团体参与政事，曾授意唐景崇"即商之邮部转饬各邮局，将每日收送学堂之信件一律拆阅，如有牵涉国事之处，应将原函扣留，以免再有风潮之鼓动"。唐景崇"将此表达之邮部，惟沈侍郎颇不谓然，虽面乞照办，然并未通饬"[2]。沈侍郎敷衍了事，唐景崇也不深究。

后来保路运动在各地迅速兴起，邮传部大臣盛宣怀为此邀请唐景崇茶叙，席间，盛宣怀提议："请学部出面严禁各省学生干涉路务。"

唐景崇一方面对学生参与保路运动持同情、支持态度，另一方面也对此前邮传部的不配合态度心有不满，因此虚以应对："此事本部早经申明定章通饬在案，数月来尚未据各省提学使报告有何举动。虽间有少数学生与闻路事，然皆系以股东名义出面干涉。此项学生既未以学生资格私行结会，本部不便遽加遏制。至于股东开会应否严禁，此非学部权限之所能及，似不宜越俎代谋。"

盛宣怀深感失望，"遂无言而散"[3]。

各地学潮此起彼伏，政治色彩日益明显，甚至带有煽动成分，并直接与各界民众的行动相呼应。学生长期骚动不安，学堂内部混乱不堪。

唐景崇为此忧心忡忡，不得不采取措施应对学潮：一是加强学生思想工作，要求各地学堂学生统一购阅京师《刍言报》，欲用"宗旨纯正"的舆论匡救学生[4]；二是收紧行为约束，派专员前往东三省，调查学界"对于要求国会有无罢课

---

[1] 陈宝琛等：《大清宣统政纪》，台北华联出版社，1964。

[2]《邮部之差强人意》，《大公报》宣统二年十二月初三。

[3] 同上。

[4]《学部咨行各学堂购阅〈刍言报〉由》，中国第一历史档案馆档案。

废学及聚众演说情事”，以防患于未然[1]；三是严禁学生干预政事，他亲自致电各省督抚，要求“如学界再行有国会请愿之举动，尽可将为首严办，以免嚣张”[2]。

唐景崇心里清楚，大厦将倾，他的无奈举措，终将于事无补。但其作为朝廷任命主管全国学务的最高行政长官，必须秉承朝廷旨意，维护统治秩序，维持正常的教学秩序。

宣统三年（1911）年底武昌起义的消息传开，各地师生再也无心上课，唐景崇只能无力地安抚、劝谕学生：“此次匪乱仅及武汉，他省照常安靖，水陆军业已抵汉进剿，袁、岑两师忠勇性诚，深谙兵略，谅巨难不日即平……所有各学堂学生若无要事，切勿轻于告假，徒示恐慌。”[3]

然而，此时学部司员已纷纷请假甚至擅自离京出走，学部的日常运作难以维持。唐景崇却不能一走了之，他必须坚守岗位，慎终如始。唐景崇一面要忙于应对此起彼伏的学潮，一面要绞尽脑汁维持日常的学务，日理万机，昼夜操劳，分身乏术。

十五　国务大臣　学务大臣

从原订的筹备立宪规划来看，预备立宪要办的事基本都是大事，是突破沿袭两千多年的“祖制”（即从秦汉以来的传统专制制度）的大事实现向现代国家转型的目标，不是通过流血、战争实现的，而是要通过和平的手段实现政权的转移，其难度可想而知。在这个结构性变化即将来临的时候，任何的鲁莽和冒进都将给中国的未来带来灾难。但是，不幸被日本首相桂太郎冷言中，“立宪和国会等制度是好的，但需要很长时间的准备，中国现在走得太快，一定会出问题的”。

这个已经是快得不能再快的规划和时间表，还是不能让各省的立宪派满意。

---

[1]《学部派员驻东监察》,《大公报》宣统二年十二月初二。

[2]《唐尚书最近之举动》,《大公报》宣统二年十二月十二日。

[3]《学部劝谕学生之文告》,《大公报》宣统三年八月二十九日。

他们认为九年预备立宪期太长，有的甚至要求立刻召开国会，直接立宪。

国会请愿，一次比一次规模大；情绪逐渐升高且激进，直至奉天在京学生牛广生、赵振清两人要“拔刀剖腹，以明心迹”，经过请愿代表苦劝，两人趁人不备，各从自己腿上和胳膊上割肉一块，涂抹于请愿书上，并高呼：“中国万岁！”“代表诸君万岁！”直至18个督抚及将军、都统联名上奏请愿。

国会请愿活动有各省实力派加入后，清廷不得不做出让步。九月初三，监国摄政王载沣颁布上谕：“著缩改于宣统五年，实行开设议院。先将官制厘订，提前颁布试办，预即组织内阁。”[1]

这里只是模糊地宣称“预即组织内阁”，并没有确定具体年限。随后，清廷颁布修改筹备立宪清单的上谕，并特饬宪政编查馆加紧厘订新内阁官制。十二月十七日，宪政编查馆上奏《修正逐年筹备事宜清单》，明确规定：宣统二年厘定内阁官制；宣统三年颁布内阁官制，设立内阁[2]。如此一来，设立责任内阁就被提上了清廷预备立宪的议事日程。

宣统三年（1911年）四月初十，清廷正式颁布《内阁官制》和《内阁办事暂行章程》，宣布了新内阁的基本组织方式及其职责：内阁由国务大臣组织；国务大臣有总理大臣一员，协理大臣一至二员，以及外务、民政、度支、学务、陆军、海军、司法、农工商、邮传、理藩十部大臣，均候特旨简任；国务大臣辅弼皇帝，担任责任[3]。同日，任命新内阁总理、协理大臣及各部大臣，并裁撤旧内阁、军机处和会议政务处。

责任内阁组成人员是：总理大臣奕劻（宗室）、协理大臣那桐（满族）和徐世昌（汉族）、外务大臣梁敦彦（汉族）、民政大臣善耆（宗室）、度支大臣载泽（宗室）、学务大臣唐景崇（汉族）、陆军大臣荫昌（满族）、海军大臣载洵（宗室）、司法大臣绍昌（觉罗）、农工商大臣溥伦（宗室）、邮传大臣盛宣怀（汉族）、理藩大

[1] 陈宝琛等：《大清宣统政纪》，台北华联出版社，1964。

[2] 同上。

[3] 故宫博物院明清档案部编《清末筹备立宪档案史料》，中华书局，1979。

臣寿耆（宗室）。

责任内阁是“专为指定全国行政方针，统一各部行政事务而设”的全国性行政中枢。过去的内阁是秘书班子，主要负责上传下达；军机处也不过是参谋班子，起参谋之用。什么事情到了他们手里，处理结果好坏都无所谓，因为最后的决定权在皇帝手中，由皇帝全权负责。如今在君主立宪制的机制之下，国务大臣必须对皇帝负责，对相应事务必须作出决断。更为重要的是，内阁还规定，各大臣除了临时被清廷派遣及奉旨请假外，都得按期到阁列议，以便尽快筹划预备立宪各项繁重的事宜。

唐景崇由学部尚书转任学务大臣，还添加了一个新的头衔——“国务大臣”。除按规定“按期到阁列议”外，他的主要职责仍然是主管全国学务。

在责任内阁十三名国务大臣中，满人占有九人，其中皇族七人，汉族仅有四人。由此，时人称之为“皇族内阁”。且新内阁成员全是由原军机大臣和各部尚书摇身一变而来：奕劻原为首席军机大臣，那桐、徐世昌原为军机大臣，其余均为各部尚书，完全就是“换汤不换药”。在这个极为敏感的问题上，监国摄政王载沣等人犯了巨大的错误，这在无形中证明了革命党人反清排满和实行种族革命的正确性。这种愚蠢之举，等于给革命党人添油加火。

唐景崇受命国务大臣、学务大臣之日，李殿林、于式枚见他走来，起而致贺。

唐景崇苦笑，说：“改君主专制为立宪，其效茫如捕景（影），而贵族专制之祸已萌矣，两公尚致贺乎？”

“春老，公亦贵族也，曷为出此言耶？”于式枚笑着道。

“然哉，然哉，公非台湾伯理玺天德之胞弟乎？是亦贵族也。”李殿林也拊掌道。

至此，唐景崇“忍俊不禁，相与粲然，左右皆回顾匿名笑”[1]。

---

[1] 柴小梵：《梵天庐丛录》卷八《于式枚》，山西古籍出版社，1999。

“伯理玺天德”为英语的译音，意为总统。原来，唐景崇的兄长唐景崧曾官至台湾巡抚。乙未战争时，唐景崧带领台湾军民抵抗日军并吞台湾，台湾士绅成立台湾民主共和国，唐景崧被推举为大总统。

国人千呼万唤的责任内阁竟然以这样的方式粉墨登场，举国哗然，在社会上引起了巨大的抗议浪潮，原本支持君主立宪制度的立宪派人也看清楚了朝廷并无真正实现立宪的意图，终于在几个月后武昌起义爆发后，全国各地的立宪派都转向支持革命派，参与推翻清王朝的武装起义。

宣统三年（1911 年）八月十九日晚，革命党人打响了武昌起义的第一枪，夺取位于中和门附近的楚望台军械所。汉阳、汉口的革命党人闻风而动，分别于二十日夜、二十一日光复汉阳和汉口。起义军掌控武汉三镇后，湖北军政府成立，黎元洪被推举为都督，改国号为中华民国，并号召各省民众起义响应。

在得知武汉三镇被革命党人占领后，监国摄政王载沣大为震惊，立即派出陆军大臣荫昌率领北洋军南下镇压，同时派出萨镇冰率海军军舰和长江水师前往助剿。而革命军这边来了个黄兴，清廷与革命党双方在武汉三镇展开激战，互有攻守。

不幸的消息一个接一个传来：先是传来陆军大臣荫昌指挥不动北洋军，因为这支军队是袁世凯带出来的，他们只听袁世凯的指挥；接着传来湖南、广东等省纷纷宣布脱离清政府宣布独立。各省的警报都直飞朝廷，纷纷要求增派军队，以防不测。

监国摄政王载沣顿时手足无措，慌忙召集内阁的一班大臣前来商议对策。内阁的这班大臣，哪见过这阵势，面面相觑，也是束手无策。

总理大臣奕劻在一边急了，说：“要不用袁世凯的话，就怕大清要完了。”

听到“完了”二字，载沣不免一个激灵，无奈之下，只好派人前去请被自己赶出京城的袁世凯出山。

三天后，奕劻的亲笔信便送到了洹上村，请袁世凯出任湖广总督。但袁世凯以“旧患足疾，迄今尚未大愈”为由，拒绝了清廷的开价。

不得已，载沣只好派袁世凯的老友、协理大臣徐世昌亲自去洹上村请袁出山。袁世凯挣足面子，当着老友徐世昌的面，开价一是明年即开国会，二是组织责任内阁，三是宽容参与此事诸人，四是解除党禁，五是须委袁世凯以指挥水陆各军及关于军队编制的全权，六是须与袁世凯以十分充足的军费。袁世凯特别强调，此六条缺一不可，否则绝不出山。

面对袁世凯的“趁火打劫”“漫天要价”，监国摄政王载沣没有丝毫勇气说半个“不”字。

趁火打劫不只袁世凯一人。九月初八，驻军滦州的第二十镇统制张绍曾联合第二混成协统蓝天蔚等将领电奏清廷，提出“速开国会，改定宪法，组织责任内阁，皇族永远不得充任内阁总理大臣和国务大臣，国事犯之党人一律特赦擢用”等十二条要求。

滦州驻军与京城近在咫尺，朝发夕至，如此祸起肘腋，监国摄政王载沣焉有不慌之理？于是不得不快速回应，迅速颁发了四道谕旨：一是罪己诏，皇上承认自己“用人无方，施治寡术”，并誓行宪政；二是迅速起草宪法，交资政院办理；三是取消皇族内阁，建立完全内阁，亲贵不得充任国务大臣；四是赦免戊戌变法以来的所有政治犯。

九月十一日，皇族内阁全体辞职，袁世凯被提名为内阁总理大臣。在一番假意推辞后，九月二十三日，袁世凯从武昌前线回到了阔别三年之久的京城，筹组责任内阁。

袁世凯进京的第二天，即派人约唐景崇九点钟至其住宅见面叙谈。此次二人见面，袁世凯意欲借重唐景崇，让他继续留任国务大臣、学务大臣。此时，唐景崇还想为挽救大清王朝尽一份心力，因此便答应了袁世凯的要求。

袁世凯进京三天后，新一届内阁成立，袁世凯出任内阁总理大臣，以梁郭彦为外务大臣，赵秉钧为民政大臣，严修为度支大臣，唐景崇为学务大臣，王士珍为陆军大臣，萨镇冰为海军大臣，沈家本为司法大臣，张謇为农工商大臣，杨士琦为邮传部大臣，达寿为理藩大臣。

唐景崇作为奕劻内阁留任的两位大臣之一（另一位是外务大臣梁郭彦），在参与国事决策的同时，继续执掌全国学务。此时，唐景崇已是六十八岁高龄，他感觉到“天步艰难，政务愈繁，责任益重”，他只得打起精神，“专心职守，以免贻误所有政务重要”。

第十七章

设立“中央教育会”

一 筹组“中央教育会”

按照清廷预备立宪筹办事宜和日程表的规定：1916 年必须使全国识字率达到总人口的百分之五，并以此作为实行宪政的国民程度基础。

清廷认为，学部应该立即行动。但事与愿违，在普及教育应采取何种措施的问题上，学部几经讨论，均未能形成统一意见。造成如此局面的因素有许多。客观上，清政府没有统一划分全国教育经费并确保地方学务经费来源，教育普及成为空中楼阁；主观上，占全国人口绝大多数的农民思想落后，生活困顿，难以接受普及教育的观念，也无多余财力用于子女接受教育。而这些绝非学部单凭主观愿望所能解决的。因此，尽管学部成立已六年，普及教育在学部内部仍是众说纷纭，莫衷一是，教育计划一直议而不决，或决而不行。这就导致普及教育虽有进步，但距达到筹备立宪的要求还十分遥远。

唐景崇到任学部后通过三次教育统计发现，到宣统元年（1909 年），全国在校学生数不过一百六十多万人，加上各省简易识字学塾和私塾的学生以及原科举制下受过旧教育之人，粗通文墨者总数也不过三百万人左右。以清末全国四亿人口为基数，百分之五的识字率应为二千万人，与实际数相较，还有一千七百万人需要在短时间内得到扫盲专项的帮助，才能达到清廷规定的指标。

如果按照原定的筹备立宪日程，时间还有六年，但唐景崇上任后不久，清廷就迫于各方压力，将实行宪政的期限缩为三年，即改为 1913 年实行。留给唐景崇的时间只有三年，三年内要达到清廷设定的目标，无异于登天之难。但再难也得坚持下去，朝着既定目标前进，唐景崇不能任由学务朝不可控的方向发展，必须另谋出路。于是在深谋远虑之后，唐景崇把希望寄托在了成立中央教育会上。

成立中央教育会的另一推动力来自地方民间教育界的联合，其联合大有左右全国学务之势，这让唐景崇及学部同仁感受到了莫大的威胁。

在督学江苏及兴办新学期间，唐景崇就深刻体认到，要推动教育发展，必须大力倡导学界“合群”理念，督促组建各级教育学会，以补官办机构之不足。在唐景崇的强力推动和大力支持下，经过各方努力，光绪三十一年（1905 年）、三十二年（1906 年）两年，江苏各府、厅、州、县教育学会相继成立，继而促成了江苏学会的成立［光绪三十一年（1905 年）八月］。

光绪三十一年（1905 年）十月，江苏学会召开成立大会，改名称为江苏学务总会。江苏学务总会联络全省各地，谋求教育的改进和发展，一时成为江苏教育界的活动中心，并成为全国各省的教育先进模范，各地纷纷派员前来参观考察，并效仿江苏，各地民间教育团体（组织）应运而生。江苏学务总会不仅在江苏教育事务中扮演着重要的角色，而且在全国教育界有着较强的影响力和号召力。

事实上，建立并逐渐完善各省教育团体组织，纳入各级教育行政体系，使之成为教育辅助机关，定期召开教育会议讨论兴学事务，发挥教育团体对决策的建议与咨询功能，是学部成立伊始便确定的方针，并采取过相应的措施落实推进。光绪三十二年（1906 年）六月，学部认为中国地广人多，仅靠地方官吏的提倡督催，难以实现普及教育，“势必上下相维，官绅相通，借绅之力以辅官之不足，地方学务乃能发达”。因此，面对各省教育总会先后成立的形势，学部便积极推动《奏定各省教育会章程》（以下简称《章程》）的施行，并将“期于补助教育行政，图教育之普及，应与学务公所及劝学所联络一气”作为设立教育会的宗旨，规定了教育会设立的资格与条件，明确须申报当地提学司批准，呈请地方政府立案；以省会设立者为总会，各府、厅、州、县为分会，分会与总会非直接隶属关系，但须“联络统合”，互相维系；会长、副会长由公举产生，并须“禀请提学司审察，确能胜任方可允准选充”。《章程》第七节特别规定，提学司在稽查中若发现下述五种情形，须即令解散：“（1）徒袭用教育会之名，并不设研究所，以求学问；（2）干涉教育范围以外之事（如关于政治之演说等）；（3）勒索捐款，取图私利；（4）会员时起争端，不能融和；（5）挟私聚众，阻碍行政机关。”[1]学部的目的是将各地教育会由民间自发组织改变为半官方团体，成为政府教育行政体系的辅助机构，以防止一些人以教育会的名义从事与教育无关的活动。但学部成立六年来，从未召集各地教育会开展任何活动，也未主动咨询或征集过各地教育会的意见，更未建立全国性的教育会。可以说，学部对各级教育会是控制有余而引导不足。

唐景崇上任学部尚书不久，江苏学务总会发起并联络各省教育总会召开联合会。宣统三年（1911年）四月初一至四月十四日，受邀的广西、安徽、江西、山东、湖北、直隶、福建、湖南、浙江、河南、山西11个省的教育总会或学界代表共20余人（奉天代表因防疫中阻）会聚上海，召开了为期近半月的联合会，大有组织和代表全国教育界意向之势，教育界的权威刊物《教育杂志》更是直呼其为“全国教育联合会”。

江苏学务总会派出重量级人物沈恩浮、黄炎培、杨保恒与会，并由沈恩浮担任联合会主席。在《各省教育总会联合会章程》中明确提出：“本会由各省教育总会同意组织，以公议全国之教育事宜，期于改良进步为目的。”并确定会议所提议和讨论之范围为全国教育方针、初等教育普及方法、高等和中等教育之规划及其他关于教育事宜；计划每年四月开会一次，会期十天；议案于会前由各省教育总会提出，送交事务所汇编；事务所则暂设于江苏教育总会[2]。

联合会会议呈请学部施行停止毕业奖励、统一国语、变更初等和高等教育方法、确定军国民教育主义等五项议案。并议决各省自谋进行的两类事件：一为通

[1] 学部总务司案牍科编《奏定各省教育会章程折》，载《学部奏咨辑要》。

[2] 朱有瓛主编《中国近代学制史料》，华东师范大学出版社，1992。

告本省各地施行者五项，即定军国民教育主义、改良师范教育方法、变更初等教育方法、组织各科学堂职员联合会、实行义务教育之预备方法；二为征集意见研究方法四项，即学制系统问题之研究、通告各小学教员征集对于现用教科书之批评、小学科目及学科程度和授课时间诸问题之研究、检定小学办法之研究。闭幕之日，各代表公决呈送学部文稿，决定明年在湖北教育总会举行第二届会议[1]。

江苏教育总会会长唐文治致各省代表的欢迎词中将发起联合会的目的表述得十分明确："在沟通各省教育界之知识与情谊，以期对于学部可发表共同一致之意见，对于内部得酌量本地方之情势，为各方面之进行，务使所持之教育主义勿入迂途，适于生存竞争之世界而已。"[2]这一上对学部下联各省的功能定位，无疑是准确的。用张謇的话说，就是"有世界之眼光，而后可以择定一国之立足地；有全国之眼光，而后可以谋一部分之发达"。所以，"其预备对于学部发表意见呈请施行者，当以关系全国之教育问题为限，此宜抱同一宗旨者也；其预备本地方内部之进行者，似宜各就本省之所经验互相陈述，以期交换知识，增进文明，可不必抱同一宗旨者也"[3]。"今联合会成立，则所谓联络各省者，固少见之于事实，而省之见乃无复有存焉者矣。此与会之十一省所联络者，犹仅全国之半，而全国教育界精神之交通，盖自此始。"[4]

该联合会一经组织，即体现了各省教育界的统一意见，而且形成组织系统，影响全国学务。其呈请学部文由江苏、广西、安徽、江西、山东、福建、湖南、河南等教育总会会长会衔发出，其中广西教育总会会长唐钟元是唐景崇的侄儿。在向学部要求的事项中，除了非经学部统一取舍之外，定军国民教育主义和变革初等教育方法已不待学部批准即在各地自行推行[5]，大有取代学部行政的意图。

这种自下而上的要求促使唐景崇加快了成立中央教育会的步伐，因此，有人

---

[1]《全国教育联合会消息》,《教育杂志》第三卷第五期。

[2] 朱有瓛主编《中国近代学制史料》，华东师范大学出版社，1992。

[3][4] 同上。

[5] 舒新城编《中国近代教育史资料》，人民教育出版社，1961。

认为："中央教育会为各省教育总会联合会所促成。"[1]

唐景崇意欲组织中央教育会并召开中央教育会会议，在学部内部就很难达成一致，且反对的声音还很大，"学务大臣赞成之，然侍郎丞参并不以为然"[2]。

学部自数年前即有开办教育会之议，惟丞参以下多不赞成，其议遂寝。唐春卿到学部力主此议，屡集丞参及各司长会议，皆未通过，而唐大臣之意甚坚，各司员难持反对之说，然亦不敢明言，故此议得以实行。然反对派仍多异议，间有赞成者，其力亦甚微[3]。

闻学部设部时，其奏定官制案中即有高等教育会议一项，卒以主持无人，迄今未办。此次赖唐大臣竭力主张，始克成立。然部员中反对者大有人在，倘议员等徒争意气，不能得善良之结果，则适足以贻反对者之口实[4]。

成立中央教育会并召开会议的消息传出，立即在京师各界引起了不同的反响，"赞成兹会者有之，嘲笑兹会者亦有之"。赞成者期望甚殷，认为过去上下情况不通，"各省状况与民间之经验，学部不尽知也，故措施之间未能尽当"，此会设立与召开，"吾国教育之进步，殆可一泻千里，沛然而莫之御"；嘲笑怀疑者犹疑观望，揣测学部是鉴于去年受资政院议员质问，颇难应付，特开此会，但召开中央教育会，未必能免资政院非议，而将先受各地学务人员的责难，不如不办；反对者判断学部旨在通过中央教育会否决虽已提上议事日程但十分棘手的国库补助小学经费、试办义务教育、颁布国语课本、军国民教育等重要议案，目的消极而非积极[5]。

[1] 朱有瓛主编《中国近代学制史料》，华东师范大学出版社，1992。

[2] 陆费逵：《论中央教育会》，《教育杂志》第三卷第八期。

[3]《中央教育会杂闻》，《申报》宣统三年闰六月初一。

[4]《中央教育会开会续志》，《申报》宣统三年六月二十七。

[5] 陆费逵：《论中央教育会》，《教育杂志》第三卷第六期。

赞成者期望过高，而嘲笑者、怀疑者、反对者又格局太小。而在唐景崇眼里，成立教育研究会意见非凡：

窃以教育之兴废，为国家强弱所由系，教育之良否，为人民知昧所由分。东西各国，莫不注重教育，合力通筹，以立强国智民之本。惟教育理法，极为博深，教育业务，又益繁重，非决一二执行教育之人所能尽其义蕴。日本曾订有高等教育会议章程，汇集教育名家，开议教育事项。上自大学，下至初等小学，均可列作议案，公同讨论。文部省颇收集思广益之效，意美法良，足资采取。伏念先朝叠颁明诏，预备立宪，海内人士莫不冀教育发达，以觇人民程度。自创兴学堂以来，分科大学及专门高等各学，中外办学衙门，虽皆竭力筹设，然以中学毕业生尚少，并困于教育经费，一切规划均未能骤期完备，揆诸近日情势，尚可徐为筹议。惟中学以下，普及教育与宪政尤为息息相关。上年十月，钦奉明谕，开设议院，缩短期限，是普及教育在今日实有迫不及待之势。中国幅员辽廓，民生艰窘，其间土俗人情，又各自为风气，措办学务，每多扞格。其普及教育之推广维持、教授管理，在在均须广集教育经验有得人员，周资博访，始足以利推行而免阻碍[1]。

唐景崇成立中央教育会的视野并不像嘲笑者、怀疑者、反对者那样狭隘，他的真正目的是：

招集各项学务人员，在京师设立会所，由臣部监督，会议中学以下各事宜。其中难解之疑问、滞塞之情形，均可藉以沟通，取便措注，以为臣部教育行政辅助之机关，似于学务前途不无裨益[2]。

---

[1] 陈元晖主编《中国近代教育史资料汇编》，上海教育出版社，2007。

[2] 同上。

相关媒体报道如是说：

学部以各省教育未能统一，拟于暑假期内，仿日本高等教育会议办法，召集各省教育总会职员及各学堂监督、教员等，开中央教育会议于京师[1]。

监国摄政王载沣召见唐景崇，强调说：“教育会之设，关系教育前途甚大。”[2]

最高统治者的重视，坚定了唐景崇的信心。于是唐景崇是日夜兼程，加快了筹组教育研究会的步伐。

开会必需经费，但学部本就极度缺钱，唐景崇只得将进士馆存储已久的一万四千两悉数移作会议经费，并要求办会司员：“切实撙节，如有盈余，仍留作第二次开会之用。”[3]

二 制定《章程》《规则》

在世界各国的教育经验中，唐景崇尤为重视日本的教育经验。因此，他在主持制定《中央教育会章程》时，特别强调：“惟有酌采日本高等教育会议章程，变通办理，订定中央教育会章程十四条。”

《中央教育会章程》于宣统三年（1911年）五月初四得到清廷批准施行：

第一条 学部为关于全国教育征集意见奏请设立中央教育会。

第二条 中央教育会设于京师，由学务大臣监督之。

第三条 中央教育会应议事项：一关于中小学堂教育之主旨及关于学科程度、设备管理事项；一关于两级师范、中等以下各学堂督察事项；一关于教科用图书

[1]《专电》,《申报》宣统三年四月二十八日。

[2]《监国对于教育会之注重》,《大公报》宣统三年六月二十五日。

[3]《中央教育会经费之来源》,《申报》宣统三年六月二十九日。

事项；一关于两级师范、中等以下各学堂学费事项；一国语调查事项；一推广义务教育事项；一担任维持学务经费事项；一国家及地方补助学堂计划事项；一学堂卫生事项；一此外学务大臣认为必要之事，得临时提议。

第四条　会员资格及人数：一、学部丞参及各司长、参事官、各局局长；二、学部曾派充视学人员；三、学部直辖各学堂监督；四、民政部内外厅丞及民治司司长；五、陆海军部军学司司长；六、京师督学局二人；七、各省学务公所议长或议绅及教育总会会长、副会长，由提学使推举一人或二人；八、各省学务公所科长及省视学，由提学使遴派一人；九、各省两级师范及中学堂之监督、教员及两等小学堂长，由提学使遴派二人；十、著有学识或富于教育经验者，由学部派三十人。

第五条　学务大臣认为有必要事项，于前条会员外，得临时派员到会与议，惟不得加入可否之数。

第六条　中央教育会应由学务大臣于会员中选派会长、副会长，奏明办理。

第七条　会长有事时，副会长代理职务；会长、副会长共有事时，学部于会员中指定一人代理职务。

第八条　会员任期以三年为满，得于其职务上当为会员者，不在此列，其因补阙而为会员者，任期以接续前任所余期间为断。

第九条　中央教育会规则，由学部详订定，一律遵守。

第十条　会长依会议规则整理会场秩序，及报告议决事项于学部大臣。

第十一条　中央教育会议决事项，由学务大臣酌核采择，分别施行。其有关于各行政衙门者，由学部咨商办理。

第十二条　中央教育会每年暑假日开会，其会期以三十日为断。

第十三条　中央教育会办事官及各书记员，由学部酌派本部人员兼充，办事官听会长指挥，整理庶务，书记秉承办事官办理一切事务。

第十四条　此项章程如有应行推广增改之外，仍即随时奏明办理[1]。

---

[1] 陈元晖主编《中国近代教育史资料汇编》，上海教育出版社，2007。

由此可以看出，唐景崇对中央教育会的功能定位明显有别于各省教育总会。中央教育会基本是半官方组织，是学部决策的咨询辅助机构，完全受控于学部和学务大臣，它力图凭借学部的有利地位，通过召开中央教育会会议，荟萃全国教育界官绅，以实现集思广益。

为了确保会议顺利进行，“以便与议各员有所遵守”，唐景崇主持制订了《中央教育会会议规则》，包括开会、开议中止散会及展会、会议及讨论、表决及审查、会场秩序、告假、议事录及议决录七章，共四十条。

唐景崇报告监国摄政王载沣说：“酌采通制，悉心筹商，谨拟就中央教育会会议规则凡四十条，其中如开会讨论及逐日议事、议场秩序等项均属义主谨严，法求详密，似于集思广益之中不致有事杂言庞之虑。”[1]

召开如此层级之高、规模之大、议题之广、时间之长的全国性教育会议，是中国历史上第一次，没有前人的经验可以借鉴，唐景崇只能尽可能地考虑周全。因此，详尽而严密的《中央教育会会议规则》为会议的顺利进行奠定了基础。

三　择定会长、副会长

唐景崇奏准设立中央教育会后，立即全力以赴地筹备，“赶于暑假内早日开会，以便定期会议”。筹备期间面临的关键问题是会长、副会长人选问题。在唐景崇看来，“惟会长、副会长为总持全会枢纽，提纲挈领，在均关重要，非深明教育、物望素孚之员，不足以资董理”[2]。

中央教育会正副会长的人选，唐景崇开始打算以学部官员为正职，而以地方学界人士任副职，这样一来，就可以明确学部为中央教育会的领导地位，便于掌控中央教育会各级组织，也能掌控会议的开设和议题的设置。

---

[1]《学部奏遵章酌拟中央教育会会议规则折（并单）》，《政治官报》第一千三百〇八号，光绪刊本。

[2]《学部奏中央教育会选派会长副会长折》，《政治官报》第一千三百〇八号，光绪刊本。

最初的会长人选，唐景崇将目光放在学部内部，拟在严复、孟庆荣、戴展诚三人中选择其中之一担任会长。副会长人选即有严修、张元济、陈宝琛、唐文治等人。

首先是会长人选，由于后来考虑到学部内部关系的平衡以及社会舆论的看法，唐景崇改变初衷，确定由自己的门生、江苏教育总会会长、江苏咨议局议长张謇担任。 五月二十九日，唐景崇亲自登门做张謇的工作，说："立宪在即，教育任重，现在拟设中央教育会，邀请学界同仁齐集一堂，共商教育振兴大计，还望你能助老师一臂之力，出任该会会长。"

而此时，张謇因立宪等事与清廷屡屡冲突，因而对清廷大为失望，因此对老师唐景崇的力邀兴趣了了，再三推辞，说："学生不才，难当此任，还请老师另觅他人。"

唐景崇极力劝说，敦嘱："目前，环视学界，惟有你担当此任，才能集聚学界共识，请你莫要再推辞。"

"老师，让我再考虑考虑。"张謇见老师如此诚心，只能如此说。

"好，给你半个月时间考虑。"唐景崇见张謇立场有所松动，也松了口气。

盛情难却，半个月后，张謇只好勉强答应。

关于副会长人选，唐景崇对其逐个开展工作。严修、唐文治坚辞不就，陈宝琛又突然被任命为山西巡抚。最后，唐景崇决定由曾任学部咨议官的商务印书馆馆长张元济和直隶提学使傅增湘出任副会长。

张元济，字筱斋，浙江海盐人，光绪十八年（1892 年）进士，钦点翰林院庶吉士，后在总理事务衙门任章京。光绪二十八年（1902 年），张元济进入商务印书馆历任编译所所长、经理、监理、董事长等职，是中国近代杰出的出版家、教育家、爱国实业家。

傅增湘，字润沅，四川江安县人，光绪二十四年（1898 年）进士，钦点翰林院庶吉士。按照旧制，傅增湘应该称唐景崇为师，因为光绪二十四年（1898 年）戊戌科，唐景崇曾任殿试读卷大臣，又为朝考阅卷大臣。傅增湘历任翰林院编修、贵州学政、直隶提学使等职，为中国近代著名藏书家。

会长、副会长人选确定后，唐景崇立即上奏请求谕准：

查有翰林院修撰张謇、前邮传部左参议张元济、直隶提学使傅增湘，学问优长，器识宏远，或在籍办学有年，或游历外洋考察学制，或身膺学务职任，亲加研究，均于教育极有经验。臣等虚心采访，详酌再三，该三员实为中央教育会中所必不可少之选。张謇一员拟请派充该会会长，张元济、傅增湘二员拟请派充该会副会长[1]。

对于傅增湘出任副会长一事，当时舆论颇有微词，认为他作为地方学务行政官而兼教育会副会长不够恰当[2]。这使得傅增湘对于中央教育会的态度趋于消极。而副会长张元济则颇有兴趣，受命不久即函告梁启超："学部奏设中央教育会，其意亦欲集思广益，以谋教育之改良，而图行政之统一。惟所拟章程未必尽是，而用心尚属可嘉。弟被任命为副会长，事关公益，不能不摒当一行。"[3]

四　提交会议议案

会议议案按照《中央教育会章程》和《中央教育会会议规则》规定：会议议案主要来自两条渠道，一是学务大臣提交，二是会员提案。

《中央教育会会议规则》明确规定："中央教育会会议不得涉及教育范围以外之事，如有逾越范围时，学务大臣得即行禁止提议。""会议事件须按照议事日程表所定，以次议决，不得更动错乱，惟学务大臣交议事件，应先付会议。""学务大臣交议及会员提议事件，得先期开具节略，由书记员缮印，交会员阅看，以备

---

[1]《学部奏中央教育会选派会长副会长折》，《政治官报》第一千三百〇八号，光绪刊本。

[2]《傅增湘天外飞来》，《申报》宣统三年六月初三。

[3] 张树年主编《张元济年谱》，商务印书馆，1991。

按照议事日表到场会议。”“会员欲就各项事件提议，应拟具议案，附加案语，得全体人数三分之一以上赞成，会同署名提出于会长，再编入议事日表，交会员会议。”[1]

会前，唐景崇组织学部丞参、司长集思广益，讨论确定学部向会议提交的议案。在讨论议案时，也是争执不断，意见大有分歧。

比如，学部的军国民教育案原有中学以上练习打靶一条：

当规定议案之时，部中各堂均于此议，愿表同情，唯独左丞乔树枬挺身而出，坚持反对，于唐春卿大臣前，力言实行打靶，糜费过巨。唐尚书驳以此项办法仍按东省成案，饬令各堂每年于一星期之内，斟酌举行，所费亦非甚巨等语。后乔复痛陈此事之种种关系，并谓：现在学生程度不齐，倘此举实行后，施之于一堂，则该堂监督即是靶；行之于一省，则本省督抚即是靶；全国一律照办，学务大臣即是靶。流弊所及，不可不防，言时声色俱变。唐以其反对过厉，遂将议中此条撤去[2]。

尽管学部内部意见分歧，唐景崇还是拍板向大会提交了国库补助初等小学经费案、试办义务教育案、军国民教育案、任命小学教员章程、教育经费咨询案等九件议案。

唐景崇强调：“这些议案皆系关于紧要问题，要逐件交由中央教育会切实核议。”并交代相关承办事员：“将各议案序次编成一册，其最注重者为强迫教育及提倡实业、筹划经费三事。”

唐景崇的主要目的是通过中央教育会这个平台，寻求上下支持，加强自身力量，借以摆脱学部丞参、司官意见分歧的钳制，加紧推行普及教育辅行宪政的

[1]《学部奏遵章酌拟中央教育会会议规则折（并单）》，《政治官报》第一千三百〇八号，光绪刊本。

[2]《乔壳子反对军国民教育》，《申报》宣统三年六月二十九日。

计划。

对于会员提案的人数标准，在开幕后的第一次预备会上，就有会员提议修改。会长张謇与唐景崇晤商，唐景崇考虑会员意见，依据资政院章程议员提出议案得有三十人以上赞成即可作为议题的规定，同意将《中央教育会会议规则》第十一条“三分之一赞成”改为“三十人赞成”。

由于是首次召开的全国性中央教育会会议，与会会员提出议案的积极性高涨：直隶会员王劭廉等提出了“各省学务公所应开全省学务讨论会议案”“各府州中学改为省辖议案”“初级完全师范学堂改由省辖议案”“关于中小学应用书籍议案”“专设单级教员讲习所及推广单级小学议案”“请停止学生覆试议案”“统一国语议案”“中学文实两科考试计分宜采用计时乘分法议案”“初级师范注重实科酌拟改课程议案”九件议案；商部左侍郎唐文治因事请假，委托上海会员带来了“停止实官奖励”“停止学生覆试”“提倡军国民教育”三件议案，会议期间，得到三十人以上赞成。

据统计，会员共向大会提出议案五十七件。

五　不和谐的开幕式

开会前夕，监国摄政王载沣对会议极为重视，通过总理大臣奕劻向唐景崇传递口谕：“教育会之设，关系教育前途甚大，所有逐日议案，著即按照资政院例，每日于闭会后缮录一份封送监国邸内，以凭查核。”总理大臣奕劻也提出同样的要求[1]。

宣统三年（1911年）六月二十日，中央教育会会议在学部编订名词馆召开，出席者有学部各司厅官员、中央相关部门代表和来自全国各地教育界的代表共一百五十多人。

[1]《监国对于教育会之注重》,《大公报》宣统三年六月二十五日。

上午八点钟，开会会员先到画到处画到，由办事员分送徽章，入休息室休息。九点钟，入场铃声响起，会员长袍纬帽，步入会场，依次入座。会长张謇，副会长张元济、傅增湘入会场，西上登台，学务大臣唐景崇入会场，东上登台，分东西两翼南向站立，会员起立，办事官就位。唐景崇与张謇、张元济、傅增湘行相见三揖礼。随后，张謇、张元济、傅增湘到特设座位就座，唐景崇则到议台致开会词。

唐景崇开宗明义，阐述召开中央教育会会议的动机和宗旨：

今日为中央教育会开会之期，京外教育名家及本部执有教育人员均各济济集于一堂，本大臣等极为欣慰，亦甚为教育前途庆幸！

中国幅员辽廓，人民众多，地方之肥瘠，民智之开塞，历史风俗之同异，至为不齐，加以教育事务甚属繁博，学术理论亦极精深，必集思广益始足以尽事物之变，必开诚布公始足以达人我之情，学问之昌明，教务之利便，均属根源于此，本部之开兹会亦根源于此。

接着特别强调普及教育为教育最重要者，呼吁大家献计献策：

现在朝廷开设议院期限业经缩短，教育之重要紧急者莫如普及。本大臣等莅任以来，深用兢兢，兹事体大，非一手一足所能竟其绪，亦非一二执行机关所能穷其蕴。方今学界意议，大致分理想、实验两派，理想家以急进为主义，实验家以慎重为主义。本会诸君殚精教育，历有年所，又皆熟悉地方利弊，其于进行之秩序，社会之情形，必能平心商榷，务各推本所学及一己之经验，殚竭义蕴，折衷至当，备本部之谘询采纳，上以助国家宪政之治，下以开教育普及之盛。本大臣等私心所企望者，如是而已。

最后大声疾呼，发展师范教育与培养大量师资是普及教育的前提准备，要真正实施完全意义上的普及教育，朝廷各部门必须通力合作，齐抓共管：

惟是欲谋普及，亟宜培植师资，若临时教员养成所、单级教员养成所、两级师范学堂，均为推广教育之根本，此皆刻不容缓之压。至论完全普及办法，则振兴地方学务必自调查户口、划分学区始，欲筹地方学款必自厘定税则始，欲举行强迫教育必自地方自治始。但职权或隶民政部，或属度支部，或在外省之封疆大吏，决非学界一部分所可主政。诸君亦应统为提议，果系意见正大，深与教育有裨，本大臣亦应提至内阁，与各大臣一筹商之，事之克举与否，要不敢必，区区之心，实于教育前途有无穷之厚望焉[1]。

唐景崇此番讲话，其意在于表明学部召开中央教育会会议的主要目的，力图为会议定下一个基调。通过会议促成学部与地方的共识，催促清廷及各部门设法解决普及教育遇到的种种难题，扫清宪政实施的障碍。

在致开幕词后，唐景崇通报了日前内阁总理大臣宣布的行政方针，强调实业教育与普及教育并重发展。

本部从前曾通行各省一律开办实业教员讲习所，原为实业根本起见，此次诸君亦应将实业教育细细讨论一番，如有意见，亦不妨拟作议案，由诸君大家高酌[2]。

与唐景崇的期望不同，中央教育会会长张謇致词是一番虚言恭维。诸如此前张謇曾言：“自学部奏设七年，于今而有中央教育会之设，此诚主持学务之大臣念国势之艰危，而益感于教育之亟，因办事之经验，而愈觉进步之难，欲荟萃全

[1]《中央教育会开会纪盛》,《申报》宣统三年六月二十六日。

[2]《中央教育会开会续志》,《申报》宣统三年六月二十七日。

国教育家之智识，讨论决议，藉以观理论事实之通，定措止施行之准，吾国教育界前途之幸福，必自今日始”，转而向会议发出的却是另外一种声音：

今日我国处列强竞争之时代，无论何种政策，皆须有观察世界之眼光，旗鼓相当之手段，然后得与竞争之会，而教育尤为各种政策之根本。故但有本国古代历史之观念者，不足以语今日之教育，以其不足与于列强竞争之会，即不足救我国时局之危。今日最亟之教育，即救亡图强之教育也。

在张謇眼里，中国兴学以来，教育精神之病日益严重：

亦有形式已告成立者，然实地观察，殊乏健强之力，此如幼稚已成病夫，他日安期发达，此则教育精神上之病，为吾国家前途之大隐忧，凡我学部及全国之教育家，不可不深思熟虑，亟谋针贬补救之方者也。譬如千金之堤溃于蚁穴，九层之台下无坚础，不谓之大隐忧不可也。

精神上之病，大抵根于旧日之遗传，或沿科举之积习，或为社会之颓风，或朕兆于家庭，或影响于政令。种种原因，不可殚述。今但就其病之所中与其发见之证状，扼要言之，其中于心理者，曰私心；而其中于生理者，曰惰力。二者之病不去，救亡图强之教育不可得而言也，教育之精神不可得而言也。

在张謇看来，救私心、去惰力之“药”就是国家主义和军国民教育。

私心、惰力二者之病，既为教育精神上之大害，然则药之有道乎？曰救私心，当竭力提倡国家主义；救惰力，当竭力提倡军国民教育。提倡国家主义，即前此学部教育宗旨之所谓尚公；提倡军国民教育，即学部教育宗旨之所谓尚武。

张謇以为，提倡国家主义和军国民教育，须谋种种方法。

有宗旨而无方法，其弊不过无效；若方法与宗旨相反，则适为救亡图强之障碍；或因教育政策反于时势之需求与反于国民之希望之故，激而生意外之变，此尤可为隐忧者矣。

謇以为今日提倡国家主义与军国民教育，苟尚有救亡思想与教育智识，断无反对者。若反对国家主义，则谓为私心之反对可也；反对军国民教育，则谓为惰力之反对可也。赞成宗旨而反对方法者，则亦其私心、惰力之所发见，皆非足以言今日救亡图强之教育者也。

今学部方提倡于上，会员诸君辅助于下，审国势之危，筹救亡之策。其必不为一般无意识之人之反对，论所游移，此则謇之所敢断言者。至于提倡国家主义之方法，于伦理、修身、历史、国文教科之编辑，当极注意；于提倡军国民教育之方法，则于体操、兵操、拳法、刀法、枪法及游泳、竞槽种种游戏之法，与无旅行远路之习劳，居处服食之简质，须极注意。

此次或由学部交出议案，或由同会诸君提出议案，详细讨论，风之施行，庶几精神上有一分之淬厉，事实上乃有一分之进行[1]。

张謇在致完开会词后，劝勉各会员道：

讨论议案当平心商榷，不可争持意气。此次开会为中国教育界第一盛举，中国教育之发达胥赖有此机关提纲挈领，策励进行。但此次开会与前资政院开院及其他各项政治结社不同，会员诸君须人人心中具有国家教育四字，依一定宗旨发为议论，议决之后，切实推行，方于学务有益，万不可存政党意见[2]。

开幕会最后，由会长张謇等代表全体会员致答词，表达与会态度与希望：

---

[1]《中央教育会开会续志》,《申报》宣统三年六月二十七日。

[2] 同上。

今日为中央教育会第一次开会之期，学部大臣莅会，演说其宗旨在集思广益，开诚布公，所以属望于全国教育及到会全体会员者，用意至深至切。全体会员等学识经验虽极短浅，敢不各竭平素一得之愚，以副学部大臣殷殷之望。会员等窃念学术为世界公物，欧美各国凡一学术皆有万国研究会，以征集意见，开广智识，况一国之中命脉所寄之教育？学部大臣又为主持全国教育之一人，全体会员又各为与教育利害相关之一分子，其彼此竭忠毕虑，推诚相与之意，当不待言。惟是言必期其可行，此全体会员所当共勉，以答学部大臣之殷望者也；言之可行者，必求其见诸施行，此又全体会员所希望于学部大臣者也。顷者，新内阁成立，各部行政统一，凡一部行政与他部关连者，自今以往，必有切实相维提挈进行之效。学部大臣为国务大臣之一，将来议决之案，一一见诸施行，以造教育无穷之福，而为他日进言之仿，此尤为全体会员所切望于此第一次之中央教育会者也[1]。

从唐景崇和张謇在会议开幕式上的致词中可以看出，两人期望不一，关注不同，其指导思想和教育主张可谓是南辕北辙。唐景崇以推行宪政、巩固统治为目的，强调普及教育，注重的是新式教育量的扩张；而张謇却旨在增强国民素质以救亡图强，强调国家主义和军国民教育，注重的是教育质的改变。这就导致了后续会议中学部与地方学界产生尖锐的观念冲突和激烈的言词辩论。

六　张謇愤言离去

中央教育会会议原定除星期日外每天上午开会。开幕会前，经由会长张謇提议，唐景崇同意，改为以每周三次正会、隔天召开预备会研究议案的方式穿插进行。一周后，又改为正会连开两日，再开预备会。

---

[1]《中央教育会开会续志》,《申报》宣统三年六月二十七日。

开幕会上，会长张謇，副会长张元济、傅增湘宣布由会员组织预备会，宣布“中央教育会关系全国教育前途甚大，所有在会会员应提议案必须预先集合讨论确当，以便议场易于解决。兹谨议借顺治门外老墙根玻璃公司内宪政实进会会场为本会同人研究议案之所。本日午后三时即为第一次会期”[1]。决定“中央教育会开会期内，每星期开会三次。凡次日到教育会应议之事，均于前一日午后预备会研究一次，以免多费时间”[2]。

依据会议规则，学务大臣提交的议案优先审议。审议学务大臣提交的议案，先由学部代表发言，解释学部议案的主旨要图，继而由地方代表提出质疑，逐条辩论，学部代表再予答辩。

二十二日，中央教育会召开第一次大会，到会会员一百三十余人。讨论学部交议的两大议案：一是“国库补助初等小学经费案”，二是“试办义务教育案”。

审议“国库补助初等小学经费案”时，先由学部代表陈宝泉说明学部提案的主旨，再由学部代表恩华、顾栋臣、王季烈进一步解释，突出强调：“自上年奏定《地方学务章程》后，施行之际，终难得良好之效果，因此想到国库补助之一法；补助之中又不可无限制，因此又想到补助初等小学教员薪俸之一法。其意欲使教员得此补助，则私立学堂易于成立，而公立学堂亦易于设置。是求直接谋教育普及之法不得而以此为间接促进之法。”学部代表反复申明此案宗旨。

地方代表姚汉章、袁希涛、吴鼎昌、胡汝霖等陆续登台发言，表达不一样的意见，他们认为：“补助终鲜善法，而于谋教育普及之本旨仍不能达到，将来实际上必生种种纠葛，且此系经济问题，本会议决之后，仍当由学部大臣提交度支部编入预算，由度支部提交资政院，是否能得部院之承认尚不可知，如有不得，则我中央教育会之议决案仍归无效，是亦不可不虑。”

审议“试办义务教育案”时，先由学部代表范源濂、袁希涛、陈敬第、江谦

[1]《中央教育会开会纪盛》,《申报》宣统三年六月二十六日。

[2]《中央教育预备会开会详纪》,《申报》宣统三年六月二十七日。

等说明议案主旨，继而由地方代表登台发言。“辩论之点有三：一为‘试办’二字有推宕之意，欲办则办，无所谓‘试’；一为简易识字学塾不当混入教育系统之内，应删改；一为本案所谓义务至劝导而止，并无惩罚，终不能达强迫之目的。”[1]

两个议案虽然经表决议成立，但经过辩论，会场已经显露出学部代表、地方代表对同一问题不一致的立场。虽然辩论并不激烈，但冲突的苗头已然显现。

唐景崇见此情况，立即召集参会部员，一再要求：“讨论议案须和平商榷，勿稍参成见。”[2] 并于二十三日带领学部两位侍郎宝熙、于式枚公请张謇，交换意见，沟通调和，以弥和分歧。

二十四日上午，中央教育会召开第二次大会，到会会员百余人，会长张謇主席。主要议题：一是续议“试办义务教育案”，付审查；二是讨论“国库补助小学经费案”。

二十六日上午，中央教育会召开第三次大会，到会会员百余人，会长张謇未出席，由张元济副会长主席。主要议题：一是续议“教育经费咨询案”，付审查；二是讨论“任免小学教员案”，付审查；三是讨论“军国民教育案”。

从第一次大会到第三次大会，会议辩论虽然还算平和，但有逐步激烈的趋势。为此，二十八日，唐景崇单独在松筠庵宴请张謇，师生并坐，交换彼此对教育的看法，并对避免会议冲突、推进会议顺利进行达成了共识。

随着会议议程的推进，会员之间唇枪舌剑，情绪日趋激烈，尤其当学部代表与地方代表意见分歧较大时，矛盾显得更加尖锐。

二十九日，中央教育会召开第四次大会，到会会员一百八十五人，会长张謇主席。审议“国库补助小学经费案”审查报告；续议“军国民教育咨询案”。

审议“国库补助小学经费案”审查报告时，“发言次序稍杂”，“陈君嘉会发言厥声甚厉，且时时以手拊几”。续议“军国民教育咨询案”付表决时，“于时

[1]《中央教育会开会三纪》，《申报》宣统三年六月二十八日。

[2]《唐大臣面谕部员须和平商榷》，《申报》宣统三年六月三十日。

会场秩序稍棼”。会长张謇不得不宣告展会十五分钟，当时会场还有人“搀杂发言”，汪荣宝大声疾呼“展会不得发言”，此时“会场秩序益乱，甚有四五人不报号而同时发言者”[1]。

三十日上午，中央教育会召开第五次大会，到会会员一百四十八人，会长张謇主席。重点续议“国库补助小学经费案”，讨论未终局。学部参会人员与地方参会人员、会员与会员之间有时为了整个议案，有时执着于细节，双方争论得面红耳赤，“于是答者辩者遂纷起”，表决时，“后列诸会员互相谈笑，甚为嘈杂”，甚至一度出现会场秩序大乱的情况[2]。

闰六月初一午后四时，召开第五次预备会，到会会员六十人，会长张謇主席。此次会议重点检讨第五次大会会场秩序混乱问题。张謇首先发言：“昨日会场情形太无秩序，有会员谓专制，谓上下其手，此何事乎？何谓专制？何谓上下其手？鄙人此来抱教育之以性质，对于各种议案无不用教育之眼光，极主和平，而期于教育前途略有实效，即以国库补助案已逾十日，尚无头绪。以鄙人观之，小学必先求教员，教员必出诸师范，欲兴小学，莫如多办师范，国库补助何妨，即补助师范，既有教员，然后再推广小学，方有根本，否则，枝枝节节为之能获效乎？”在举例说明举办师范利弊后，他强调：“会期有限，各省会员皆有提出议案，试问能全行通过乎？是不可不检选议案，节省浮言，庶不致虚开此会。”副会长张无济也说：“会场规则亟须整顿，否则，徒争意气，虚掷光阴，未免可惜。”[3]

初二上午八时四十分，中央教育会召开第六次大会，到会会员一百四十人，会长张謇因事请假，由副会长张元济代理主席。会议议程：一是再读“教育经费咨询案”；二是“任免小学教员案”审查报告，众议暂缓；三是议定缓议“女子职业学校”“师范体操专科”二案；四是讨论“停止奖励实官案”，议决实官出身

[1]《中央教育会第四次大会详纪》,《申报》宣统三年闰六月初五。

[2]《中央教育会第五次大会纪》,《申报》宣统三年闰六月初六。

[3]《中央教育会第五次预备会详纪》,《申报》宣统三年闰六月初七。

一律停止。

初三上午八时四十分，中央教育会召开第七次大会，到会会员一百二十五人，会长张謇、副会长张元济请假，由傅增湘副会长代理主席。再读“试办义务教育案”，再付审查。

初六上午八时，中央教育会召开第八次大会，到会会员一百五十三人。再读“教育经费咨询案”，再付审查。

初七上午八时三十分，中央教育会召开第九次大会，会长张謇主席，再读“军国民教育案”。

初九上午八时，中央教育会召开第十次大会，到会会员一百三十二人。会长张謇请假，由副会长张元济代理主席。再读“军国民教育案”。

是日，会长张謇拜会唐景崇，借口家中有事请假，唐景崇极力劝慰挽留，但张謇去意已决。会长张謇竟然置大会于不顾，置师生情谊于不顾，撂挑子不干了，他倒是清净爽快了，但却将唐景崇置于十分尴尬的境地。唐景崇只能叹息：“看错人了。”

初十上午八时，中央教育会召开第十一次大会，会长张謇请假，由副会长代理主席。一是再读“军国民教育案”，全案通过；二是三读“国库补助小学经费案”，全案通过；三是三读“试办义务教育章程案”，全案通过；四是继续讨论“停止奖励实官案”；五是讨论“统一国语案”。

“军国民教育案”能获通过，实属不易。此案的审议在整个会议过程中耗时最长、争议最为激烈。此案有陆军部议案、学部咨询案和会员唐文治提案三个文本，讨论时合为一个专案。其基本内容均建议从中小学开始进行国民军事知识教育和体魄锻炼。在教科书与课程中增加以爱国为目的的军事素质教育内容，并把打靶、野外训练、军事体操、运动会等项目列入其中。会议主要围绕军国民教育如何施行、通过什么方式和手段、是否产生负面影响等问题展开讨论。由于涉及教育行政管理的权限，学部代表强调军事教育与军国民教育的区别，“军事教育以战争为目的，故其事实于军队；军国民教育则将以施之人人，长其敌忾保种之气，故军国民教育绝非海陆两部之责任，而以学部之责任为多”[1]。至于实行时间，学部代表建议在陆军部实行征兵制之后。此案分歧主要在是否必须打靶演习和学习拳棍刀法，学部代表和部分地方代表持保留态度，以经费和安全为由，提请会议考虑。一些地方代表则认为学部是以种种借口取消或阻挠实行军国民教育，指责反对者“受外人之运动”，“愚昧不知世界大势”。议案付诸表决时冲突更加激烈[2]，有拍桌者，有顿足者，“势颇激昂”，个别代表大骂“学部司员把持会议”，鼓动地方代表“群起而攻之”，会场秩序因此极为混乱[3]。后在学部代表的隐忍克制与其他会员的调解下才逐渐平息。此案历经七次大会反复讨论，对基本内容作了一定修改后逐条表决，才勉强获得通过。

初十下午四时，会长张謇启行离京。临行前，张謇愤言：“学部诸公既不知世界之大势，对于教育国民又无一定方针，此次所派该部会员虽不乏一二有卓识之士，然于教育原理、现今时局茫然不解者实繁有徒；各省来会会员，其中虽多教育家，然每遇一事，往往沾沾于字句之末，未能就全体立言。彼此因无谓之驳击，费时至数小时，且会场秩序之纷乱，语言之庞杂，几与剧场无异，甚者彼此谩骂，初不料聚众无数之教育家，演出此种恶剧，真令人气闷欲死。吾事甚忙，现在惟有速求脱身之一法，早离此间一日，吾心早清净一日。至某此来对于政府诸公应尽之责已尽，应言之事亦已详言无余，将来能否见采，则非吾所敢与闻。”

学部代表与地方代表所处位置不同，担负职责不同，关注问题不一，思想方法有别，讨论时有分歧在所难免。这完全要靠主持人居中调和，弥合分歧。张謇作为一会之长，主持会议之人，将会场秩序混乱之责撇得一干二净，仿佛会外之人一般；既责难学部诸公，又指责地方代表，大有众人皆醉惟有他独醒一般。他不管不顾潇洒离京而去，却将一副烂摊子甩给了他的老师唐景崇。

---

[1]《中央教育会第三次大会纪》,《申报》宣统三年闰六月初三。

[2]《中央教育会第九次大会纪》,《申报》宣统三年闰六月十四日。

[3] 同上。

七　会议落幕

副会长傅增湘本就态度消极，因而会中较少露面；副会长张元济本来对会议寄予厚望，态度积极，但由于会议争议不断，加之张謇离去，也不免态度转变，“连日到会，并不劳顿，但毫无归宿，心志渐懒”[1]。

会长张謇走了，两个副会长也激情渐退，但会议尚未结束，还得继续。唐景崇只得找副会长张元济、傅增湘再三做工作，拜托再拜托，鼓劲再鼓劲，加油再加油。张元济、傅增湘虽面露难色，但在唐景崇的诚心劝慰下，最终答应“勉为其难”。

十一日上午八时，中央教育会召开第十二次大会，到会会员八十四人，副会长张元济主席。一是续议“统一国语案”，付审查；二是讨论“变通考试章程案”，议决停止复试及毕业考试。

十三日上午八时，中央教育会召开第十三次大会，副会长张元济请假，由副会长傅增湘主席。一是三读“教育经费案”，全案通过；二是讨论“振兴实业教育案”，付审查；三是讨论“各省开学务讨论会案”，付审查；四是讨论“初级师范改归省辖案”，议决通过，不付审查；五是讨论“各府州中学改归省辖案”，付审查。

十四日上午八时四十分，中央教育会召开第十三次大会，到会会员九十三人，副会长张元济主席。一是讨论“补助各府厅州县小学教员养成所经费案”，付审查；二是讨论“改良师范课程案”，付审查；三是讨论“中学毕业生补习师范案”，众议取消。

十五日上午八时三十分，中央教育会召开第十四次大会，到会会员一百三十五人，首付讨论“变通小学教育案”，议决小学以手工为必修科，不设读经讲经科。

[1] 张树年主编《张元济年谱》，商务印书馆，1991。

十六日上午八时二十五分，中央教育会召开第十五次大会，到会会员九十二人，副会长张元济主席。一是再读“各省开学务讨论会案”，全案通过；二是再读“统一国语案”，全案通过。

十七日上午八时，中央教育会召开第十六次大会，到会会员九十六人。一是再读“振兴实业教育案”，全案通过；二是再读“中学改归省辖案”。

十八日上午八时四十分，中央教育会召开第十七次大会，到会会员九十七人，副会长张元济主席。一是再读“国库补助小学教员养成所案”，全案通过；二是再读“修改初级师范课程案”，再付审查；三是再读“中学改归省辖案”，再付审查；四是续议“变通初等小学教育案”，议决男女同校。

整个会议，学部代表心有不满，各省代表亦有牢骚满腹者，如陕西代表胡均认为：“此会究难得良善之成绩，缘开会之初，俨分两派，各省派来人员则结为一体，专与学部人员反对。而凡议一事，则各省会员又有南北之见存焉。南人所倡，北人非之；北人所计，南人破之。而于国语统一案，议时尤多龃龉云。且各省会员中，惟江苏人目空一切，自视甚高，对各省人皆有鄙不屑视之意。”[1]

尽管有诸多干扰和激烈碰撞，在唐景崇的主导下，会议还是如期举行，并取得圆满成功。

中央教育会原定会期一个月，从六月二十二日第一次大会到闰六月十八日的第十七次大会，已近一个月。由于会期还是太短，且会议争论过多，提交大会讨论的议案只有十八件，未能提交大会讨论的有四十八件之多，占大部分。

大会最后议决之案十二件，即一是停止学生毕业奖励案，二是军国民教育咨询案，三是国库补助小学经费案，四是义务教育章程案，五是变通考试章程案，六是教育经费咨询案，七是初级师范改归省辖案，八是各省学务公所开讨论会案，九是统一国语案，十是振兴实业教育案，十一是国库补助养成小学教员经费案，十二是变更初等教育方法案：第一，小学手工列为必修科，第二，初等小学

---

[1] 吴宓：《吴宓日记》，上海三联书店，1998。

不设读经讲经科，第三，初等小学男女得同校。其中由学部提出的议案七件，内容主要是普及教育经费、义务教育章程、国库补助小学经费等；由与会代表提出的五件，即军国民教育咨询案（为与会代表、学部、陆军部三方所提议案的合议）、统一国语案等。

这样的结果，与唐景崇的心理预期有不小差距，他不免流露出几分失望：“惟各议员对于提出议案，或逞一时意气，或以个人主持，说理处虽极圆满，事实上不无窒碍。”[1]但他还是肯定了这次中央教育会会议所取得的成绩。

闰六月二十日上午八时，中央教育会召开闭幕会。唐景崇致闭会词：

诸君溽暑远来，热心教育，极为钦佩。会期甚短，幸通过重要议案不少。当初次开会已有如此成绩，此尤本大臣所最为欣慰者也。仍望诸君力与维持，俾学务日加推广，弼成宪政郅邦，不负本部奏设此会之意及诸君到会之热心[2]。

唐景崇不愿打击与会会员的积极性，因此，其讲话不乏热情、肯定和期望。唐景崇当然不会满足于现状，他在着眼于未来。

此次开会，决议之件甚多，应即采行。……因拟将各项议案通行各省提学使，揆诸本省情形，妥拟试行之法，如其间果有碍难遽行之处，即行揭其理由，申复本部，以备核议缓行[3]。

按照“中央教育会议决事项，由学务大臣酌核采择，分别施行”的规定，唐景崇作出“应即采行”，“拟将各项议案通行各省提学使”的决定，为之后对议案的取舍埋下了伏笔。

---

[1]《学部不信教育会》，《申报》宣统三年闰六月二十七日。

[2]《中央教育会闭会续纪》，《申报》宣统三年闰六月二十六日。

[3]《学部不信教育会》，《申报》宣统三年闰六月二十七日。

八　深远的影响

唐景崇主办的中央教育会会议，是一次前无古人、高规格、大规模的全国性会议，由于没有可资借鉴的经验，因此在组织程序的设定、会员的安排择定、会场秩序的把控等方面存在不足，加之会长张謇的中途离去，会议的进行历经曲折。尽管不像人们所期待的那么圆满，但会议所取得的成绩仍然不可轻视，所产生的社会影响也不容小觑。

《申报》在评论中肯定此次会议道："将来闭会后，殆将以此为中央教育会首次开会之成绩矣，亦吾国教育界之盛举也。"[1]

教育评论家陆费逵认为："就议决各案观之，成绩卓然。第一次开会已能如是，实可喜之现象也。"[2]

辞官赋闲的原学部右侍郎严修在给袁世凯的信中，从旁观者的角度谈及自己对此教育会议的观感："比年学部诸公勇于改革，又经中央教育会切实研究，朝士迂旧之谈顿觉失势。"[3]

开风气之先　唐景崇主持召开的近代中国第一次官绅合作的全国性教育会议，这样的尝试，尽管不尽人意，但却有开风气之先的作用。是年七月，商部大臣为谋实业发展，拟仿学部教育会之例，召开中央实业会，召集各省实业团体和个人，研究各种实业进展及现行状态[4]。

进行民主决策尝试　中央教育会的组织及其会议的开展，按照选派代表、拟定收集并提出议案、报告或说明议案内容、研究讨论、代表质询和提议答疑、逐项表决等程序进行，议程由会长掌握，凡为代表，无论官绅均有参加讨论权和一票表决权。这种沟通中央与地方、行政与学务、官府与民间的新颖形式，在一

---

[1]《中央教育会成绩之评论》,《申报》宣统三年闰六月十八日。

[2] 陆费逵:《论中央教育会》,《教育杂志》第三卷第八期。

[3] 严修自订《严修年谱》，齐鲁出版社，1990。

[4]《拟开中央实业会》,《盛京时报》宣统三年七月十四日。

定程度上增加了决策的民意性。根据媒体报道统计，会议期间，与会者发言达三百八十六人次，有的会员发言多达十五次，相当踊跃。会场常常出现代表们“纷纷发言，争述己意”的现象，一些会员态度有所偏颇，言辞也有些过激，致使出现“秩序大乱”的情形。几乎每次大会都因发言者踊跃而逾时，不得不延长会议时间，显示了教育界参政议政热情的高涨。尽管社会舆论对代表的选派方式有诸多意见，但代表中还是选择了不少社会公认的教育界名流，他们的确具有相当的学识和办学经验。会议中，代表们进行了充分的意见交流和观念交锋，教育行政官员、议绅和中小学堂堂长、监督共聚一堂，陈述看法见解，接受议论辩驳，有的意见、建议被采纳，有的意见、建议当面被否决取消。同时，表明了与会代表态度严肃认真，没有因为会议缺少决定实行权而敷衍了事。形式之外，会议所讨论通过的议案也大多反映了教育界的公意。

成果皆系发展关键 会议讨论通过的议案，都是关系中国普通教育发展的要件，“裨益于初等小学者最巨”，“皆直接间接助初等教育发达者也。就中尤以初小男女同校，关系尤大。盖不如是，则女子终不能受义务教育也”。停止实官奖励案“实教育上一大关键。此案实行，则教育上种种窒碍，可消灭其大半矣”。统一国语案更是“当今第一急务”[1]。其他议决案也大多为教育发展急需解决的问题，其中，一些多年屡议不决之事亦终于有了顺应民意的结果。

妥核办理议决案 清末新政，教育成绩最为显著，本来是有目共睹之事。但中央教育会会议召开之际，已是山雨欲来风满楼，社会矛盾极其尖锐，反清革命一触即发，经过几次大规模的国会请愿和皇族内阁的出台，立宪派士绅对清政府大失所望。在这样的形势下，学部的一举一动，都会遭到责难和非议，也在情理之中。

会议刚刚结束，御史端谨便奏参：“中央教育会议奇衺，妨碍学务，废弃读

---

[1] 陆费逵：《论中央教育会》，《教育杂志》第三卷第八期。

经讲经及男女同学尤为荒谬。”[1]

监国摄政王载沣却不这样认为，他对中央教育会会议的态度是肯定的。他面谕徐世昌：“中央教育会有人奏劾难免偏激，所有议决各案著再传谕唐景崇妥核办理。”[2]

唐景崇奉监国摄政王载沣之命，对经过中央教育会会议讨论议决之案权衡取舍，“妥核办理”。从会议结束开始到八月上旬，唐景崇陆续咨送内阁十六件议案，其中中央教育会议决案九件、本部提议之案七件。暂未被送出的三件议决案为军国民教育案、变通初等小学章程中的男女同学案和初等小学读经案，而学部所提议案中，“试行强迫教育章程及蒙、藏、回教育筹备章程均已列入”[3]。暂未被送出的三件议案正是引起朝野极大争议的议案，唐景崇的意思是等待时机合适时再送出。媒体报道：

学部议决军国民教育案暂缓画稿，俟各省民变风潮稍息，再行会同阁臣入奏[4]。

唐景崇力图召开中央教育会会议，汇聚全国教育之智，推动全国教育发展，但却无法挽救清朝日渐衰亡的颓势。

中央教育会虽然只是官办的学部决策咨询机构，但它也是沟通民意的新形式，所通过的议案也大多反映了教育界的公意，并对民国时期的教育改革产生了深远的影响。

---

[1]《专电一》,《申报》宣统三年闰六月二十八日。

[2]《专电一》,《申报》宣统三年闰六月二十九日。

[3]《学部议案已经送阁》,《大公报》宣统三年八月十一日。

[4]《学部议决暂缓入奏军国民教育案》,《申报》宣统三年八月初六。

第十八章

谋改革影响深远

一　停止学堂实官奖励

光绪三十一年（1905 年）八月，光绪皇帝颁发上谕：废除科举。标志着延续一千三百多年的科举制度正式退出历史舞台。

实际上，为废除科举以后兴办新式学堂做准备，以减少由变革带来的冲击和震荡，早在科举制度废除前，张之洞、张百熙、荣庆等人重订学堂章程时，就已经拟订好了学堂奖励办法，这就是光绪二十九年（1903 年）十月二十六日颁布的《奏定各学堂奖励章程》。

《奏定各学堂奖励章程》除给予科举功名外，还授予相应实官，这就是人们常说的科举制度的“小尾巴”，还有人称之为“变相科举”。其中对各级各类学堂毕业生的奖励都作了详细的安排。

然而，《奏定各学堂奖励章程》实行后，却与政策制定者初期的愿望大相径庭，不仅不能收兴学之实效，反而带了一系列突出的问题：一是“学堂奖励是国家悬官职以诱学生”，读书入仕的传统价值观念还是没有改变；二是所学非所用，所用非所学，造成人才的浪费；三是不仅鼓励学生追名逐利，客观上还造成官场秩序的混乱，候补候用者日众，“而官吏之拥挤日甚一日，将钻营奔竞，其流弊不可胜言”；四是科举考试是为做官，是面向少数人，而学校教育是为了培养合格公民、劳动者，是面向大多数普通民众，而学堂奖励出身、实官的办法与近代学校的教育宗旨相互背离。

对于学堂毕业实官奖励，从政策出台后就不断有人提出批评和反对。光绪三十一年（1905 年）八月，御史陈曾佑就呈递《奏请变通学堂毕业奖励出身事宜折》，针对《奏定各学堂奖励章程》中“学堂与仕进混合”、“所学非所用”的弊端，提出学生毕业只发文凭，不授实官的建议[1]。学部成立后不久，修改《奏定各学堂毕业奖励章程》就被提上了议事日程。时任学部总务司主事的张元济于光绪三十二年（1906 年）奉学部堂官之命起草有关章程，基本思路是将科举功名与学堂出身区分开来[2]。各种媒体也不断报道学部议裁学堂奖励的消息。尽管内部意见不一，“各堂宪颇具毅力，势在必行，司官莫有敢反抗者”[3]。

恰在此时，学堂实官奖励的“始作俑者”张之洞入京并职掌学部的消息传出，“部员异常恐慌，自行纷扰，裁奖励者亦更初议，但曰缓裁”[4]，变通之事又告失败。

张之洞管部期间，尽管社会舆论批评学堂奖励之声不绝于耳，但学部对此噤若寒蝉，反而于光绪三十四年（1908 年）拟订《各学堂请奖学生执照章程》，再次肯定学堂实官奖励的合法性。宣统元年（1909 年），张之洞病重期间，政务处曾议及停止实官奖励，与会“各大臣均赞成，因张相国在请假期内未与议，故未能决议”[5]。此事再度因张之洞而遭搁置。

作为从吏部侍郎升任学部尚书的唐景崇，对于实官奖励存在的问题和停止实官奖励的艰难程度，他的体会比其他人都更深刻一些。因此，上任之初，他就有意停止实官奖励。

宣统二年（1910 年）四月二十三日，《申报》以《唐尚书拟提前停奖实官》

[1]《奏请变通学堂毕业奖励出身事宜折》，载沈桐生等辑《光绪政要》，江苏广陵古籍刻印社，1991。

[2]《草拟各学堂毕业生待遇章程》，载商务印书馆编《张元济诗文》，商务印书馆，1986。

[3]《学生无实官希望》，《总商会报》光绪三十三年六月十一日。

[4]《学生奖励缓裁》，《盛京时报》光绪三十三年八月二十二日。

[5]《筹议学堂奖励改章》，《盛京时报》宣统元年七月二十七日。

为题报道："学部唐尚书连日阅看学堂甚忙，拟提前停奖实官。"[1]

五月三十日，该报以《唐尚书提议明年停奖》为题报道："学部唐尚书提议明年停奖。"[2]

十月初九，监国摄政王载沣召见唐景崇，垂询："明年文官考试任用章程颁布后，学生毕业奖励实官应如何加以限制？"

"俟考试任用章程颁布，即将学堂毕业奖励一律停止。"唐景崇胸有成竹道。

监国摄政王载沣要求："宜即妥定章程，奏明实施。"

唐景崇回到学部，即通电各省及京师督学局："清查现在各学堂肄业各生于何时毕业，造册报部备查，酌量给予奖励，以示体恤。其自宣统三年（1911 年）正月开学日起，以后各新班学生即行停止给奖，毕业时只发给文凭。"[3]

虽然心中已有定见，但停止实官奖励毕竟是一项颠覆性的举措，牵涉面广，且与众多读书人切身利益相关，唐景崇不得不慎之又慎。他组织学部司员反复讨论研究，形成了具体方案，意欲交付中央教育会会议讨论通过，营造舆论氛围。

中央教育会会议期间，商部左侍郎唐文治因事请假，委托上海会员带来了"停止实官奖励"议案。唐景崇原拟提交的议案没有抛出，而是采用了唐文治的议案。该议案经过中央教育会代表的充分讨论并通过，继而使上下形成了共识。

会后，唐景崇在学部议案的基础上，参考唐文治的相关议案，根据会中代表的合理建议，于宣统三年（1911 年）七月十七日撰拟并上呈了《会奏酌拟停止各学堂实官奖励并定毕业名称折》：

窃维东西各国学堂毕业与入官考试无不判为二事。中国兴学之初，科举未停，任官之制未备，自不得不沿用科举办法，学堂毕业者即予实官，以广登进而资任使。惟比年以来，毕业人数逐渐增加，而官缺之增设有限。学生得官以后，

---

[1]《唐尚书拟提前停奖实官》，《申报》宣统二年四月二十三日。

[2]《唐尚书提议明年停奖》，《申报》宣统二年五月三十日。

[3]《毕业生停止奖励之实行期》，《申报》宣统二年十月二十日。

仍复置之闲散，且文官考试任用章程应于本年颁布施行，而实官奖励一节，按之将来新章，不免有所抵牾。臣等体察情形，参考舆论，知今昔异势，非早定变通之计，不足以利推行。拟自文官考试任用章程施行之日起，无论何项学堂考试毕业者，概不给奖实官。其游学毕业生之廷试明年亦不复举行，另由内阁会同各部规定文官考试资格及技术官、教育官须用专门毕业人才办法，以昭核实而励贤能[1]。

至此，科举考试停废六年后，科举制度的“小尾巴”才算真正割除，至此真正宣告了科举制度的终结，将学校教育与入仕做官彻底区分开来，这是在改革传统教育的道路上迈出的重要一步。新式教育的发展不再需要借助科举功名及实官奖励的诱惑，与此相配套的各级学堂学生进京毕业复试的规定也将终止。

二　改良私塾

私塾是中国民间办学的传统方式，在旧学时代，它不仅担负启蒙教育之责，而且具有使教育通俗化、实用化的作用；在新学推广的形势下，私塾对普及教育起着重要的补充作用。但私塾的教学方法、教材使用、塾师素质等方面与新式学堂教育标准不一致的矛盾日显突出。新式学堂实行收费后，不少地区的学生弃学堂而入私塾，干扰与影响了学堂教育的正常进行。

鉴于短期内不可能取消私塾，如何利用其在普及教育方面所能发挥的优势而加以改良引导，这既是学部发展基础教育必须正视的现实，又是人们关注的焦点。

宣统元年（1909 年）十月二十九日，学部颁发咨文，要求各地私塾按照初等小学简易科课程进行教学，“期于各门课程悉能遵用部颁课本，俾官学、私塾得

---

[1]《会奏酌拟停止各学堂实官奖励并定毕业名称折》，《内阁官报》第二十号。

以渐归划一”。实际上，这肯定了私塾在整个新式教育体系中的地位和作用，承认“我国地大人众，固贵有完全之小学以养其道德知识之源，而公家之财力有限，自不可无私塾以资辅助”。“私塾所以辅助小学之不及，应改良不应歧视，庶国内多一就学之人，教育即有一分起色。”[1]

唐景崇上任学部尚书后，在全力推进普及教育时，深感官立、公立、私立学堂之不足，不得不将视角瞄准了私塾。经过深思熟虑，于宣统二年（1910年）六月十九日奏准颁行《改良私塾章程》，共六章二十二条，“先行通咨京外”，要求“一律遵行”：

凡穷乡僻壤学堂一时未能遍设者，地方官及劝学所应遵照此项章程，就原有私塾竭力劝导，俾知改良国文一科尤宜注重，如其课程完备，合于高等小学或初等小学教科程度者，毕业准考升中学或高等小学堂肄业；其课程尚未齐全者，分别列入中学或高等小学预科，将来补习学堂章程奏准颁行后，亦可按其程度分别列入补习科。此项私塾毕业生，只准升学，概不给奖，其升入中学及高等小学考试，应由地方官或劝学所会同所升入学堂之监督或堂长各按科目，秉公考验，以昭郑重。

惟是改良私塾，所以辅学堂之不足，其力能兴学之处，仍当遵章设学，力图扩充，不可藉改良私塾为名，转致废弛学务。至公立、私立各学堂尤足以辅官立之不足，方今财政困难，官立学堂有限，正赖绅富热心，共担义务，以期教育易于普及。地方官及劝学员于公私立学堂尤当力任保护，勿稍歧视。如有藉名查学扰累闾阎并有讹索重情者，应由提学使查明分别惩办[2]。

《改良私塾章程》的总体要求是：一是改良宗旨。“改良私塾以私塾教授渐期

---

[1]《学部通行京外凡各私塾应按照本部奏定变通初等小学简易科课程办理文》，载《学部奏咨辑要》卷二。

[2]《通行京外学务酌定方法并改良私塾章程文》，《政治官报》第九百八十六号，光绪刊本。

合法并补助地方教育为宗旨。”二是责任落实。“筹办改良私塾事宜，在京责成督学局分饬局员，各省责成提学司督饬地方官、劝学所认真经理。”三是照章改良。“穷乡僻壤应由地方官督饬劝学所确切查明，详请提学使察核如实，系限于财力不能设学者，准照本章程办理，其虽非穷乡僻壤而设私塾者，亦应照章改良。”四是分级改良。“改良私塾分初等、高等两种，以能合于初等小学教科程度者为改良初等私塾，合于高等小学教科程度者为改良高等私塾。”

《改良私塾章程》还就私塾调查、按章劝导、改良办法、认定办法、课程设置、教材使用、教学方法、考试升学、塾师资格等作出了具体要求和规定[1]。

唐景崇主导对私塾进行改良，调整私塾的课程、教材、教法等，促使私塾向近代小学靠拢，引导私塾教育逐步向新式学校教育转型。《改良私塾章程》的颁布使改良私塾有章可循，便于大范围内开展新式教育。

尽管《改良私塾章程》在唐景崇任内实施的时间不长，成果尚未完全呈现，但却为民国时期的私塾改良提供了指引和遵循。

三　改革简易识字学塾

为了配合对国民文化程度的要求，宣统元年（1909年），鉴于各地办学较难，“民瘠则经费难筹，地僻则师资缺乏”，学部奏准出台了《简易识字学塾章程》，并颁发《简易识字课本》，要求各地在原有各级各类官立、公立、私立学堂中附设学塾，此外，还要求充分利用社会资源，租借祠庙和各种公共场所开办学塾，“以辅小学教育之不及，而期以无人不学为归”。这种学塾就是简易识字学塾，其基本目标是扫除文盲，主要对象为“年长失学及年幼家贫无力就学者”，修业年限为一至三年，授课时间为下午四时至晚上九时，星期日及假期亦可上课，教师由小学堂教员兼任，学生概不收学费，应用书籍、物品皆由学塾发给，而学塾经

---

[1]《通行京外学务酌定方法并改良私塾章程文》，《政治官报》第九百八十六号，光绪刊本。

费或出自官费，或为富绅捐助[1]。

宣统二年（1910年）八月，为加快简易识字学塾的开办进程，“切实推广，以重要政”，唐景崇通咨各省督抚：

案查宪政筹备单，本年推广厅、州、县简易识字学塾，由本部与各省督抚同办。此项学塾，关系宪政，最为重要，亟应切实推广，以顾考成。本部前经通电各省提学司查明该省已设学塾若干所，学生若干人，专案报部，迄今未据查复。该省筹办情形如何，无凭核悉。惟此项学塾为增多识字人民而设。宪政筹备单，宣统六年（1914年）人民识字义者须得百分之一，距今为期非远，非将此项学塾极力推广，恐不能如期无误。应由提学司严饬各厅、州、县切实推广，以重要政。此项学塾形式不求完美，需款无多，入塾不限资格，招生尤易，勿得借口于风气未开，财力不继，致干贻误宪政之咎[2]。

唐景崇考虑到“臣部复陈普及教育分别最要次要办法清单，将扩充初等小学补助机关归入最要一类，此项简易识字学塾系单开补助机关之一，尤应及时推广，以期识字人民日益增多”。他认为：

查原订章程，其毕业期限定为三年以下一年以上，其授课时刻定为每日三时或二时，于简便易行之中仍寓多方造就之意。迩来详加考察，此项学塾既专为年长失学及年幼赤贫者而设，毕业之期愈近则益便于谋生，授课之时无多可兼营夫操作。

为此，唐景崇于宣统三年（1911年）正月奏准颁发了《改订简易识字学塾章

[1]《奏遵拟简易识字学塾章程折》，载《大清新法令》，商务印书馆，宣统二年。

[2]《通咨各省督抚推广简易识字学堂文》，载陈元晖主编《中国近代教育史资料汇编》，上海教育出版社，2007。

程》，明确了学塾的设立及推广、教科及设备等问题。

此次新章改订的重点有三项：一是缩短毕业年限。“臣等公同商酌，拟将毕业年限量为缩短，定以一年至二年。”二是改订授课时间。“其授课时刻则一律定为每日二小时，虽入塾读书仍无妨于生计，如此则小民易于从事，而愿学者益多。”三是改订识字课本。

学塾之程度既改，则所用课本亦应随之而改。原订章程，《识字课本》有三种，《国民必读课本》有二种，并酌授以浅易算术。此次改章，拟将两项课本均改为一种，以归简易而免纷歧。其《简易识字》分为第一、第二两编，用圆周教法，每编各自为起止。一年毕业者但读第一编上下两册，二年毕业者续读第二编上下两册，统计全书四册，可合可分。至《国民必读课本》亦拟用圆周教法，第一年主讲演义理，不课文字，第二年仍用原书，讲演兼课文字，盖是书重在启发国民道德知识，不以复习为嫌。至算术一门，原章或用珠算，或用笔算，未经规定，窃谓此等学塾既专为贫寒失学者而设，则以实用为主，似专教珠算为宜。兹已由臣部编成《简易珠教科书》及教授书各四册，其圆周教法与《简易识字课本》相同[1]。

《改订简易识字学塾章程》颁发后不久，唐景崇调查发现：由于《简易识字学塾章程》和《改订简易识字学塾章程》在入学对象上有“年幼家贫无力就学者”的规定，加之学习是在夜晚及业余时间，又无需缴费，开始不少初等小学的学生纷纷弃学堂而入学塾，各地官吏为敷衍宪政，也听之任之，这就大大干扰到初等小学的发展和正常教学秩序的进行。

发现推广简易识字学塾存在的问题后，唐景崇及时纠偏，并强调指出：“简易识字学塾系为年长失学而设，不过为初等小学之补助，各省办学人员应将初等

---

[1]《学部奏改订简易识字学塾章程折》，《政治官报》第一千一百九十八号，光绪刊本。

小学妥速办理，不得避重就轻[1]。

宣统三年（1911年）闰六月，唐景崇再次通饬各省提学司，明确规定“简易识字学塾招收学生以年长失学者为限”，强调指出：

近查各省仍有轻视初等小学，专以简易识字学塾敷衍塞责，而入塾学生又以学龄儿童居其多数，轻重倒置，尚复成何事体？查本部奏定普及教育分别最要次要清单，拟订试办义务教育章程归入最要一类，本年亟应切实筹划，非将学龄儿童应入何项学堂严切规定，不足以清统系而免纷歧，并于义务教育不无障碍。应自本年下学期始，凡简易识字学塾招收学生，专以年长失学者为限。至学龄儿童，仍应入初等小学肄业。其未设初等小学之乡僻地方，并应赶速筹备，以广造就[2]。

简易识字学塾的推广，对于未入正规学堂学习的成人扫盲和增多全国识字人数起到了一定的积极作用，也为后来的成人扫除文盲运动积累了可资借鉴的经验。

四　改订小学学制和课程

“癸卯学制”将小学教育分为初等和高等两个阶级，并设定了毕业年限，即初等小学五年，高等小学四年。

宣统元年（1909年）三月，为适应形势的发展，清廷颁发《学部奏酌拟变通初等小堂章程折》，将初等小学分为五年制完全科、四年制和三年制简易科三种，并公布了完全科、简易科课程授课时刻表，咨行各省遵照办理。

---

[1]《通饬札饬提学司简易识字学塾招收学生以年长失学者为限文》，《教育杂志》第三卷第九期。

[2] 同上。

唐景崇上任学部尚书后，认为：

近岁以来，内讧外患在在可危，加以生计艰窘，民情浮动，非增进人民程度，合群策群力不足以宏济艰难，而非由小学教育入手，以巩固其道德之根基，则流弊亦何设想？所以东西各国独于小学教育严就学之年龄，施强迫之条教，其用意至为深远。今日户口未清，财力未裕，强迫教育虽未能遽行，而各种筹备方法，如推广小学、添筹经费等事，固在在无可或缓。

唐景崇在亲自调查研究和视学报告的基础上，决定从初等小学毕业年限入手进行初等小学学制改革。

伏查东西立宪各国，莫不以小学教育为要图，而欲养成明伦爱国遐迩一致之民风，必须有因时制宜、整齐画一之学制。从前《奏定小学堂章程》，初等小学五年毕业。上年经臣部酌量变通，于五年完全科外加四年毕业及三年毕业之简易科，原以地方财力与人民程度各有不齐，欲济仰企俯就之穷而收多方造就之益，是以分为三种，藉验其孰为便利以定指归。迩来详加访察，并证以臣部视学官之报告，佥以四年毕业章程最为适宜。盖五年完全科既期限过长，贫民或穷于担负；三年简易科又为时过促，学力太觉其参差。而三种章程并列，听人自择，倘办学者有所偏重，转有碍教育之进行。臣等再三筹画，以为初等小学与其分为三科，易启纷歧，不如并为一科，简而易从。

唐景崇“拟即折中定制：一律以四年为毕业期限，并删除简易科名目，以符名实”。唐景崇强调要求：

各省督抚督率提学司，自宣统三年（1911 年）为始，一律按照此次改定章程，认真办理，并迅将初等小学堂设法推广，以裕强迫教育之基，而收学制统一之效[1]。

唐景崇确定的“初等小学四年毕业学制”影响极为深远。

“癸卯学制”规定，初等小学分完全科和简易科两科。完全科学生共须修完修身、读经讲经、中国文学、算术、历史、地理、格致及体操八门必修课，此外，视地方情形可再加设图画、手工等课。其简易科则有修身、读经、中国文学、史地、格致及算术、体操等课程，并要求初等小学每周授课三十小时。

课程安排如此之多，且授课时间如此之长，必然导致所需教师数量的增加、学业负担的加重，从而影响新式初等教育的发展。

在变更、确定“初等小学四年学制”的同时，唐景崇亦着手改订小学堂课程。

唐景崇认为初等小学：

至授课钟点，从前多以私塾情形强相比附，故每日多至五六小时。臣等考各国学制，初等小学率以每日四小时为准，故有因讲室不易扩张，教员不能多聘，遂于午前午后分授两班者。在日本谓之二部教授，是为节省经费计，既极便利而养护儿童之心力，亦不至因课程繁重致受耗损，则尤彼国教育家所最注意者也。

为此，唐景崇改订初等小学课程重点主要体现在两个方面。一是缩短授课时长：

兹拟将初等小学第一、第二两学年改为每日授课四小时，其第三、第四两学年则增至五小时，并将各科课程分别繁简难易，量为分配，以收循序渐进之功。

---

[1]《学部奏改订两等小学堂课程折（并单）》，《政治官报》第一千一百五十六号，光绪刊本。

唐景崇将初等小学第一、第二两学年的每周学时由原来的三十小时减为二十四小时，第三、第四两学年的每周学时由原来的三十六小时减为三十小时。

二是减少必修科：

一修身、读经讲经、国文、算术、体操皆必修科，图画、手工、乐歌皆随意科；一修身科第三、四两年或用修身教科书或用《国民必读课本》均可；一读经讲经自第三年始；一随意科可酌量学堂情形加入一科或数科；一凡加随意科者，其钟点或另行加入，或酌减他科钟点以补之，惟加入钟点及所减钟点均不得过两钟点；一如加图画科者，自第二年始。

唐景崇在改订初等小学课程的同时，对读经讲经和国文两科的授课时间进行了相应调整：不仅将读经讲经科的开设时间由原来的第一学年即设置改为第三学年才开始，而且每周的教学时数也由原来的每周十二小时减为每周五小时；国文科的教学时间则相反，第一学年就由原来的每周四小时增至十四小时，第三学年起更增至十五小时。

在唐景崇看来，初等小学课程既已改订，高等小学课程也必须作出改订。

惟小学之制，初等、高等息息相关。初等小学学科年限既有变更，则高等小学之教科自应一并统筹酌加修改，庶将来升学时课程无不相衔接之弊，而学制有整齐画一之望矣。

唐景崇改订高等小学课程重点在于：一是“修身、读经讲经、国文、算术、历史、地理、格致、图画、体操皆必修科，手工、乐歌、农业、商业皆随意科”；二是“凡随意科可酌量学堂情形加入一科或数科”；三是“凡加随意科者，其钟点或另行加入，或酌减他科钟点以补之，惟所加钟点及所减钟点均不得过两钟点”；四是“如加农业、商业科者自第三年始”；五是“如学堂设在通商口岸附近之处，学生为急于谋生起见，得于第三第四两年加习英文一科”[1]。

与此同时，唐景崇考虑在适当时机改订高等小学学制。

教育评论家庄俞对唐景崇的这次改订初等小学学制和两等小学堂课程给予了肯定，称“此新章之最适合于教育界舆论者”[2]。唐景崇改订初等小学学制和两等小学堂课程为推广小学教育起到了促进作用。

五　制定《小学经费暂行章程》

唐景崇特别重视小学教育，其中又最为关注小学经费问题，说：“窃惟立宪国家，以推广小学教育为急务，而筹办小学，以规定学堂经费为要图。”[3]

由于《奏定学堂章程》没有对小学堂办学经费作出统一的规划，尽管强调因地制宜，但各地小学堂经费千差万别，多寡不均。通过对光绪三十三年（1907年）到宣统元年（1909年）的三次全国学务统计以及中央和地方视学官对各地学堂视察报告的分析，唐景崇发现：

> 中国幅员辽阔，地方物力随处不同，办学情形因之各异。有同一小学堂而铺张扬厉者，岁糜动辄千金；其因陋就简者，则又讲室湫隘，校具不完，犹似从前私塾[4]。

教育经费的不均及低效使用，不仅造成经费资源的浪费和隐性流失，加重财政的紧张状况，还会影响教育质量的提高，加剧地区间教育发展的不平衡。针对

---

[1]《学部奏改订两等小学堂课程折（并单）》，《政治官报》第一千一百五十六号，光绪刊本。

[2]《论学部之改良小学章程》，《教育杂志》第三卷第二期。

[3]《学部奏定小学经费暂行章程折（并单）》，载陈元晖主编《中国近代教育史资料汇编》，上海教育出版社，2007。

[4]同上。

这种情况，唐景崇认为："设非酌定中数以为准则，殊不足以昭划一而利推行。"因此，他主持制定了《小学经费暂行章程》。

兹由臣部拟定《小学经费暂行章程》五章，计三十三条，将高初两等小学所有开办及常年经费分别规定，除建筑款项应归另筹外，其余教员之薪金，学生之班次，员役之人数，莫不立之准绳，以力汰冗滥为主，务使裕饶之地，不得事过虚糜，即贫瘠之地，亦尚易于筹措，似于普及教育，不无裨益[1]。

《小学经费暂行章程》总则强调："定各项经费数目，系就各省报部一览表高初两等小学经费实数酌中拟定，并就各学堂应用各费逐一计算，总力汰冗滥，切实敷用为主。"[2]

《小学经费暂行章程》根据各省报部的经费实际开销取其中额，对高、初、两等小学的开办及常年经费分别作了具体规定。

常年经费额度 第一，以班计确定经费额数。初等小学堂每一班开办费"应以一百元为中数，至多不得超过二百元"；高等小学堂每一班开办费"应以二百元为中数，至多不得超过四百元"。"添加学生一班，得照额定之数，增加十分之六或十分之七，其班次多者类推。"第二，如果每一学堂只有学生一班，"初等小学每年经费定额一百八十元为中数，至多不得过二百四十元；高等小学每年经费以四百元为中数，至多不得过六百元"。第三，确定班级人数。"每班学生以四十人为中数，至多不得过六十人，至少须有三十人。如不足三十人，则须合两班为一班，用单级教授。不得零星分班，致滋糜费。但高等小学有特别碍难情形，不易合班者，得由劝学员长呈明提学司核定。""高等小学生如只一班，人数不及三十人者，应设法添招合格学生插班，以补其缺。如此项学生不易召集，以

[1]《学部奏定小学经费暂行章程折（并单）》，载陈元晖主编《中国近代教育史资料汇编》，上海教育出版社，2007。

[2] 同上。

后又无扩充班次之望者，应即与邻近各学堂合并办理。初等小学生一班不及三十人，除实系乡僻地方，附近学童无多，不易召集，又无邻近学堂可附，准暂时设立外，其余凡一班不足三十人者，应即与邻近各学堂合并，不得独为一堂。”“每班学生如在六十人以外，则分为两班。”

分配比例 “以上额定经费，当以十分之七或十分之八作为教员薪金，余为购用纸笔砚墨书器及雇役各项之用。”

教员配置 “高等小学生一班，用正副教员各一人；其有二班者，用正副教员各一人，亦得用专科教员一人；三班则用正教员一人，副教员二人，亦得用专科教员一人；四班则用正教员二人，副教员二人或三人，亦得用专科教员一人。余由此类推。”“初等小学应用学级担任法，每教员教授一班；有两班者，得用正副教员各一人；三班则用正教员一人，副教员二人；四班则用正副教员各两人。余由此类推。”

教员薪金、津贴、奖励 一是薪金。教员薪金，应按月计算，“本科正教员第一级三十元，第二级二十五元，第三级二十元，第四级十八元，第五级十六元，第六级十四元，第七级十二元，第八级十元，第九级八元；专科正教员第一级二十四元，第二级二十元，第三级十六元，第四级十四元，第五级十二元，第六级十元，第七级八元，第八级六元；副教员第一级十四元，第二级十二元，第三级十元，第四级八元，第五级六元。”“但初等小学教员，月薪至多之数不得过表中第五级以上。”二是等级。“府厅州县率同劝学员长，按所属地方情况及财力，分别拟定该处教员应支薪金等级，呈请提学司核定。”三是膳金。“学堂除茶水外，不供饭食，堂长、教员酌送膳金。”四是津贴。“各项教员于一学堂教授满五年以上，照优待教员章程，应酌加津贴。”五是奖励。“高等小学本科正教员既受第一级之薪金，又有特别劳绩者，其月薪得递增至六十元；初等小学本科正教员既受第五级之薪金，又有特别劳绩者，其月薪金得递增至三十二元。唯此项增加之款及所有特别支款，应由地方官及劝学员长、地方学务专员另行筹给，不得算入学堂常年经费之内，并须由地方官及劝学员长呈明提学司查核。”

堂长津贴 “学堂堂长照章以教员兼充，除已得教员薪金外，应略加津贴。”“高等小学堂如班次过二班以上，亦可特任堂长，惟须兼教修身、讲经、国文等项功课，其薪金不得逾教员之数，由劝学员长陈明地方官核定。”

司事杂役 “学堂洒扫、茶水、摇铃等事，应由堂长派学生任之。但高等小学虽仅一班，如有特别情形，可酌用杂役一人；初等小学须有二班以上，方可酌用杂役一人；高初两等小学四班以上，书算等事较繁，可酌用司事一人。均听堂长指挥，以从事庶务。”

严格要求 “以上所定各费，各小学堂应一律遵守，实用实销。如有违背者，由提学司或本部所派视学官查出，除更正外，即将该学堂堂长及主管款项之人撤换，其有虚揑侵蚀等弊，应由提学司查明惩罚。”[1]

唐景崇通过制定推行《小学经费暂行章程》，实施政策引导，对地方开办小学经费进行规范管理，在一定程度上抑制了各地办学过程中铺张浪费或简陋草率的极端现象，对清末、民国时期的小学教育发展起到了积极的作用。

六　引进推广“新教法”

晚清时期，中国绝大部分地区为农村，绝大多数人为农民，居住分散，习俗不一，贫富不均。要想在这样的国情下推广新式教育和普及教育，关键在于寻找到能够适应农村情况的教授办法。

唐景崇上任学部尚书后，就一直在思考、寻找这种教授办法，在经过深入调查和反复比较后，他决定在广大农村强力推行“单级教授法和二部教授法”。

为此，唐景崇在宣统二年（1910 年）十一月《奏复陈普及教育最要次要办法

---

[1]《学部奏定小学经费暂行章程折（并单）》，载陈元晖主编《中国近代教育史资料汇编》，上海教育出版社，2007。

折》[1] 和宣统二年（1910 年）十二月《奏酌拟改订筹备教育事宜折》[2] 中，将《拟订单级教授二部教授办法》列为最要之事，将《养成小学单级教员并拟订章程》列为次要办法，并于宣统三年（1911 年）闰六月十一日奏准颁行《拟订单级教授二部教授办法》[3]。

单级教授法，是合全校年龄、程度不同之若干班学生于一级，在同一教室内由同一教师进行教授的方法。单级小学，也就是后来人们常说的“复式班”。

关于单级教授法，唐景崇如是说：

查单级教授之法，与普通教授不同。普通教授，按年级相当之学生以分班次，各班须各任一教员；单级教授，则合年级不同之学生若干班编为一级，一教员可兼教各班。两者相衡，一则需员多而费繁，一则编制简而效用广。欧西日本之教育所以能日新月盛者，大抵得力于单级教授为多。

由此，他得出结论：

中国兴学伊始，地方财力既极困穷，兼之各校之内，学童人数无多，程度复不齐一，居今日而欲谋普及，舍单级教授更别无审端致力之方。此臣等所为兢兢注意者也[4]。

唐景崇推行单级教授法的具体举措为：一是关于编制，要求：“凡初等小学合年级不同之学生，编为一级，由一教员授课者，为单级教授”；“一学堂之学生，年级不齐，而每年级人数无多，不能各成一级，得适用单级教授法”；“凡单级教

[1]《学部奏复陈普及教育最要次要办法折》，《政治官报》第一千一百三十九号，光绪刊本。

[2]《学部奏拟订单级教授二部教授办法折》，载陈元晖主编《中国近代教育史资料汇编》，上海教育出版社，2007。

[3][4] 同上。

授之初等小学，得酌量该学堂之情形，择用下列各法编制之”；“凡单级教授之初等小学，其学生以六十人为限”。二是关于授课，要求：“单级教授之学堂，得择用下列各法，制定各班每星期授课时间表”；“各班同时教授，教科同，程度同”；“各班同时教授，教科同，程度异”；“各班同时教授，教科异，程度异”；“单级教授，分班较多，教员一人实难兼顾者，得增设助手一人，听教员之指挥，襄助一切事务”；“单级教授之初等小学堂，所有教科课程设备规则，均遵照初等小学堂定章办理”[1]。

二部教授法，唐景崇是这样定义的：“至二部教授法，则将全堂学生于一日之内，由一教员分为前后半日教授。”[2] 二部教授法有利于解决农忙时学生就学与劳动谋生之间的矛盾，有利于扩大就学面。

关于二部教授法，唐景崇说：

其编制之方，则有单式二部及复式二部两种：单式二部适于普通教授法，复式二部则须用单级教授法。其在穷僻之乡，此项学堂尤宜多设。盖经费绌则教员不能多聘，校舍狭则学生不能多容，又或因通学道远而往返动费多时，或因兼顾谋生而读书易于作辍，种种窒碍，皆足阻教育之进行。惟编为二部，则因材因地，均得措置咸宜，所谓一举而数善者此也[3]。

唐景崇推行二部教授法的具体举措为：一是关于编制，要求：“凡举初等小学全堂学生或某某班学生，于一日之内，分作前后两部，由一教员继续教授者，为二部教授”；“凡学堂教员不能多聘，或讲室不易扩充，以及学童有特别事情不能终日就学者，得适用二部教授法”；“凡二部教授之初等小学，得酌量该学堂情形，择用下列各法编制之”。二是关于授课，要求：“二部教授之初等小学堂，得

[1]《学部奏拟订单级教授二部教授办法折》，载陈元晖主编《中国近代教育史资料汇编》，上海教育出版社，2007。

[2][3] 同上。

酌减每星期之授课钟点，但每部所减钟点，较之定章，不得少六点钟”；“二部教授之初等小学，其讲堂及操场能容两部者，在修身、体操、作文、习字、图画等科，得以前部教授最终一小时，与后部教授最初一小时，合部教授”；“二部教授之初等小学，……用复式二部编制者，应用单级教授法”；“凡二部教授之初等小学堂，所有教科设备，均适用初等小学堂之规定”[1]。

要推行单级教授法和二部教授法，唐景崇认为必须培养懂得两项教授法的教员。为此，唐景崇采用了两种办法：一是要求各省初级师范学堂加授单级教授法。他要求：

兹查各省初等小学情形，并证以报部一览表，除省会商埠外，其穷僻地方之初等小学，类皆人数无多，年级各异，编制之法概用单级，非熟习单级教授法之教员不足胜任。小学教员既趋重于单级教授，初级师范课程自应增授单级教授法，以为学生毕业后应用之资。除由本部另订单级教员养成所章程通行遵照外，各初级师范学堂无论完全科、简易科，自本学期起，应就现有班次于定章授课钟点外，加授单级教授法。其每星期所占钟点，应视学生毕业时期之远近，以为多寡，至毕业时务期授毕。其毕业期在宣统四年（1912年）以后者，并应增授二部教授法。在附属小学或各该堂指定之小学实地练习时，兼练习单级教授、二部教授，以资实验[2]。

二是设立单级教员养成所，培养单级教员，并授以二部教授法。他说：

至单级教授较之寻常教授为难，单级教员决非寻常教员所能胜任。盖以一教员而任全校之教科，以数十学年不等、程度不齐之儿童而编为一级，非熟谙教授

---

[1]《学部奏拟订单级教授二部教授办法折》，载陈元晖主编《中国近代教育史资料汇编》，上海教育出版社，2007。

[2] 同上。

法者必不能无竭蹶之虞；而况课前之准备，课余之整理，事事尤不胜其烦重。比年以来，江苏、直隶等省颇有派赴外洋专习单级教授法以备归而施教者，然人数无多，传授恐不能及远。亟应通饬各省速设单级教员养成所，于单级教授法之外并授二部教授法，以期广裕师资，庶几学成以后，一员可得数员之用，而教育普及不难矣[1]。

为此，唐景崇组织制订并奏准颁行了《拟订单级教员养成所简章》，强调指出："设单级教员养成所以养成单级教员及二部教授教员，俾各省府、州、厅、县及城镇乡得多设单级教授小学或二部教授小学，以期普及教育为宗旨。"并提出明确要求："单级教员养成所分为甲乙两种，甲种一学期毕业，乙种两学期毕业。""单级教员养成所，京师暨各省城均须设甲乙两种各一所，各府、厅、州、县至少需设乙种一所。府、厅、州、县设甲种养成所，城镇乡设乙种养成所。其贫苦地方，经提学司之认可，得与他府、厅、州、县择交通便利之地，合设一所。""省城已设有优级或初级师范学堂者，得在各该堂内分别附设甲乙两种养成所。府、厅、州、县已设有初级师范学堂者，得在该堂内附设乙种或甲种养成所。"[2]

唐景崇介绍和引进西方近代教育的单级教授法和二部教授法，且以章程的形式确定颁布，并强力推行，成为适合我国国情并在农村广泛应用的有效教授法，对解决普及教育中存在的师资不足以及生源条件复杂等具体困难具有明显的作用，对中国广大农村初等教育的发展具有积极意义和深远影响。

---

[1]《学部奏拟订临时小学教员养成所暨单级教员养成所简章折（并单）》，载陈元晖主编《中国近代教育史资料汇编》，上海教育出版社，2007。

[2] 同上。

七　改订中学文实两科课程

“癸卯学制”取法日本，规定“中学堂学习年数以五年为限”，并以高等小学毕业的学生为招生对象，其科目为修身、读经讲经、中国文学、外国语、历史、地理、算学、博物、物理及化学、法制及理财、图画、体操十二科，每学年各个星期的教授时间为三十六小时。

至宣统元年（1909年），学制实行五年后，逐渐暴露出了它的不足。为了解决清末兴学中中学教育在实践中存在的问题，学部“远稽湖学良规，近采德国成法”，考虑到学生进入中学之后，“年齿已长，趣向已分。或令其博通古今，以储治国安民之用；或令其研精艺术，以收厚生利用之功”，于是，在宣统元年（1909年）三月二十六日奏准颁布《奏请变通中学课程分为文科实科折》，这是我国近代中学文实分科的开端。

与此同时，学部颁行了中学文科实科的课程安排，无论是文科还是实科，科目都分为两类，一类是主课，一类是通习课。文科主课为读经讲经、中国文学、外国语、历史、地理，通习课为修身、算学、博物、理化、法制理财、图画、体操。实科主课为外国语、算学、物理、化学、博物，通习课为修身、读经讲经、中国文学、历史、地理、图画、手工、法制理财、体操。并规定文实两科每星期学时均为三十六小时。

两个月后，学部“通饬各省提学使，限三个月内按文实科办法，将筹定通省中学办理情形报学部核办”。当年十二月，学部再次通咨催促各省“于年底一律详报，以凭核夺”[1]。

中学文实分科实施尚不到一年，直隶提学司便提出报告。他们认为：首先，德国的文科中学和实科中学学习年限为九年，高年级的程度相当于我国高等学堂的程度，并且之后大多毕业生都能升入大学或高等专门学校学习，分科程度高是

[1]《学部通行各省提学使详报变通中学办法筹办情形文》，《学部官报》第一百四十七期。

非常正常的。然而在中国，中学是模仿日本学制而定，是唯一的求学之路，而且“高等各堂，重实重文，复不一类”。如今“节取德制分科之法，置之吾国小学、高等之间，较原定中学程度加高，而有羼入高等学堂分际之弊”。同时，分文科与实科学习是为升学做准备，“若仅至中学毕业而止，则学益趋于专一，即于普通之学识，益缺欠而不完，是与中学宗旨尚有间也”。其次，中学生志向未坚，并且学部颁布的文实分科课程相差悬殊，对于中途改学的学生不利。“一入中学，而终身求学之局定矣。”他们最终提出的建议是：“不外课程与钟点之变通，非有大改革也。”[1]

唐景崇在谈到原订章程时，说：

伏惟立法期于改善，初非一成不易之规；施教贵乎因材，始收尽利推行之效。前次奏请改章之意，原以旧章中学科目繁多，学生并骛兼营，易蹈爱博不专之弊，于是析为文实二类，俾得就性之所近，分途肄习，以期用志不纷，所有科目课程前奏已称完备。惟事关学制，考校不厌其详。

“两年以来，迭据各省报告，证之地方情形，并参以臣部图书局编译各员之讨论”，唐景崇认为原订章程“应行酌改之处尚有数端”：

查定章，中学教员养成于优级师范，而学生则取材于高等小学，学科编制本属息息相关，前奏分科程度骤高，上之则艰于得师，下之则难资升学，无造车之合，有绝尘之嫌，此程度之宜厘订者一；分科设备较旧，加繁理化实验，消费尤夥，必欲照章准备，非惟财力不足，且虞校室不敷，况定章各府必设一中学，而贫瘠之区尤难筹画，求全责备，恐转碍教育之进行，此设备之宜变通者一；分科制度仿自德国，虽为渐进专门学问之基，仍以养成国民常识为主，前奏文实两科

[1]《直隶提学司详直隶总督变通文实分科文》，《教育杂志》宣统二年第二期。

因趋向之各殊，致涂径之悬绝，一经分类，后日之转学为难，骤语专精，普通之知识转略，此文实两科之宜酌改者又其一。

为此，唐景崇提出改订意见：

以上各节，臣等公同商酌，意见相同，所有原奏中学课程除主课、通习各科目无庸增损外，其余教授之次第、钟点之多寡、程度之浅深，均经臣等督率司局各员悉心筹画，分配适宜[1]。

唐景崇此次改订中学文实课程把重点集中放在调整授课时数上，使之更为合理，使得文科和实科程度不至于悬殊过大。

一是减少了主课授课时数，增加了通习课时数。如中学文科主课第一、第二学年由原订的每周二十九小时改订为每周二十五小时，而通习课第一、第二学年则由原订的每周七小时改订为每周十一小时；中学实科主课第一、第二学年由原订的每周二十二小时改订为每周十七小时，通习课则由原订的每周十四小时改订为每周十九小时。

二是调整了相应课程的授课时数。中学文科：第一，大大减少了主课读经讲经的课时，第一、第二、第五学年均由原订的每周十小时减少到每周五小时；第二，增加了相应课程的授课时数，如主课外国语由原订的每周六小时增加到每周八小时，通习课博物由原订只在第一、第二学年安排有课时，改订后第三学年仍有安排，其课时由每周的一小时增加到每周二至三小时，体操则由原订的每周二小时增加到每周三小时。中学实科：主课理化由原订第三、第四、第五学年安排有课程，改订后只在第四、第五学年安排有课程，且授课时数也由原订的每周八小时减少到每周五小时。通习课中国文学由每周三小时增加到每周四小时，历史

[1]《学部奏改订中学文实两科课程折》,《政治官报》第一千一百七十四号，光绪刊本。

由原订的每周一小时增加到每周二小时，地理也由原订的每周一小时增加到每周二至三小时，体操则由原订的每周两小时增加到每周三小时。

宣统三年（1911年）九月，为了配合中学文实两科课程改订，以防“出于一时误会，致有紊乱学制之处”，唐景崇主持制定了《中学文实两科学生转学升学办法》，通行各省，要求一律遵照执行。

唐景崇认为“原以中学分科，虽为渐进专门学问之基，仍以养成国民常识为主”。因此规定：

故前三年课程文实两科彼此相近，无论普通中学班转入文实两科或文实两科互为转学，均无不可。第四年以后，则文实两科划分为二，凡习文科者不得再改实科，习实科者不得再改文科。免致学生始终见异思迁，以紊学制。至将来毕业升学各有统系，凡文科毕业者应升入高等第一类及与文科相近之高等各项学堂，实科毕业者应升入高等第二、第三类及与实科相近之高等各项学堂。若毕业以后升学尚可任意更张，非特学科不相衔接，且与原奏设立文实两科之主旨不合[1]。

唐景崇既不墨守成规，也不固执己见，能够根据实际情况调整改订中学文实两科课程，制定中学文实两科学生转学升学办法，对近代学制发展的影响很大。

[1]《学部通行各省中学文实两科学生转学升学办法文》，《内阁官报》第六十五号。

八 检定、优待初级师范、中学教员

随着新式学堂的急速增设，学堂师资的需求量也急剧增加，致使师资质量良莠不齐的问题日益凸显。师资的优良与否，直接关系到中国未来教育的前途命运。为此，学部于宣统元年（1909 年）十月奏准颁布了《奏遵拟检定小学教员及优待小学教员章程》，开始了对教师检定制度的初步探索。

唐景崇在谈到初级师范学堂、中学堂师资时说：

伏查初级师范学堂为小学教育之本，中学堂为高等预备之阶，非有合格之师资，断难收预期之成效。各省优级师范生虽经陆续毕业，堪以充任教员，然合之似见其多，分之仍觉太少。现初级师范亟待扩充，中学堂亦不容缓办，所有优级师范毕业生既不敷分布，势不得不通融聘用，以应急需。惟未经检定则教员是否合格既无标准之可言。

为此，唐景崇主持制定并奏准颁布《检定初级师范学堂、中学堂教员章程》，明确规定了初级师范学堂、中学堂教员资格检定程序和办法。

检定主办单位 “检定初级师范学堂、中学堂教员各项事宜，在京师由学部办理，在各省由提学使司办理。”“检定初级师范学堂、中学堂教员时，京师由学部奏派专员为主试官，外省者以提学使为主试官，督率检定委员，按照本章程切实办理。”

检定委员遴选标准 “施行检定之时，由学部暨各省提学使遴选深通科学兼诸教育理法之学务职员，并学望优著之优级师范学堂、高等学堂及程度相等以上之各专门学堂教员，或在中国及外国大学堂、高等学堂之毕业生（须办理学务积有经验者）派充检定委员，分科检定。”

检定分类 “除优级师范学堂本科中等以上毕业生、优级师范学堂选科最优等毕业生，照奏定师范奖励义务章程，准充初级师范学堂、中学堂正教员。”“优级师范本科下等毕业生、优级师范学堂选科优等中等毕业生，照章准充副教员。”以上教员“于其专修科科目均无庸检定”。“其他有应行检定者，分为两种，一为试验检定，一为无试验检定。”

检定时间 “各省试验检定，除因急需教员，得临时禀候部示，择期举行外，每年由学部暨提学使相度情形，于冬季或夏季举行一次，其检定日期及试验科目，须于三个月以前预为宣示。无试验检定由学部暨各省提学使随时行之。”

检定资格 对于“无试验检定之资格”，要求如下：

（一）在大学预科及专门学堂或程度相等以上各学堂毕业，得有奖励或经学部核准升学者。

（二）在外国高等专门各学堂及程度相等以上各学堂毕业，经学部考试录取者。

（三）现充初级师范学堂、中学堂或程度相等以上各学堂教员，满三年以上，经学部或各省提学使认为合格者。

符合上列资格之一者，“经学部暨各省提学使给予无检定文凭，注明所修主课及通习学科，分别准充初级师范学堂、中学堂该科正副教员”。符合上列第一项、第二项资格者，“准充所修主课各科之正教员，所修通习学科，其钟点较定章初级师范、中学堂该科钟点为多者，准充该科副教员”。符合上列第三项资格者，“应以曾授之学科为限”。

对于“应受试验检定之资格”，要求如下：

（一）在本国优级师范选科或高等专门学堂及程度相等各学堂毕业者，得有及格或修业文凭者。

（二）在国外高等专门学堂或程度相等各学堂毕业，未经学部考试录取者。

（三）现充初级师范学堂、中学堂或程度相等以上各学堂之教员、职员。

（四）初级师范学堂毕业，照章服务期满者。

（五）曾充小学堂教员，已满教授年限，得有实力尽职文凭，暨在一学堂教授五年以上得有奖励者。

（六）著有中学教科书以上程度之各种书籍，经学部审定发行者。

（七）具有第三条无庸检定资格及得有初级师范学堂、中学堂某科教员检定文凭而愿兼任其他之学科者。

（八）举贡生员，能通专门科学，兼明教员原理及教授法者。

（九）曾任陆军队官等职，娴于体操教员者。

试验检定科目 “试验检定照初级师范学堂、中学堂所定学科，分别主科及补助科并行试验。”例如：中国文学应试主科为中国文学，应试补助科为历史、经学大义、地理、人伦道德；外国语应试主科为读本、作文、会话文法，应试补助科为西洋文学史、西洋历史；理化应试主科为物理学、化学，应试补助科为算术、代数、几何、三角；教育应试主科为教育学、教授法、管理法、心理学，应试补助科为伦理学；体操应试主科为游戏器械、徒手兵式，应试补助科为生理学、卫生学；等等。

教员品行要求 对“犯有精神病或各种废疾于教授有碍者”“曾犯有刑律者”“现有刑事诉讼者”“沾染嗜好者”“举贡生员曾经斥革，尚未开复者”“教员曾经斥退者”，“不得与于检定”；对业经检定之教员，“学业荒废，教授不合法者”“不尽心教授，久旷功课者”“现有词讼案，久不结者”“患病难期速愈者”，“得分别辞退”；对业经检定之教员，“经学务官绅查明逾闲荡检之证据者”“现染嗜好者”“现有刑律者”“干涉教育以外如地方词讼等事，及投入各种违法之会党者”，“应由督学局或各省提学使将检定文凭撤销”[1]。

---

[1]《学部奏检定初级师范中学教员及优待教员章程折》，载陈元晖主编《中国近代教育史资料汇编》，上海教育出版社，2007。

唐景崇在中国教育史上第一次系统地提出了初级师范教员和中学教员的检定章程，在教师资格制度的发展过程中具有里程碑的意义。

与此同时，唐景崇认为“待遇不优，尤非尊重师道之意”，主持制定并奏准颁布了《优待初级师范学堂、中学堂教员章程》。

唐景崇提出，对待初级师范教员和中学教员，“地方官应待以职绅之礼”；“其本无出身者，得比照举贡，准用顶戴”；“本身得免徭役”；“非本身犯罪，不得牵连逮捕”。

对于“凡现充某处初级师范学堂、中学堂教员者”，给予的优待是：“其子孙或胞弟、胞侄，如在该处官立、公立中等以下学堂肄业者，准免一人学费（膳宿杂费不在其列）。”

对于“凡在一学堂教授已逾五年”的初级师范、中学教员，给予的优待是：“由本堂呈明督学局或提学使，申报学部，除照章请奖外，得就本堂款项之赢绌，酌量加给津贴，至每年所得薪金十分之三，其学款支绌不能加给者，得请督学局或提学司给予实力尽职之文凭，作为名誉奖励。”“照章应请奖者，无论已否核准，若遇覃恩，其原有官职者系外官得比照京官给予封典，准以七品职衔貤封父母。”“其子孙或胞弟、胞侄，如在该处官立、公立中等以下学堂肄业者，准免两人学费。”

对于“凡在一学堂教授已逾十五年”的初级师范、中学教员，给予的优待是：“如因年老告退或罹疾病告退者，应由学堂支给一年薪金。”“病故时，无论已否告退，准其家属呈请该学堂，查明在堂时每年所得薪金，平均计算，给予一年薪金。”“其子孙或胞弟、胞侄，不论在该处何等学堂肄业，准免四人学费。”[1]

---

[1]《学部奏检定初级师范中学教员及优待教员章程折》，载陈元晖主编《中国近代教育史资料汇编》，上海教育出版社，2007。

唐景崇力推的《优待初级师范学堂、中学堂教员章程》，主要目的是希望以优厚待遇吸引合格教员加入初级师范、中学教员行列，并稳定初级师范、中学教员队伍，以确保初级师范、中学教育的顺利发展。

九　改革实业教育

“癸卯学制”将实业教育列为独立系统，横分农业、工业、商业、商船四类，纵分高等、中等、初等三级。初等实业学堂相当于小学程度，有农业、商业、商船三类，修业三年；中等实业学堂相当于中学程度，有农业、工业、商业、商船四类，修业期预科两年，本科三年；高等实业学堂相当于大学程度，有农业、工业、商业、商船四类，修业期预科一年，本科三年。

通过调查研究和证之以各省报告，唐景崇发现实业学堂在学制方面存在缺陷，在实际教育中也暴露出较多明显的问题。为此，他大力推行实业学堂改革。

厘订实业学堂毕业年限　唐景崇“窃查《奏定学堂章程》各种实业学堂多系三年毕业，惟高等农业学堂农学科系四年毕业，高等商船学堂航海科系五年毕业，机轮科系五年毕业。中等农业学堂系三年毕业，可缩至二年以内，或展至五年以内。初等农业学堂系三年毕业，可视地方情形，节缩期限。初等商船学堂系二年毕业”。他认为：

> 年限既有参差，办理自难一律。各处设立学堂，因之避难就易，惮于开设年限过长之专科，积渐日久，必致有所偏废。

因此，唐景崇主持推出了《厘订实业学堂毕业年限》，认为：“学堂年限过长过短皆非所宜，分别厘订，务求实际起见。”

高等农业学堂农学科，“讲授科目凡二十一科，实习科目二十五科，通计四十六科，自非四年毕业不能肄习完备”。唐景崇因此决定：

现既将原有预科一年另奏议裁，其本科年限自应暂仍其旧，俟将来考查各项科目可否酌量省并，再行置议。

高等商船学堂航海、机轮两科，“前经邮传部咨准上海高等实业学堂监督、前任农工商部侍郎臣唐文治咨称‘航海一科历时三年，业已完足’等语。此项专科既须深求学堂，并当注重实习，而航海实习须派赴船舶实行练习，又非学堂所能办到，似应将讲堂讲授功课与船舶实习功课量为分别”。唐景崇因此决定：

其课堂授课时期三年既已完足，拟将航海科改为四年毕业，前三年教授讲堂功课，后一年派赴船舶实习。机轮科亦即比照办理。

中等农业学堂，“业经臣部于光绪三十四年（1908年）《核议山西农林学堂林科学生毕业奖励并限定中等农业学堂毕业年限折》内，奏准定为三年”。

初等农业学堂，“限定以三年为毕业之期，不得节缩”。

初等商船学堂，“学堂等级甚低，而所分航海、机轮二科，又非粗浅技能所能从事。此项学堂定章以初等小学毕业学生升入为合格，入堂三年即行毕业，以学龄计之，毕业时学生年龄不过十三四岁，以之从事航海、管理机轮，断难胜任”。唐景崇因此决定：

拟请将此项学堂暂从缓办，其已经设立者，应即改为初等商业学堂，免致各处利其年限独短，敷衍办理，有名无实[1]。

实业学堂毕业年限进一步厘定明晰，为实业学堂兴办提供了遵循，有力地推

[1]《学部奏厘订实业学堂毕业年限分别办理折》，载陈元晖主编《中国近代教育史资料汇编》，上海教育出版社，2007。

动了实业教育的发展。

增订实业学堂实习分数算法 “癸卯学制”对实业学堂实习记分未作明确规定。唐景崇认为：“《奏定学堂章程》各等农工商实业学堂功课均列有实习一门，其办法系以讲堂所授各种应行实习之功课，令学生分就学堂所设之农工场、厂及商业实践室分别练习，以验学生之有无心得，最为切实。各国实业学堂办法大都如此。惟此项实习功课所记分数应如何计算之处，为定章所未备。农工商各种实业性质不同，复难一律办理。各省提学使司详请臣部核示者不一其处，势非及时增订办法，不足以资遵守。”

唐景崇“体察现今情形，参稽各国学制”，决定“拟将农工商三种学堂实习分数量为分别办理”。

各等农业学堂、工业学堂、商船学堂“实习功课最为重要，实习时数亦必增多”，实习分数算法为：“拟以讲堂功课之平均分数以二乘之，加入实习分数之平均分数，以三除之，俾实习分数实占三分之一。”

各等商业学堂“实习时数较少”，实习分数算法为：“拟以讲堂功课之平均分数以四乘之，加入实习分数之平均分数，以五除之，俾实习分数实占五分之一。”

毕业考试、复试考试实习分数算法为：“拟即以该学堂历期历年之实习平均分数按照所有学期平均之，以期得数列为实习分数。”

为此，唐景崇特别强调：

所有学期考试、学年考试、毕业考试、复试考试，一律照此法核算。……各学堂教习平日评记实习分数之时，务各力求核实。每学期毕，初等实业学堂造册呈报提学使司备案，高等、中等实业学堂造册呈由提学使司报部备案，均应按照学期、学年随时呈报，不得于毕业时补报，以便按时稽核。其毕业考试、复试考试，遇有应行考试实习功课之时，仍可酌量分别考试，以期核实[1]。

增订实业学堂实习分数算法，一定程度上扼制了重课堂授课而轻视实习的倾向，加强了各学堂及学生对实习课程的重视。

增加中等工业学堂应用化学一科 唐景崇认为："臣等查《奏定学堂章程》，高等工业学堂列有应用化学一科，而中等工业学堂无之。按应用化学于工业一端用途最广，且实业教员讲习所完全科既列有应用化学一科，若中等工业学堂无此科目，将来完全科学生毕业时更无以为教授之地。"因此，唐景崇等公同商定：

拟将中等工业学堂增入应用化学一科，其一切学科即仿照高等办理。惟使程度改浅，以期适用[2]。

拟订高等实业学堂、附设实业教员讲习所完全科合班教授办法 学部曾在唐景崇上任学部尚书前夕，"具奏实业教员讲习所毕业奖励一折"，称："此项讲习所既经增订奖励，不患无人来学，各省应于两年以内至少设立一所，并及时筹设简易科。"

宣统三年（1911年）二月，"各省设立实业教员讲习所简易科者尚居多数，设立完全科者殊属寥寥。"唐景崇认为原因有二："一由于合格学生无多，一由于高等实业学堂与实业教员讲习所完全科同时并设，财力颇难兼顾。"经调查研究发现："实业教员讲习所完全科与高等实业学堂分科相同者有四：曰农业科，曰应用化学科，曰窑业科，曰商业科。"因此，唐景崇决定："将完全科学生择其分科与高等实业相同者，附设于高等实业学堂之中合班教授，必可收费省事举

[1]《学部奏增订实业学堂实习分数算法折》，载陈元晖主编《中国近代教育史资料汇编》，上海教育出版社，2007。

[2]《学部奏中等工业学堂酌增应用化学一科片》，载陈元晖主编《中国近代教育史资料汇编》，上海教育出版社，2007。

之效。”

实业讲习所农业完全科年限与高等实业学堂农业科年限相同，“拟即用高等农业课程教授，惟须酌减实习科目中之一二科，改授教育学、教授法、教育法令，藉明教育理法”。

应用化学、窑业、商业三科，“拟将完全科前三年课程与高等实业本科课程改归一律，至第四年课程拟分三项：一教育科目授以教育学、教授法、教育法令等科；一增加科目，应用化学科拟加定性、定量分析、工业分析等科，窑业科拟加定性、定量分析等科，商业科拟加应用物理、化学等科，除前加各科外，并得加授外国语文，以资深造；一专攻科目，从前已习科目为该省所应注重者，得任择二三科加深研究，以期精进”。以上三项学科教授时间安排，“均暂由该省提学司妥拟申请臣部核定，将来臣部奏明改定实业学堂章程时，应即按照新章办理”。

唐景崇指出：“此项完全科学生前经奏定义务年限，自应按照师范章程办理，概归官费。如此既足收实业教育之效，且可启寒畯求学之途，在各省所增经费无多，而他日所造之师资甚富。”并强调要求：“今日实业待兴甚亟，自经此次变通，各该省更不得借口于款项难筹，致阻教育之进步。”[1]

裁节高等农业、商业学堂预科　唐景崇认为原订章程“高等农业学堂、高等商业学堂于本科年限之外，均订有预科一年，而高等工业学堂、高等商船学堂无之。当学堂初开之时，各项高等学堂大半招选年岁既长、文理通畅之学生，实习普通中学一二年，即行升入肄业，并非由小学、中学循级而进，令其先入预科，办理尚不为难。现在各项高等学堂，业经臣部奏定，非曾在中等学堂毕业之学生，不得考入，限制加严。中学堂又经臣部奏定，分为文实两科，所有预功课皆系中等学堂已经习过之功课。其升入高等农业、商业学堂之学生，实毋庸再习预科”。因此奏准决定：

---

[1]《学部奏筹议高等实业学堂附设实业教员讲习所完全科合班教授办法折》，载陈元晖主编《中国近代教育史资料汇编》，上海教育出版社，2007。

将高等农业、商业学堂两项预科并予裁节，俾得与高等工业、商船学堂一律办理。其高等农业学堂各项本科所关人伦道德、中国文学两门功课，拟即加入。嗣后凡由中等学堂毕业升入高等农业、商业学堂之学生，准其径入本科。惟已办预科在前之高等农业、商业学堂，不得以从前所办预科年限抵作本科年限，以示限制[1]。

唐景崇改革实业教育，促进了实业教育的发展，对中国现代化进程起到了一定的推动作用。

十　外国语教学定为英语

“癸卯学制”在纲领性文件《奏定学务纲要》中提出：“中学以上各学堂必勤学洋文。今日时势不通洋文者，于交涉、游历、游学无不窒碍……假令中国通洋文者多，则此种荒谬悖诞之翻译，决无所施其伎俩。故中学以上各学堂必勤习洋文，而大学堂经学、理学、中国文学、史学各科，尤必深通洋文而后其乃为最大，斯实通中外、消乱贼、息邪说、距诐行之要也。”[2]

中学堂以上要求必须学习外国语，标志着外国语学习被正式纳入学制要求和硬性规定。

中学堂以上学习外国语，“癸卯学制”要求学生从日语、英语或德语、法语、俄语中任选一门学习。

唐景崇一直重视学外国语教学。他认为：“诚以肄习外国文学，以治西学，

[1]《学部奏拟裁高等农业商业预科片》，载陈元晖主编《中国近代教育史资料汇编》，上海教育出版社，2007。

[2] 张同冰、丁俊华:《中国外语教育发展史回顾（二）》,《基础教育外语教学研究》2002 年第二期。

则为穷源探本之途；以沿中学，亦收融会贯通之效。”[1]唐景崇在出督江苏学政时，辑编《中学堂暂用课本之书目》将重点放在英语、日语、法语的学习上，并根据实际情况选用相应的教材，他强调：“外国语先教审音缀字，再进则习简易文章之读法、译解书法，再进则讲普通之文章及文法之大要，兼使会话、习字作文。”[2]

四月，一些省师范学堂毕业生呈请免试外国语，唐景崇因此发电各省，认为：“案查《奏定学务纲要》内载‘中学以上各学堂必勤习洋文’等语。又查优级师范学堂章程，英文系通习科目，优级师范选科并日文亦列通习科内，均非随意科目可比。”其中指出：

各该堂应如何懔遵定章，认真讲授，乃本部本届复试各省师范毕业生，核阅所呈英日文教科书程度异常浅近，试期既迫，又复文电交驰，请予免试。该生等既经毕业，本部固未忍苛绳，惟长此玩视定章，率请免试，亦复成何事体？

此外，唐景崇强调：

应由提学司转饬所属优级师范学堂，无论补习科、公共科、选科、分类科，所有外国文课程均应按照定章切实讲授。以后无论毕业或复试，外国文一门，一概不准援案呈请免试，以重定章。相应咨行查照，转行提学司饬知所属优级师范学堂，遵照办理可也[3]。

---

[1]《学部通行各省优级师范学堂以后毕业或复试一概不准援案呈请免试外国文文》，载陈元晖主编《中国近代教育史资料汇编》，上海教育出版社，2007。

[2] 唐景崇辑《中学堂暂用课本之书目》，国家图书馆藏，光绪三十一年刊本。

[3]《学部通行各省优级师范学堂以后毕业或复试一概不准援案呈请免试外国文文》，载陈元晖主编《中国近代教育史资料汇编》，上海教育出版社，2007。

在重视外国语教学的同时，唐景崇决定从实业教育入手，进一步规范外国语的教学。通过调查研究，唐景崇发现：

窃惟实业教育科别繁多，其精深之学理为往日学子所未闻，其专用之名词为汉文迻译所难备。当学堂初开之时，各处学生于实业知识毫无根柢，学堂讲授不过略示门径，取材译籍尚足敷用。现在兴学有年，实业教育于预备立宪具有重要关系，自应力求进步，以冀仰副朝廷振兴教育之心。

臣等考查日本学堂办法，其高等以上之学堂所用课本及参考书籍均系西文原书，故能力造精微，各种学术得以颉颃各国。现各处学堂习文译本，既失科学之精神，其采用外国课本者，又属此法而彼德、此英而彼日，将来学生毕业，循序递升，以各府州之中等实业学生汇于一省之高等实业学堂，以各省之高等实业学生汇于大学堂之农工商各科，所习文字截然不同，必致无以为教，似非及时整理，择定一国文字，俾资通习，不足以杜纷歧。

查《奏定学堂章程》实业学堂外国文功课一项，高等农业学堂于预科载明英语，愿入农学科者兼习德语；高等工业学堂于普通科载明英语；高等商船学堂载明英语通学，俄、法、德、日本、朝鲜语兼习其一。而高等商业学堂及中等、初等实业学堂应习何国语文，未经订明，并有未将外国文列入课程，或仅列为便宜加设之科目者。

唐景崇认为：“窃查各国语言文字，以英国语文最为通行，传入中国最早，而又最广，英文科学书籍入中国者亦最多。”因此决定：

各等农工商实业学堂所有外国语文功课，拟一律定为英国语文。其应行兼习他国语者，仍照章兼习。其原定课程无外国语文功课者，拟一律加入外国文一门。其以外国语文列为便宜加设之科目者，拟一律改为必修科，以便各学堂有所遵守，将来学生循级递升，由初等、中等、高等以至于大学，不致因文字歧出有所窒碍。嗣后各省开设高等实业学堂及现设高等实业学堂续招学生，所授功课，除人伦道德、中国文学、历史、地理各科外，其关系实业之学科，拟饬一律用英文课本。毕业后送京复试，用英文考试。

从四个“一律”可以看出，唐景崇有意识地将外国语教学从“癸卯学制”提出的日语、英语、德语、法语、俄语五选一，以统一为单一的英语教学。他认为：“似此明订办法，庶学生于英国文字均知切实研究，于各种实业科学得以力求精邃，实业教育或有振兴之日。”[1]

“癸卯学制”在《奏定学务纲要》中提出，学生于初等小学堂时期不建议学习外国语。而在《奏定学堂章程》中提出：“惟高等小学如设在通商口岸附近之处，或学生中亦有资敏家寒将来意在改习农工商实业不拟入中学堂以上各学堂者，其人系急于谋生起见，在高等小学时自可于学堂课程时刻之外兼习洋文。应就各处地方情形斟酌办理。”[2] 至于学习何种洋文，并没有明确规定。

唐景崇在改订高等小学课程时，就明确相关要求：“如学堂设在通商口岸附近之处，学生为急于谋生起见，得于第三第四两年加习英文一科。”[3]

唐景崇从通商口岸附近高等小学到实业学堂统一外国语教学为英语教学，本来打算进一步统一中学堂、专门学堂、大学堂外国语教学为英语教学，使英语教育伴随着新式教育的推广和普及而真正发展起来。但事与愿违，他还来不及开展相关工作，清王朝便覆亡了。但他规范外国语教学为英语教学的做法为民国时期统一外国语教育提供了经验和借鉴。

---

[1]《学部奏实业教育宜择定外国语并拟修改课程折》，载陈元晖主编《中国近代教育史资料汇编》，上海教育出版社，2007。

[2]《学部奏定学堂章程折》，载陈元晖主编《中国近代教育史资料汇编》，上海教育出版社，2007。

[3]《学部奏改订两等小学堂课程折（并单）》，《政治官报》第一千一百五十六号，光绪刊本。

十一　统一国语教育

语言统一为近代国家的表征之一，随着中西交流的日益增强和近代化进程的推进，晚清一些有识之士开始认识到中国各地语言不统一是中国富强的障碍。为实现启迪民智，普及识字的目标，就要推广使用切音字，并统一国语。

唐景崇上任学部尚书后不久，就接到时任宪政编查馆参议、政务处提调劳乃宣的来函。

劳乃宣以“朋友讲习之谊，私相讨论”为理由，请唐景崇考虑推行官话简字。他在函中谈到了普及教育的重要性，谈到了汉字不适宜作为普及教育的工具，谈到了当时的各种切音字方案，谈到了官话字母和合声简字的创制、推行、进程等，谈到了学部对汉语拼音的“深闭固拒”，也谈到了他对汉语拼音必然会实行的信心。他的见解是：

……中国宜别设主音简易之字，与汉字相辅而行，已为今日海内谈教育者之公论。近年创造者不一而足，弟频年留意此事，所见者不下七八家，有用罗马字母者，有用速写法者，有用汉字省笔者。罗马字母利在各国可通，而内地乡民传写为难；速写法利在书记便捷，而鲁钝愚氓辨识不已；汉字省笔则无此诸弊。而诸家中有切音之法未尽善者，有囿于一隅之土音者，独京师官话字母，完美便用，为诸家之最……

……夫文化之演而弥进也，其机既动则不可遏。今天下纷纷造作，其机之动已久矣。他日中国于汉字之外，别用一种主音简易之字以为辅助，可信其必有此事……于此事之必可行，且不可不行，自信甚笃[1]。

继劳乃宣之后，一些有识之士亦纷纷向资政院呈进说帖，催促推行切音字，

---

[1] 倪海曙：《清末汉语拼音运动编年史》，上海人民出版社，1959。

统一国语。

第一个说帖由江谦等三十二名议员于宣统二年（1910年）九月提出。他们对学部分年筹办国语教育事项提出质问："普及教育与统一国语通滞之机，争此一著，迁延则废时，冒昧则败事，毋使人谓学部空言普及教育统一国语，区区国语教育之消息而不之知，而俨然握全国最高教育机关也。"[1]

第二个说帖来自保定拼音教育会韩德铭等一百八十七名会员，陈请资政院另办官话简字学堂，颁行官话简字[2]。

第三个说帖来自"拼音官话书报社"编译员和各号"官话字母义塾"教员、教习、经理、赞成员等一百十一人。他们强调语言统一的重要性，认为"语言一致者，立国之要素也"，陈请资政院颁行官话简字[3]。

第四个说帖由韩印符等八名官吏提出。他们提出"推行官话简字，以普及教育，全国人人识字为宗旨"，陈请资政院颁行官话简字[4]。

第五个说帖来自江宁程先甲等四十五人。他们认为"吾国日言宪政，而不由文字简易入手，殆未见其可也"，陈请资政院颁行官话简字[5]。

第六个说帖来自重庆简字官话学堂教务长、汉口官话简字师范学堂堂长刘照黎和陶柟，陈请资政院颁行官话简字[6]。

说帖接踵而至，资政院不得不慎重其事，便成立一个特任股员会，推严复为股员长，负责审查这些说帖。特任股员会开会两次，并于十二月由严复提出了一份报告书，得出结论：

本股员会审查得官话简字，即一种简笔之拼音字。拼音简字与我国魏晋以来相传反切之法，作用则一而繁简不同。反切繁难，故通者较少；简字便捷，故妇孺易知。反切足以补六书之缺，千余年来相沿不废；则简字足以补汉字之缺，为

---

[1] 倪海曙：《清末汉语拼音运动编年史》，上海人民出版社，1959。

[2][3][4][5][6] 同上。

范正音读拼合国语之用，亦复无疑。且今日筹备立宪，方谋教育普及，统一国语，则不得不急图国语教育；谋国语教育，则不得不添造音标文字[1]。

对于来自各方的呼吁，唐景崇不仅十分赞同，而且高度重视，在职责范围内全力推进。

做好规划 为配合立宪进程，宣统二年（1910年）十二月，唐景崇领衔上呈《奏酌拟改订筹备教育事宜折》，将“设立国语调查会”“颁布国语课本”纳入宣统三年（1911年）应办事宜，将“通行各省师范学堂试办教授国语”“高等小学以上学堂试办教授国语”纳入1912年应办事宜[2]。宣统三年（1911年）七月唐景崇奏报本年上届筹备事宜时，说：“惟编辑国语课本，须先定确当之音标，现在广征海内人士于国语音标素有研究者，各据所见送部采择，尚难克期蒇事。”“其设立国语调查会一节，臣等暂派图书局局员拟议章程，筹定办法，惟调查、审定、编纂、传习各事，极为繁重，断非少数人员所能担任，除此项章程另行奏报外，臣部已开具该会经费预算表，俟交由资政院核议后，即当遴派精通音韵、熟悉方言人员按章办理。”[3]与此同时，为解决国语师资问题，唐景崇计划：宣统三年（1911年）在“京师设立官话传习所，行各省设立官话讲习所”；1912年在“行各省推广官话讲习所”[4]。

中小各学堂一律添课官话 唐景崇通过调查研究发现，推广官话的难点在“分配时间、聘用教员二端”。于是，宣统二年（1910年）十一月，他咨行各省，规定：“中小各学堂一律添课官话。”明确要求：“各学堂应于正课时间之外，添课官话时限，每星期二小时至三小时。”至于官话教员，鉴于经费、师资有限的问题，唐景崇一是提倡“学堂连合聘用”，“以期费省事举，便于推行”；二是加

---

[1] 倪海曙：《清末汉语拼音运动编年史》，上海人民出版社，1959。

[2]《奏酌拟改订筹备教育事宜折》，《政治官报》第一千一百七十二号，光绪刊本。

[3]《学部奏报本年上届筹备事宜遵章接续奏报折》，《内阁官报》第三十六号。

[4]《学部奏报分年筹备事宜折》，载商务印书馆《大清宣统新法令》。

快官话师资培养，“至师范学堂官话一科，所关尤重”，“由提学使切实督率办理，将来毕业日多，小学各项学科皆可用官话教授，俾收统一语言之效”。同时，设立研究所，派定专员，准备编辑《国语课本》，以促进语言的规范统一[1]。

征集国语音韵标准 宣统三年（1911年）七月，唐景崇交代部员在《内阁官报》刊登广告，向海内人士征集国语音韵标准：

本部编辑《国语课本》，须先定确当之音标，庶几南北方音渐趋统一。惟兹事体大，非博蒐而慎取之，恐不克推行无阻。海内人士如有于国语音韵标准研究有得者，尚希发摅伟论，著之宏编，即于年内邮寄本部，以备采择[2]。

力推《统一国语办法案》 在江谦等的鼓动下，资政院通过议案，“将简字正名为‘音标’，由学部审择修订，奏请钦定颁行”。唐景崇收到议案后，将其作为会员议案，交给中央教育会会议讨论，以达成集思广益、凝聚共识的目的，经过会员的充分讨论，中央教育会于宣统三年（1911年）闰六月十六日第十六次大会上多数通过。会议结束后，唐景崇指示颁布了《学部中央教育会会议议决统一国语办法案》，内容更为翔实与条理化。这个《统一国语办法案》内容大致如下：

（一）调查：“先由学部在京师设立国语调查总会，次由各省提学使司设立调查分会，办理调查一切事宜。该会调查之件，分语词、语法、音韵三项，其余关涉语言之事项，亦一律调查。惟须由总会订定语词、语法程式及假定音标，令一律添补录送总会。该总会、分会一切组织办法，统由学部妥定章程，颁布施行。”

（二）选择及编纂：“各省分会调查后，录送总会，由总会编制部逐加检阅：其雅正通行之语词、语法、音韵，分别采择，作为标准，据以编纂《国语课本》

---

[1]《学部咨行各省中小各学堂一律添课官话》，《教育杂志》宣统三年第二期。

[2]《学部征集国语音韵标准广告》，《内阁官报》宣统三年七月。

《语典》《方言对照表》等；其俚俗讹误，不能作为标准者，亦附入《方言对照表》，以备查对之用。”

（三）审定音声话之标准：“各方发音至歧，宜以京音为主，京语四声中之入声，未能明确，亟应订正。宜以不废入声为主。话须正当雅驯，合乎名学，宜以官话为主。”

（四）定音标：“音标之要则有五：一、音韵须准须备；二、拼音法须合公例；三、字画须简；四、形式须美；五、书写须便。无论造新征旧，必以兼合此要则者，方能使用。又须兼备行楷两种。该音标订定后，先在各省府、厅、州、县酌定期限，试行传授，遇有滞碍，随时具报总会修正。修正确当后，再行颁布，作为定本。”

（五）传习：“先由学部设立国语传习所，令各省选派博通本省方言者到京传习，毕业后遣回原省，再由各省会设立国语传习所，即由前面毕业生充当教员，以次推及府、厅、州、县。凡各学堂之职教员不能官话者，应一律轮替入所学习，以毕业为限。各学堂学生，除酌添专授国语时刻外，其余各科亦须逐渐改用官话讲授。”[1]

唐景崇力推的《统一国语办法案》是晚清切音运动的重大成果之一，也是中国近代史上政府通过的第一个语言规划的文件。由于清朝覆亡，这个规划还来不及实施，但“在某种意义上讲，它开启了我国在现代化进程中语言规划的大门”[2]。

“不能把它仅仅看作清末留下的一纸空文，而是一份具有学术价值和历史影响力的重要文化遗产。”“国语统一的规划与举措，未因朝代更替而终止。《统一国语办法案》充分吸收了清末切音字运动的成果，开启了政府规划语言文字的首

[1] 倪海曙：《清末汉语拼音运动编年史》，上海人民出版社，1959。

[2] 屈哨兵：《“统一国语办法案”所涉及问题三论》，《云南师范大学学报》2011 年第 6 期。

例，并形成了百年传统。百年来中国的语言规划，有很多内容都是在完成它提出的任务，有很多举措都受到它的启发，而它提出的全国语言调查、将国语作为教学语言等任务，时至今日尚未完成。”[1]

十二　改革存古学堂

光绪三十三年（1907年）五月底，湖广总督张之洞以保存国粹、培养中文中学师资、维护国本、消弭乱源为由，以他两年多前所拟《札设存古学堂文》为蓝本，修改增删，正式进呈了《创立存古学堂折》，同时向学部咨送了《湖北存古学堂课表章程》。

张之洞在奏折中说：“该学堂（湖北存古学堂）工程现已完竣，于本年暑假后即行开学。该学堂章程现系创举，拟请试办半年后，如课程条目毫无窒碍，拟即请旨敕下学部核定，通行各省一律仿照办理，以延正学而固邦基。”[2]

在张之洞的首倡与主持下，湖北存古学堂如期开学。之后，各地闻风而动，至清朝覆亡时，湖北、安徽、江苏、陕西、广东、四川、甘肃、山东等省皆办有存古学堂，京师、江西、浙江、福建、贵州、湖南、江宁、广西、河南、云南、直隶、吉林、黑龙江等地也都有仿办存古学堂的提议或规划。

宣统元年（1909年）底，学部按例进呈《遵章陈明次年筹备事宜折》，明确要求存古学堂于第二年“应按期举行，一律开办”[3]。

宣统二年（1910年）二月，唐景崇奉旨接替荣庆担任学部尚书后，就收到本部司员陈衍的上书。陈衍请他“着力”主持存古学堂的推广事宜，说：“但使一省有一文学堂，专习经史文字，三年卒业，得稍优者数十人，升入大学及用为教授，读书种子可以不绝于中国。是在阁下力主持之。若听不学者之武断灭裂，则

---

[1] 李宇明：《纪念〈统一国语办法案〉颁布一百周年》，中国语文现代化学会第十届年会论文。

[2] 赵德馨主编《张之洞全集》，武汉出版社，2008。

[3]《学部奏遵章陈明次年筹备事宜折》，《湖北教育官报》宣统二年第一期。

异日追原其事。必曰：‘中国读书种子之绝，绝于阁下为学部长官之时。’”[1]

陈衍的想法绝非危言耸听，他确实代表了当时一部分人的意见。因此，唐景崇对存古学堂不得不慎之又慎。他在检阅张之洞在任时所奏关于学务各折件后，向本部司员提到：“拟咨行各省，凡未设立者均于年内筹办成立。”[2]

唐景崇十分清楚，存古学堂的兴起虽然在保存固有文化方面有一定的作用，但它对新学的推行却产生了消极影响。“各省建设存古学堂日多一日”，人们开始担忧“士子好古情殷阻碍新学”[3]。因此，有人建议学部对张之洞所拟《湖北存古学堂课表章程》进行修订。

在修订章程未出台前，唐景崇在具体运作中开始采用“变通办法”取代原拟当年“行各省一律设立存古学堂”的筹备宪政办学计划。宣统二年（1910年）九月，唐景崇上呈《奏预备立宪第三年上届筹办事宜折》，决定：“各省存古学堂，现由臣部拟定变通办法，分别已设、未设省分，酌量设立。”[4]唐景崇的态度由开始时要求“一律开办”变为“酌量设立”。

当年十一月，唐景崇要求司员备文答复资政院议员孟昭常“质问奖励、考试、存古学堂三项应否废止，中小学堂章程应否修改”时，指出：“江、鄂等省先经设立存古学堂。全国之大，不过数处，固出于调停新旧之苦心。然本部于湖南景贤、成德、达材、船山等学堂曾经先后奏驳，可见审时度势，本部原自有权衡。当资政院开会时，本部尚书演说教育方针云：拟将存古学堂酌量财力，归并办理。该议员谅已闻之矣。”[5]

随着预备立宪期限由九年缩改为五年，唐景崇的工作重心、主要精力都放在被他视为宪政“始基”的普及教育上。宣统二年（1910年）十月下旬，唐景崇电

---

[1] 陈衍：《陈石遗集》，福建人民出版社，2001。

[2]《拟饬各省设立存古学堂》，《大公报》宣统元年三月二十五日。

[3]《张相国与存古学堂》，《大公报》宣统元年五月十九日。

[4]《学部奏预备立宪第三年上届筹办事宜折》，《政治官报》第一千八十四号，光绪刊本。

[5]《学部负固不服之答复》，《申报》宣统二年十一月二十日。

饬各省“妥速筹办初等小学”[1]。十一月二十五日，唐景崇为“注重小学、力图普及起见”，将重新“通盘筹划”的普及教育“提前办法”奏准钦遵在案[2]。一个月后，唐景崇又将改订后的“筹备宪政办学清单”奏准颁行全国，新清单以“普及教育最要次要办法”为基础，“总期与普及教育本旨切合无间”[3]。

在这种情况下，存古学堂的推广事宜，在唐景崇心中，自然要为“普及教育”让路。因此，他在将“催设存古学堂”从改订的“筹备事宜清单”中删除的同时，根据情势变化，着手对存古学堂进行改革，同时对《湖北存古学堂课表章程》进行修订。

唐景崇认为：“现在该省（湖北）存古学堂已设立数年，各省亦渐有仿照设立者，惟章程迄未通行，未免彼此歧异，或有名而无实，或费多而效少，非将原章修订通行，不足以收整齐划一之效。”唐景崇主持修订的《存古学堂章程》，为避免“有碍新机”，将改革存古学堂的重点放在：

明确办学宗旨　“存古学堂以养成初级师范学堂、中学堂及与此同等学堂之经学、国文、中国历史教员为宗旨，并以预备储升入经科、文科大学之选。”

明确毕业年限　一是存古学堂“分设中等科、高等科”（原章没有分设）。二是毕业年限，“在他项学堂中等、高等并计，皆在八年以上，吾国古学精深，比之他项科学研究更为不易，原章定为七年毕业，期限较短，自应比照他项学堂定作中等五年、高等三年”。

明确学科　“存古学堂学科，分经学、史学、词章三门。经学门为预备升考经科大学者治之，史学门为预备升考文科大学之中国史学门者治之，词章门为预备升考文科大学之中国文学门者治之。”

“暂准缓设”或“合办”　“臣部前于筹备单内奏定各省一律设立存古学堂，按之现在各省教育经费支出情形，实觉力有未逮，若勉强设立，经费不充，师资

[1]《学部札饬各省妥速筹办初等小学电》，《广东教育官报》宣统二年第十期。

[2]《学部奏覆陈普及教育最要次要办法折（并单）》，《学部官报》第一百四十五期。

[3]《学部奏酌拟改订筹备教育事宜折（并单）》，《湖北教育官报》宣统三年第二期。

缺乏，转不足以得真材，自应由各省体察情形，其财力实在艰窘者，暂准缓办或与邻省合并办理。庶几设立者皆属完备之学堂，用副循名核实之意。”“存古学堂，每省以设一所为限，如财力实有不足者，暂准缓办。其在交通便利之处，亦可联合邻近省分，合设一所。”

明确学额 “又此项修明古学之人，即为将来经师大儒之选，固贵精而不必其多。”“各省存古学堂考取学生，无论本籍外籍，一律收录。”“存古学堂每年级学生名额，按照各地方情形酌定。惟每年级至少须满六十名，其学生过少不能成班之处，应准缓设。”

完善章程 “臣等查原章中于课程教法，筹划至为精详，而办理情形，今昔既略有不同，故条文不无增易之处；其管理规则，亦为原章所未及，并参照他项学堂章程，酌量加入，俾底完全。”此次修订章程为六章及附则共二十一条，包括“立学总义”“学额及学生”“课程”“入学退学”“考试及毕业”“学膳费及书籍费”及“附则”，其中除“课程”外，其他均为此次修订加入[1]。

唐景崇主持修订的新章在每周总计三十六个课时保持不变的情形下，将经、史、词章各科学生前两年的“主课”周课时数由湖北旧章的二十四个课时降至二十个课时，第三至第五学年更由湖北旧章的二十四个课时减至十八个课时，第六至第八学年每周同样只有十八个课时，仅仅是维持与湖北旧章最后两学年相同的课时而已。这样一来，尽管修订新章延长为八年学程，但八年学制的“主课”总课时数反而较湖北旧章七年学制下有所减少。

“主课”课时减少，而普通学科的课时却有明显增加，如：“算学”课时数增幅约为百分之六十二；“舆地学”课时数增长一倍；“农林渔牧各实业”课改为“农业大要”后，课时数也增加一倍；“体操”课的每学年课时数增加一倍；“外国史”“博物”“理化”等课的学程皆由原来的一学年延为两学年，前两门的总课

[1]《学部奏为修订存古学堂章程折》，载陈元晖主编《中国近代教育史资料汇编》，上海教育出版社，2007。

时数分别是湖北旧章的四倍，“理化”课更达到湖北旧章的六倍。此外，湖北旧章的“工商各实业”“外国政治法律理财”“外国警察监狱”等课均为一年学程。修订新章将“工商各实业”分为“工业大要”“商业大要”，各为一年学程，合计课时总数是湖北旧章的四倍；中等科开“法制”“理财”课，高等科设“政治学”课，皆为三年学程，三课合计课时数是湖北旧章法政理财课程的六点五倍。课时大幅增多后，授受内容更为具体细密，其中也不乏课程整体配置的调整。如湖北旧章的“外国政治法律理财”课讲“外国立政大意”，“外国警察监狱”课讲“外国安民防患、慎狱恤刑大意”。修订新章将后者取消，专设“法制”课讲“法学通论及宪法、民法、刑法之大意”，“理财”课授“经济学原论及统计泛论、簿记学原理”等财政方面的“普通知识”，“政治学”课讲“政治学、财政学原论及行政法之大要”。

中学课时减少后，其“教授法”也有相应的变化。比如《古文苑》《续古文苑》在湖北旧章中原为词章科学生需“点阅”的“古人有名总集”，修订新章以其“卷帙过多”，只要求学生“义取求备，以备参考”即可。而二卷本《经史百家杂钞》则被增列为该科学生“必要”的“点阅书籍”。类似的调整并不限于词章范围，可以说修订新章的中学主课精简压缩了中学典籍的教学，而大量增加了新学内容的教学。

唐景崇主导修订的《存古学堂章程》一经颁布，教育评论家庄俞立即读出了它背后隐藏的含义：“各省可不设存古学堂。”其理由是：“一学部无必设之命令”；“二各省无可设之财力”；“三各省有不设之机会”，“去年学部改定之筹备事宜清单不是已将催设存古学堂一项悉行删除乎？学部已具如是之决心，各省犹不乘此机会决定不设，夫亦大愚也已”；“四各省无合格之学生”[1]。

唐景崇从上任学部尚书到修订《存古学堂章程》，仅一年时间，他对存古学堂的态度发生了一百八十度的大转弯，从开始时要求“一律开办”到“酌量设立”，

[1] 庄俞：《论各省可不设存古学堂》，《教育杂志》宣统三年第五期。

再到“暂准缓办或与邻省合并办理”。虽然他明知设立存古学堂会“有碍”推行普及教育的“新机”，但他还是主持修订了《存古学堂章程》，他是不得已而为之，他有不得已之苦衷。

十三　改革推广法政学堂

光绪三十一年（1905 年）四月，负责修订法律的沈家本、伍廷芳认为修律与法学教育应同步进行，以免“法律成而无讲求法律之人，施行必多隔阂”，于是便上折请专设法律学堂，并建议在京师设法律学堂一所，通过考试选取中央各部属员，入学肄业，毕业后分派各省，佐理新政，分治地方[1]。清廷将奏折交学务大臣孙家鼐等议复。孙家鼐等认为“设法律学堂实为当务之急，自应准如所请，即由该大臣等详议章程奏明办理”，并立即启动了京师法政学堂的筹设。与此同时，直隶总督袁世凯、两广总督岑春煊也将本省课吏馆改为法政学堂[2]。

同年十月，清廷通咨各省设立法政学堂。第二年六月，学部咨令各省添设法政学堂，要求：“凡未经设立此项学堂之省分，应即一体设立；且经设立者，亦应酌扩充。”[3]

光绪三十二年（1906 年）十二月，《京师法政学堂章程》奏准颁布实施。《京师法政学堂章程》并非专为京师法政学堂而订，而是为各省法政学堂的共同规范。该章程以“造就完全法政通才为宗旨”，目的是为清政府各部院和地方培养和储备新政人才[4]。

唐景崇上任学部尚书后，鉴于筹备宪政急需普及法律知识，各部院和地方也

---

[1] 沈家本:《法学通论讲义 · 序》，载《沈寄簃先生遗书 · 寄簃文存》卷六。

[2] 安新予:《清末民初法政专科学校教育》，载中山大学孙中山研究所编《孙中山与近代中国的改革》十四集，中山大学出版社，1998。

[3] 朱有瓛主编《中国近代学制史料》第二辑，华东师范大学出版社，1989。

[4]《学部奏筹设京师法政学堂酌拟章程折》，《东方杂志》光绪三十三年第十一期。

急需大量懂法律的专门人才，于是加快了改革和推广法政学堂的步伐。

扩充规模，扩大招生 唐景崇上任后不久，即颁发《学部通行各省法政学堂应次第扩充文》，要求："一律扩充规模，加速扩大招生。"[1] 据统计，宣统元年（1909 年）底，法政学堂有四十六所，在校学生一万一千六百八十八人；而到宣统三年（1911 年）底，法政学堂增加到六十四所；在校学生增加到三万〇八百〇八人[2]。

准予设私立法政学堂 《奏定学堂章程》有"私立学堂禁专习法律政治"的规定，阻碍了私立法政学堂的发展。宣统元年（1909 年），各省咨议局代表联合进京，请求缩短预备立宪期限，其间，议员孙洪伊、汪龙光、孟昭常、谭延闿、汤化龙等联名上书，要求开禁私立法政学堂。

唐景崇上任学部尚书后，在议复浙江巡抚增韫《奏请变通部章准予设私立法政学堂折》时，明确表态："拟请嗣后准予各省私立学堂专习法政，以广教育而重宪政。"[3] 不久，唐景崇又将私立法政学堂限于省会的规定改定为"凡繁盛商埠及交通便利之地，经费充裕、课程完备者，一律准予呈请设立法政学堂，以广造就"[4]，从而为私立法政学堂的创设扫除了障碍，加速了法政学堂的推广步伐。

改订《法政学堂章程》 宣统二年（1910 年）十一月，唐景崇主持对《京师法政学堂章程》作了重要修订，成《法政学堂章程》。唐景崇认为："现值筹备宪政期限甚迫，凡官吏绅民均非具有法政知识不足以资应用，从前所定《法政学堂章程》其应修改者约有三端。"

其一，根据时代和社会的需要，调整教学内容，强调此后法政学堂课程"当以中国法律为主"，为司法改革和司法独立作准备。

---

[1]《学部通行各省法政学堂应次第扩充文》，载《学部奏咨辑要》卷二。

[2] 潘懋元、刘海峰主编《中国近代教育史资料·高等教育》，上海教育出版社，1993。

[3]《学部奏议复浙抚变通部章准予私立学校专习法政折》，载《大清教育新法令》。

[4]《学部奏准各省推广法政学堂片》，《教育杂志》宣统二年第十二期。

当订章之际，各种新律均未颁布，除《大清会典》《大清律例》之外，更无本国法令可供教授。今则《宪法大纲》《法院编制法》《地方自治章程》等均经先后颁行，新刑律亦不日议决，奏请钦定施行。此后，法政学堂此项功课自当以中国法律为主。

其二，根据功课和学业需要，决定正科四年毕业，废止讲习科。

旧章于正科、别科均三年毕业，讲习科仅一年半毕业，固为应急需起见，然法政学科甚繁，正科既以求完全之学问，三年尚嫌其短，至一年半之讲习科所习无多，断难足用，自非将正科延长一年，讲习科章程废止，不足以收实效。

其三，根据理财急需，增设经济门。

旧章正科仅分法律、政治二门，而财政经济等学科仅为政治门所兼修，并未专设。现在中国财政亟需整理，自非专立经济一门，不足以造就此项人才。

至于别科，唐景崇是这样处理的：

其别科一项系以应一时急需之用，本年臣部议覆浙江巡抚增韫奏请准予私立学堂专习法政折内，曾声明“不得专设别科，以趋简易”等语，惟现在中学堂毕业生人数过少，各处法政学堂之正科容有难以遽行成立者，自应量予变通，准其先设别科以应急需。俟将来中学堂毕业生渐多，再将别科章程废止。

修订《法政学堂章程》包括“立学总义”“学额及学生”“课程”“入学退学”“考试及毕业”“学费及膳费”共六章三十一条。“法政学堂以养成专门法政学识、足资应用为宗旨，分设正科、别科”；“正科分法律、政治、经济三门，均四年毕业”；“别科不分门，三年毕业”。

唐景崇明确要求：“此后京外官立、私立法政学堂，凡新开之班，均照此次改订章程办理。”[1]

唐景崇改革和推广法政教育，不仅有利于近代学制体系的完善，也在一定程度上促进了新旧教育的过渡衔接，使大批旧学体系出身者顺利分流，为社会转型提供了大量法政、财务人才，进一步推动了社会发展与观念嬗变。

十四　改革考送游美学生办法

光绪二十六年（1900 年），义和团运动引致八国联军武力干涉。光绪二十七年（1901 年），清廷全权代表奕劻和李鸿章被迫与十一国代表签定了《辛丑条约》，同意向十四国赔偿白银四亿五千万两，分三十九年付清。这就是历史上有名的“庚子赔款”。其中美国分得赔款总额的百分之七，合美金二千五百万元。后来美国人自己也承认这笔勒索“实属太多”。

中国驻美公使梁诚因此向美国国务卿海约翰提出减少赔款的要求。之后，美国传教士明思溥等人伺机建议把尚余的“庚子赔款”退还中国，用于发展教育事业，事实上是把从中国抢去的赔款对中国进行“教育投资”。

经过几年的艰苦谈判，光绪三十四年（1908 年），美国国会通过法案，授权罗斯福总统“退还”中国“庚子赔款”中超出美方实际“损失”的部分，并用这笔钱“帮助”中国办学，并“资助”中国学生赴美游学。两国政府草拟了派遣游美学生规程：自退款的第一年起，清政府在最初的四年内，每年至少应派游美学生一百人。如果到第四年就派足了四百人，则自第五年起，每年至少要派五十人赴美，直到退款用完为止。后美使又向清政府声明将退款用于“资送”游学生赴美，并在北京开设一所预备学校。

---

[1]《学部奏改订法政学堂章程折（并单）》，《政治官报》第一千一百四十九号，光绪刊本。

宣统元年（1909 年）五月，清政府在北京设立游美学务处，专事考选学生、管理肄业馆、遣送学生等，要求“均照美国学堂，以便学生熟悉课程，到美入学，可无焊格”；并制定了《遣派游学生办法大纲》，明文规定赴美学生以学习实业为主：“以十分之八习农工商矿等科，以十分之二习法政、理财、师范诸学。”这是中国“实业救国”道路的初端。八月，经过学部甄别考试，第一批四十七人启程赴美游学。

宣统二年（1910 年）三月初六，唐景崇查视学堂回到学部，就见到了游美学务处呈送的请示报告：“窃本处遵照奏案，每年应行遣派学生赴美，且现在筹办肄业馆期于本年秋间开学，自应先将考选学生及各省提学使考送学生两种办法详细拟定，申请行知各省提学使，乃为入手要著。”唐景崇组织学部司员和游美学务处相关人员认真研究，决定通过游美学务处拟订的《考送游美学生办法》，并札知各省提学使遵照办理。该考选办法的要点是：

一是明确年龄、身体等要求。

凡报考第一格学生以年在十五岁以上、二十岁以下者为限；报考第二格学生以年在十二岁以上、十五岁以下者为限。

各生均须身体坚实、体格完全、身家清白者。

各生均须自量能力志愿、不至中途辍业者。

二是酌量变通第二批学生考选。

窃查奏定遣派游美学生办法大纲内开：“第一格学生除在京招考外，并由各省提学使在各该省招考，录取合格学生，不拘额数，送京覆试。”本届自应遵照办理。其第二格学生考取办法，原定“由各省提学使各按该省定额选取送京”。惟各省在京子弟其能应考入选者，当有其人。拟将原案酌量变通：一面在京招考，一面由提学使考选送京覆试。如有年岁不符及程度不合者，仍行咨回本省，其往来川费，遵照奏案责令该提学使赔缴，以免冒滥。

本年招取第二格学生三百名，除在京考取百名外，余二百名应由各省按照该省赔款实数所占学额考取合格学生送京覆试。

三是添试英文、算学等科。

又查第二格学生考取入馆后，学科多由外国教习直接授课，亦非全无普通知识者所能从事。拟于考试国文外，添考粗浅英文、算学等科，以觇学力而便教授。其招考学生之学科程度，并由本处参照美国学程酌中拟定。各省提学使考试学生之时，应即按格分别命题，庶考试办法彼此免涉纷歧，入选诸生程度亦归齐一。

四是推广增加学额。

又查肄业馆原定学额只三百名，现拟推广至四百名。此时育才较多，将来遣派出洋更足以资精选。

五是明确入馆学生出路。

本年考取诸生拟一律先令入馆，视其学力高下，编归高等、初等两科，分班教授。入馆三个月后，举行甄别。除择取学行尤为优美者遣派游学外；其有实难造就者，则令退学；考试及格者，仍留馆，以宏作育。

肄业馆高等、初等两科学生均以四年为毕业期限。每年给予修业文凭，习完初等科给予初等科毕业文凭，准其升入高等科；习完高等科者给予高等科毕业文凭[1]。

---

[1]《学部札各省提学使考选学生及考送游美学生办法文》，《政治官报》第八百八十四号，光绪刊本。

是年七月，唐景崇主持了第二次庚款游美学生甄别考试。考试分初试、复试。四百多人应考，唐景崇最终敲定录取了七十名。

胡适就是参加此次考试取得游学美国资格的，他在《四十自述·我怎样到外国去》中提及此次考试，十分有趣：

留美考试分两场，第一场考国文、英文，及格者才许考第二场的各种科学。国文试题为“不以规矩不能成方圆说”。我想这个题目不容易发挥，又因为我平日喜欢看杂书，我做了一篇乱谈考据的短文，开卷就说：“矩之作也，不可考矣。规之作也，其在周之末世乎？”下文我说周髀算经作圆之法足证其时尚不知道用规作圆；又孔子说“不逾矩”，而并不举规矩，至墨子孟子始以规矩并用，足证规之晚出。这完全是一时异想天开的考据，不料那时看卷子的先生也有考据癖，大赏识这篇短文，批了一百分。英文考了六十分，头场平均为八十分，取了第十名。第二场考的各种科学，如西洋史，如动物学，如物理学，都是我临时抱佛脚预备起来的，所以考得很不得意。幸亏头场的分数占了大便宜，所以第二场我还考了五十五名。取送出洋的共七十名，我很挨近榜尾了[1]。

宣统三年（1911年）闰六月，唐景崇主持了第三次庚款游美学生甄别考试，最终录取选送了六十三名学生。

唐景崇主持的两次甄别考试，一共录取选送了一百三十三名庚款游美学生。在这些游美学生中，涌现了一大批优秀的科学家、思想家、教育家等，如第二批庚款游美学生中就涌现了大名鼎鼎的思想家、文学家、哲学家胡适，为康奈尔大学农学文学士、哥伦比亚大学哲学博士；著名学者、语言学家、音乐家赵元任，为康奈尔大学数学及物理文学士、哈佛大学哲学博士；中国近代地理学和气象学

[1] 胡适：《四十自述·我怎样到外国去》，载刘真主编《留学教育——中国留学教育史料》第一册，国立编译馆，1980。

的奠基者、教育家竺可桢，为伊里诺爱大学农学理学士、哈佛大学气象学文科硕士及哲学博士；近代教育家、外交家和戏剧活动家张彭春，为克拉克大学心理及社会学文学士、哥伦比亚大学哲学及教育硕士；著名电气工程专家、中国古文字学者许先甲，是威斯康心大学理学士及电机工程师；学衡派创始人梅光迪，为哈佛大学文学学士；生物化学家、营养学家、医学教育家吴宪，为麻省理工学院化学学士、生物学学士；中国化工科技事业的开拓者孙学悟，为哈佛大学化学学士；著名建筑师庄俊，为伊里诺爱大学建筑工程理学士；等等。

清廷三批遣派游美学生共一百八十名，形成清末民初中国学生游学美国的高潮。大批游美学生学成归国后，成为中国教育近代化、中国近代科技之建立和发展的重要推动力量。

十五　成立清华学堂

宣统元年（1909年）七月，“游美学务处”设立，并在北京东城史家胡同办公。后外务部曾有“拟建游美肄业馆，奏恳给西直门外清华园地亩，以便兴筑而隆作育”之奏请，于是清廷将游美肄业馆馆址定在皇家园林——清华园。

“清华园”之名乃清代咸丰皇帝所赐。清华园原址为康熙年间所修的熙春园的一部分。道光二年（1822年）熙春园被分割为东部的“涵春园”和西部的“春泽园”，咸丰皇帝又分别改名为“近春园”和“清华园”。

“清华园”大门前有双石狮，门榜“清华园”三个大字，乃咸丰皇帝御笔。四周粉墙围绕，厅后有汉白玉露台，面临荷池，遥对小丘，厅檐悬“水木清华”（相传为康熙御笔）横额，廊柱有清同光年间内阁学士殷兆镛所撰并书之木制长联：“槛外山光，历春夏秋冬，万千变幻，都非凡境；窗中云影，任东西南北，去来澹荡，洵是仙居。”

宣统二年（1910年）十一月，“游美学务处”请唐景崇查视游美肄业馆。在查视游美肄业馆后，唐景崇对陪同的总办周自春（清政府）、提调（后称会办）范源濂（学部）和唐国安（外务部）说："这里确是兴学的好地方，但查视现在情形，仍叫'游美肄业馆'实在是名不副实啊。"

"春老以为如何是好?"周自春问。

"这里是'清华园'，就叫'清华学堂'如何？"唐景崇道。

"好！"周自春等人连连称好。

于是，唐景崇回到学部后，精心撰拟了一道奏折——《奏请核准将游美肄业馆定名为清华学堂折》。在奏折中，唐景崇是这样说的：

查游美肄业馆，原为选取各生未赴美国之先，暂留学习而设。故命名之初，取义尚狭。现在该馆分设高等、初等二科，学额推广至五百名。以后每年遵照奏案，尚须添招学生，而遣派名额多有定数，旧生未尽派出，新生相继入堂，非预为规划，不足以宏作育。

现在拟订办法，于该馆高等、初等两科，各设四年，并于高等分科教授，参照美国大学课程办理，庶将来遣派学生分入美国大学或直入大学研究科，收效较易，成功较速；而未经派往学生，在馆肄业，亦得各具专门之学，成材尤属较多。

如此办理，则该馆学生不仅限于游美一途，自应改定学堂名称，以为循名核实之计。查该馆地基，原系赏用清华赐园地址，文宗显皇帝御书匾额，现仍恭悬园内，拟请仍沿旧称，定名为"清华学堂"，以崇先朝手泽之贻，即彰朝廷右文之盛，而因名见义，尤属相符[1]。

奏折不长，只有短短二百九十来字，但却饱含深意，承载着唐景崇的美好梦想。它不仅承前，即承继皇家之辉煌；而且启后，即对该学堂寄予无限之希望。

监国摄政王载沣对唐景崇说："叫'清华学堂'好！"

---

[1]《清华学堂成立》，载刘真主编《留学教育——中国留学教育史料》第一册，国立编译馆，1980。

“请监国手书堂名，以示尊崇。”唐景崇道。

“让那桐写吧。”载沣略一思忖道。

于是，时任军机大臣那桐遵旨书写了“清华学堂”四字正额。

在“清华学堂”设立前，即宣统二年（1910年）六月，游美学务处已经考取了第一格高等科学生一百四十三名。“清华学堂”奏请获准后，唐景崇指示游美学务处立即发出招考第二格学生的告示：

游美肄业馆定于明年春初开学，自应考取第二格学生入肄业馆初等，分班学习，除通电各直省各按定额选取送京覆试外，一面在京招取学生一百一十六名，以宏造就。为此出示晓谕：凡身家清白、体格完全、身体坚实、志愿坚定、年在十二岁以上十五岁以下、中西科学能合下开程度者，定于宣统三年正月初六日起至初十日止，每日上午八点钟至下午四点钟，旗籍取具佐领图片、汉籍取具同乡京官印结，并各携带四寸相片二张，前赴东城史家胡同本处，亲笔填写报名书，听候定期考试，毋得迟误[1]。

胡光麃先生在《简述“波逐六十年”往事》一文中谈及这次考试情况：

宣统二年（1910年）八月（时间疑误），又招考了一批第二格学生，在北京录取一百三十余名，弟亦在内，同时也在各省分别招考，录取一百三十余名，共计两百七十八十人，于宣统三年（1911年）四月中等新屋落成后，入学读书，乃是清华正式成立后的第一批学生。当时的总办为周自春，会办为范源濂、唐国安[2]。

---

[1]《学部奏设游美学务处告示》，《政治官报》第一千一百六十一号，光绪刊本。

[2] 胡光麃：《简述“波逐六十年”往事》，载刘真主编《留学教育——中国留学教育史料》第一册，国立编译馆，1980。

宣统三年（1911 年）四月初一，清华学堂开学，拉开了清华大学的历史大幕。此时它既是赴美游学预备学校，又是一所为国内培育人才的高等学府。

清华学堂开办之时，全校共有三十多位教师，其中来自美国的教师就有十多人。来自国内各省的四百多名学生一律公费入学。

对于清华学堂，清华早期毕业生梁实秋对其评价说："意思是好的，但带着深刻的国耻。"

1912 年，为了消灭帝制时代留下的遗迹，清华学堂改称"清华学校"，唐国安被任命为第一任校长。

1914 年冬，梁启超在清华学校的讲演中，引用了《周易》"天行健，君子以自强不息；地势坤，君子以厚德载物"勉励学生。自此，"自强不息""厚德载物"成为激励清华学子发愤图强的座右铭，随后演变成为清华的八字校训。

这一时期的清华学子，许多成为我国科学、文化和教育界的著名专家学者，包括胡适、赵元任、竺可桢、茅以升、金岳霖、吴宓、叶企孙、周培源、闻一多、潘光旦、马寅初、梁思成等，都曾在清华学校这座二层小楼里学习生活，清华学堂承载了这些年青人振兴中华的梦想。

1916 年，时任校长的周诒春第一次提出清华学校应向完全大学过渡。

1925 年，曹云祥执掌校政，设立大学部，开办国学研究院。那一时期，清华学校这座德式建筑里大师云集，王国维、梁启超、陈寅恪、赵元任成为清华国学院的"四大导师"，他们和考古学家李济、文学家吴宓等荟萃于清华学校，培养了一大批研究中国文、史、哲诸学的国学研究家。

1928 年，清华学校更名为国立清华大学。

十六　设立游学日本高等五校预备学堂

光绪三十二年（1906 年），为了缓解中国游学生进入日本中等以上学校困难的状况，驻日公使杨枢和游学生副监督王克敏与日本外务省、文部省多次交涉，以增加日本国立高中、专门学校接收中国游学生的名额。最终于光绪三十三年（1907年）由新任驻日公使李家驹与日本政府正式签订了“五校特约”协议，其要点：一是从光绪三十四年（1908年）开始，以十五年为限（至1922年），日本“五校”每年共招收中国游学生一百六十五人，清政府支付日方培养费；二是中方按照大省、小省分配学生名额，经费由各省分担；三是入学考试由各校分别实施，学生入校每年缴纳六百五十日元（包括学费和培养费）。

“五校”指的是东京第一高等学校（每年六十五人）、东京高等师范学校（每年二十五人）、东京高等工业学校（每年四十人）、山口高等商业学校（每年二十五人）、千叶医学专门学校（每年十人），涵盖了当时日本各专业领域较有影响的高等专业学校。尤其是位于东京的第一高等学校，其前身为东京大学预备校，在特约的“五校”中享有特殊地位，其原因是从第一高等学校毕业的学生毕业后可以升入日本的最高学府——京都帝国大学，是“五校”中唯一具备此资格的学校，因此受到清政府的格外关注。

到唐景崇上任学部尚书时，第一高等学校“现在开办已及三年，前后考收学生共计四百六十余人”。

当时，学部奏折明确：“此时中国学生在日本预备普通毕业者甚多，足敷各高等学校考选之额，但两年以后，应由各省续派中学毕业生前往日本应考，入各学校之预科，以备将来各学校考选新生取材之所。”而在实际操作中，中国选送日本“五校”的学生在到达日本后，必须接受为时一年的“预科”教育，随后才由各预备学校考选学生进入“五校”学习。

宣统二年（1910年）十二月，唐景崇接到游学日本监督处呈报：“现在留日学习普通人数减少，普通毕业者渐有不敷高等五校考选新生名额之虑。”

面对这种情况，唐景崇认为：“自应先事预筹办法。惟我国中学堂毕业各生所学外国语文以英文为多，习日文者甚少。若以之派往日本，仍须在该处预备日文日语，不能遽进高等各学校，是为节省经费、切实管理计，不如考选中学毕业生先在本国授以日文日语，期以一二年娴熟，再派往日本，庶几用费省而收效速。”因此，唐景崇亲拟《奏筹设游学日本高等五校预科折》，其中建议：

臣等斟酌再四，拟在京师设立游学日本高等五校预科，每年由各省选取中学堂毕业生送京，考选入预科肄业。俟程度合格，再行送往日本应考高等各校。

针对“至于此项预科所须常年经费”问题，唐景崇采取相应办法解决。

拟饬日本游学监督将五校经费及监督处经费切实撙节，并由臣部会同度支部严催各省认定欠解之五校经费，迅速解清。此后所解五校经费及监督处经费不得延期及蒂欠。计可略有盈余，即以之拨充设立此项预科之用，以免另行筹款，追加预算之烦[1]。

此次奏请获准后，唐景崇立即组织设立日本高等五校预备学堂的工作。但工作刚启动，问题即出现。问题的关键就在于经费上，即原先筹措经费的渠道具有重重障碍。唐景崇了解到：

至该学堂所需经费按照上年原奏，本拟在日本五校及监督处经费节存项下开支，惟查本年五校经费及监督处经费虽经臣部历次饬令力从节省，而以前监督处所用人员裁汰之际，尚须给发回国川资，学生之医药费尚未据报有停止日期，诚恐本年节存之款为数无几，不敷此项学堂之用。

唐景崇为此只能挖空心思，到处寻找经费。功夫不负有心人，历经曲折后，唐景崇终于获得一笔可靠的资金：

[1]《学部奏设游学日本高等五校预科折》，《政治官报》第一千一百八十一号，光绪刊本。

臣等斟酌再四，查有前进士馆旧存津贴余款银二万六千余两，除本年开办中央教育会酌量拨用外，约尚余银一万四千两，以之拨充本年该学堂经费，适足敷用。拟即暂为挹注，俾得及时开办[1]。

宣统三年（1911年）六月，在筹办游学日本高等五校预备学堂的同时，唐景崇主持制订了《游学日本高等五校预备学堂章程》，共十三条，并奏准清政府颁行。十三条章程的具体内容如下：

设立宗旨 “考选各处中学毕业生，授以日文日语，并使补习重要之普通学，俾毕业及格者，即可送往日本考入高等五校。”

学生分科 “本学堂学生分为文科、实科二类。文科预备考入第一高等之第一部、东京高师之英语部、地史部及山口高商；实科预备考入第一高等之第二部、第三部，东京高师之数物化部、博物部及东京高工、千叶医专两校。”

学额分配 “本学堂每学期添收新生一百名，由各省按照认解五校经费名额之半选取性行纯谨、中文通适、普通学完备之中学毕业生，送入本堂肄业，唯均须从严选送，宁缺勿滥。”

入学考试 “京外考验学生应以奏定中学堂课程为准，考试报名时须呈本人照相片一张及中学毕业文凭；选送到堂后仍由本学堂复验相片、文凭，复试一次，如程度不符者概不收录。”

考试补额 “各省考送学生不足之额暨本学堂复试未经取录之空额，均由京师督学局在京招考八旗、顺天、五城及旅京公立各中学毕业生以补之。”

复试日期 “各省考送之学生均应于暑假内、未开学之前到京，本学堂于开学后五日内举行复试，概不补复，迟到者须俟至下一学期方可复试入学。”

入学保证 “本学堂复试录取各生，应觅正副保证人各一人，并亲具志愿书，

---

[1]《学部奏拟具游学日本高等五校预备学堂章程折（并单）》，《政治官报》第一千三百三十五号，光绪刊本。

声明在本堂未毕业时不得中途废学及转学，违者将本学堂学费等项加息追缴；又送往日本取入五校之后，如有废学、转学事情，应将本学堂学费等项暨赴日川资及五校学费、补助费一律加息追缴。如本生无力缴纳时，应由保证人偿还。”

学科课程 文科开设国文、日本语文、数学、世界地理、世界史、英文、体操等课程，实科开设国文、日本语文、数学、理化、英文、体操等课程。“文科中之地理历史、实科中之数学理化应一律以日本文教授，唯在第一学期内可酌用中文教授。”

学期安排 “本学堂以三学期为毕业，如肄业两学期而程度及格者亦可提前毕业。满三学期而考试不及格者准其补习一学期，再考仍不及格者，即行开除。”

送考五校 “本学堂肄业期满及格各生送往日本，与在日本普通毕业生一同送至五校受竞争试验，拔其程度与日本学生相等者录取肄业。如第一次不能录取，准其自费在东京预备若干日，再行送考。如愿另考五校以外之官立、私立高等专门学堂者，唯不得给予官费。”

赴日经费 “送往日本投考各生，未经取入之先，一切膳宿各费应令自筹，俟考入五校后，照章给予官费。”

毕业安排 “此项学生投考五校所取名额仍不划分省界，毕业后分归各省效力，义务仍照原定五校章程办理。”

学费分摊 “本学堂学生不收学费及教科书费，其饭食、寄宿、操衣、纸笔、参考书等费应由各生自备。”[1]

虽然各省选送的第一批学生进入游学日本高等五校预备学堂后不久清王朝就覆亡了，但游学日本高等五校预备学堂的设立为民国考送学生进入日本高等五校创造了条件，奠定了基础。尽管清末至民国内外形势剧变，但游学日本高等五校的协议并没有中断，不断有中国学生经过预备学堂前往日本学习，继而进入高等五校。

---

[1]《学部奏拟具游学日本高等五校预备学堂章程折（并单）》，《政治官报》第一千三百三十五号，光绪刊本。

十七 加强游学生的监督管理

受洋务运动的影响，“师夷长技”的思想得到当时不少有识之士的认同和倡导。这种思想在教育层面的体现之一，就是向西方直接选派游学生。游学的制度化，是近现代中国的一项创举、一大成就，是中国近现代史上光辉的一章。

游学渠道是多元的，当时不但中央政府直接派出游学生，地方政府也会派出游学生；此外，不但有官费游学生，还有自费游学生。在游学方向上也呈现出多维态势，出现了影响近现代中国发展的三大游学生群体：游日学生群体、游美学生群体和游欧学生群体。随着游学生群体的不断壮大，强化政策引导，加强监督管理，逐渐成为学部控制游学生的重要一环。唐景崇上任学部尚书后，为应对国内国外急剧变化的情势，亦把强化对游学生的监督管理视为学务工作的一大任务。

禁止游学生与外国人结婚 唐景崇认为，游学生与外国人结婚存在三大弊端：“近来东西洋游学生时有与外人结婚之事，此事在寻常侨民本可不必禁止，唯在游学生则当修业之际，家室之累重即学问之念轻，一弊也；外洋女子习尚较奢，而游学生之学费有限，赡养既多所耗费，即学资易致不给，二弊也；游学生既娶外国妇女，易有乐居异域厌弃祖国之思，则虽造就成材而不思归国效用，亦复何裨于时艰，三弊也。查东西各国，结婚之期皆在学成以后，有学未毕业先求家室者，况乎中国派往之游学生尤当刻苦求学，岂容遽就晏安？”因此奏准决定：

臣部现拟咨行东西各国出使大臣，嗣后游学生未毕业时，均禁止其与外国妇女订婚及结婚。违者毕业时不给证明书，官费生追缴学费，以戒怠荒而励进修[1]。

制订《管理欧洲游学生监督处章程》 宣统元年（1909年）九月二十五日，

[1]《学部奏禁止游学生与外国人结婚片》，载陈元晖主编《中国近代教育史资料汇编》，上海教育出版社，2007。

学部曾在《欧洲游学监督照驻日本办法改归使署并遴派监督折》内声明："办事详细章程如有应行斟酌改订之处，俟该员等到欧会商妥洽，再由臣部察核具奏。"随后，分驻英、德、法、俄、比五国负责监督、管理游学生的监督先后到任。

唐景崇到任学部后，就接到欧洲各国游学生监督的禀报，并参照前任欧洲游学生监督蒯光典的回京报告，在仔细研究后，唐景崇发现欧洲游学存在四大弊端：其一，"欧洲游学生，其在各大学及专门大学正班生者，固不乏人，而其程度不及，仅为旁听生，不应学期考试者，亦复不少"；其二，"臣部所定学费数目本无不敷之虑，而学生以种种浪费及不正行为致滋亏累者，时有所闻"；其三，"各省于学费之外，有加给津贴者，有准添支医药费者，办法参差，争端易启"；其四，"至其应解学费往往不能如期汇到，致令监督处时向银行借贷以应急需，非特损耗息金，且常常借贷亦决非经久之计"。他认为："凡此数弊，皆非妥定章程不足以资整顿而归划一。"于是，他主持制定了《管理欧洲游学生监督处章程》，包括"总纲""权限""责任""管理条规""经费"五节共计三十一条。

章程规定，"于英、德、法、俄、比五国各设一管理游学生监督处，为管理游学生治事之所"，其事务"由各该出使大臣董理一切"，"各设监督一员，由学部遴选通晓学务人员商同出使大臣奏派"。

其权限为"禀承出使大臣，办理所有游学生事务"，"凡游学生事项有关交涉者，由监督禀请出使大臣主持"，"凡关于各学校及游学生事项，监督得自行办理"，"监督处办事各员，应由监督选派"。

其责任为"应将学生成绩高下、功课勤惰、品行优劣，每年呈报学部及各省督抚"，妥为处理"游学生调护指导、纠正扶持诸事"。

其管理条规分"普通管理条规""管理官费生条规"和"管理自费生条规"。"普通管理条规"为"无论官费自费，均应由监督处随时调查成绩，其入学升学等事，亦应由监督处择著名之学校保送入学"，"毕业后应由各该管监督加给证明书，如无证明书者，不得应游学毕业考试"，"入学升学不由监督处保送暨监督处有指导纠正之事而不听从者，毕业时均不给证明书"，"凡游学生如有品行不修

（如赌博、冶游及犯有玷污名誉之事）、学业不进者，经监督处查明，即行勒令退学，咨回原省，如系官费学生，并应追缴历年所用官费”；对官费生的管理，“以已入大学习医、农、工、格致四科之专门学者为限，习法政、文、商各科者，虽入大学，不得给官费”，“给官费之后，不得改赴他国游学，并不得改校改科，违者应即停止官费”，“在欧洲留学之期，至少三年，至多不得过七年，如至七年而犹不能毕业者，应即停止官费，但大学毕业后再加特别研究者，不在此限”，“未毕业之际，除实系重病，经医生验明不能修学外，概不准私自辍学回国，违者停止官费并追缴以前所用官费，其因重病回国者，病愈之后亦不得复给官费游学”；对自费生的管理，“能考入大学专门学校习农、工、格致、医科，经监督处查明，确能循分力学，成绩优异者，由监督处咨明本省，酌量补助学费”，“在大学或专门学校为旁听生，及入学时不依该校考试定章，平时不应学期试验，将来毕业时不能得学位及毕业文凭者，不得给官费，但已经得有学位及毕业文凭者，更加特别研究者，不在此限”。

欧洲游学生监督处经费“每年共计三万八千两，分为五处，每处每年计银七千六百两，由原认省份按照原解数目分为五分迳汇欧洲”；“各省所应解之学费，每年一次或两次由银行迳汇监督处，如分两次汇寄，则须加汇一成活支”；“游学欧洲之官费学生，英国月给学费十六镑，法国、比国均月给学费四百佛郎，德国月给学费三百二十马克，俄国月给学费一百三十五卢布”；“游学欧洲官费生自中国起程时，每名发给治装费中国银圆三百圆，川资中国银圆五百圆，毕业回国时，每名亦给川资中国银圆五百圆”；官费“学生因重病回国者，得由监督处酌给川资等费，但不得过五百圆”[1]。

改订《管理游日学生监督处章程》 光绪三十一年至三十二年（1905—1906年）间，游日学生人数达到高峰，总数将近万人。为适应当时游学形势，加强游学生

[1]《学部奏酌拟管理欧洲游学生监督处章程（并单）》，载陈元晖主编《中国近代教育史资料汇编》，上海教育出版社，2007。

管理，光绪三十二年（1906年）十月，学部奏定《管理游日本学生章程》，其中包括“总纲”“权限”“责任”“管理条规”“设员办事条规”“经费”六节共计四十一条。

至宣统二年（1910年），情势再次发生变化，“惟彼时留日学生人数几将及万，现在普通速成各生渐次毕业回国，留日肄业者以高等学校以上之学生为多，总计其数才二千余人”。因此，唐景崇主持改订《管理游日学生监督处章程》，包括“总则”“职权”“管理条规”“经费”四章共计三十七条。

这一次改订章程的重点在两个方面：一是裁并分科办事。原订监督处有庶务课，设课长一员，课员二员；会计课，设课长一员，课员二员；文牍课，设课长一员，课员二员；通译课，设课长一员，课员二员；编译所，理事一员；并设监察员，以二十人以内为额；咨议员，以十人为额；副总监督一人。唐景崇认为：“昔须分科而治者，今可量为裁并。”改订后只设监督一人，“由学部会商出使大臣遴选奏派”；“设学务委员七员、书记生四名，由监督禀商出使大臣分别委派，咨部存案。前项书记生名额之外，遇有必要情形得添雇书手”。二是对经费条款详加修订。唐景崇认为：“又自费生之借贷章程易致款归无着，官费生之医药费用未免过于虚糜，凡此各节非将原章详加修订，不足以节糜费而收实效。”[1]

通饬浙江所拟游学办法七条 宣统三年（1911年）闰六月，唐景崇为“慎派留学生起见”，决定“将浙江巡抚饬令提学司所拟游学办法七条通饬各省一律遵办”。七条办法：一是严定学生资格及保证人应担责任，二是严定检查身体法，三是严分科之试验，四是按相当之国分科遣派，五是严订分科程度，六是试行竞争试验法，七是订定任用章程。对于“其有碍难遽行之处”，唐景崇要求“由各提学司揭其理由，申告本部，以便揆厥情形，斟酌办理”[2]。

通过上述措施，学部逐渐建立健全了职能机构，厘清、明确了其职责权限，加强了对游学生的监督管理，使游学教育逐渐进入良性发展轨道。

---

[1]《学部奏改订管理游日学生监督处章程》，载陈元晖主编《中国近代教育史资料汇编》，上海教育出版社，2007。

[2]《学部采用取缔留学生办法》，《申报》宣统三年闰六月二十三日。

第十九章

注《唐书》耗尽心血

一　“引疾乞退”

袁世凯组成内阁后，经征求唐景崇意见，先后任命杨度、刘廷琛、张元济、劳乃宣担任学务副大臣。

面对山雨欲来风满楼、清廷摇摇欲坠的不利局势，杨度、刘廷琛、张元济、劳乃宣四人均不再抱有幻想，先后托病请辞。杨度由于与孙中山、黄兴和袁世凯都有密切关系，曾担任袁世凯的代表之一，负责南北调停，而此时他感受到袁世凯在内部受到排挤，因而心生去意；刘廷琛、劳乃宣虽有做遗老的心理准备，但他们却不愿与清廷共存亡；张元济更是致电内阁，公开声明：“元济现充民军代表，民军方面近日方谓元济受袁总统运动，处在嫌疑之际，学部副大臣一席决不能就职。”[1]见他们去意已决，袁世凯便与唐景崇商量，将其一一开除。

随着副大臣先后离去，学部的部分司员也随即请辞离去，整个学部大有人去楼空之势。

面对大清王朝树倒猢狲散的惨状，曾经雄心勃勃欲在清王朝的政治框架内有所作为的唐景崇也逐渐心灰意冷。

唐景崇向来是善于从现实出发并进行理性思考，谋定而后动，使自己立于不

---

[1]《张元济电辞学部副大臣》,《大公报》宣统三年十一月初六。

败之地的。面对不断变化的局面，唐景崇需要时间心无旁骛、从容冷静地思考，以便把握住形势的发展趋势。因此，请假成为他此时暂时“躲避”学部危机最好的选择。

唐景崇自撰的《唐景崇履历》是这样说的：“十一月，因与革党议和屡次协商不妥，将变宗旨，知事不可为，遂于二十九日请病假五日。”[1] 这里透露出他请假的三个原因：一是因与革党议和屡次协商不妥；二是将变宗旨；三是知事不可为。其中最为主要的原因是“事不可为”，即大清王朝大势已去，气数已尽。可以看出，托病请假只是一个借口而已。当然，唐景崇已经年近七旬，因天气变化而生病是有可能的。

十二月初五，假满。经过五天静静思考和推演，唐景崇对形势发展有了两个较为清醒的判断：一是大清王朝覆亡在即，已非人力可以挽救；二是摆在他面前的道路无非三条：继续工作，但他不想与袁世凯共同进退；陪葬，他从不缺乏与大清王朝共生死的决心和勇气，但此时无谓的牺牲终将于事无补；激流勇退，用自己的余生为大清王朝善尽最后一份心力。于是，他痛苦而艰难地作出了一生中唯一一次无可奈何的抉择：“具折请退”。

窃臣前因感冒风寒，躯体不适，蒙恩赏假调治，感激莫名。现在假期届满，延医服药毫未见效，风邪未清，加之五中忧愤，遂觉病势沉重。伏念臣荷蒙国恩至为优厚，从公数十年，惟日以勤慎自矢，冀以稍答涓埃。当此时局危岌，天步艰难，复何敢自耽安逸，但年力本已就衰，而病势又复增剧，瞻恋阙廷，忧惶万端。臣前以奉职，无状恳请辞职，业经蒙恩俞允在案。嗣后复重膺简，命忝襄国务，原冀稍竭愚忱藉图报称，乃时势毫无补救而灾沴忽已交侵，本元既亏，外邪日炽，病躯实苦难支。臣材质驽下，有负生成，且年近七旬，理应致仕，只得仰

[1]《唐景崇请假折》，载虞和平主编《近代史所藏清代名人稿本抄本（第一辑）· 唐景崇档》，大象出版社，2011。

恳天恩开去国务大臣、学务大臣缺，俾犬马余生退居闲散，则有生之日皆圣明之所赐也。

奏折中，唐景崇情真意切，态度诚恳。但大清王朝大厦将倾，曾经作为实际最高统治者的监国摄政王载沣此时也已经靠边站，操纵一切的隆裕太后面临前所未有的难题，极其需要像唐景崇这样忠心耿耿、任劳任怨的大臣支撑和辅佐其政务，因此隆裕太后明知唐景崇去意已决，但仍温言挽留：

学务大臣唐景崇著再赏假一个月，安心调理，毋庸开缺。钦此[1]。

作为晚清的老臣，唐景崇对大清朝仍有感情。在圣谕的挽留下，唐景崇决定放弃请辞的想法，并积极调理身体，等待重振学部、挽救大清王朝的时机。

宣统三年（1911年）十二月二十五日，是大清王朝的最后一天，也是中国几千年封建王朝的最后一天。

这一天，整个北京城笼罩在阴沉沉、灰蒙蒙的气氛之中，凄冷的北风呼啸着掠过，一阵紧过一阵，劲风扫荡着街道，扬起漫天的落叶、尘埃，拍打着居民的窗户、屋门，嘎嘎作响。人们蜷缩在家中的火炉旁，感受着与往年不一样的年节氛围。

紫禁城里光秃秃的古树的枝桠上，蹲满了乌鸦。乌鸦“哇——哇——”的粗劣嘶哑声，此起彼伏，在紫禁城内的角角落落来回窜荡，使人听后感觉到的是既凄冷渗人又沉闷压抑。乌鸦的鸣叫声，在中国人心中是一种不祥之兆，使紫禁城内的人们喘不过气来。

养心殿里也与往常不一样，除正常出席的那些大臣仍旧头戴翎顶、衣冠楚楚地立在大殿门外，平时上朝时难得一见的皇族亲贵们此时也出现在这里。整个大

[1] 第一历史档案馆编《光绪宣统两朝上谕档》，广西师范大学出版社，1996。

殿摩肩接踵，显得异常拥挤。这些人一个个低着头，都不说话，心思各异。气氛中透露出几许沉闷，几许诡秘，几许不安。

八点多钟，隆裕太后牵着六岁的小皇帝，在太监的引领下，从殿后来到大殿前，心情沉重地走向宝座。隆裕太后将小皇帝安坐在宝座之后，才在宝座旁坐下。按老规矩，隆裕太后是要坐在垂帘后面进行“垂帘听政”的，但由于今天是大清王朝的最后一次朝会，隆裕太后“打破”了规矩，坐到了殿前。

随着隆裕太后颤抖的哭泣声，刹那间，整个大殿沉浸在一片哭声之中，个别掩饰不住的大臣放声大哭，哭得撕心裂肺；个别大臣抑制不住，则是哭昏倒在地上。

隆裕太后泪流满面，紧紧攥住盖好宝印的《清帝退位诏书》，久久不愿交出手。因为在隆裕太后心里，这不仅仅是一纸诏书，更是代表着大清的整个江山。待气氛缓和后，隆裕太后便将诏书万般不舍地交给署外务大臣胡惟德。

胡惟德接过《清帝退位诏书》后，高声宣读：

奉旨：朕钦奉隆裕太后懿旨：前因民军起事，各省响应，九夏沸腾，生灵涂炭。特命袁世凯遣员与民军代表讨论大局，议开国会，公决政体。两月以来，尚无确当办法。南北暌隔，彼此相持，商辍于途，士露于野。徒以国体一日不决，故民生一日不安。今全国人民心理多倾向共和。南中各省既倡议于前，北方诸将亦主张于后，人心所向，天命可知。予亦何忍因一姓之尊荣，拂兆民之好恶。是用外观大势，内审舆情，特率皇帝将统治权公诸全国，定为共和立宪国体，近慰海内厌乱望治之心，远协古圣天下为公之义。袁世凯前经资政院选举为总理大臣，当兹新旧代谢之际，宜有南北统一之方，即由袁世凯以全权组织临时共和政府，与民军协商统一办法。总期人民安堵，海宇乂安，仍合满、汉、蒙、回、藏五族完全领土为一大中华民国。予与皇帝得以退处宽闲，优游岁月，长受国民之优礼，亲见郅治之告成，岂不懿欤。钦此[1]。

诏书宣读完毕，大殿内鸦雀无声。从这一刻起，大清王朝历经二百八十六年的历史画上了句号，大清王朝政权彻底瓦解。

在《清帝退位诏书》上署名的十一位大臣分别是：

内阁总理大臣袁世凯　署外务大臣胡惟德　民政大臣赵秉钧　署度支大臣绍英（假）学务大臣唐景崇（假）陆军大臣王士珍（假）署海军大臣谭学衡　司法大臣沈家本（假）署农工商大臣熙彦　署邮传大臣梁士诒　理藩大臣达寿[2]

由此可见，在诏书上署名的大臣都是权倾一时、炙手可热的人物。其中，有四位大臣的署名后缀上了一个“假”字。“假”字至少说明两层意思：一是署名并不是他们的亲笔，而是代笔。二是原本应出现在养心殿现场的四位大臣，因种种原因没有现身。而唐景崇就是其中之一，因为他尚在病假中。

清帝退位当天，唐景崇的假期尚未结束，但他仍早早地就起了床，洗漱毕，吃过粗茶淡饭，将翎顶戴在头上，穿上洗得有些泛白的朝服来到书房，伫立在窗前，眺望着紫禁城。

从站立在窗前的那刻起，两行老泪就一直挂在唐景崇的脸上。虽然贵为晚清重臣，眼见大厦倾覆，但他什么也左右不了，无力回天啊！唐景崇唯一能做的就是用他并不伟岸的站姿和两行老泪为奉献一生的大清王朝送别。

---

[1] 载沣：《醇亲王载沣日记》，群众出版社，2014。

[2] 同上。

二 “不再与闻国事”

清朝灭亡后即进入民国时期，原清朝内阁班子成员大多选择了与袁世凯共同进退，原各部大臣仅仅是改称为各部首领而已，如外务大臣胡惟德成了中华民国外交次长，原民政大臣赵秉钧先后任内务总长、国务总理，原度支大臣绍英在辛亥革命后成为清朝小朝廷的内务府大臣，原陆军大臣王士珍先后任陆军部长、总参谋长、北洋总理，原海军大臣谭学衡先后担任过海军部长和海军总长，原邮传大臣梁士诒先后任总统府秘书长、交通银行总理、财政部次长、国务总理，原农工商大臣熙彦先后担任民国政府蒙藏院副总裁、总裁，原理藩大臣达寿先后任高等文官惩戒委员会委员、内务部次长、蒙藏院副总裁、将军府将军，等等。

袁世凯本欲借重唐景崇的声望、经验与学识以稳固自己的统治，因此对同为原内阁成员的唐景崇极为重视，欲让他留任学部。唐景崇大可以像其他原内阁成员一样，继续在官场恣意纵横，但他却再也无意于官场，无意于政治，尤不愿与袁世凯为伍，因此“称病”以坚拒留任。

袁世凯上台后给予了宣统皇帝极为优厚的待遇，让他继续住在紫禁城内。但对曾在清廷为官的大多数人的去留没有明确的规定，导致人心惶惶。春节前后，这些清廷官员纷纷离开京城：一些人回了老家，一些人去了上海，一些人去了青岛，更多的人则去了天津。

春节刚过，唐景崇就携带家人离开深陷政治旋涡的京城，前往天津。走出城门不远，唐景崇便伫足回头，心中有无限感慨与不舍。

天津是当时京城的卫城，也是当时中国仅次于上海的第二大城市，这里有英、法、德、日等国的租界，租界里拥有更先进与完备的生活设施和更有保障的治安条件。天津的交通便利极为方便，成为既可进也可退的不二之地：既可以避开京城的政治旋涡，又可以及时了解京城的政治动向；既可以随时赶回京城，也可以随时去往其他地方。

唐景崇与留任袁世凯身边的官员不同，他产生了消极避世的心态；与那些四处串联、企图“中兴”清朝的前清遗老也不同，他对清朝也不再抱有任何幻想。因此，他“侨寓天津”，选择了“杜门不出”，选择了“躲进小楼成一统”，真正的“不再与闻国事”。

唐景崇到达天津后，袁世凯仍派人携带委任状“追”到天津，请他回京担任民国参政院参政。唐景崇坚辞不就，对来人说：“多谢大总统美意，我年事已高，且病躯实苦难支，恐有负重托，还请收回成命。”

来人再三苦劝无果，便失望地离开天津，返回京城复命。

民国元年（1912年）年底，袁世凯颁布了《国史馆官制》，规定该馆的职责是“纂辑民国史、历代通史，并储藏关于史之一切材料”，馆长直属于大总统，掌管全馆事务，并设纂修、协修等分任编纂，任命王闿运为国史馆馆长。与此同时，清史馆也在紧锣密鼓的筹备中。袁世凯发布大总统令，批准北洋政府国务院关于设立清史馆纂修清史的呈请，并聘任赵尔巽为馆长。

赵尔巽就任清史馆馆长后，立即招兵买马，以便迅速开展相关工作。首先，赵尔巽派人携带聘书前往天津，拟聘唐景崇为清史馆总纂。唐景崇听来人说明来意后不假思索地答应了赵尔巽的聘请，并说：“愿与其役，尽老臣之微忱也。”

然而，在清史馆开馆、《清史稿》开纂之际，唐景崇即病逝于北京，无缘于《清史稿》的编纂，因此有人称他“未就而卒”。

三　闭门注《唐书》

唐景崇“侨寓天津，杜门不出”，“不再与闻国事”，那他到底又在干什么？在这期间，他只在专注地干一件事——注《唐书》。

唐景崇谈到注《唐书》开始时曾说：“回溯曩日有志于注史，实始于光绪乙酉之岁（光绪十一年，1885年）。”这一年，唐景崇遭受到其兄唐景崧陷入越南抗法苦战中而生死未卜及其弟唐景崶病殁于京师的双重打击，“情绪萧索，郁郁不自得，但思假楮墨以遣送时日”，但他仍不忘为中国治史事业做贡献，并将注

《唐书》作为他一生治史的目标，“此畴曩求学之归宿、专力注史之本意也”[1]。

唐景崇认为，“盖非通诸史不足治一史，非萃数百种之书不能注一书”[2]。于是，在决定注《唐书》后，他便开始有意识地搜集各种有用书籍以作参考。民国二十四年（1935年），其弟子张书云在《唐书注·张序》中说：“先生为此注标举纠谬、补阙、疏正，欲综合诸家史注之长，参考搜采之书，自正经、正史、唐贤专集、历代普通类书、典制学术诸专书、史部考证书，旁及金石、野史、小说，逾数百种。”[3]“景崇故寒儒，为此注，常典衣借债以购书，遇精本秘籍，虽重价不惜。”[4]

经过分析研究、对比参证后，唐景崇确定了自己注《唐书》的定例：

夫有唐之新旧两书，曾公亮谓“事增于前，文省于旧”，此固抑人扬己之偏见。若司马氏修《通鉴》，则悉据旧书，而于新书无取焉；王氏鸣盛、赵氏翼诸家之论说，亦卒不能有轩轾。然两书曾奉钦定，俱列正史。

愚意拟仿彭氏元瑞之注《五代史》而变通其例，盖彭注全录薛史，此则旧书过繁，第择其足资参证，且应增补者录要附入而已，是书旧注，只窦苹、董冲两家，窦注早亡，董注二十五卷犹存，王鸣盛所谓出宋人手，便觉空疏者。至若吴氏缜《新唐书》纠谬只就本书掺求，王鸣盛所谓指摘有精当处，惟并旧书亦绝不参对为太省事耳。又若沈氏炳震《新旧唐书合钞》，其纪传则以旧书作大文，而以新书分注旧书诸志，有阙略者，则从新书增入；他如天文、五行、地理诸志则以新书作大文，而以旧书分注，似此破碎文理参错于一篇之中，全失两书真面目。又若旧书武后有本纪，遂不列后妃传，新书以其称制后政事编作本纪，而猥亵诸迹仍别立传，此自有深意，《合钞》则以纪传溷淆而删其传。又以唐之不重三师三公而删宰相表之三师三公，以宰相系表之舛讹，遂全行删削，是盖意钞书，故

[1] 唐景崇：《唐书注·自序》，台湾艺文印书馆，1974。

[2][3] 同上。

[4] 张书云：《唐景崇传》，转引自《广西大学周刊》第五卷第十期。

不惜破坏原书，如此岂注书者之所敢出哉。

余之注，例取《史记》之三家注、《汉书》之颜注、《三国志》之裴注、《通鉴》之胡注参酌，以订三义，曰纠谬，曰补阙，曰疏解[1]。

但唐景崇的注书之路并不顺畅：

首治本纪，以握全书之纲，计凡十卷，越五年而稿粗就；继治礼乐、历法、天文、五行、地理、百官诸志，及丁酉（1897年）、戊戌（1898年）之交，次第脱稿。盖已历十有五载矣。

是时，男毅、男庚渐长大，从余学，亦差堪任检书校字之役。毅雅好算术、历法，余时时指授，渐识途径，为助余注历志九卷。戊戌（1898年）奉命视学浙江，校士鲜暇，未遑操觚。未几遘太夫人丧，解任归里，己亥（1899年）、庚子（1900年）之间，间理旧业，时作时辍，逮辛丑（1901年）服阙，拟再入都，行抵广州，毅忽患疾，五日而殁，惨伤如摧肺肠。未旬日，又因海舟不戒于火，书卷二百余簏付之一炬，只史注稿载两巨簏中，犹在身侧，幸免于灾。至是而此心嗒然若丧矣[2]。

列强的一把大火，烧尽了唐景崇为注《唐书》而苦心搜罗的所有参考书籍，几乎泯灭了他注书的全部激情。注书没有了参考书籍，注书工作便无从入手。唐景崇不得不暂停注书，从头搜集参考书籍，为继续注书工作奠定基础。

癸卯（1903年），复奉命视学江苏，扬州书贾觅得旧籍辄送署，一二年间，前所毁者约略购备，特其中罕见之本，不可得矣[3]。

---

[1] 唐景崇：《唐书注・自序》，台湾艺文印书馆，1974。
[2][3] 同上。

在相关参考书籍搜集完备后，唐景崇便重操旧业，重新开启注《唐书》的艰难行程。然而，从光绪三十二年（1906 年）担任吏部右侍郎理铨政，治官事，到宣统二年（1910 年）担任学部尚书，宣统三年（1911 年）担任国务大臣、学务大臣，执掌全国学务。这期间，事繁任重，“尤难从事丹铅”，注书之务暂被搁置。

为完成注书治史夙愿，唐景崇趁着“易代”的机会，避开政治旋涡，“侨寓天津”，“不再与闻国事”，关起门来专心注《唐书》：

自癸卯（1903 年）迄今忽忽又九载，余年日高而志日颓。始欲求学之归宿而有志注史，今注史尚无所归宿，遑学问之归宿耶，此余之无以自解也[1]。

然而，“时不我待，天不假年”，由于工作量既繁且大，尽管唐景崇废寝忘食、焚膏继晷，但在他有生之年仍未注完《唐书》。民国三年（1914 年），唐景崇回到京都，强忍伤子之痛，嘱其门生张书云曰：“为雇钞手、任校雠之役”。唐景崇躺在病床上，不舍其治史事业，临终前仍仰天长叹：“吾书尚须两年蒇事，今若此，天绝我也。”[2]

唐景崇的外甥余棨昌以为：“其注《唐书》盖始于前清光绪乙酉（1885 年）之岁，而先生殁于民国二年［应为民国三年（1914 年）］，几逾四十（应为三十）寒暑，以先生致力之精勤，疑若可以成书矣。”但“今核其稿，不足全书之半”：

计最完全之稿为本纪十卷、礼乐志十二卷、历志九卷、天文志三卷、五行志三卷、地理志七卷、百官志五卷；有稿不全者为食货志三卷、仪卫志一卷、车服志一卷；表稿虽全，尚未整理；其中尤以列传为最缺[3]。

---

[1] 唐景崇：《唐书注 · 张序》，台湾艺文印书馆，1974。

[2][3] 同上。

余棨昌“揆其原因，盖有三焉”：

先生戊戌（1898年）、癸卯（1903年）两出视学，晚年筦领学部，除鞅掌案牍外，兼在禁廷进讲新政，日鲜暇晷，一也；辛丑（1901年）服阕入都，首出广州，海舶失慎，藏书悉毁，参考乏资，中辍数载，二也；注书之事，检查雠校得人襄助，事半功倍，而先生之注《唐书》，则除早年得毅斋表兄助注历志外，皆亲自目览手批，以致费时，三也[1]。

四　病逝于京城

民国二年（1913年）十二月三十日，天津城沉浸在浓浓的年节气氛之中，家家张灯结彩，鞭炮声声不绝，烟花璀璨，十分喜庆。

然而就在这一天，年仅三十五岁的唐景崇次子唐运清病逝于家中。家里顿时一片愁云惨雾，恸哭声与外面的鞭炮声交织，唐家人陷入巨大的痛苦中。

唐景崇由此陷入悲痛欲绝的深渊，悚然惊悸，老泪纵横，“益忧郁无以自遣”[2]。

次年春节，其侄唐运汉（号倬章，胞弟唐景崶之子）到天津探望伯父唐景崇，见其孤寂、悲伤的凄凉惨状，欲“将其迎养至京”。于是，唐景崇带着丧子之痛，自天津回到京城。

回到京城后唐景崇就一病不起，幸有儿媳李纕蘅悉心照料，他才稍宽心怀。

李纕蘅是江西萍乡李有棻与继室俞镜秋长女，嫁与唐景崇次子唐运清为妻。易宗夔《新世说》有《贤媛李纕蘅》：

[1] 唐景崇：《唐书注·张序》，台湾艺文印书馆，1974。

[2] 同上。

李纕蘅幼承母教，早习诗书，性笃实而通慧，酷好学问，五经四史，靡不晓澈。长适灌阳唐氏，主持家政。清季女学渐萌，都门士女创设振帼女学，蘅募捐独多，并任讲席，造就女生数百人。著有《浣薇轩梦余吟草》，隽逸可诵。画亦有名于时。

春卿尚书以病致仕，女士朝夕侍奉，辄通夜不眠，积劳成病。及尚书逝世，女士随没，女界惜之[1]。

中国有“不孝有三，无后为大”的传统观念。像唐景崇这样的晚清硕儒，似乎对有儿孙承继血统这件事更加在意。唐景崇的两个儿子先后走在了他前面，长子运源只留下两女，次子运清虽育有一子，但不幸夭折。由此一来，唐景崇膝下无孙男承继，成为他的心病。为此，他将侄孙唐家琛（胞兄唐景崧之孙、侄唐运泽之子）从桂林招到北京，嘱咐他承继运清为嗣，兼祧运源房。

唐家琛时年尚幼，唐景崇却为他的成长作了妥善安排。

先生嗣孙家琛幼小，而其嗣母李夫人又多病。……旋李夫人又故，家琛及夫人女寿姑均幼弱，族人公推潘夫人（先生侄妇）任监护之责，夫人携之移居津门者十数年，家琛、寿姑皆长。家琛考入厦门大学，寿姑则遣嫁苏州王氏[2]。

唐景崇病危时，强撑病躯，亲书“望传祖砚”四字谆谆叮嘱唐家琛，并对他寄予厚望。

民国三年（1914 年）九月初六，唐景崇带着满心的不甘和无限的遗憾走到了他人生的尽头，在北京病逝，享年七十一岁。

是年十一月十四日，民国大总统袁世凯签发《大总统策令》：

---

[1] 易宗夔：《新世说 · 卷五之贤媛第十九》，东方出版中心，1996。

[2] 唐景崇：《唐书注 · 余后记》，台湾艺文印书馆，1974。

参政院参政唐景崇学术湛深，夙标闻望，当政体改革之际，赞助共和，勤劳尤著。兹闻溘逝，曷胜悼惜。应由政事堂饬铨叙局从优议恤，以示笃念老成之至意[1]。

唐景崇虽然坚持请辞参政院参政，但袁世凯仍然认定他为参政院参政。

二十四日，国务卿认为："已故参政院参政唐景崇勤劳久著，誉望至隆，生平讲学、著书皆有裨实用，论其德位与沈家本（"袁世凯内阁"国务大臣、司法大臣）正同。"呈报请示并议给已故参政院参政唐景崇优恤办法，袁世凯签发的《大总统批令》中规定：

应给予治丧营葬费二千元，派荫昌前往致祭，灵柩回籍时，著沿途地方官妥为照料，并候颁给碑文，刊立墓道，以示优恤[2]。

唐景崇逝世后，清廷致祭，宣统皇帝赐其谥号"文简"。

随后，唐景崇魂归故里，葬于桂林东乡龙门村。

五 《唐书注》出版

唐景崇生前将《唐书注》文稿统置一箱中，不离左右。他曾叮嘱家人说："遇有急难，当救稿箱先于性命。"可见其重视程度。

唐景崇去世后，其门生曾动议，欲将《唐书注》文稿整理出版，但因当时其嗣孙唐家琛年幼，且抚养人李夫人又多病，无人主持此事，因此提议便不了了之。

---

[1]《大总统策令》,《政府公报（呈）》民国三年十一月二十五日第七百十九号。

[2] 同上。

李夫人病故后，唐家琛继由潘夫人（侄运泽夫人、唐筼之母）抚养。数年后，唐家琛考入厦门大学，潘夫人之女唐家琇也考入金陵女子大学（唐家琇是唐景崧的孙女，为其第四子运泽之女，字“晓莹”，号“稚筼”，后常用单字“筼”，为国学大师陈寅恪夫人）。

唐家琛和唐家琇进入大学后，潘夫人只身回到北平，寄居徐颂唐家中，因为徐颂唐的夫人就是唐景崇长孙女唐家琪。民国十五年（1926 年），潘夫人赴苏省视寿姑，猝患中风而卒，“一时几不知稿箱之所在”。

嗣经家琪再三寻访，始知存于津兴业银行地窖中。又数年，倬章表兄（先生之侄）虑其遗失，始为索回。民国十有八年（1929 年），李德邻将军开府湘鄂，曾与倬章接洽，欲为续成其书。二十二年（1933 年），粤西省政府派员来平搜集先贤遗著，亦向倬章商谈，均未得结果而罢。是此稿曾经一度迷失而欲印未成者，且数次焉。

民国二十三年（1934 年）七月，唐倬章病故。唐家琪认为唐家琛“求学沪滨，且无家室，不适于保存稿箱”。“本其先人之遗志”，唐家琪与唐筼商定：将稿箱交由余棨昌保存。

余棨昌，字戟门，浙江绍兴人，系唐景崇外甥，民国时期著名法学家。1902 年以京师大学堂高材生的身份被选派留学日本；1911 年获东京帝国大学法学士学位，旋即回国；1912 年，出任南京法制局参事兼文官甄别委员会委员、文官惩戒委员会委员；1914 年，调任民国北京政府大理院推事、民二庭庭长；1923 年，出任大理院院长，同时兼司法惩戒委员会委员长，后转任修订法律馆总裁；1925 年，主持《民国民律草案》编纂工作；1927 年以后，淡出政坛，随后分别在朝阳大学、北京大学、政法大学任教。

余棨昌与唐家琪、唐筼商议后说：“古人著作，未能刊行，日久原稿散佚者颇多，先生此著虽未完成，但既为有名之巨制，若能将已成部分印出，使海内得知其书之内容，将来必有续注之人以成先生之志者。若仅将原稿辗转寄存，终有丧失之虞。”

唐家琪、唐贸“深以为然”，于是决定由余棨昌统筹《唐书注》的出版事宜。

余棨昌“细核其稿，知其所成者虽属重要部分，但以卷数论，亦不过五十余卷而已，以活字版排印方法印行，约五六千金即可举办，无求助他人之必要”。因此又与唐家琪、唐贸商议，经讨论，三人一致认为：“印行此书所需者印资及校对之人而已，家琛既为先生之嗣孙，理应由其出资。”而整理校刊之责，唐家琪、唐贸委托余棨昌代理。余棨昌当即请唐家琪、唐贸函商唐家琛，唐家琛复函赞同此事。

出版《唐书注》的工作终于在唐景崇去世二十年后启动。民国二十四年（1935 年）七月，由余棨昌将唐景崇所注《唐书》本纪十卷进行整理，并付梓出版，书名《唐书注》[1]。

白寿彝先生主编的《中国通史》中指出：“唐景崇亦有志为《新唐书》作注，凡与《旧唐书》有异者皆加考辨，同时又广搜博采正史、文集、类书、典制专书、史部考证书及金石、野史、小说等百余种，对之做纠谬、补缺、疏解的注释工作，成《唐书注》，颇有参考价值，惜所刊仅本纪注十卷。”

余棨昌在《唐书注·余序》中提及：

全稿皆先生手自批写，增删改反复多次，足徵先生用力之勤，搜罗之富，予不忍先生数十年之心血归于湮灭也。因商之其嗣孙家琛，将已成之稿归予筹资次第刊行，并由予负雠校之责。至若赓续注释，俾成完书，善继先生未了之志，是所望于后之来者[2]。

[1] 唐景崇：《唐书注·余后记》，台湾艺文印书馆，1974。

[2] 唐景崇：《唐书注·余序》，台湾艺文印书馆，1974。

然而，虽然《唐书注》成功出版，但仍有不少遗憾：其一，耗费唐景崇毕生心血、视之若命的《唐书》注稿仅刊出本纪注十卷，不及他完成注稿的十分之一。其二，余棨昌“筹资次第刊行”的承诺，后因亲戚之间的误会，没有了下文。其三，时至今日，唐景崇原注稿到底又在何方？是否还在世上？无人可知。其四，赓续注释，也不见后来者“善继先生未了之志”。

今国家图书馆藏有《唐书艺文志注》残本三册，楷书甚工，不知谁氏所书，有朱、墨笔增删校改之迹，系缪荃孙手笔；纸半叶十行，墨格，毛装，左框下有“藕香簃钞”四字。2012年，朱新林据此稿点校，并由清华大学出版社出版了《二十五史艺文经籍志考补萃编第十八卷·新唐书艺文志注》，作者署为“佚名”。

傅增湘在其著作《藏园群书题记卷二·史部一》中认定此稿为唐景崇原作：

《唐书艺文志注》四卷，钞本，墨格，版阙外左下方有“藕香簃钞”四字，盖出自艺风缪氏也。原书以《新唐书艺文志》为主，下注《隋书》有无异同，凡书之存亡及后人辑本，皆详列之，其考订讹舛则加“谨案”二字。《旧唐书》原文则低一格附焉。

按此书不提撰人，观其所引辑本文书已至近代，则亦近人所为也。宣统三年（1911年），余谒唐春卿尚书于学部，闻尚书自注《唐书》，每入署治事，恒挟数册自随，因举询之。自言生平致力此书已二十年，昔由广州航海北上，船未启碇而火发，衣装尽毁，独《唐书》注稿挈之随身，尚未爇至，因得幸免。近日属稿已毕，第须重理再录定本耳。其后尚书殁于津邸，余询其侄妇某氏，言原稿尚扃箧笥，门人有集资刊行之议。今匆匆又十年，音问寂然，则其事未举可知。方尚书掌学部时，艺风前辈方领图书馆事，意此帙必从唐氏录副者，其卷中尚有艺风增订数十条，独艺风惜墨如金，未志其原委，后人莫能明耳[1]。

[1] 傅增湘：《藏园群书题记》卷二，上海古籍出版社，1989。

傅增湘以其亲身经历，认定缪荃孙“此帙必从唐氏录副者”，却“未志其原委”，致使“后人莫能明耳”，但今却有人考证认定此稿为缪荃孙所作[1]。

是耶？非耶？留给人们的是一团迷雾。

斯人已逝，留下的不仅有满满的惋惜，还有深深的遗憾……

[1] 杨洪升：《缪荃孙著〈唐书艺文志〉考》，《文献》2005 年 7 月第三期。

附录　唐景崇履历

唐景崇，字希姚，一字晚悟，号春卿，行三，道光甲辰年（1844 年）四月二十九日卯时生，广西桂林府灌阳县人。

咸丰庚申年（1860 年），取得县试第五名。

同治癸亥年（1863 年），考取一等第一名，补廪生。

同治丁卯年（1867 年），本省乡试中式第四名。

同治辛未年（1871 年），会试中式第二百四十二名，覆试二等第十五名；殿试二甲第六十三名；朝考一等第六十六名，钦点翰林院庶吉士。

同治甲戌年（1874 年），散馆，授职编修。

光绪乙亥年（1875 年）四月，大考，钦取二等第十二名，奉旨记名遇缺题奏，赏赐缎疋。

光绪丁丑年（1877 年）十月，充国史馆协修。

光绪丙戌年（1886 年）三月，命充会试同考官。

光绪丁亥年（1887 年）十一月，充功臣馆纂修。

光绪戊子年（1888 年）八月，补国史馆纂修。

光绪己丑年（1889 年）十二月，充会典馆绘图处总纂。

光绪庚寅年（1890 年）三月，补授翰林院侍讲。五月，充教习庶吉士。九月，命充署日讲起居注官。十一月，转补翰林院侍读。

光绪辛卯年（1891 年）三月，补实日讲起居注官。

光绪壬辰年（1892 年）十一月，补授詹事府右春坊右庶子。

光绪癸巳年（1893 年）四月，转补詹事府左春坊左庶子。六月，补授翰林院侍讲学士。九月，钦派内阁协同批本。十月，补授内阁学士兼礼部侍郎衔；是月，命充会典馆绘图处总校。十二月，命充文渊阁直阁事。

光绪甲午年（1894 年）正月，命充会试知贡举；慈宁宫筵宴，赏赐福字、玉如意、花瓶、果盘、江细袍料、大小荷包、帽纬、手炉。四月，派充殿试读卷大臣。五月，命充广东乡试正考官。十月，恭逢皇太后六旬万寿，赏赐寿字、江细袍料、帽纬。

光绪乙未年（1895 年）三月，命充会试副考官。四月，派充朝考阅卷大臣。十一月，命充稽察中书科事务。

光绪丁酉年（1897 年）五月，派充考试试差阅卷大臣。六月，奉旨署理兵部左侍郎。九月初五，奉旨补授礼部右侍郎；是月，派充丁酉科乡试覆勘大臣；又派充丁酉科顺天乡试覆试阅卷大臣。十月，本部办理皇太后万寿庆辰，蒙恩赏加一级，仁寿殿筵宴，赏赐寿字、花瓶、江细袍料、荷包、帽纬、手炉。

光绪戊戌年（1898 年）二月，派充丁酉科直省乡试覆试阅卷大臣。三月，奉旨署理都察院左都御史；又会典馆全书过半，奉旨交部从优议叙，加三级；又钦派大挑大臣。闰三月，钦派戊戌科会试覆试阅卷大臣。四月，钦派戊戌科会试殿试读卷大臣、散馆阅卷大臣，又钦派戊戌科朝考阅卷大臣。六月，奉旨简放浙江学政。

光绪己亥年（1899 年）正月，丁母忧回籍守制。

光绪辛丑年（1901 年）四月，服阕。

光绪壬寅年（1902 年）二月，到京，赴宫门请安，蒙召见。十七日，钦奉谕旨：署理工部右侍郎兼管钱法堂事务。八月，派充辛丑并补行庚子恩科乡试覆勘大臣。九月初四日，钦奉谕旨：兼署礼部右侍郎。九月二十五日，钦奉谕旨：补授工部左侍郎。

光绪癸卯年（1903 年）三月，派充癸卯科会试覆勘大臣。闰五月，派充癸卯科会试覆试阅卷大臣，又派充癸卯科朝考阅卷大臣。六月，命充浙江乡试正考官。八月初一，奉旨简放江苏学政。

光绪丙午年（1906 年）四月初二，奉旨裁撤学政，改设提学使司提学使，各省学政均著回京供职，遂于是年闰四月十六日交卸，遵旨回京。五月抵京，十六日赴宫门请安，即回工部左侍郎之任。七月，充覆核朝审大臣。九月二十一日，钦奉谕旨：调补吏部右侍郎。

光绪丁未年（1907 年）六月初五，派充保送举贡覆试阅卷大臣。七月初五，钦奉谕旨：转补吏部左侍郎。七月二十九日，派考试游学毕业生。十月初七，钦奉懿旨：轮班进讲经史及国朝掌故，以裨典学而资治理，钦此。十一月初十，蒙恩赏西苑门内乘坐拖床。十二月二十二日，蒙恩赏江绸一卷、线绉一卷。

光绪戊申年（1908 年）四月初四，奉旨：派充留学生廷试阅卷大臣。四月初六，蒙恩赏暑药元豆；十一日，蒙恩赏纱袍褂料。端午节，蒙恩赏粽子。八月初二，恩赏绸缎料；十二日，恩赏月饼。九月二十五日，派考试游学毕业生。十月初二，皇太后万寿，恩赏缎疋。十二月二十四日，派充经筵讲官。

宣统己酉年（1909 年）二月初二，又奉旨：派充实录馆副总裁。二月十七日，又奉谕旨：撰拟讲义进呈，钦此。四月初三，宪政编查馆奏派充一等咨议官，前礼部奏派充礼学馆顾问官。四月初十，廷试游学毕业生，钦派阅卷大臣。九月三十日，奉旨：著加恩在紫禁城内骑马，钦此。腊月初六，钦派查勘东陵工程；又腊月初八，隆裕皇太后赏腊八粥；腊月二十二，皇太后恩赏袍褂料。

宣统庚戌年（1910 年）正月初十，皇太后万寿，初八，恩赏袍料两卷；十三日，赏元宵。二月二十二日，奉旨：补授学部尚书，钦此。四月初七，钦派考试举贡阅卷大臣；二十二日，皇太后恩赏纱袍料四卷。六月初二，钦派考试拔贡阅卷大臣。七月二十四日，钦派考试优贡阅卷大臣。八月初二，钦派考试游学毕业生阅卷大臣；初四，皇太后恩赏袍料四卷；十二日，皇太后赏月饼。九月十三日，奉旨：盘查金银库。十二月初八，皇太后赏腊八粥；二十二日，皇太后赏袍料四卷。

宣统辛亥年（1911年）正月初十，皇太后万寿，赏袍料四卷。三月十四日，奉旨：署理禁烟大臣。四月初八，皇太后赏元豆；四月初十，奉旨著授为学务大臣，又为国务大臣；四月二十日，皇太后赏纱袍料四卷。闰六月二十日，奉旨：著兼任弼德院顾问大臣，钦此。八月初二，钦派考试游学毕业生监临；初四日，皇太后赏袍料四卷；十四日，皇太后赏月饼；二十六日，钦派考试孝廉方正阅卷大臣。九月十一日，内阁全体奏请辞职，奉旨：著照所请开去国务大臣，袁世凯著授为内阁总理大臣，未到京以前，仍著照常办事，不得少有诿卸，钦此。九月二十六日，钦奉上谕：袁世凯面奏组织内阁，推举国务大臣，著命唐景崇为学务大臣，钦此。九月二十八日，奏恳开去进讲差使，奉旨允准。十一月，因与革党议和屡次协商不妥，将变宗旨，知事不可为，遂于二十九日请病假五日。十二月初五假满，奏请开缺，奉旨：著赏假一个月，安心调理，毋庸开缺，钦此。十二月初八，赏腊八粥；十六日，赏福字，又赏羊肉两方；二十二日，皇太后赏袍料四卷，又赏荷包九个；二十九日，赏黄鱼汤、羊、熏猪、野鸡、鱼。

自是，遂侨寓天津，杜门不出矣。民国委任参政院参政，未就。清史馆聘请充总纂，愿与其役，尽老臣之微忱也。

奏疏、诗文有稿，有《唐书注》二百二十五卷。

（注：《唐景崇履历》为唐景崇自撰，手稿见虞和平主编《近代史所藏清代名人稿本抄本（第一辑）·唐景崇档》，大象出版社，2011。）

后 记

几度春秋，努力耕耘，《唐景崇传》终于完稿。当我在电脑上敲打完最后一个字，终于轻轻地舒了一口气。掩卷静思，回首过往，感慨良多。

2016 年 9 月的一天，我接到从广西方志办领导岗位退休回到老家灌阳陪侍母亲的文崇礼先生的电话，其大意是：灌阳县委、县人民政府为实施文化兴县战略，特聘他为灌阳县历史文化研究与开发总顾问兼首席研究员，工作重点之一是组织专家团队开展唐景崧同胞三翰林的研究。他认为："唐景崧同胞三翰林既是我们敬重的乡贤，也是我们心头一份特别的乡愁。"最后，他说："来吧，兄弟，让我们一起发挥余热，为家乡做点事吧！"

受崇礼先生热情的召唤，退休在家的我，放下手中的写作任务，加入到唐景崧同胞三翰林的研究与文化开发工作之中，成为其专家团队中的一员，主要负责唐景崇和唐景崧京城生涯、赴越抗法以及与唐景崶相关的资料搜集整理和编纂资料长编任务。

接受任务后，我带领工作组展开了有关唐景崧同胞三翰林的资料搜集工作。我们跑遍广西各市、县的高校等相关单位，到广西外的北京、江苏、浙江等地搜集资料。我们翻阅档案、典籍和时报期刊，查日记、函电和回忆录，找真迹、遗物和家书家谱，访亲友、专家和知情人，前后历时近一年。随后，我们对资料进行整理，按照要求，编纂了《唐景崇资料长编》10 册、《唐景崧资料长编（京城生涯、赴越抗法）》6 册、《唐景崶资料长编》1 册，总计 17 册，约 500 万字。

在资料长编的基础上，2018 年初，专家团队编纂了《同胞三翰林——唐景崧、唐景崇、唐景葑》普及读物，由广西人民出版社出版；2019 年初，在专家团队的协助下，崇礼先生编著了《唐景崧传》，由广西师范大学出版社出版。两本书的出版发行，在广西乃至全国都产生了广泛而深远的影响。

《唐景崧传》出版发行后，崇礼先生提议，由他与我合著《唐景崇传》。合著方式是：由我写第一稿，崇礼先生写第二稿，然后二人讨论修改后形成第三稿。此后，由于种种原因，《唐景崇传》的写作一度中断。

为完成《唐景崇传》的写作，崇礼先生多次向灌阳县委有关领导反映情况，县委领导高度重视，并作出指示：唐景崧同胞三翰林是灌阳优秀传统文化的集中代表，其研究与开发不能半途而废，要在过去的基础上继续与专家合作，取得新的进展和新的成果。于是，2020 年 10 月，《唐景崇传》的写作重启了。

不幸的是，《唐景崇传》写作重启后不久，崇礼先生便身患疾病，于 2021 年 7 月 19 日去世。治疗期间，崇礼先生忍痛坚持写作，完成了《唐景崇传》第二稿前五章。临终前，崇礼先生再三叮嘱我："一定要继续将唐景崧同胞三翰林研究搞下去，一定要好好完成《唐景崇传》！"

告别崇礼先生，我遵照他的遗嘱，抓紧时间，如期完成了《唐景崇传》。

在此，要特别感谢以下人员及单位：

第一，感谢灌阳县委、县人民政府。他们独具战略眼光，将唐景崧同胞三翰林研究与文化开发纳入文化兴县战略之中，成立编委会，落实分管领导，组建工作班子，成立研究会，对相关资料搜集整理和传记写作工作予以特别关心和指导，为本书的编写出版创造了良好的工作条件和环境。

第二，感谢灌阳县政协。《唐景崇传》写作重启工作转到县政协后，县政协主要领导专门关照，分管领导多次与我们讨论商谈，并落实相关科室进行对接工作，为本书的顺利完成打下了坚实的基础。

第三，感谢专家团队。一直以来，专家团队成员都始终如一地紧密配合，特别是崇礼先生，唐景崧同胞三翰林研究与文化开发工作是他一手策划和主导的，其为人、处事、学识、才情深深感染了专家团队的每一个人。他的临终嘱托，是我得以赓续完成《唐景崇传》写作的动力。我们从他深厚的学术功底、严谨的治学态度中学到了许多。

第四，感谢研究会。为顺利推进唐景崧同胞三翰林研究与文化开发，县里自启动本项工作之日起便成立“灌阳县唐景崧同胞三翰林研究会”。在曹增平同志的主持带领下，研究会的同志勤勤恳恳、乐于奉献，为研究资料的搜集整理和传记写作提供了极大的便利和帮助。

第五，感谢评审专家。初稿完成后，县里组织权威专家进行了评审，专家对初稿进行了认真审阅。特别是唐凌（广西历史学会会长，广西师范大学教授、博士生导师）、李规勤（中共灌阳县委原常委、办公室原主任）、熊光嵩（灌阳县方志办原主任，高级编审）等更是在百忙之中挤出时间，认真审阅初稿，提出许多有价值的修改意见。

时光匆匆，值此唐景崇诞生 180 周年、逝世 110 周年之际，《唐景崇传》即将正式定稿出版，奉献给读者诸君。由于学识修养有限，书中当会有不足之处，敬请读者诸君不吝赐教。

蒋人早

2023 年 8 月 19 日

于桂林叠彩山下